Patricia Seybold

koenig.kunde.com

Patricia Seybold
mit Ronni T. Marshak

koenig.kunde.com

Wie erfolgreiche Unternehmen
im Internet Geschäfte machen

Aus dem Englischen von
Ursula Bischoff und Beate Majetschak

Econ

Die amerikanische Originalausgabe erschien 1998 unter dem Titel »customers.com« im Verlag Times Books, einem Unternehmen der Random House Inc., New York.

Der Econ Verlag ist ein Unternehmen
der Econ Ullstein List Verlag GmbH & Co. KG, München

2. Auflage 2000

ISBN 3-430-18378-2

Druck und Bindung: Clausen & Bosse, Leck

Gewidmet

meinem Vater, John W. Seybold,
dem weisesten Menschen, den ich kenne;
meinem Sohn, Jesse James Breuer,
dem mutigsten Menschen, den ich kenne;
meinem Mann, Thomas G. Hagan,
dem klügsten Menschen, den ich kenne.

Danksagung

Dieses Buch wäre nie ohne die gewichtigen Beiträge von mehreren Menschen und die unablässige Unterstützung meiner gesamten Firma, der *Patricia Seybold Group,* entstanden.

Mein besonderer Dank gilt:

- Ronnie Marshak für ihre zahlreichen Beiträge – vor allem die *Babson-College*-Fallstudie –, für ihre Unterstützung, Ermutigung und die Fähigkeit, Schwung in eine ansonsten mühselige Lektüre zu bringen.

- Michael Goulde, der den größten Teil der *Dell-Online*-Studie recherchiert und geschrieben hat.

- Geoffrey Bock, der das Gros der Fallstudie über *The Wall Street Journal Interactive Edition* recherchiert und geschrieben hat.

- Sue Aldrich, die den Löwenanteil zum Kapitel über die Kundenloyalität beigesteuert hat.

- Pamela Berry und Jeffrey Perfect, meinen Assistenten, die mir bei der Kontaktaufnahme zu all den Menschen geholfen haben, mit denen ich immer wieder Gespräche führen mußte.

- Und bedanken möchte ich mich auch bei all den Helden dieses Buches – den Koenig-Kunde-Visionären –, die begriffen haben, was die E-Business-Technologien heute ermöglichen und die diese Technologien nutzen, um ihren Kunden das Geschäft mit ihnen leicht zu machen!

Inhalt

Das Szenarium

Machen Sie mit bei einem einfachen Test? Dann beantworten Sie bitte folgende Fragen: Haben Sie schon einmal einen Geldautomaten benutzt, um Geld abzuheben und sich die Kontoauszüge ausdrucken zu lassen? Mit ziemlicher Sicherheit. Haben Sie schon einmal telefonisch Theater- oder Kinokarten über ein automatisches Reservierungssystem bestellt? Oder Ihre Unterschrift auf einen Palmtop gekritzelt, um den Empfang eines Pakets zu bestätigen? Haben Sie schon einmal Aktienkurse oder die neuesten Nachrichten auf dem Pager oder einem anderen Kleinstcomputer verfolgt, den man in der Hand halten kann? Erhalten Sie manchmal E-Mails von Ihren Kunden? Oder ein Fax von Ihren Lieferanten mit Preisangeboten, Produktinformationen und Lieferstatus? Haben Sie schon einmal versucht, im World Wide Web mehr über ein Produkt in Erfahrung zu bringen, das Sie interessiert? Haben Sie schon einmal eine Website benutzt, um an technische Support-Informationen heranzukommen und ein Problem mit einem Produkt zu lösen, das nicht richtig funktioniert? Haben Sie schon einmal im Internet eingekauft? Können Kunden auf der Website Ihrer Firma Produkte bestellen, den Lieferstatus überprüfen, eine Liste aller Waren anfordern, die sie bisher geordert haben, oder ihre Postanschrift korrigieren? Wenn Sie eine dieser Fragen mit »Ja« beantwortet haben, dann kennen Sie den E-Commerce bereits aus eigener Erfahrung.

Möchten Sie wissen, wie *Ihre Organisation* diese »elektronische Handelsschiene« optimal nutzen kann? Möchten Sie wissen, wie Ihre *Kunden* von den elektronischen Unternehmensinitiativen profitieren können? Dann sind Sie bei uns an der richtigen »Adresse«, denn darum geht es in diesem Buch. Es faßt die wirkungsvollsten Strategien für E-Commerce und E-Business im Internet und darüber hinaus zusammen. Auf den nachfolgenden Seiten werden Sie einen Blick hinter die Kulissen von mehr als einem Dutzend Unternehmen werfen, die Pionierarbeit auf diesem Gebiet geleistet und sich der Aufgabe verschrieben haben, ihren Kunden die Geschäftstätigkeit mit ihnen zu erleichtern. Der Aufbruch zu neuen Ufern hat sich schon jetzt gelohnt und wird sich auch künftig als gewinnbringende Strategie erweisen.

Welche Auswirkungen hat es auf Ihre Organisation, wenn Sie eine erfolgreiche E-Business-Strategie schmieden? Erstens, und das ist das wichtigste überhaupt, bleiben Sie im Geschäft und am Ball – kein Klacks in unserer globalen Informationsgesellschaft, in der die Akteure ein rasantes Tempo vorlegen. Und zweitens warten ein paar nicht zu verachtende Belohnungen auf Sie. Sie können:

- die Kundentreue festigen;
- die Rentabilität erhöhen;
- die Vorlaufzeit für neue Produkte verkürzen;
- Ihre Kunden kosteneffektiv mit gezielten Angeboten ansprechen;
- die Transaktionskosten erheblich senken;
- die Kundendienstkosten drastisch zurückschrauben;
- die Kundendienstzeit deutlich verringern.

Über das Web hinaus

Einer der wichtigsten technologischen Fortschritte ist die Kombination aus Internet und World Wide Web. Die Allgegenwärtigkeit des Internets mit seinen preiswerten Web-Browser-Clients und universellem Zugriff bietet eine hervorragende Plattform für eine wirksamere Kommunikation mit den Kunden. Neue Firmen, deren Präsenz sich – zumindest für die Kunden – auf die Website beschränkt, schießen wie Pilze aus dem Boden. Diese »virtuellen« Unternehmen, wie *Amazon.com, Security First Network Bank* und *Virtual Vineyards* haben die Chance genutzt, mit ihren geschäftlichen Aktivitäten bei Null anzufangen und sich dabei der neuen Internet-Technologie bedient.
Aber sie sehen sich auch Herausforderungen ganz neuer Art gegenüber. Sie müssen Wege finden, Kunden zu gewinnen und zu behalten, ohne sich auf die zwischenmenschliche Komponente bei einem Face-to-Face-Kontakt stützen zu können. Viele glauben, das Internet sei ein völlig unpersönliches Medium. Aber diese virtuellen Unternehmen haben sehr enge Beziehungen zu ihren Kunden, ohne ihnen jemals von Angesicht zu Angesicht begegnet zu sein oder, in vielen Fällen, auch nur ein persönliches Wort mit ihnen gewechselt zu haben.
Wie gelingt es diesen Online-Anbietern, treue Kunden zu gewinnen, die mit ihnen durch dick und dünn gehen? Ganz einfach: Jeder Aspekt der Kundenbeziehungen wird »maßgeschneidert«. Sie vergewissern sich, daß nichts im »Schwarzen Loch« verschwindet. Sie begleiten den Kunden auf jedem Schritt des Weges, damit keine Unsicherheit aufkommt. Bevor der Kunde auch nur die Zeit hat, sich zu fragen, ob der »virtuelle« Anbieter die Kompetenz besitzt, seinen Bedürfnissen zu entsprechen, erhält er auch schon die Benachrichtigung, daß alles zu seiner Zufriedenheit geregelt ist.

Natürlich haben nicht alle das Glück, ganz von vorne anzufangen. Die meisten von uns sind in Firmen aus Stahl und Beton tätig, die sich etabliert haben, mit Belegschaft, Außendienst, Distributoren und Call Centern. Trotzdem können wir das Web nutzen, um es potentiellen Kunden leichter zu machen, etwas über unser Unternehmen und seine Produkte zu erfahren oder Geschäfte elektronisch mit uns zu tätigen, rund um die Uhr, sieben Tage in der Woche.
Im Zuge der Recherche für dieses Buch habe ich eines gelernt: geschäftliche Aktivitäten im Internet können nicht im luftleeren Raum stattfinden. Der Internet-Handel muß Teil einer breit angelegten E-Business-Strategie sein – einer Strategie, die alle Möglichkeiten des Kunden umfaßt, auf elektronischem Weg eine Geschäftsbeziehung zu Ihnen aufzubauen: durch Tonwahl-Telefone, Fax, E-Mail, Kiosksysteme, Palmtops und via Netz. Wenn Sie Ihre Web-Initiativen nicht auf die übrigen elektronischen Aktivitäten abstimmen, verschwenden Sie nur eine Menge Zeit und Geld. Für die meisten Firmen ist die Web-Präsenz eine logische Erweiterung des vorhandenen Geschäftsmodells. Sie stellt einen neuen Vertriebsweg und ein neues Marketingmedium dar. Im Idealfall baut der Handel im Internet auf Initiativen auf, die Sie bereits in anderen Geschäftsbereichen eingeleitet haben, zum Beispiel Programme zur Verbesserung der Kundenloyalität, One-Step-Shopping oder Kundenauftragsfertigung.
Vermutlich wird es Ihnen wie den Unternehmen ergehen, die in diesem Buch beschrieben sind: Sie werden entdecken, daß Sie eine Reihe grundlegender Geschäftsprozesse, die Einfluß auf Ihre Kundenbeziehungen haben, neu strukturieren müssen, um Internet und Web effektiv zu nutzen. Danach gilt es, diese Prozesse zu straffen und optimal in Ihre bestehenden Geschäftssysteme einzubinden. Außerdem müssen Sie alle versprengten, kundenbezogenen Informationsbruchstücke miteinander vernetzen, die in den verschiedenen Abteilungen und Anwendungsbereichen herumschwirren. Ihr Ziel besteht darin, ein umfassendes Profil Ihrer Kunden anzulegen. Wenn Sie sich auf diese tiefgründigen Initiativen einlassen, werden Sie bald eines feststellen: Sie können einen noch größeren Nutzen aus Ihren Investitionen ziehen, wenn Sie Ihren Aktionsradius nicht auf das Web beschränken, sondern dieselben bereinigten Prozesse und Informationen verwenden, um Ihren Kunden die geschäftlichen Aktivitäten per Telefon, Fax, E-Mail oder im Face-to-face-Verkaufsgespräch zu erleichtern. Der Anstoß für diese grundlegenden Veränderungen könnte von dem Wunsch herrühren, einen Teil Ihrer geschäftlichen Aktivitäten via Internet abzuwickeln. Wenn Sie es richtig anfangen, zahlt sich der Strukturwandel nicht nur hier, sondern bei sämtlichen Kundenkontakten aus, gleich welcher Art.

Das ist doch der Kunde, du Schlafmütze!

Worin besteht das Geheimnis einer erfolgreichen E-Business-Initiative? Warum sind so viele Internet-Anbieter baden gegangen? Wer verdient oder spart wirklich Geld im Internet, und was unterscheidet die Gewinner von den Verlierern? Ich bin 1995 bei meinen Recherchen für dieses Buch zufällig auf die Antworten gestoßen, als ich die besten Strategien im E-Commerce unter die Lupe nahm. Nachdem ich das Geheimnis gelüftet hatte, das eigentlich ganz einfach und offensichtlich war, weitete ich meine Nachforschungen aus. Ich begann, über Internet und Web hinauszublicken. Ich fand heraus, daß einige ergänzende technologische Initiativen an der »Schnittstelle« zum Kunden – beispielsweise beim Einsatz von Telefon, Kiosksystemen, Smart Card und sogar »intelligenten Automobilen« – die gleichen Eigenschaften wie viele der erfolgreichen Global Player im Internet besitzen.
Haben sie ein todsicheres Erfolgsrezept, und wenn ja, wie lautet es? Sie haben es gewiß schon erraten! Das A und O besteht darin, das Augenmerk auf Ihre bereits vorhandenen Kunden zu richten, zu ermitteln, was sie wollen oder brauchen, und Wege zu finden, ihnen das Leben leichter zu machen. Dann können Sie Ihre Netze großräumiger auswerfen, um Interessenten als potentielle Kunden zu gewinnen. Sobald Sie diese auf Ihr Angebot aufmerksam gemacht haben, ist es ein Kinderspiel, den Abschluß unter Dach und Fach zu bringen und eine für beide Seiten gewinnbringende, langfristige Beziehung aufzubauen und zu zementieren, weil Sie dem Kunden die Geschäftstätigkeit mit Ihnen erleichtert haben.
Klingt, als sei das alles ein Klacks? Das ist es natürlich nicht! Die Idee erscheint simpel, aber sie umzusetzen ist ein Kraftakt. Wie Sie an den sechzehn nachfolgenden Fallbeispielen sehen werden, leistet jede der beschriebenen Organisationen seit mehr als zwei Jahren harte Arbeit auf diesem Gebiet. Was erforderlich ist, sind echte Führungspersönlichkeiten mit Visionen, die in aller Regel zusätzlich über ein gewisses Know-how im Marketing verfügen sollten. Voraussetzung sind außerdem Beharrlichkeit und Ausdauer und beträchtliche Investitionen, nicht nur auf finanziellem Gebiet. Wichtig ist auch eine einzigartige Partnerschaft zwischen Unternehmenspragmatikern mit Bodenhaftung und Informationstechnologen, die den Kopf in den Wolken haben. Und noch ein absolutes Muß: das hundertprozentige Engagement und die aktive Einbindung des gesamten Unternehmens in die Initiativen.

Den Nährboden für E-Business bereiten

Ich bin eine leidenschaftliche Hobbygärtnerin. Jedes Jahr im Frühjahr und Herbst dünge ich die Erde mit Mulch und Kompost; das Ergebnis ist eine Blütenpracht, die ich den ganzen Sommer über in meinem Haus in Maine genieße. Ihr

Unternehmen auf E-Business vorzubereiten, erfordert die gleiche Sorgfalt und Vorausplanung. Natürlich kann man auch aus dem Stand loslegen, indem man nach eigenem Gutdünken hier und da ein paar Knollen einsetzt und Samen ausstreut. Aber wenn sich die Arbeit wirklich lohnen soll, sollte man nicht davor zurückscheuen, Zeit, Mühe und Geld in ausreichender Menge zu investieren. In den ersten Kapiteln werde ich eine »Blaupause« für Sie entwerfen: Dieses Modell umfaßt fünf strategische Schritte, die Sie einleiten sollten, damit Ihre E-Business-Initiativen wachsen und gedeihen.

Der Blick hinter die Kulissen von sechzehn Unternehmen

Welche Gemeinsamkeiten verbinden die sechzehn auf den nachfolgenden Seiten beschriebenen Firmen? Sie haben in den letzten zwei Jahren in Initiativen investiert, die es ihren Kunden gestatten, Geschäfte elektronisch mit ihnen abzuwickeln, was im Klartext heißt: schnell, leicht und kostengünstig. Was können Sie lernen, wenn Sie mich auf dem Gang hinter die Kulissen dieser Unternehmen begleiten?

- Sie werden erfahren, wie die Firmen ihre Unternehmenskultur verändert und den Schwerpunkt von der Produktorientierung auf die Kundenorientierung verlagert haben.
- Sie werden erfahren, wie sie vom Massenmarketing zur Bedienung individueller Zielmärkte übergegangen sind.
- Sie werden erfahren, wie sie ihre Kerngeschäftsprozesse von außen nach innen umstrukturiert haben; die Ausgangsbasis war dabei die Perspektive des Kunden.
- Sie werden erfahren, wer bei diesem Sturmangriff federführend war, welche organisatorischen Herausforderungen dabei aufgetaucht sind und wie sie bewältigt wurden.
- Sie werden erfahren, welche informationstechnologischen Infrastrukturen benutzt und wie diese im Lauf der Zeit Schritt für Schritt weiterentwickelt wurden.
- Sie werden erfahren, welche Vorteile damit erzielt wurden und warum die Unternehmen ihre E-Business-Initiativen so optimistisch beurteilen.

Im Zuge der Recherche für dieses Buch hatte ich das Glück, Gespräche mit zahlreichen Topmanagern zu führen, die zu den Visionären unserer Epoche gehören. Alle haben mir ihre faszinierende Geschichte erzählt – wie sie über die Themen und Probleme nachgedacht haben, mit denen sich ihr Unternehmen konfrontiert sah, wie sie die Wünsche und Bedürfnisse ihrer Kunden ermittelt haben und wie es ihnen gelungen ist, diese teils unausgesprochenen, teils klar geäußerten Bedürfnisse zu befriedigen.

Alle in diesem Buch beschriebenen Unternehmen haben es verstanden, die moderne Informationstechnologie innovativ zu nutzen. Doch ihre Geschichte beginnt und endet nicht mit dem technologischen Aspekt. Gleichermaßen wichtig sind die grundlegenden Veränderungen in den Geschäftsprozessen und Organisationsstrukturen, die ihren Kunden das Geschäft mit ihnen erleichtern.

Unternehmenslenker und Technologieplaner müssen an einem Strang ziehen

In den Unternehmen befindet sich heute eine neue Managergeneration auf dem aufsteigenden Ast: die technologiekundigen Führungskräfte. Das sind die Leute, mit denen ich jeden Tag rede. Sie haben weder Angst vor der Technologie noch lassen sie sich von ihr blenden. Und sie müssen nicht als Erste die neuesten elektronischen Kinkerlitzchen haben. Sie sind Pragmatiker vom Scheitel bis zur Sohle: Sie warten auf geprüfte und für gut befundene Lösungen, die zur Verbesserung ihrer Lebensqualität und ihrer Führungsarbeit beitragen. Sie möchten, daß ihre Unternehmen besser, schneller und reibungsloser funktionieren und daß sie imstande sind, aktiver und präziser auf Kundenwünsche und -bedürfnisse zu reagieren. Sie sind frustriert über hoffnungslos veraltete Informationssysteme und »Organisationssilos«, die sich als Bremsklotz für die Straffung von Geschäftsprozessen erweisen, mit denen der Kunde in Kontakt kommt.
Im heutigen Geschäftsleben gibt es darüber hinaus einen harten Kern von Informationstechnologen, die Pionierarbeit leisten. Sie haben die PC-Revolution begrüßt, sich scharenweise ins Internet eingeklinkt und bewiesen, daß sie die Vorteile eines objektbezogenen Software-Designs und einer vernetzten, dezentralen Datenverbreitung verstehen und zu schätzen wissen. Sie können mächtige und wichtige Verbündete für einen kompetenten Manager sein, denn sie bringen jahrelange Erfahrung und eine Vorstellung von der Realisierbarkeit eines Projekts in die Allianz ein. Das sind die Leute, mit denen ich die meiste Zeit verbringe. Ich kann ihre Hoffnungen, Träume und Frustrationen verstehen und nachempfinden, wenn sie gegen die angeborene Trägheit von Organisationen ankämpfen, um den Stein ins Rollen zu bringen und ihre Ideen zu verwirklichen.
Ich möchte mit meinem Buch versuchen, diese beiden Gruppen an einen Tisch zu bringen: die Führungskräfte, die sich progressive, kundenorientierte Organisationen wünschen, und die Technologievisionäre und -praktiker, die ihr Scherflein zur Realisierung dieser Ziele beitragen können. Ich hoffe, durch das Beispiel der Unternehmen, die E-Commerce-Technologien kostengünstig eingesetzt haben, um ihre Beziehungen zu Kunden zu verbessern, den Anstoß für einen lebhaften Dialog zwischen diesen völlig unterschiedlich veranlagten Machern und Querdenkern zu geben.
Ich habe in den vergangenen 25 und mehr Jahren mit Hunderten von Organisa-

tionen zusammengearbeitet und ihnen bei der Auswahl und Implementierung von Informationstechnologien mit Rat und Tat zur Seite gestanden. Ich kenne den Glaubenskrieg, der zwischen IT-Experten und Firmenlenkern, Führungskräften auf allen Ebenen des Unternehmens und dem Personal, das im Verkauf an vorderster Front steht, entbrannt ist. Ich habe schmerzvolle Situationen, Beschuldigungen und die Suche nach Sündenböcken miterlebt, aber auch die Befriedigung, Freude und Aufregung, wenn Manager und IT-Profis gemeinsam planen und Hand in Hand arbeiten.

Ich habe einen gemeinsamen Nenner entdeckt, der bewirkt, daß diese häufig verfeindeten Lager beginnen, Kameradschaftlichkeit und Teamwork auf ihre Fahnen zu schreiben: Dieser gemeinsame Nenner ist der Kunde. Niemand würde bestreiten, daß wir den Kunden das Geschäft mit uns nach Möglichkeit vereinfachen sollten. Die Geister scheiden sich nur, wenn es um die Fragen geht: »Was sollen wir machen?«, »Wie sollen wir es machen?«, »Wie schnell können wir es machen?« und »Wieviel wird uns das kosten?«

Die erste Frage ist leicht zu beantworten: Fragen Sie einfach Ihre Kunden. Sie werden einiges zu hören bekommen! Die Beantwortung der übrigen Fragen erfordert Planung, Kreativität und stetige Verbesserungen. Ich hoffe, daß Sie auf den nachfolgenden Seiten einige Ideen finden, die Sie und Ihre Mannschaft zu befriedigenden und lohnenswerten Aktionen anregen.

Die acht grundlegenden Erfolgsfaktoren in E-Commerce und E-Business

Es gibt Dutzende, wenn nicht gar Hunderte von Variablen, die sich auf Ihre Kundenbeziehungen auswirken, aber nachdem ich die Geschichte von Unternehmen mit erfolgreichen E-Business-Initiativen unter die Lupe genommen habe, konnte ich acht grundlegende Erfolgsfaktoren ermitteln. Hier sind sie:

① Die richtigen Kunden anvisieren.
② Die Verantwortung für die Gesamterfahrung des Kunden übernehmen.
③ Geschäftsprozesse straffen, die sich auf den Kunden auswirken.
④ Eine 360-Grad-Vision Ihrer Kundenbeziehung entwickeln.
⑤ Kunden sich selbst bedienen lassen.
⑥ Kunden bei der Bewältigung ihrer Arbeit unterstützen.
⑦ Serviceleistungen personalisieren.
⑧ Das Gemeinschaftsgefühl stärken.

Jedes dieser Prinzipien wird in den nachfolgenden Kapiteln eingehender erläutert: Sie werden erfahren, was sie bedeuten, warum sie wichtig sind und wie Sie diese Konzepte in eigener Regie umsetzen.

Ich empfehle Ihnen dringend, mit dem ersten Erfolgsfaktor zu beginnen und zu ermitteln, wer Ihre Kunden sind, damit Sie die richtigen ins Visier nehmen können. Andernfalls werden Sie trotz brillanter Umsetzung der übrigen Faktoren feststellen, daß Sie Ihre Zeit verschwendet haben, weil Sie mit der falschen Kundengruppe befaßt waren.
Abgesehen davon gibt es keine Faustregel, in welcher Reihenfolge Sie die Erfolgsfaktoren in Angriff nehmen sollten. Die meisten sind ohnehin eng miteinander verflochten, und wenn Sie sich auf einen konzentrieren, werden Sie feststellen, daß es ein »Aufwasch« ist, auch für die anderen Problembereiche Lösungen zu finden.
Die Unternehmen, die als Fallbeispiele in diesem Buch dienen, haben Innovationsbereitschaft gezeigt und Spitzenleistungen in mehr als einem kritischen Erfolgsbereich nachgewiesen. Aber keinem ist es gelungen, sich auf allen Gebieten gleichermaßen zu profilieren... bisher. Ich bin der festen Überzeugung, daß Organisationen mit Scharfblick, Engagement und Phantasie irgendwann einmal sämtliche von mir geschilderten Faktoren in den Griff bekommen, auch ohne die Liste zur Hand zu haben. Sie stellt eine Orientierungshilfe dar, um diesen innovationsfreudigen Vorreitern den langwierigen Erforschungs- und Entdeckungsprozeß zu verkürzen, und Firmen, die noch keine Initiativen an den Schnittstellen zum Kunden gestartet haben, eine »Landkarte« zur Verfügung zu stellen, auf der die wichtigsten und lohnenswertesten Wege zum Erfolg verzeichnet sind.

Handbuch für die erfolgreiche Implementierung

Für alle, die eine »koenig.kunde.com«-Individualreise vorziehen, biete ich ein kostenloses Handbuch an, das via Website (www.customers.com) bestellt werden kann. Es beschreibt die besten Unternehmens- und Organisationsinitiativen, die ich kennengelernt habe, und darüber hinaus Informationstechnologie-Strukturen und Strategien, die Sinn machen. Ich empfehle Ihnen außerdem, auch die Fallstudien zu lesen, die das Rückgrat in diesem Buch bilden. Ich habe festgestellt, daß Konzepte und »Gewußt-wie«-Hilfen nur dann wirklich greifen, wenn sie in Fallbeispiele eingebettet sind. Menschen lernen nun einmal am besten anhand von Beispielen. Und Geschichten, die wir gehört haben und anderen weitererzählen können, lassen sich besser erinnern und auf die eigene Situation übertragen.
Im *Customers.com Handbook* finden Sie außerdem Anleitungen für einen Design- und Planungs-Workshop, der im Laufe der Jahre von mir entwickelt wurde und den Umbauprozeß anschieben könnte. Ich bin natürlich gerne bereit, die Moderation zu übernehmen, möchte Ihnen aber ein paar Tips geben, damit Sie den Workshop in eigener Regie durchführen können. Sie brauchen dazu nicht mehr als ein hohes Maß an persönlicher Einsatzbereitschaft, die richtigen Teil-

nehmer (einschließlich Repräsentanten Ihrer Kunden und anderer wichtiger Interessengruppen) und ein gerüttelt Maß an Motivation.

Die Fortsetzung des Erforschungs- und Entdeckungsprozesses

Natürlich ist dieses Buch nur ein »Schnappschuß« mit Beispielen, die aus den verschiedensten Geschäftsfeldern stammen. Falls Sie die weitere Entwicklung der hier präsentierten Fallstudien verfolgen möchten oder sich für die Erfahrungen oder einen Erfahrungsaustausch mit anderen Organisationen interessieren, die sich mit ihren Initiativen ebenfalls auf diese Reise begeben haben, lade ich Sie ein, unsere Website zu besuchen: www.customers.com.

Erster Teil

Fünf Schritte zum Erfolg im E-Commerce

Die Entwicklung einer gewinnträchtigen Unternehmensstrategie

Ich halte gerade nach einer neuen Bank Ausschau. Meine derzeitige gehört zwar zu den führenden Finanzinstituten der Welt, aber sie entspricht nicht mehr meinen Erwartungen. Ich werde nicht nur meine Privatkonten, sondern möglicherweise auch meine Geschäftskonten dort auflösen, wenn ich anderswo fündig geworden und dort zufrieden bin. Die Serviceleistungen, die ich suche, findet man heutzutage überall im elektronischen Markt, auch wenn die Bank, die sie anbietet, keine Niederlassung an meinem Wohnort in Boston hat. Das spielt keine Rolle, solange ich genau die benötigten Dienste erhalte und die Geschäftsbeziehung meinen Vorstellungen entspricht. Der globale Wettbewerb ist eine Realität, an der es nichts mehr zu rütteln gibt.

Ich suche eine Bank, mit der ich meine Geschäfte nahtlos per Telefon, Geldautomat, Handhelds und Internet abwickeln kann. Ich möchte in aller Herren Länder zu jeder Tages- und Nachtzeit Bargeld abheben können. Ich möchte sämtliche Kontobewegungen in einem einzigen Kontoauszug zusammengefaßt haben, der elektronisch abrufbar und stets auf dem neuesten Stand ist. Ich möchte mit einem Blick meine Rechnungen elektronisch betrachten, wenn nötig das eine oder andere hinterfragen, die Zahlungen autorisieren und das Geld zu dem von mir festgesetzten Termin überweisen können. Ich möchte außerdem die daraus resultierenden Ausgaben nach Kategorien geordnet haben, die ich festlege, und eine monatliche Kostenaufstellung, die ich mit meinem ursprünglichen Budget vergleichen kann. Ich möchte jederzeit in der Lage sein, mir den augenblicklichen Wert meiner gesamten Investitionen anzusehen. Und ich möchte die Möglichkeit haben, problemlos Geldtransfers zwischen meinen Konten, meinen Investitionen und anderen Banken oder Investmentfirmen, mit denen ich Geschäfte machen könnte, in die Wege zu leiten.

Natürlich möchte ich imstande sein, diese Transaktionen zu jeder Tages- oder Nachtzeit in gleich welchem Land der Welt durchzuführen, absolut sicher vor einem Datenmißbrauch durch Unbefugte, via Internet, Tonwahl-Telefon oder Handy. Ich erwarte von meiner Bank, daß sie mir auch andere Finanzdienste –

Autoversicherungen, Versicherungen für Haus- oder Wohnungseigentümer, Hypotheken, Investitionsmöglichkeiten, Kredite und Kreditlinien – anbietet, zu wettbewerbsfähigen Preisen, so daß ich meine finanziellen Bedürfnisse überwiegend »aus einer Hand« decken kann. Ich erwarte außerdem einen persönlichen, individuellen Service von den Mitarbeitern der Bank, mit denen ich als Kunde unmittelbar zu tun haben werde. Ich möchte, daß sie wissen, wer ich bin, welche Konten ich bei ihnen habe und mit welchen Problemen ich früher konfrontiert war. Wenn ich auf elektronischem Weg Bankgeschäfte abwickle, erwarte ich Schnelligkeit, Datensicherheit, Datengenauigkeit und individuellen Service – keine langen Diskussionen, sondern nur eine angenehme Beziehung. Wenn ich die Bank gefunden habe, die mir all das bietet, werde ich ein Ausbund an Treue sein, denn dann habe ich eine Menge Zeit geopfert, um die automatisierten Transaktionen (Rechnungen, Einlagen, Transfers) in die Wege zu leiten und mir Zugang zu meinem Effektenportefeuille zu verschaffen. Die Bank wird ihrerseits eine Menge über mich, ihre neue Kundin, erfahren haben. Solange das in sie gesetzte Vertrauen nicht mißbraucht oder meine Geschäftstätigkeit mit ihr nicht erschwert wird, kann sie davon ausgehen, daß ich ihr ein Leben lang die Treue halten werde.

Wirkt dieses Bild verlockend? Mit Sicherheit. Aber vielleicht haben Sie bereits eine Bank, die Sie wunschlos glücklich macht (bitte lassen Sie mich wissen, welche!), oder es ist Ihnen gelungen, sich einen brauchbaren »Verschnitt« zusammenzubrauen, indem Sie ein Finanzmanagement-Softwarepaket wie *Intuit Quicken* in Kombination mit einer Online-Verbindung zu Ihrer Bank und eine oder mehr Investment-Sites benutzen, um Ihren Wertpapierbestand im Blick zu behalten. Falls Sie jedoch keine Bank haben, die diese elektronischen Serviceleistungen im One-Step-Shopping anbietet, sind Sie unter Umständen ebenfalls auf der Suche. Gleich ob Geschäfts- oder Privatkunden, wir haben alle Interesse daran, unsere Lebensqualität zu verbessern. Wir neigen dazu, Unternehmen den Vorzug zu geben, die es uns leicht machen, Geschäfte mit ihnen zu tätigen – vierundzwanzig Stunden am Tag, gleich wo in der Welt.

Was ist, wenn einer Ihrer Konkurrenten oder gleich mehrere beschließen, Ihnen das Wasser abzugraben, indem sie sich elektronisch an *Ihre* Kunden heranpirschen? Was würde dann aus Ihrem Unternehmen? Könnten Sie eine solche Attacke überleben? Wären Sie in der Lage, Ihre Gegner innerhalb kürzester Zeit technologisch einzuholen? Würden Sie schnell genug lernen, eine Gegenoffensive zu planen, um die »Überläufer« zurückzugewinnen? Und könnten Sie diese Strategie rechtzeitig umsetzen, um einen Massenexodus zu verhindern? Ehrlich gesagt, ich bezweifle es. Wie Sie in den nachfolgenden Kapiteln sehen werden, erfordert die Entwicklung und Implementierung einer gewinnbringenden E-Commerce-Strategie die Fähigkeit, alle Kräfte zu fokussieren, sowie Zeit und Ressourcen.

Vielleicht müssen Sie sich nicht den Kopf darüber zerbrechen, wie viele »unsichere Kantonisten« Sie unter Ihren Kunden haben. Oder Ihre Käufer können dem Shopping via Internet nichts abgewinnen. Sie erstehen Ihre Produkte oder Dienstung lieber im Laden, per Katalog oder Telefon. Sie legen Wert auf das persönliche Gespräch mit Ihrem Verkaufspersonal oder Außendienst. Oder sie beziehen die Ware über Ihre Vertriebswege. Was haben Sie also schon von den elektronischen Initiativen der Konkurrenz zu befürchten? Für Ihren Markt völlig irrelevant. Tatsächlich?

Ein guter Tip: Denken Sie noch einmal gründlich nach.

Der E-Commerce ist heute nicht mehr auf das Shopping im Internet beschränkt. Und auch nicht auf die logistischen Transaktionen zwischen großen Handelspartnern. E-Commerce (auch elektronischer Handel oder E-Business genannt) bedeutet, Geschäfte elektronisch abzuwickeln, und zwar *sämtliche* Aspekte des Geschäftsprozesses. Er umfaßt Werbung und Marketing, Verkaufsvorgang, Ordern, Herstellung, Distribution, Kundendienst, After-Sales-Support und Auffüllung oder Aufstockung von Lagerbeständen, also die Handhabung aller Kunden- und Produktlebenszyklen.

Wenn wir in den E-Commerce einsteigen, müssen wir bereit sein, die modernen elektronischen Technologien anzuwenden, um Geschäftsprozesse zu straffen. Zu diesen Technologien gehört das Internet, aber auch technisch ausgefeilte Telefonsysteme, Handhelds und andere digitale Geräte, die in der Hand gehalten werden, interaktives Fernsehen, Self-Service-Kioske, Smart Cards und ein ganzes Arsenal technologischer Neuerungen, die noch in den Kinderschuhen stecken. Diese Technologien an der Schnittstelle zum Kunden werden hinter den Kulissen von integrierten Kundendatenbanken, Call Centern, verschlankten Arbeitsabläufen und Transaktionssystemen gestützt, die Datensicherheit garantieren. Sie erfordern spezifische Systeme, die eine nahtlose, verläßliche und sichere Kommunikation zwischen Unternehmen und über Ländergrenzen und Zeitzonen hinweg ermöglichen.

Klingt das kompliziert? Ist es aber nicht, wenn man weiß, wie's gemacht wird. Das A und O des Erfolgs im E-Commerce dreht sich ausschließlich um die Kunden. Eine gewinnbringende Strategie setzt voraus, daß man diese Kundenbeziehungen aufbaut und pflegt – elektronisch, wohlgemerkt.

Die Vorteile des E-Commerce

Um Ihren Appetit anzuregen, hier ein paar konkrete Beispiele, auf die wir an späterer Stelle näher eingehen werden:

- *Dells* Online-Kunden kaufen jeden Tag Produkte im Wert von 6 Millionen Dollar. Die Gewinnspanne liegt hier um 30 Prozent höher als beim Verkauf durch Personal.

- Das *Wall Street Journal* hat ein neues Marktsegment ins Visier genommen und konnte 85 Prozent der Neukunden halten; gleichzeitig wuchs der ursprüngliche Abonnentenstamm.
- *Cisco Systems* hat während der letzten drei Jahre mehr als 550 Millionen Dollar jährlich im Kundendienst eingespart und erzielt inzwischen 62 Prozent seines Jahresumsatzes in Höhe von 5 Milliarden Dollar im Internet.
- *National Semiconductor* bietet einem Drittel seines potentiellen Marktes hochgradig gezielte, aktuelle Informationen, ohne auch nur eine müde Mark für Direct-Mail- oder Werbeaktionen auf den Tisch zu blättern, weil jeden Monat mehr als 500 000 Entwicklungsingenieure auf die Website der Halbleiterfirma zugreifen.
- *American Airlines* erreicht pro Woche 1,7 Millionen potentielle Kunden via E-Mail, ebenfalls ohne einen Pfennig für Anzeigenwerbung oder Telemarketing auszugeben.
- *Wells Fargo* hat die Transaktionskosten halbiert, die Außenumsatzerlöse je Kunde erhöht und die Anzahl der abgesprungenen Kunden durch Online-Dienste um 50 Prozent verringert.
- Die *National Science Foundation* zahlt ihre zweckgebundenen Forschungszuschüsse in Höhe von 2 Milliarden Dollar im Jahr inzwischen elektronisch aus und erspart sich damit bergeweise Schreibarbeiten.
- *Tripod* hat eine Online-Gemeinde mit mehr als einer Million rührigen Mitgliedern auf die Beine gestellt; sie war für Inserenten so wertvoll, daß die Firma Anfang 1998 für sage und schreibe 58 Millionen Dollar aufgekauft wurde – das macht 1 Million Dollar pro Mitarbeiter!

Ist das Musik in Ihren Ohren? Ich hoffe es. Wie kann nun Ihre Firma die Wettbewerbsvorteile der neuen Informationstechnologien nutzen? Ich habe mehr als vierzig Unternehmen mit wirksamen Strategien im E-Commerce über die Schulter geschaut und festgestellt: Der Weg zum Erfolg umfaßt fünf wichtige Schritte, die in den nächsten Kapiteln genauer erklärt werden:

① Den Kunden das Geschäft mit Ihnen erleichtern.
② Konzentration auf den Endkunden für Ihre Produkte und Dienstleistungen.
③ Umstrukturierung der Geschäftsprozesse an der Schnittstelle zum Kunden, aus der Perspektive des Endkunden.
④ Gewinnbringende Vernetzung Ihres Unternehmens.[1]
⑤ Festigung der Kundentreue: das A und O jeder gewinnbringenden Aktivität im elektronischen Handel.

---

1 »Wired for Profit« ist der Name einer Serviceleistung, die von der Unternehmensberatung *Ernst & Young* angeboten wird.

Abbildung 1

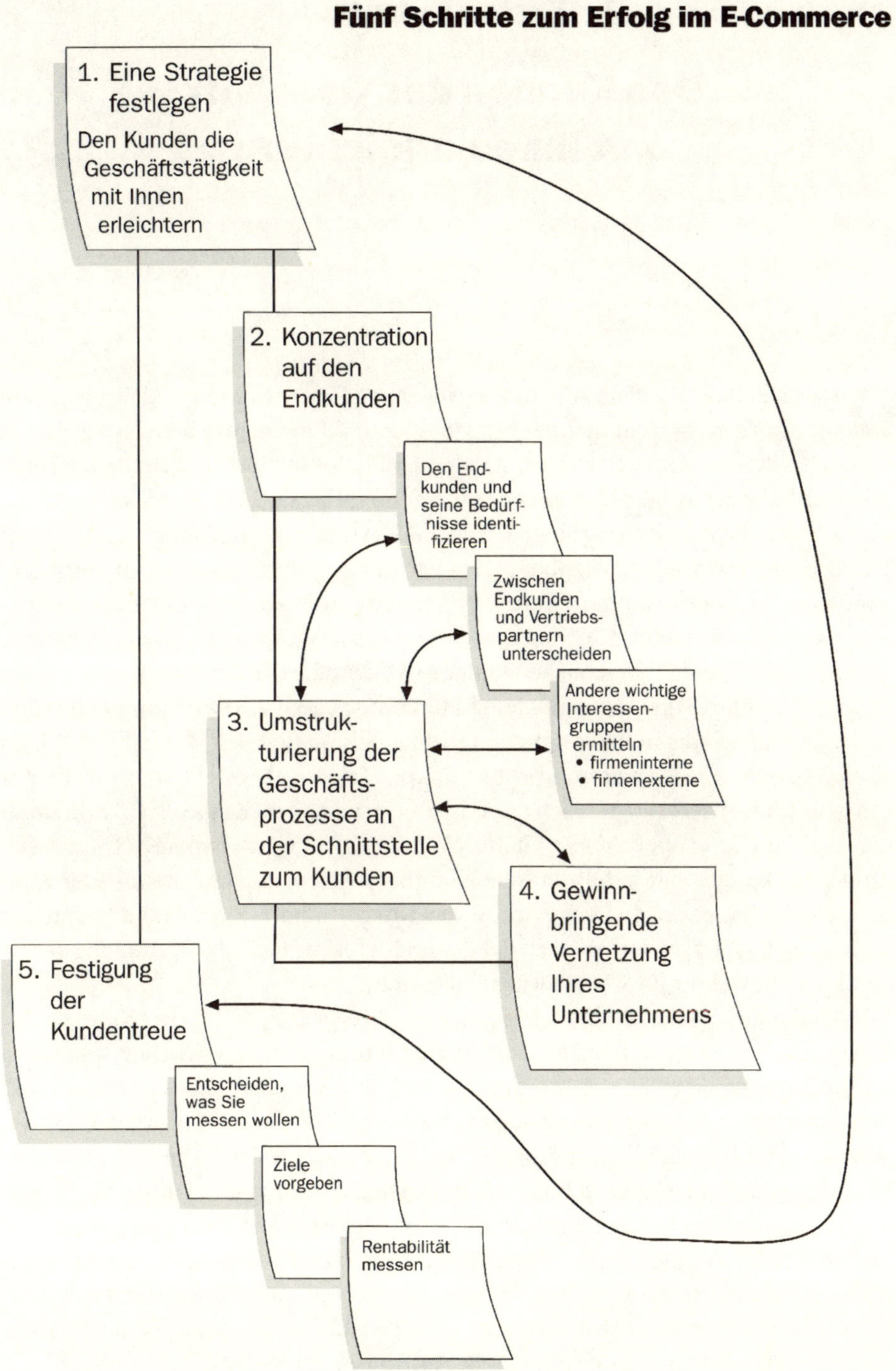

Fünf Schritte zum Erfolg im E-Commerce
1. Eine Strategie festlegen
Den Kunden die Geschäftstätigkeit mit Ihnen erleichtern
2. Konzentration auf den Endkunden
Den Endkunden und seine Bedürfnisse identifizieren
Zwischen Endkunden und Vertriebspartnern unterscheiden
Andere wichtige Interessengruppen ermitteln
• firmeninterne
• firmenexterne
3. Umstrukturierung der Geschäftsprozesse an der Schnittstelle zum Kunden
4. Gewinnbringende Vernetzung Ihres Unternehmens
5. Festigung der Kundentreue
Entscheiden, was Sie messen wollen
Ziele vorgeben
Rentabilität messen

Erster Schritt:

Den Kunden das Geschäft mit Ihnen erleichtern

Dieses Jahr habe ich mein Abo für die *New York Times* gekündigt. Nicht etwa, weil mir die Zeitung nicht mehr zusagt, mitnichten! Und mein Mann ist regelrecht süchtig nach dem Kreuzworträtsel auf den Feuilletonseiten der Sonntagsausgabe! Aber ich habe die ewigen Diskussionen mit dem Verlag satt. Die *Times* hat versucht, den Kunden die Abwicklung geschäftlicher Aktivitäten zu erleichtern, jedoch ohne Erfolg. Früher wurden Anrufe beispielsweise nur zwischen 9 und 17 Uhr entgegengenommen. Eastern Standard Time wohlgemerkt, was aufgrund der Zeitverschiebung reine Schikane war! Ich habe keine Lust, mich auch noch während meiner Arbeitszeit mit so nebensächlichen Dingen wie Zeitungsabonnements zu befassen. Letztes Jahr führte die *Times* ein neues automatisches System ein, um Beginn und Ende der Zustellungen besser in den Griff zu bekommen. Ich war entzückt! Den *Boston Globe* hatte ich jedesmal problemlos per Telefon abbestellt, wenn ich verreisen wollte, und nun erwartete ich dieselbe Bequemlichkeit, da die *New York Times* den *Boston Globe* übernommen hatte. Wie es schien, wurden meine Hoffnungen erfüllt. Ich konnte eine gebührenfreie Nummer wählen, meine Telefon- oder Kundennummer eingeben (wer hat schon die Kundennummer zur Hand?) und das Datum sowohl der letzten als auch der ersten Lieferung nach der Zustellungspause eintippen. Soweit so gut. Genau wie beim *Globe.*

Was ging schief? Alles. Offensichtlich waren die Systeme hinter den Kulissen des automatischen Telefondienstes nicht richtig integriert. Zwei Wochen, nachdem ich die Zeitung abbestellt hatte, kehrte ich früher als geplant nach Boston zurück. Was fand ich auf meiner Türschwelle? Die *New-York-Times*-Ausgaben von zwei Wochen. Der Berg aus Zeitungspapier war nicht nur tropfnaß, sondern auch eine Einladung für Einbrecher! Ich rief an, um mich zu beschweren. Dieses Mal geriet ich an einen Menschen aus Fleisch und Blut (im erforderlichen Zeitfenster von neun bis fünf). Meine Gesprächspartnerin warf einen Blick auf meine Kundenunterlagen und erklärte, ihr läge kein Vermerk über eine Lieferpause vor, aber sie werde der Angelegenheit nachgehen. Ich beschloß, das automatische Telefonsystem der *Times* nie wieder mit einem Auftrag zu betrauen!

Aber damit war die Sache noch nicht zu Ende. Einige Zeit später gingen Rechnungen für die Sommer-Auslieferung der *New York Times* an meine Bostoner Adresse ein. Unverzüglich rief ich einen Nachbarn an, um mich zu vergewissern, daß die abbestellte Zeitung nicht vielleicht doch zugestellt worden war. Nachdem ich diesbezüglich beruhigt sein konnte, rief ich bei der *Times* an, um mich erneut zu beschweren. Dieses Mal wurde mir mitgeteilt, daß die Zustellung vorübergehend ausgesetzt sei, wie man anhand des Computersystems klar erkennen könne, und ich solle die Rechnungen einfach ignorieren. Die auch weiterhin munter eintrafen! Die ersten Mahnungen ließen nicht lange auf sich warten. Ich rief immer wieder bei der *Times* an und erhielt jedesmal die gleiche Antwort: »Die Zustellung ist vorübergehend eingestellt; unseren Unterlagen zufolge schulden Sie uns kein Geld; schenken Sie den Rechnungen einfach keine Beachtung.« Das ist natürlich nicht ganz einfach, wenn einem die Drohbriefe einer Inkassofirma per Post ins Haus flattern, so daß die Nachbarschaft glauben muß, man sei ein Schnorrer. Was sollte ich tun? Ich habe weder die Zeit noch die Energie, mich mit solchen Problemen herumzuärgern. Ich habe anstandslos die Rechnung für die zwei Wochen bezahlt, als man die durchweichten Zeitungen unaufgefordert vor meiner Tür abgeladen hatte (ein Fehler, der in ihrem Computersystem nicht korrigiert worden war), und für eine weitere Periode der Zustellungen, die rätselhafterweise am 7. Juli begann und am 1. August endete (Zeitungen, um die ich nicht gebeten hatte und die ich auch nicht erhielt!). Danach kündigte ich mein Abo. Seither kaufe ich meine *Times* nach Lust und Laune im Laden.
Vielleicht haben Sie ähnliche Erfahrungen gemacht: Ein Computersystem hindert uns daran, eine einfache Transaktion durchzuführen, und torpediert damit die Beziehung zu einem Unternehmen, mit dem wir früher gerne Geschäfte gemacht haben. Da die Technologie überall auf dem Vormarsch ist, sollten wir uns vergewissern, daß sie nicht als Hürde zwischen unserem Unternehmen und den Kunden steht, die wir rundum zufriedenstellen und durch gute Beziehungen bei Laune halten sollten.

Die Technologie in die richtigen Bahnen lenken, um Interaktionen mit Kunden zu straffen

Nun, da das Internet über uns gekommen ist und das World Wide Web die Köpfe und Herzen von Marktteilnehmern rund um den Globus vereinnahmt, ist es an der Zeit, darüber nachzudenken, was diese seismische Verschiebung in der Unternehmenslandschaft für *Ihre* Organisation bedeutet. Globale Netzwerke sind nicht neu, aber heute dringen sie selbst in die entlegensten Winkel der Erde vor. Der elektronische Handel ist ebenfalls nicht neu, aber heute sehen sich immer mehr Unternehmen jeder Größe und Machart gezwungen, ihre Geschäfte elektronisch abzuwickeln. Integrierte Autoresponder und Call Center sind nicht neu, aber sie spielen bei der elektronischen Übermittlung von Kundendienstleistungen rund um die Uhr eine wichtigere Rolle. Elektronische »Spielereien«, die man in der Hand hält, sind auch nicht neu, aber sie gewinnen an Macht und Präsenz. Sie können natürlich weiterhin darauf bestehen, daß sich Ihr Unternehmen diese Technologien »nur wenn's sein muß« in kleinen Häppchen einverleibt. Oder aber Sie denken strategisch und springen jetzt auf den Zug auf, um die Vorteile zu nutzen, die alle in diesem Buch beschriebenen Akteure schon genießen.

Prüfen Sie also die Möglichkeit, Ihre Investitionen in die moderne Informationstechnologie in einer einzigen, gewinnbringenden Strategie zusammenzufassen: *Erleichtern Sie den Kunden das Geschäft mit Ihnen*! In diesem schlichten Satz verbirgt sich ein ungeheure Macht! Mit diesem Credo können Sie die natürliche Trägheit im Unternehmen, das bürokratische Labyrinth, die Abteilungspfründe und die Gräben zwischen den Geschäftsfeldern überwinden. Mit dieser Strategie können Sie Ihre Informationstechnologie-Investitionen rationalisieren und Doppelarbeit vermeiden. Mit diesem Ziel vor Augen können Sie Ihre Mitarbeiter, Lieferanten und Vertriebspartner in eine nahtlose virtuelle Organisation einbinden, die eine gemeinsame Vision und einen gemeinsamen Zweck verfolgt: Ihren Kunden das Leben zu erleichtern!

Die meisten Firmen investieren seit den 50er Jahren in die Nutzung der Informationstechnologie, und das nicht zu knapp. Sowohl das Tempo als auch der Umfang dieser Investitionstätigkeit nimmt stetig zu, und bisher ist keine Trendwende in Sicht. Früher waren die Unternehmen jedoch in der Lage, ihre Aufwendungen nach dem Gießkannenprinzip auf breiter Front zu streuen: Sie haben sich der Technologie bedient, um die Fertigung zu optimieren, das Rechnungswesen zu straffen, die Koordination und Kommunikation mit Mitarbeitern und Geschäftspartnern zu intensivieren und Produktentwicklung und Marketing zu verbessern. Heute haben Sie keine Wahl mehr, wie Sie Ihre Informationstechnologie-Gelder (IT) ausgeben. Statt sie in neues Humankapital, Herstellungsverfahren oder Finanzsysteme einfließen zu lassen, müssen Sie mindestens 50 Prozent Ihres IT-Budgets in Mittel und Wege investieren, die Ihren Kunden die Geschäftstätigkeit mit Ihnen erleichtern.

Neulich habe ich mit einem Freund zu Mittag gegessen, der als Chief Information Officer (CIO) für eine der größten staatlichen Organisationen in Amerika tätig ist. Nachdem wir uns über die Initiativen unterhalten hatten, die er auf den Weg gebracht hatte – Konsolidierung der Datenzentren, Jahr-2000-Konversion, wichtige neue Anwendungen, die sich in der Entwicklung befinden – fragte ich ihn: »Wie würdest Du Deine Zeit verbringen, wenn Du Dein Augenmerk auf die Aufgaben konzentrieren könntest, die Dir wichtig erscheinen?« Die Antwort kam wie aus der Pistole geschossen: »Ich würde die Hälfte meiner Zeit darauf verwenden, es den Unternehmen zu erleichtern, mit dem Staat ins Geschäft zu kommen.« Er versteht die Dringlichkeit seiner Situation. Wenn Firmen die

Geschäftstätigkeit in einem Bundesstaat schwergemacht wird, wandern sie ab und lassen sich anderswo nieder.
Woher wissen Sie, an welcher Stelle Sie am besten damit beginnen, Hindernisse aus dem Weg zu räumen? Durch einen einfachen Test: Versuchen Sie, mit Ihrer eigenen Firma Geschäfte abzuwickeln. Ich habe die Probe aufs Exempel gemacht. Es war peinlich. Sie erfahren die Frustrationen, denen Ihre Kunden ausgesetzt sind, am eigenen Leib. Und Sie stellen fest, daß sich der Ärger nicht auf Serviceleistungen beschränkt. Oft hakt es an den einfachsten Dingen: Wie finde ich die richtige Telefonnummer, wenn ich in Ihrer Firma anrufen will? Wie informiere ich mich über die Produkte und Dienstleistungen, die Sie anbieten? Wie erhalte ich Einblick in die Preise, die für meine spezifische Situation gelten? Wie handle ich die Verkaufs- und Lieferbedingungen aus? Wie gebe ich meine Bestellung auf? Was passiert, wenn ich geordert habe? Woher soll ich wissen, daß Sie genau das liefern können, was ich haben möchte, zu dem von mir gewünschten Zeitpunkt? Wieviel wissen Ihre Leute über mich und meine Transaktionen mit Ihrer Firma? Wie hinterfrage ich eine Rechnung? Wie erfahre ich, ob meine Zahlung eingegangen ist? Wie erkläre ich Ihnen, welche Informationen über neue Produkte und Produktmerkmale ich erhalten möchte? Wie mache ich Sie auf Möglichkeiten aufmerksam, mir das Leben als Kunde zu erleichtern? Was wird aus meinen Vorschlägen, falls ich welche hätte? Die Liste ließe sich endlos fortsetzen. Und die Systeme und Geschäftsprozesse, die von solchen Kundenkontakten mitbetroffen sind, finden sich in sämtlichen Bereichen des Unternehmens. Wir reden hier über die Straffung von Produktinformationen, Aufträgen, Transaktionen, Vertragserfüllung, Lieferung, Lagerwirtschaft, Rechnungswesen, Besteuerung usw. Und wir reden über Umstrukturierungen, die über die Grenzen von Abteilungen, Produktlinien und Vertriebswegen hinausgehen, um sich auf einen Punkt zu konzentrieren: den Kunden das Geschäft mit Ihnen zu erleichtern.

Fangen Sie mit dem kleinen Abc an

Wenn Sie sich auf die Reise in den elektronischen Handel begeben, sollten Sie die grundlegenden Voraussetzungen für den Umgang mit Kunden nicht außer acht lassen:

- Verschwenden Sie nicht die Zeit Ihrer Kunden!
- Vergessen Sie nicht, wer Ihre Kunden sind!
- Machen Sie es bestehenden und potentiellen Kunden leicht, Ihre Dienste zu ordern und in Anspruch zu nehmen!
- Vergewissern Sie sich, daß die Kunden Ihre Dienstleistungen zu schätzen wissen!
- Stimmen Sie Ihre Produkte und Dienstleistungen auf die Kundenbedürfnisse ab!

Verschwenden Sie nicht die Zeit Ihrer Kunden!

Womit verschwenden Sie zuviel Zeit? Wenn es Ihnen so ergeht wie mir, dann vermutlich mit Organisationen, die Ihre Zeit und Gunst nicht zu schätzen wissen.
Ich lebe im US-Bundesstaat Massachusetts. Früher war es für mich ein Greuel, den Kfz-Schein für mein Auto alle Jahre wieder zu erneuern. Ich mußte zum Straßenverkehrsamt fahren, einen Parkplatz mit Parkuhr finden, in verschiedenen Reihen Schlange stehen, mich von ruppigen Angestellten unfreundlich anreden lassen und durfte, wenn ich Glück hatte, den gastlichen Ort mit der Zulassung und den Plaketten für mein Nummernschild wieder verlassen, bevor die Parkzeit abgelaufen war.
Heute ist die Zulassungserneuerung ein Klacks. Ich erhalte per Post die Benachrichtigung, daß es mal wieder an der Zeit ist, wähle mich ins Internet ein, fülle ein Formular aus, gebe meine Kreditkarten-Nummer an und kassiere obendrein noch einen Rabatt von 5 Dollar. Innerhalb eines Tages trifft dann eine E-Mail mit einer Bestätigungsnummer ein. Ungefähr eine Woche später finde ich den neuen Kfz-Schein mit den Plaketten für die Nummernschilder in meinem Briefkasten.
Noch ein Beispiel: Ich gehe oft und gerne am Samstagabend ins Kino. Aber viele Lichtspielhäuser sind klein, und der Samstag ist ein ausgesprochen beliebter Kinotag. Ich hasse nichts mehr, als stundenlang Schlange zu stehen, nur um festzustellen, daß die Vorstellung ausverkauft und es inzwischen zu spät ist, mein Glück anderswo zu versuchen. Deshalb rufe ich inzwischen *333-FILM* an. Dort kann ich den Film auswählen, das nächstgelegene Kino heraussuchen und die Karten reservieren, alles innerhalb weniger Minuten. Wenn ich jetzt im Kino ankomme, warten meine Karten auf mich. Die zusätzlichen Kosten des Ticket-Service habe ich durch die Zeitersparnis leicht wettgemacht. Lichtspielhäuser, die solche Dienste anbieten, haben bei mir gute Karten.
Es gibt viele Beispiele für zeitsparende, dank der modernen Technologie mögliche Dienste, die ich gerne in Anspruch nehme. Wenn ich eine Geschäftsreise plane, kann ich die Daten und Reiseziele in meinen elektronischen Kalender eingeben, der meine Anfrage automatisch an das Buchungssystem weiterleitet. Ein elektronischer »Expedient« überprüft meine Kundenprofildatei und die Konditionen, die für mich gelten (falls es sich zum Beispiel um einen Inlandsflug handelt und ich als Vielfliegerin einen entsprechenden Bonus habe, könnte man mich automatisch in die Business- oder First Class setzen, wenn die Maschine voll ist), und innerhalb von Minuten erhalte ich eine E-Mail mit den vorgeschlagenen Routen und der Sitzplatzreservierung. Ich erhalte genaue Informationen über diejenigen Flüge, die mich interessieren, kann Fragen stellen oder beantworten und meine Buchung per E-Mail durchgeben. Falls die Reiseroute kompliziert ist, rufe ich per Knopfdruck mein physisches Reisebüro an. Dort wirft man einen Blick auf die gleichen Routen und Optionen, die ich vor mir liegen habe, wir erör-

tern die Alternativen, und dann treffe ich meine Entscheidung und hänge wieder ein. Meine Flüge werden daraufhin gebucht, die Einzelheiten der Reservierung nebst Bestätigung automatisch im elektronischen Kalender meiner Firma eingetragen und anschließend von mir auf mein Handheld übertragen.
Falls ich meine Pläne ändere, kann ich Flüge, Hotel, Mietwagen usw. umbuchen, indem ich die neue Route in meinen elektronischen Kalender eingebe und wieder alle erforderlichen Reservierungen vornehmen lasse. Falls ich die Reise stornieren muß, lösche ich den Eintrag in meinem elektronischen Kalender und bestätige meine Absicht. Natürlich erwarte ich, daß sämtliche Reisekosten automatisch auf der Spesenabrechnung meiner Firma auftauchen, so daß ich außerplanmäßige Aufwendungen hinzufügen kann und die Auslagen erstattet bekomme. Dieses Szenario, das ich soeben beschrieben habe, existiert tatsächlich, oder zumindest in einer sehr ähnlichen Form.

Vergessen Sie nicht, wer Ihre Kunden sind!

Genau wie Sie werde auch ich mit Werbung überschüttet, sowohl per Post als auch per Telefon. Die Anrufe sind besonders lästig. Aber was mich auf die Palme bringt, sind Anrufe von Firmen, die mich als Kundin gewinnen wollen, obwohl ich bereits seit langem Kundin bin! *Fortune* rief mich neulich an, um mir ein Abo schmackhaft zu machen. Als ich erklärte, daß ich das Wirtschaftsmagazin seit mehr als dreizehn Jahre beziehe, sagte die Anruferin: »Oh, dann entschuldigen Sie bitte die Störung.« *American Express* hat es sich ebenfalls angewöhnt, mich in regelmäßigen Abständen aufzufordern, ihrem elitären Zirkel beizutreten. Offenbar ist es ihrer Aufmerksamkeit entgangen, daß ich schon seit mehr als zwanzig Jahren »Mitglied« bin. Ich begreife nicht, daß Unternehmen mit ansonsten vorbildlichen Kundendatenbanken es nicht schaffen, diese Informationen mit den firmenexternen Adressenlisten zu vergleichen, die sie für ihre Akquisitionstätigkeit kaufen.
Meine lokale Telefongesellschaft hat keine Ahnung, wer ich bin – obwohl ich vier Telefonleitungen in meinem Haus in Boston, vier in meinem Haus in Maine und ein Handy habe. Einmal rief ich sie an mit der Bitte, mir meine Telefonrechnungen das nächste Mal alle zusammen zu schicken. Der Mitarbeiter in der Kundendienstabteilung bedauerte, das sei technisch unmöglich. Ich finde es frustrierend, daß meine Telefongesellschaft kein vollständiges Bild von allen Geschäftsvorgängen hat, die auf mein Konto gehen. Ich bin sicher, daß mir dadurch Chancen entgehen, Geld zu sparen oder mir Zugang zu anderen Dienstleistungen zu verschaffen. Außerdem möchte ich als der wichtige Kunde behandelt werden, der ich bin, ganz zu schweigen von dem Ärgernis, jeden Monat neun verschiedene Telefonrechnungen zu erhalten.
Es sind nicht nur die gut betuchten Kunden, die es verdienen, erkannt und als

Kunden geschätzt zu werden. In einigen US-Bundesstaaten und anderen Ländern der Welt erhalten Sozialhilfeempfänger ihr Geld inzwischen elektronisch überwiesen. Sie benutzen eine gewöhnliche Bankkarte, um ihre Beihilfen abzuheben. Aber es gibt noch andere Serviceleistungen, die sie in Anspruch nehmen könnten. Sie sollten die Möglichkeit erhalten, sich mit Hilfe derselben Bankkarte oder einer Smart Card Zugang zu allen verfügbaren Informationen über Hilfsprogramme zu verschaffen, diese Geld- oder Sachleistungen zu beantragen (berufliche Weiterbildung, Kinderbetreuung, medizinische Versorgung, Wohngeld und Hilfe bei der Wohnraumbeschaffung, Transportdienste, Arbeitsbeschaffungsmaßnahmen usw.), gleichzeitig ihren Status bei diesen Anträgen und Programmen zu überprüfen und die Daten im eigenen Familienprofil zu aktualisieren. Obwohl dieser Service von verschiedenen Behörden und Dienstleistern angeboten wird, sollte das nicht erfordern, daß die potentiellen Empfänger von Pontius zu Pilatus laufen oder unzählige Telefonate führen müssen, um jedesmal die gleiche Litanei über ihre derzeitige Situation herunterzubeten. Alles, was sie brauchen, sollte ihnen aus einer Hand angeboten werden, um ihnen das Leben zu erleichtern.
Mein Vater ist über Achtzig. Er macht sich Sorgen, weil seine Krankenblätter zu Hause in einem Aktenordner aufbewahrt werden und jeder Allgemeinmediziner oder Spezialist, den er aufsucht, sich sein Bild aus den Bruchstücken zusammenreimen muß. Er hätte gerne seine gesamte Krankengeschichte auf einer intelligenten Karte, so daß jeder konsultierte Arzt Zugang hat. Empfehlungen, Verordnungen oder Therapien, die ein Mediziner bewilligt, sollten in diese persönliche elektronische Patientenkarte meines Vaters eingegeben und fortlaufend auf den neuesten Stand gebracht werden. Auf diese gespeicherten Informationen könnten dann auch seine Versicherungen zugreifen, um Rechnungen zu begleichen und den Nutzeffekt der Behandlungen zu beurteilen.
Und was ist mit Privatsphäre und Datenschutz? Wer hat Zugang zu diesen brisanten Informationen, die einiges über das Profil einer Person oder Familie verraten? Für mich (und meinen Vater) steht außer Frage, daß ausschließlich der Kunde ein »Verfügungsrecht« über diese Daten hat. Er kontrolliert und aktualisiert sie, und er entscheidet, wer sie zu Gesicht bekommt. Die meisten von uns würden die Anonymität gerne gegen Bequemlichkeit, Datengenauigkeit und personalisierte Dienste eintauschen, solange wir wissen, daß unsere persönlichen Informationen nicht in die Hände Unbefugter geraten können. Muß man mit gelegentlichen Pannen und Verletzungen der Privatsphäre rechnen? So sicher wie das Amen in der Kirche! Das ist Teil des Lehrgelds, das wir zahlen, bis wir mit diesen neuen Technologien zu leben gelernt haben. Was mich betrifft, so bin ich trotzdem bereit, das Risiko einzugehen. Ich glaube, daß die heute verfügbaren Sicherheitstechnologien wirksam genug sind, um meine persönlichen Daten zu schützen.

Machen Sie es vorhandenen und potentiellen Kunden leicht, Ihre Dienste zu ordern und in Anspruch zu nehmen!

1997 habe ich mich für den »Follow-me«-Service von *AT&T* mit einer 500er-Nummer entschieden, so daß meine Kunden, Freunde und Familienangehörigen meinen Spuren und den verschiedenen Telefonnummern (zu Hause, in der Firma, im Urlaub, Handy usw.) überall in der Welt folgen können.
Das erste Problem tauchte auf, als ich mich für die Nutzung der Website anmelden wollte, die *AT&T* freundlicherweise zur Verfügung stellt. Ich lieferte alle Informationen, um die ich gebeten wurde. Ich konnte meine 500er-Nummer sogar auswählen. Und man bestätigte mir den Eingang meines Auftrags. Aber ansonsten rührte sich nichts.
Nachdem ich zwei Monate im Briefkasten nachgesehen und auf das versprochene Willkommenspaket für Neukunden gewartet hatte, schlug ich die Kundendienstnummer nach und rief an, um mich zu erkundigen, was schiefgelaufen war. Man teilte mir mit, es lägen keinerlei Unterlagen über die Web-Transaktion vor! Deshalb mußte ich die ganze Prozedur noch einmal telefonisch wiederholen.
Als man mir schließlich mein »Begrüßungskit« schickte, war meine »persönliche« 500er-Nummer nicht auf meinen Namen, sondern auf den meines Mannes eingetragen! Ich war ziemlich verärgert, daß ich erneut anrufen und den Fehler in den Unterlagen korrigieren mußte. (Ich wußte, wo das Problem lag, das sie offenbar hatten: Die Rechnung für meinen privaten Telefonservice wird auf den Namen meines Mannes ausgestellt.) Erst nach einer hausinternen Beratung, die annähernd eine Viertelstunde dauerte, konnte mir der Kundenbetreuer versichern, daß man eine persönliche 500er-Nummer auf meinen eigenen Namen eintragen und dem gewünschten Kundenetat zuordnen werde.
Der Rest der Beziehung war genauso unbequem. Der Voice-Mail-Modus funktionierte nicht. Ich begriff nicht, wie man PIN-Nummern eingibt. Jede dieser Transaktionen erforderte von mir mehrere frustrierte Telefonate. Nehme ich diese Dienste heute noch in Anspruch? Ich werde mich hüten!
Aber es geht auch anders. Unlängst bestellte ich bei *Dell* drei Laptop-Computer. Ich wußte, welches Modell ich wollte. Ich war im Besitz aller Produktinformationen, die ich benötigte. Ich war in der Lage, die Konfigurationen und Optionen für jeden einzelnen Rechner auszuwählen. Und binnen weniger Minuten hatte ich das Bestellformular auf der Web-Seite ausgefüllt. Der einzige Stolperstein war die Rubrik mit den Zahlungsmodalitäten. Ich wollte nicht mit Kreditkarte bezahlen. Meine Firma würde einen Scheck schicken. Es gab keine Erklärung, wie in einer solchen Situation zu verfahren sei. Deshalb rief ich die Nummer auf dem Bildschirm an, und ein Verkaufsrepräsentant erklärte mir, was ich in diesem Feld eintragen solle: Vorausbezahlt. Er erbot sich, das Formular auszufüllen, wies mich aber darauf hin, daß ich bei Bestellung via Web einen Rabatt erhalten wür-

de. Also kehrte ich zum Bildschirm zurück, gab »Vorausbezahlt« ein und drückte die Bestelltaste.
Innerhalb einer halben Stunde erhielt ich eine E-Mail mit der Auftragsbestätigung. Eine Stunde danach rief derselbe Verkaufsrepräsentant an, um mir die Adresse durchzugeben, an die ich den Scheck und die Auftragsbestätigungsnummer schicken sollte. Er teilte mir mit, daß es danach zehn Tage bis zur Lieferung meiner Laptops dauern würde: fünf Tage, bis der Scheck eingetroffen und bearbeitet sei, und fünf Tage, bis *Dell* die Computer zusammengebaut und auf den Weg gebracht habe. Fünf Tage später trafen die Rechner in meinem Büro ein – fünf Tage früher als erwartet. Ich war begeistert!
Als Kunde möchte ich imstande sein, an *alle* Informationen heranzukommen, die ich brauche, um eine Bestellung via Website aufzugeben. Ich möchte meine Fragen selbst beantworten, präzise Auskünfte über die Preis- und Rabattpolitik Ihres Unternehmens erhalten, erfahren, ob Sie das gewünschte Produkt auf Lager haben und wann genau die Lieferung erfolgt. Ich möchte wissen, ob es mit anderen Produkten, die ich bereits besitze, kompatibel ist. Falls meine Firma oder ich schon früher bei Ihnen gekauft haben, sollten sämtliche Daten über meine Zahlungsmodalitäten gespeichert sein, so daß ich sie nur noch bestätigen muß. Falls ich Neukunde bin, sollte ich den gesamten Kaufvorgang über die Bühne bringen können, ohne den Telefonhörer auch nur ein einziges Mal in die Hand zu nehmen, falls ich nicht möchte. Und falls ich den zwischenmenschlichen Kontakt vorziehe, erwarte ich, daß mein Gesprächspartner am anderen Ende der Leitung sämtliche relevanten Informationen vor sich liegen hat, einschließlich der soeben auf der Website gelieferten, so daß er sich eine genaue Vorstellung davon machen kann, welche Produkte mich interessieren.
Dennoch scheint es vielen Organisationen schwerzufallen, diese einfachen Voraussetzungen für den Umgang mit Kunden zu verstehen und umzusetzen. Sie sind völlig überrascht, wenn Kunden, die man früher an die Hand nehmen und Schritt für Schritt durch den Verkaufsprozeß begleiten mußte, nun ihre Einkäufe und Transaktionen plötzlich ohne Gängelband erledigen wollen. *Charles Schwab* war die erste Investmentfirma, die diesen Emanzipationstrend erkannte und in klingende Münze umwandelte. *Merrill Lynch, Paine Webber* und *Prudential Securities* brauchten zwei Jahre, um aus ihrem Dornröschenschlaf zu erwachen und ihren Kunden Online-Dienste anzubieten. Diese Komplettservice-Unternehmen hatten sich nicht auf einen Wettbewerb mit den Diskontmaklern einlassen wollen. Aber ihre Klientel verlangte Zugang zu ihren Daten und die Möglichkeit, eine aktive Rolle bei den eigenen Handelsaktivitäten zu spielen. Kunden von heute wollen die Kontrolle über einen Kaufvorgang haben; wenn sie Hilfe brauchen, bitten sie darum.

Vergewissern Sie sich, daß die Kunden Ihre Dienstleistungen zu schätzen wissen!

Die meisten von uns könnten Schauergeschichten über ihre Erfahrungen mit Handelsvertretern, Autohäusern, Regierungsbehörden oder Reisebüros erzählen. Ich möchte sie nicht mit meinen eigenen langweilen.

Meine Erfahrungen mit dem *Hertz # 1 Club Gold* haben mich dagegen angenehm überrascht. Der Kleinbus des Autovermieters bringt mich direkt zu meinem Wagen. Ich sehe meinen Namen in goldenen Leuchtbuchstaben über dem Vehikel (und wer fühlt sich nicht geschmeichelt, wenn er im Rampenlicht steht?). Der Kofferraum ist geöffnet, die Schlüssel stecken. Auch die Straßenkarte liegt bereit. Ich muß nur noch zum Tor hinausfahren und dem Wachposten meinen Führerschein zeigen. Einmal kam ich achtzehn Stunden zu spät, um den bestellten Wagen abzuholen (wegen eines heillosen Durcheinanders mit meinem Flug), und siehe da, er wartete immer noch auf mich!

Bei *Amazon.com* zu bestellen ist ebenfalls eine Freude und wohltuend für die Nerven. Ich kann den Buchkatalog mit Hilfe eines Stichworts oder Autorennamens durchforsten, das Gewünschte heraussuchen und mit der Kreditkartennummer bestellen, die *Amazon* bereits von mir gespeichert hat. Ich kann frühere Bestellungen noch einmal überprüfen, um sicherzugehen, daß ich Onkel Harry nicht zweimal das gleiche Buch schenke. Der gesamte Bestellvorgang ist Balsam für die Seele. Innerhalb weniger Minuten erhalte ich eine E-Mail mit der Auftragsbestätigung. Und in den nachfolgenden Tagen wird mir jedesmal per E-Mail mitgeteilt, daß wieder eine Bücherlieferung an die verschiedenen Adressen unterwegs ist.

Als ich letzten Sommer ein Bücherpaket von *Amazon.com* auspackte, war auf einem Buch ein Aufkleber mit der handgeschriebenen Mitteilung: »Da die von Ihnen bestellte Taschenbuchausgabe derzeit nicht auf Lager ist, schicken wir Ihnen die Hardcover-Version für denselben Preis.« Diese handgeschriebene kleine Notiz hat meine Liebe zu *Amazon.com* gefestigt.

Ein aktiver Service ist ein guter Service. Das Gegenteil von Däumchendrehen und annehmen, daß alles zum Besten steht, solange sich niemand beschwert. *United Parcel Service* machte diese Entdeckung, als *Federal Express* begann, die Spur aller Pakete zu verfolgen, die es per Luftfracht beförderte, und diese Information als Verkaufsargument bei Kunden zu verwenden. Das *UPS*-Management war von diesem Schachzug damals nicht sonderlich beeindruckt. Schließlich konnte das Unternehmen auf eine Erfolgsquote von 99 Prozent bei seinen Zustellungen verweisen. Man machte sich nur über Ausnahmen Sorgen – die Pakete, die man nicht zustellen konnte. Die Kunden wußten, daß sie sich auf *UPS* verlassen konnten. Doch als *FedEx* ihnen den Fehdehandschuh hinwarf und jede Luftfrachtsendung minutiös verfolgte, um diese Informationen den Kunden zugänglich zu machen, wurde die gesamte Branche aufgemischt. Plötzlich war es für Absender und Empfänger ein absolutes Muß, genau zu wissen, wann sich ihre Pakete wo befanden, und auf der Grundlage dieser Informationen handeln zu können (z. B., um sie auf einer anderen Route oder per Expreß zustellen zu lassen). *UPS* hat inzwischen gleichgezogen bzw. *Federal Express* bei der Nutzung dieser Technologie sogar abgehängt. 1997 lieferte *UPS* mehr als 3 Milliarden Pakete aus. Jedes einzelne Paket wurde auf seiner Route mindestens viermal geortet. Wenn es zugestellt und der Empfang quittiert war, wurde die digitale Unterschrift elektronisch gespeichert, einschließlich Datum und Uhrzeit. Und wie bei *Federal Express* kann man sich über den Status der eigenen Sendung auf der *UPS*-Website kundig machen. Beide Unternehmen ermutigen ihre Kunden inzwischen mit Nachdruck, den Endkunden Informationen über den Versand zukommen zu lassen (»Die bestellte Ware wurde am 23. 12. 1997 abgeschickt und wird am 24. 12. 1997 vor 17 Uhr eintreffen«.) Verläßliche Dienste sind gut, reichen aber nicht aus. Heute will der Kunde genau wissen, was Sie wann für ihn tun.

Stimmen Sie Ihre Produkte und Dienstleistungen auf die Kundenbedürfnisse ab!

Die meisten Produkte, die ich für meine Familie oder meine Firma kaufe, sind nicht hundertprozentig auf meine spezifischen Bedürfnisse zugeschnitten. Als ich beispielsweise meine Laptops bei *Dell Computer* bestellte, hätte ich gerne ein Gerät ohne CD-ROM-Laufwerk gehabt. Also fragte ich per E-Mail bei *Dell* an, ob dieses Modell ohne CD-ROM-Laufwerk erhältlich sei. »Nein, alle Laptop-Konfigurationen werden mit CD-ROM-Laufwerk geliefert. *Dell Online.*« So lautete die knappe Auskunft, die ich erhielt. Nicht ganz das, was ich mir über bedarfsspezifische Konfiguration bei einem Computer vorstelle! (Andererseits verstehe ich die Logik hinter dieser Entscheidung. Die meisten Produkte sind nur als vorab konfigurierte Pakete erhältlich. Auf diese Weise hält man die Kosten niedrig.)

Ich verstehe sogar, warum die E-Mail, die ich auf meine Anfrage erhielt, so unpersönlich abgefaßt war. Andere Web-Anbieter haben sich bei mir über die ausufernden Kosten im Kundendienst beklagt, wenn die Kunden auf allzu vertrautem Fuß mit den Mitarbeitern stehen, die ihre E-Mail-Anfragen beantworten. Viele Kunden bedankten sich daraufhin bei ihnen und erkundigten sich nach dem Wetter oder den Sportergebnissen der Lokalmatadore. Damit wurde eine Ping-Pong-Partie belangloser E-Mails eröffnet, die der Kundenbetreuer nur schwer unterbrechen konnte.

Dennoch wäre mir eine personalisierte Antwort von *Dell* lieber gewesen als das Sprüchlein eines elektronischen Handlangers, der auf alle Anfragen mit derselben 08/15-Botschaft zu reagieren scheint. Und ich hätte gerne die Wahl gehabt, entweder das Standardmodell innerhalb von fünf Tagen oder ein »maßgeschnei-

dertes« in einem Monat zu erhalten, und ich wäre vielleicht sogar bereit gewesen, dafür ein bißchen mehr zu berappen.
Heute habe ich eine personalisierte Tageszeitung, die rund um die Uhr auf den neusten Stand gebracht wird (die *Wall Street Journal Interactive Edition*). Außerdem erhalte ich eine Menge »Muntermacher« und Mitteilungen per E-Mail, die mich auf neue Produkte oder Sortimentserweiterungen aufmerksam machen, über die ich informiert werden wollte. *Hewlett-Packard's SmartFriend* schickt mir beispielsweise jedesmal eine kurze Notiz, wenn etwas auf der Website von *HP* erscheint, was mich nach eigenen Angaben interessieren könnte. Jedesmal wenn ein neues Buch aus meinem Fachgebiet in den Versandkatalog aufgenommen wird, erhalte ich eine E-Mail von *Amazon.com.* Und ich finde jede Woche ein Mailing mit »Schnäppchenangeboten« von *American Airlines* vor. Wundert mich das? Nein, denn um diese Benachrichtigungen habe ich gebeten. Ich weiß, worum es sich handelt, und ich kann jederzeit sagen, »Danke, jetzt reicht's!« Mir gefällt der persönliche Aspekt der Serviceleistungen, die diese Firmen anbieten. Das untermauert meine Beziehung zu ihnen.

Können Sie es sich leisten, Ihren Kunden das Leben *nicht* zu erleichtern?

Warum schildere ich Ihnen diese scheinbar nebensächlichen Einzelheiten in meinen Geschäftsbeziehungen zu verschiedenen Unternehmen? Ich möchte, daß Sie einmal über Ihr eigenes Leben nachdenken, über die Organisationen und Menschen, mit denen Sie in Ihren unterschiedlichen Rollen als Verbraucher, Eltern, Steuerzahler, Werktätige, Käufer oder einfach als Mensch zu tun haben, der bei Kaufentscheidungen ein Wörtchen mitzureden hat. Wann empfinden Sie diese Interaktionen als Vergnügen? Und wann als notwendiges Übel?
Wenn es Ihnen wie mir ergeht, dann arbeiten Sie gerne mit Organisationen zusammen, die Ihre knappe Zeit nicht unnötig vergeuden, die Ihnen zeigen, daß man Sie als Kunde schätzt, die auf Ihre individuellen Bedürfnisse eingehen und Ihnen gleichzeitig glaubhaft versichern können, daß sie ihre Zusagen erfüllen. Falls sie dazu nicht imstande sind, streut man Ihnen Sand in die Augen. Damit Sie weiterhin ein gutes Gefühl dabei haben, mit ihnen geschäftlich verbandelt zu sein.
Jetzt ist es an der Zeit, den Spieß umzudrehen. Wie gut schneidet Ihr Unternehmen auf dieser Skala ab? Wieviel wissen Sie über die tatsächlichen Erfahrungen der Endkunden, die Ihre Produkte und Dienstleistungen kaufen? Sie nehmen vielleicht an, daß Ihre Kunden zufrieden sind und sich bei Ihren Verkaufsmitarbeitern oder Vertriebspartnern in den allerbesten Händen befinden. Sie haben vielleicht das Gefühl, daß die Fragebögen zum Thema Kundenzufriedenheit, die Sie in Umlauf bringen, einen relativ genauen Eindruck von den Kundenerfah-

rungen vermitteln. Sie haben unter Umständen so viele Kunden, daß es unmöglich wäre, jeden einzelnen nebst seinen persönlichen Bedürfnissen und Präferenzen zu kennen. Aber möglicherweise liegen Sie auf ganzer Linie falsch mit Ihren Vermutungen. Dank der heutigen E-Commerce-Technologien ist es kosteneffektiv und leicht für Kunden, direkt mit Ihnen in Verbindung zu treten, Ihnen mehr über sich selbst zu erzählen und bessere Dienstleistungen zu erhalten. Bevor Sie jedoch beschließen, die Vorarbeiten hinter den Kulissen in die Wege zu leiten, um diesen nahtlosen Service anbieten zu können, sollten Sie wissen, wer Ihre Kunden sind.

Zweiter Schritt:

Konzentration auf den Endkunden für Ihre Produkte und Dienstleistungen

Ohne Kunden sind Sie im Geschäftsleben völlig fehl am Platz. Alle haben Kunden. Firmenkunden sind Unternehmen oder Privatpersonen, denen sie ihre Endprodukte oder Dienstleistungen anbieten. Staatliche Institutionen haben Kunden: die Bürger eines Landes und Einwohner der Gemeinden, denen sie dienen. Und auch Organisationen ohne Erwerbscharakter haben Kunden: die Menschen, deren Bedürfnisse sie befriedigen.

Doch auf die Frage, wer denn nun ihre Kunden sind, erhält man von den meisten Organisationen eine unklare Antwort. Ein Automobilhersteller könnte sagen, daß er die Autohändler als seine Kunden betrachtet. Für ein Versicherungsunternehmen sind es vielleicht die selbständigen Versicherungsvertreter. Für eine Organisation ohne Erwerbscharakter die Spendenwilligen. Für eine staatliche Institution die Gesamtheit der Steuerzahler. Und für eine Konsumgüterfirma die Einzelhändler. Viele Unternehmen sehen in ihren Großhändlern oder Distributoren ihre Kunden, weil es diejenigen sind, mit denen sie auf tagtäglicher Basis Kontakt haben. Natürlich ist es ungeheuer wichtig, Großhändler, Distributoren und Einzelhändler bei Laune zu halten und ihre Bedürfnisse zu befriedigen. Keine Frage, daß man Steuerzahler und Spendenwillige laufend informieren und bei der Stange halten muß. *Aber der eigentliche Kunde ist der Endkunde für die Produkte oder Dienstleistungen, die eine Organisation anbietet* – die privaten oder gewerblichen *Nutzer*, und nicht die *Verteiler*, selbst wenn sie für das Produkt oder die Dienstleistung zahlen.

Für ein Unternehmen ist der Endkunde derjenige, der das Produkt oder die Dienstleistung konsumiert und in aller Regel, wenn auch nicht immer, dafür zahlt. Oft handelt derjenige, der das Geld auf den Tisch legt, im Auftrag des Endkunden. Ein Buchhändler, der das Recherchematerial für eine Firmenbibliothek kauft, ist beispielsweise nicht der Anwender der Information.

Manchmal ist die Beziehung sogar noch indirekter. Das mußte *National Semiconductor* feststellen. Das Halbleiter-Unternehmen hatte Entwicklungsingenieure als Endkunden-Zielgruppe ermittelt. Sie bauen die Chips von *National*

Semi in die Produkte ein, die auf ihrem Reißbrett Gestalt annehmen. Sie sind die Verwender der Produkte, die *National Semi* herstellt. Der Kaufvorgang selbst wird indessen von der Einkaufsabteilung im Auftrag der Herstellung abgewickelt, sobald das Produkt mit dem eingebauten Chip entworfen ist.

Der Leiter der Einkaufsabteilung zahlt vielleicht die Rechnung, aber er weiß nicht unbedingt etwas über die Qualität oder den Inhalt des Produkts oder der Dienstleistung. Wenn aber der Endkunde die Recherche, die Sie durchgeführt haben, das Automobil, das bei Ihnen vom Band gelaufen ist, das Müsli, das in Ihrem Betrieb abgepackt wurde, die Filme, die Sie auf den Markt bringen oder die Werkzeugmaschinen, die Sie herstellen, nicht zu schätzen weiß, sind Sie nicht mehr lange im Geschäft. Es ist daher wichtig, den Regelkreis zwischen Ihnen, dem Hersteller eines Produkts, und dem Endanwender dieses Produkts zu schließen, denn nur durch direkte Rückmeldungen können Sie die Voraussetzungen für den fortlaufenden Erfolg in dem Markt (oder in den Märkten) schaffen, den Sie bedienen. Zum erstenmal in der Geschichte ist es nun kosteneffektiv, möglich und sogar unerläßlich, elektronische Feedback-Loops zu schaffen und den Kontakt zu Ihren Endkunden herzustellen und aufrechtzuerhalten.

Falls Ihre Endkunden keinen Nutzen in den Produkten oder Dienstleistungen sehen, die Sie anbieten, können Sie früher oder später »einpacken«. Die Zeitdauer, bis Sie durch unzufriedene Kunden außer Gefecht gesetzt sind, hängt davon ab, in welchem Ausmaß sie von direkten Kundenrückmeldungen abgeschottet sind. Ein Unternehmen, das im Direktverkauf tätig ist, merkt normalerweise früher als eine Firma mit verzweigten Absatzwegen, daß Gefahr im Verzug ist. Eine Organisation ohne Erwerbscharakter, die den Dienstleistungsgedanken auf ihre Fahnen geschrieben hat, aber nur ein Lippenbekenntnis ablegt, wird bald nicht mehr die Mittel beschaffen können, die ihre Existenzberechtigung gewährleisten. Und eine staatliche Institution, die ihre Bürger, von denen viele zur Wahlurne gehen, links liegen läßt, wird irgendwann durch Abwahl aus dem Amt entfernt (mit Ausnahme der beamteten Staatsdiener, die mehr Sitzfleisch haben!).

E-Commerce bietet Ihnen einen direkten Kontakt mit Ihren Endkunden

Die E-Business-Technologien sind auf dem besten Weg, eine nachhaltige Revolution auszulösen. Jede Organisation verfügt nun ungeachtet ihrer Größe über die Möglichkeit, in direkten Kontakt mit ihren Endkunden zu treten. Jedes Unternehmen, wie dezentralisiert auch immer, ist jetzt in der Lage, Informationen über ihre Kunden zu konsolidieren, um sich ein genaueres Bild von ihnen zu machen und festzustellen, welche Produkte und Dienstleistungen sie bevorzugen und was sie vom Service erwarten. Jede Firma hat inzwischen die Chance, gleich in welchem Maß sie sich auf indirekte Vertriebswege stützt, eine Verbindung zwi-

schen Vertriebspartnern und Endkunden herzustellen und am Dialog zwischen den beiden teilzunehmen.
Können Sie es sich leisten, diese neuen Potentiale brachliegen zu lassen, wenn die Konkurrenz bereits die Nase vorn hat? Das bezweifle ich.

Können Sie feststellen, wer Ihre Kunden sind?

Viele Organisationen wissen, wer ihre Kunden sind. Andere haben keinen blassen Schimmer. Hersteller von Produkten, bei denen der Käufer tief in die Tasche greifen muß, kennen ihre Kunden eher als solche, die preiswerte Verbrauchsgüter herstellen wie Zahnpasta und Waschpulver. Letztere sind unter Umständen nur mit den Namen derjenigen Kunden vertraut, die sich über die Qualität eines Produkts beschweren – ein verschwindend geringer Prozentsatz des gesamten Kundenbestands. Aber selbst die Handvoll Kunden, die von einem Produkt enttäuscht ist und ihrem Frust Ausdruck verleiht, kann für das Unternehmen ein wertvoller Aktivposten sein, wenn es ihm gelingt, sie in loyale Kunden zu verwandeln, die auf das Produkt schwören und aus ihrer Begeisterung keinen Hehl machen.
Was wäre, wenn Sie – auch ohne Sechser im Lotto – genau ermitteln könnten, wer Ihre Produkte kauft? Selbst wenn Sie Millionen von Kunden identifizieren müßten, die demographischen Muster wären für die Produktplanung und -entwicklung in Ihrem Unternehmen von unschätzbarem Wert. *Procter & Gamble* und *Microsoft* haben zigmillionen Kunden. Trotzdem führen beide konzertierte Aktionen durch, um mehr über jeden einzelnen in Erfahrung zu bringen. *Procter & Gamble* verkauft Waschmittel, trotzdem investiert die Firma kräftig in die Verbraucherforschung. Ungeachtet dessen, ob Sie Software, Telefondienste oder Waschpulver anbieten, es ist wichtig, zu wissen, wer Ihre Kunden sind und wie Sie es schaffen, ihre gesamten Kaufaktivitäten in dieser Kategorie an Land zu ziehen und auf lange Sicht zu halten.

Wie Microsoft seine Kunden kennenlernt

Microsoft hat vermutlich annähernd 100 Millionen Kunden. Die meisten haben die Produkte über indirekte Vertriebswege erstanden. Die Software kam mit einem PC gebündelt, wurde per Kalalog bestellt oder bei einem Einzelhändler gekauft. Trotzdem hat das Unternehmen eine konzertierte Aktion auf den Weg gebracht, um eine umfassende Kundendatenbank zu erstellen. Binnen weniger Jahre wird der Software-Gigant wesentlich mehr über seine Kunden wissen als heute. Die schrittweise, stetige Entwicklung der Kunden-Informationsstrategie von *Microsoft* ist lehrreich und vielleicht vielen Lesern vertraut.

Lange Zeit waren die einzigen Anwender, die *Microsoft* kannte, die neunzig Firmenkunden des Konzerns und die rund 25 Millionen Käufer, die Garantieerklärungen eingeschickt hatten. Die Namen letzterer wurden in einer Marketing-Datenbank gesammelt, von einem firmeninternen Versandhaus verwaltet und mit gekauften Adressenlisten kombiniert. Die bestehenden und potentiellen Kunden werden nach Segmenten geordnet und gezielt via Direktversandwerbung angesprochen, wenn spezifische Verkaufsförderungsmaßnahmen oder Einladungen zu Seminaren ins Haus standen. 1993 entwickelte das Unternehmen ein Daten-Warehouse in großem Stil. Das sogenannte »MS Sales«, *Microsofts* Daten-Warehouse und Decision-Support-System, erstattet minutiös Bericht darüber, wie das Unternehmen nach Region, Produkt, Vertriebsweg und Kundentypus abschneidet. Ganz nebenbei sammelt es auch noch Informationen darüber, welche Unternehmen kaufen. Bis Dezember 1996 besaß *Microsoft* keine Datenbank, die vorrangig dazu aufgebaut wurde, um Profile von den Kundeninteressen zu erstellen oder direkt mit den Endkunden zu kommunizieren. Der Impuls wurde erst durch das World Wide Web ausgelöst.
Als die Kunden *Microsofts* Website besuchten und eine interaktive Beziehung zum Unternehmen knüpften, hinterließen sie Information über sich selbst (ihre E-Mail-Adresse, ihre Postanschrift, an welchen Produkten und Dienstleistungen sie interessiert waren usw.) Aber jeder einzelne Bereich der Website wurde von den verschiedenen Produktmarketing-Gruppen, die für spezifische Produktlinien oder Kundengruppen verantwortlich waren, entwickelt und aktualisiert. Die verfügbaren Informationen waren also in alle Winde verstreut und viele doppelt vorhanden. Als Pieter Knook, General Manager von *Microsoft.com* sich anschickte, eine einzige interaktive Marketing-Datenbank für das gesamte Unternehmen zu entwickeln, waren bereits 72 verschiedene kleinere Datenbanken damit befaßt, E-Mail-Adressen von Kunden zu sammeln! Heute gibt es eine einzige Datenbank mit Kundenprofildaten, die von der *Microsoft*-Website erfaßt werden. Wenn Sie zu dieser Website surfen, werden alle Informationen, die Sie im Zuge der Interaktion liefern, in einem Profil erfaßt. Sie können Ihre Profildatei dann jederzeit überprüfen und aktualisieren. Der nächste Schritt, der für *Microsoft* auf der Hand liegt, ist die Verknüpfung der webbasierten Kundenprofile mit den Kundendaten, die das Unternehmen bereits in anderen Systemen gesammelt hat.

Was ist, wenn Ihr Vertriebspartner die Kunden bereits mit Beschlag belegt hat?

Viele Unternehmen haben die Aufgabe, Kundennähe herzustellen, an ihre Vertriebspartner delegiert, als Teil ihrer übergeordneten Strategie. Oft betrachten die Vertriebspartner die Kunden, als Gegenleistung für die gelieferten Dienste, als ihr »persönliches Eigentum«. Es ist nichts dagegen einzuwenden, den Kundendienst demjenigen Glied in der Distributionskette zu überlassen, das am besten gerüstet ist, Kunden zufriedenzustellen. Problematisch wird dieses Arrangement indessen, aus strategischer Sicht, wenn ein Vertriebspartner als Teil des stillschweigenden Abkommens sich mit Informationen über den Kunden hinter dem Berg hält.

Konsumgüterhersteller tun sich schwer, ihre tatsächlichen Kunden nicht aus den Augen zu verlieren. Es sind unendlich viele, und sie kaufen kurzlebige Produkte. Und doch stellen viele Jahr für Jahr einige Millionen Dollar für die Beschaffung von Informationen bereit, die ihnen Aufschluß über die demographischen Merkmale der Personen geben, die ihre Verbrauchsgüter und die der Konkurrenz kaufen. Darüber hinaus führen sie regelmäßig Verkaufsförderungsmaßnahmen durch und geben Coupon-Anzeigen auf. Sie haben außerdem erkannt, daß es absolut unerläßlich ist, die Wirksamkeit jedes einzelnen Verkaufsförderungsprogramms zu analysieren. Doch es scheint dennoch einen blinden Fleck zu geben, der viele Firmen daran hindert, mehr Informationen über ihre Endkunden zu sammeln.

Vor einigen Jahren habe ich im Rahmen der Zusammenarbeit mit einem Unternehmen, das dauerhafte Verbrauchsgüter herstellt, firmenweit eine interessante Zurückhaltung entdeckt, Kundendaten zu sammeln. Dieses Unternehmen stellte den Kontakt zur Mehrheit seiner Einzelhändler über Broker her. Diese Zwischenhändler stellen eine Art Bindeglied dar, und man erwartet von ihnen, daß sie die Beziehung zwischen Hersteller und Einzelhandel pflegen. Die Einzelhändler sind wiederum diejenigen, die mit den spezifischen demographischen Daten und den damit einhergehenden Bedürfnissen ihrer Endkunden am besten vertraut sind. Doch diese unschätzbar wertvollen Informationen – über die tatsächlichen Wünsche und Bedürfnisse der Konsumenten – fanden nicht den Weg in die Unternehmenszentrale. Die Broker horteten sie, in der Hoffnung, sich damit sowohl beim Hersteller als auch bei den Einzelhändlern, die von ihnen betreut wurden, unentbehrlich zu machen. Sie übermittelten die Bedürfnisse der Einzelhändler, wenn im Zuge der Ladenwerbung eine neue Display-Strategie entwickelt worden war oder wenn dic Marketingabteilung eine vorab angekündigte Umfrage durchführte. Aber der Hersteller hatte von den Brokern nicht ausdrücklich gefordert, umfassende Informationen über die Einzelhändler oder deren Kunden, die Endverbraucher, zu liefern.

Interessanterweise war diese Vogel-Strauß-Politik auch bei den direkten Kunden des Herstellers gang und gäbe. Als das Unternehmen enge Arbeitsbeziehungen zu einigen seiner größten Einzelhändler entwickelte, beispielsweise *Wal-Mart,* führte es einfach ein Direct-Account-Managementsystem ein. Im Außendienst blieb jedoch alles beim alten.

Der Hersteller gab dem Einzelhandel genau das, was er verlangte – im Fall *Wal-Mart* eine Just-in-time-Beschaffung. Er legte sich ins Zeug, wenn es galt,

Wal-Mart zufriedenzustellen, aber er war nicht daran gewöhnt, Fragen über die Wünsche und Bedürfnisse der Endverbraucher zu stellen.
Als *Wal-Mart* dem Verkaufsrepräsentanten des Herstellers anbot, tagtäglich eine detaillierte Aufstellung der gekauften Produkte in jeder Niederlassung zu liefern, lehnte dieser dankend ab. Als die Marketing-Abteilung Wind davon bekam, ging sie an die Decke! Warum sollte sie für die Dienstleistungen einer dritten Partei, beispielsweise *Nielsen,* für *geschätzte* demographische Informationen über die Konsumenten der Produkte bezahlen, wenn man die Tagesumsätze in jedem Geschäft und in jeder Stadt ganz genau ermitteln konnte? Die Verkaufsabteilung war der Ansicht, der »Kunde« *Wal-Mart* sei auch so zufrieden. Die Tatsache, daß die Marketingabteilung diese Daten nutzen konnte, um ihre Aktivitäten gezielt auf das Kaufverhalten der Kunden abzustimmen, war für sie nicht von Belang.

Neue Wege bei der Identifikation der Konsumgüterkunden

In den letzten Jahren wurde die Technologie verstärkt genutzt, um genau diesen Kundentypus zu identifizieren. Mit einer Kombination aus strichcodierten Erzeugnissen und Kundenkarte sind viele große Einzelhändler von den früher üblichen Coupon-Anzeigen in Tageszeitungen auf das Kundenkarten-System umgestiegen. Früher konnten die Kunden diese Karten, die einen bargeldlosen Zahlungsverkehr ermöglichten, auf Wunsch im Supermarkt um die Ecke beantragen; nun berechtigt der Besitz auch zu einem Rabatt bei »speziellen« Waren. Sie erhalten immer noch die wöchentliche Werbebroschüre vom Supermarkt, aber statt Papiercoupons auszuschneiden, werden sie darauf hingewiesen, welche Produkte bei Benutzung der Kundenkarte billiger sind.
An der Kasse lassen sie ihre Kundenkarte von der Kassiererin einscannen. Dann werden die Waren eingescannt. Sie erhalten ihren Preisnachlaß, und der Supermarkt weiß genau, was sie gekauft haben und kann diese Informationen an seine Lieferanten weitergeben. Das ist eine Situation, von der alle Beteiligten profitieren. Der Kunde hat die Wahl, ob er seine Kundenkarte benutzen will oder nicht. Wenn er entscheidet, daß er auf sie verzichtet, erhält er keinen Rabatt. Oder er läßt sich durch den Preisnachlaß dafür »bezahlen«, daß er dem Händler die Möglichkeit bietet, die Einzelheiten seines Kaufvorgangs mit seinem Kundenprofil zu verknüpfen.
Inzwischen machen mehrere Einzelhändler Gebrauch von solchen Kundeninformationen. *Radio Shack,* ein Unternehmen, das in den USA Unterhaltungselektronik verkauft, spart jedes Jahr einige Million Dollar ein: auf der Grundlage der Informationen, die es aus den Kundenprofildateien gewinnt, kann es seine Direktwerbung (Verkaufsförderung mittels Direct-Mail-Aktionen) gezielter einsetzen. In Schweden gibt ein Lebensmittelgeschäft Discount-Mitgliedskarten

nicht nur aus, um das Kaufverhalten der Kunden im Blick zu behalten, sondern bietet ihnen auch einen Anreiz, »Bankgeschäfte« mit ihr abzuwickeln: Sie können das Geld für den Einkauf auf ein Konto einzahlen und erhalten dafür einen höheren Zinssatz als von ihrer Hausbank.

Was ist, wenn Ihre Kunden wirklich anonym sind?

Die meisten Pharmakonzerne haben keine Ahnung, wer ihre Kunden sind. Bestenfalls kennen sie gerade noch die Ärzte, die ihre Medikamente verordnen, weil sie Pharmareferenten zu ihnen schicken. Doch sogar diese Verbindung hat ihre Tücken. Es besteht eine so große Distanz zwischen den Partnern, daß ein Großkonzern in die Bresche gesprungen ist, um die Informationslücke zu schließen.

Ende der 60er Jahre entdeckte ein gewiefter *IBM*-Außendienstmitarbeiter, der die Pharmaindustrie abgraste, die Informationslücke und versuchte, sie *IBM* als einmalige Verkaufschance schmackhaft zu machen. *IBM* ließ sie sich entgehen. So wurde die Firma gegründet, die später als *IMS* Furore machte (*IMS* kam in den 90er Jahren bei *Dun & Bradstreet* unter die Haube, für einen stattlichen Preis. Der *IBM*-Außendienstler, mein Schwager, konnte sich früh aus dem Erwerbsleben zurückziehen!).

Das Geschäftsmodell war einfach: Informationen am Point of Sale sammeln und an die Hersteller veräußern. Die pharmazeutischen Unternehmen verkauften ihre Produkte via Großhändler an Distributoren und diese wiederum an den Einzelhandel, zum Beispiel Drugstores, wo sie in die Hände der Endabnehmer gelangten. Die Pharmafirmen hatten aber darüber hinaus noch große Direktvertriebsorganisationen aufgebaut. Die Mitarbeiter im Außendienst waren für den »Kleinkram« zuständig: Ihre Aufgabe bestand darin, die Ärzte in ihrem Absatzgebiet aufzusuchen und sie mit detaillierten Informationen über die Produkte ihrer Firma zu versorgen. Bei diesem sogenannten »soft sell« wurde kein Geschäftsabschluß getätigt. Und natürlich statteten sie den Ärzten, die ihre Produkte verordneten, einen Besuch ab, und nicht dem Endverbraucher – dem Patienten.

Die Außendienstmitarbeiter meinten genau zu wissen, wie erfolgreich sie waren. Wenn die Ärzte Fragen zum Produkt und seinen Nebenwirkungen stellten oder wenn sie um zusätzliche Gratismuster baten, verordneten sie die Medikamente höchstwahrscheinlich. Aber das war eine Schlußfolgerung, deren Richtigkeit der einzelne Pharmareferent dem Management nicht hieb- und stichfest beweisen konnte, da die Ärzte ihm keine Liste mit den Namen der Patienten, denen sie die Arzneimittel verordneten, in die Hand drückten.

IMS besuchte die Drugstores und erbot sich, für die detaillierten Berichte über den Verkauf jedes einzelnen Medikaments an jeden einzelnen Kunden zu zahlen;

die vertrauliche Behandlung der Daten wurde zugesichert und das Versprechen gehalten. Danach wandte sich *IMS* an die Pharmafirmen und bot ihnen die umfassenden demographischen Daten, die Aufschluß über den Umsatz jedes einzelnen Produkts in den Drugstores gaben, zum Kauf an. Die Vertriebsleitung der Pharmaunternehmen konnte anschließend einen groben geographischen Zusammenhang zwischen Drugstores, Ärzten und Absatzgebiet herstellen. Das zeigt, daß sich selbst in einer Situation, in der es unmöglich erscheint, direkte Kundeninformationen zu gewinnen, demographische Daten sammeln lassen. Und es ist außerdem möglich, einige der Käufer, die das Produkt *benutzen*, zu veranlassen, sich selbst zu erkennen zu geben, wenn Sie ihnen beispielsweise als Gegenleistung einen Anreiz bieten wie die Kundenkarten in Supermärkten, die zu einem Rabatt berechtigen.

Wie man von den Kundendaten profitiert

Ich schlage Ihnen nicht vor, Ihre Kundendaten an den Meistbietenden zu verkaufen. Im Gegenteil: Damit verärgern Sie Ihre Kunden und untergraben das Fundament, auf dem Ihr »Alleinverkaufsrecht« ruht. Ich empfehle Ihnen vielmehr, diese gesammelten Informationen zu nutzen, um Ihre Beziehungen zu allen Ihren Kunden zu verbessern. Sie sollen Sie nicht unaufgefordert mit Direktwerbung oder E-Mails bombardieren. Erkundigen Sie sich, für welche Produkte und Dienstleistungen sie sich interessieren und auf welchem Weg sie die gewünschten Informationen erhalten möchten.

Wenn Sie im Lauf der Zeit mehr über Ihre Kunden in Erfahrung bringen, werden Sie in der Lage sein, die Spreu vom Weizen zu trennen und die wirklich gewinnbringenden von den kostenverursachenden Geschäftsbeziehungen zu unterscheiden; aber zunächst müssen Sie herausfinden, wer Ihre Kunden sind und wie Sie ihnen die Geschäftstätigkeit mit Ihnen erleichtern können. Damit festigen Sie die Kundentreue und erhöhen die Rentabilität.

Pattys Resümee für Apple Computer: Richten Sie Ihr Augenmerk auf die Endkunden

In den nächsten Kapiteln werde ich Ihnen die besten Konzepte zeigen, die eine Reihe von Unternehmen in ihre E-Commerce-Strategien eingebracht haben[2]. Ich möchte dieses Kapitel mit einem konkreten Beispiel abschließen, das zeigt, wie sich diese Konzepte umsetzen lassen. Werfen wir einen Blick auf ein Unter-

2 Die »Quintessenz« wird jeweils in »Pattys Resümee« zusammengefaßt.

nehmen, das die meisten von uns kennen und mögen: *Apple Computer.* Wir werden sehen, wie es *Apple* vielleicht gelungen wäre, durch Konzentration auf seine Endkunden eine erfolgreiche Auffangaktion in die Wege zu leiten, als der US-Computerhersteller 1996 und 1997 ins Trudeln geriet.

Apples Niedergang macht mich traurig. Ich besitze keinen Macintosh mehr, aber sechs Mitglieder meiner Familie arbeiten immer noch damit. Vor drei Jahren wechselte ich auf Betreiben meines Mannes zum PC über. Ich erinnere mich noch gut an jenen Sommer: Es war heiß, und die Temperaturen stiegen immer mehr. Obwohl mein Mann ein versierter Computerbenutzer ist, brauchte er volle zwei Monate, um sich zu »akklimatisieren« und mit *Microsoft* Windows klarzukommen, wobei er unablässig fluchte! Die Kosten der Umstellung vom Mac auf den Windows-PC waren – in Form von Frust – sehr hoch. Aber mein Mann hatte das Gefühl, daß ihm keine andere Wahl blieb. Er brauchte den PC für seine berufliche Tätigkeit.

Natürlich wechselten wir beide zu Windows 95 über. Ich weiß, daß *Microsoft* behauptet, die Einarbeitung sei wegen der Ähnlichkeit der Programm ein Kinderspiel für »Mac-Erfahrene«, aber das erwies sich als Trugschluß. Für meinen Mann war Windows 95 meilenweit vom Mac entfernt, den er kennen- und liebengelernt hatte.

Die Moral von der Geschichte ist, daß damals wie heute vieles für den Mac mit seiner zweidimensionalen Benutzeroberfläche und Benutzerfreundlichkeit spricht. Was am meisten ins Gewicht fällt, sind jedoch die treuen, langlebigen Kunden, die mehrere Generationen umspannen, wie meine Eltern, mein Sohn, meine Schwiegertochter und mein Schwager. Aber hat *Apple* jemals den direkten Kontakt zu seinen Fans hergestellt? Mitnichten. Ich bin mir sogar ziemlich sicher, daß *Apple* nicht einmal weiß, wer zu ihnen gehört, auch wenn sie dem Macintosh seit Jahren die Stange halten. Alle haben brav ihre Garantiekarten und Anmeldeformulare eingeschickt. Aber *Apple* hat nie darauf reagiert. Der einzige Hinweis, daß irgend jemand den Kauf eines Mac überhaupt zur Kenntnis genommen hatte, waren Gratisexemplare des *MacWorld* Magazins im Briefkasten, die um Abonnenten warben.

Man möchte meinen, daß die Firma *Apple* angesichts der Krise, in der sie seit einiger Zeit steckt, brennend daran interessiert sein müßte, zu erfahren, wer ihre loyalen Kunden sind. Mit einer zielgerichteten Ansprache dieses Segments könnte man eine umfassende Turnaround-Strategie entwickeln und ein Comeback einläuten.

Wie Apple die Talsohle überwinden könnte

Wenn ich eine Firma hätte, die unter extremen Wettbewerbsdruck gerät, würde ich viele der Sanierungsmaßnahmen ergreifen, die Gil Amelio während seiner kurzen Zeit im Chefsessel von *Apple* einleitete. Ich würde die Kosten drastisch senken. Ich

würde mich auf das Kerngeschäft konzentrieren. Ich würde neue hochklassige Premium-Produkte einführen. Ich würde die Preise niedrig halten, ohne meine Gewinnspanne völlig zu opfern. Aber als erstes würde ich feststellen, wer meine loyalen Kunden sind, was ich tun muß, um auch weiterhin ihre Zufriedenheit und Treue zu gewährleisten, und wie ich eine unverbrüchliche Beziehung zu ihnen schmieden kann. Diesen Ansatz hat Amelio nie in Erwägung gezogen. Sein Nachfolger Steve Jobs ist offenbar auch noch nicht auf die Idee gekommen.
Apples Probleme sind nicht von der Art, die man durch Massenmarketing und geballte Werbung lösen könnte. Das Unternehmen hat ein Beziehungsproblem, das sich durch den Aufbau persönlicher Kontakte aus der Welt schaffen ließe. Hier sind die Schritte, die *Apple* (und jede Firma, nebenbei bemerkt) unternehmen sollte:

① *Die Endkunden identifizieren*

Angesichts der ungezählten Kunden, die *Apple* auch heute noch hat, scheint die Aufgabe, herauszufinden, wer sie im einzelnen sind, eine Sisyphusarbeit zu sein. Aber diese Hürde ist mit Sicherheit nicht unüberwindlich. Ich würde bei den Informationen ansetzen, die ich bereits besitze: Die Garantiekarten und Anmeldeformulare müssen ja irgendwo gelandet sein. Diese Daten ließen sich gewiß besser nutzen, als die Adressen an *MacWorld* für die Abonenntenwerbung zu verkaufen. Als nächstes würde ich mir *Microsoft* zum Vorbild nehmen und meinen Händlern und Wiederverkäufern einen saftigen Preisnachlaß für alle validen Namen, Adressen und Informationen über das Kaufverhalten bieten, die sie am Point of Sale sammeln können, ohne den Kunden in irgendeiner Weise zu behelligen. Und wie *Microsoft* würde ich die Kunden, die meine Website besuchen, identifizieren und eine Profildatei anhand der gelieferten Informationen aufbauen, einschließlich ihrer E-Mail-Adresse, so daß ich sie kostengünstig kontaktieren kann.

② *Loyalen Kunden das Gefühl geben, etwas Besonderes zu sein*

Ich würde meine Stammkunden ermutigen, sich auf meiner Website als loyale Mac-User einzutragen. (Ohne 19,95 Dollar von ihnen zu verlangen, die Mitglieder des *Apple Club* zahlen müssen – eine Frechheit!) Ich würde diese Kunden bitten, mir Informationen zur Entwicklung einer Profildatei zur Verfügung zu stellen, die enthält, wer sie sind, was für einen Mac (aus der Computerfamilie) sie benutzen, welche Software sie geladen haben und zu welchem Zweck sie den Computer verwenden. Als kleines Dankeschön würde ich ihnen verschiedene Vorteile bieten (Preisnachlaß, Downloads der neuesten Software usw.). Und wie *American Airlines* auf seiner Website, würde ich hier die »Mac-Mitglieder«-Seite augenfällig, einladend, nützlich und lohnenswert gestalten, so daß diese Kunden immer wieder gerne auf mein Angebot zurückgreifen.
Ich würde sogar ein Stammkundenprogramm für loyale Mac-Kunden einführen.

Wie die Saturn-Sparte von *General Motors* würde ich den Mac-Kunden einen Anreiz bieten, sich registrieen zu lassen, z. B. einen Rabatt für die neuesten und leistungsfähigsten Geräte, T-Shirts und Punkte beim Kauf von Mac-Software oder für die Benutzung der Online-Dienste, die dann bei der Zahlung des nächsten Mac in klingende Münze umgewandelt und vom Endbetrag abgezogen werden. Mein Ziel: Treue Kunden sollen sich nach ihrer Kaufentscheidung nicht verunsichert und in die Defensive gedrängt fühlen, sondern die »*Apple*-Philosophie« stolz verteidigen.

③ *Eine eingeschworene Gemeinschaft aufbauen*

Wenn diese loyalen Mac-Kunden meine Website frequentieren, würde ich dafür sorgen, daß sie miteinander kommunizieren. Ich würde sie ermutigen, Diskussionsforen über Themen ins Leben zu rufen, die sie interessieren, sich über ihre Mac-Erfahrungen auszutauschen, Tipgeber bei Problemen der anderen Gruppenmitglieder zu spielen und Vorschläge für Produktverbesserungen zu entwikkeln. Ich würde ihnen lebenslang kostenlose E-Mail-Accounts anbieten und die Möglichkeit, ihre eigene Homepage zu entwerfen und zu postieren, so daß sie sich vor den anderen Mitgliedern der Mac-Gemeinde profilieren können.

④ *Eine Kunden-Datenbank aufbauen*

Ich würde alle gesammelten Kundendaten in einer Kundeninformations-Datenbank miteinander verknüpfen – eine, die sich jederzeit ergänzen, aktualisieren und abfragen läßt, und die interaktiv genutzt werden kann, um E-Mails und klassische Papier-Mailings »maßzuschneidern«. Ich würde die Informationen über die Kundentransaktionen mit den Profildaten kombinieren. Und dann würde ich meinen Kunden diese Information auf der Website zugänglich machen und sie bitten, falls nötig Korrekturen vorzunehmen.

⑤ *Die Kunden selbst bestellen lassen*

Ich würde es wie *Dell* machen und den Kunden anbieten, ihren Mac selbst zu konfigurieren und zu bestellen. Kunden, die es vorziehen, direkt bei *Apple* zu kaufen, können das online tun. Sie hätten die Möglichkeit, Modelle zu vergleichen, technische Einzelheiten abzurufen und zwischen verschiedenen Konfigurationen und Preisoptionen zu entscheiden. Bei jeder Konfiguration würde ich dafür sorgen, daß der Kunde das genaue Lieferdatum für dieses spezifische Modell erfährt, damit er auf der Grundlage dieser umfassenden Informationen seine Wahl treffen kann.

⑥ *Den Kunden die Überprüfung von Bestellvorgang und Lieferstatus ermöglichen*

Dann würde ich, wie *Dell,* meine Produkte direkt an die Kunden liefern und ihnen online Informationen über den Bestellvorgang, die Einzelheiten der Konfiguration und den Liefer- und Fakturiervorgang geben, auf die sie später zurückgreifen können.

⑦ ***Kunden und Vertriebspartner elektronisch an das Unternehmen binden***
Für Kunden, die bereits eine enge Beziehung zu einem Wiederverkäufer entwickelt haben oder diese Kaufform bevorzugen, würde ich eine Web-gestützte Dreiwege-Kommunikation einrichten. Meine Endkunden könnten den Händler als Ansprechpartner wählen, der ihnen den Mac verkauft hat, oder jemanden, der für den Service zuständig ist. Aber ich würde dafür sorgen, daß mein Unternehmen in der Lage ist, sich in den Dialog einzuklinken und aus den Interaktionen zu lernen.

⑧ ***Den Kunden die erforderlichen Informationen zugänglich machen, um Probleme in eigener Regie zu lösen***
Um sicherzugehen, daß meine Kunden noch lange Freude an meinen Produkten haben, würde ich ihnen auf der Website einen Selbstbedienungs-Service anbieten, der sie befähigt, Fehler in eigener Regie zu beheben. Ich würde ihnen den Zugriff auf denselben Wissens- und Problemlösungsfundus ermöglichen, der Technikern im Call Center zur Verfügung steht. Auf diese Weise können sie ein Problem Schritt für Schritt analysieren und die Lösung möglicherweise selbst entdecken. Ich würde ihnen außerdem die Möglichkeit bieten, sich mit einem Knopfdruck an den Techniker in der »Notrufzentrale« zu wenden, falls sie mit ihrem Latein am Ende sind. Sobald die Telefonverbindung steht, weiß dieser, wer der Anrufer ist, welche Konfiguration er vor sich hat und wie weit er mit der Problemlösungsdatenbank gekommen ist.

⑨ ***Die Kundenerfahrung personalisieren***
Ich würde jedem Kunden eine »persönliche Website« für seine Interaktionen mit *Apple* zur Verfügung stellen. Sie würde mit einer Profildatei beginnen, und der Wiederverkäufer könnte alles Erdenkliche hinzufügen, um seinem Kunden das Gefühl zu geben, willkommen und geschätzt zu sein. Ich würde Einzelheiten über früher gekaufte Geräte oder Software auflisten. Und ich würde den Kunden auf diesem Weg auf neue Software-Upgrades oder Peripherie-Geräte hinweisen, die für ihn in Frage kommen könnten. Die Website wäre die erste Anlaufstelle, an die sich der Kunde wenden würde, um Hilfe bei technischen Problemen zu erhalten (speziell auf die benutzten Produkte abgestimmt). Und es wäre ein Medium für den Wiederverkäufer, um den Kunden auf seine Sonderangebote aufmerksam zu machen.

⑩ ***Kunden nach ihrer Rentabilität segmentieren***
Sobald ich alle diese Informationen gesammelt habe, wäre es für mich wesentlich einfacher, die Datenbank nach der Rentabilität jedes einzelnen Kunden oder

zumindest nach Märkten zu segmentieren. Das würde mir Aufschluß darüber geben, wo ich meine Anstrengungen konzentrieren sollte, um spezifische Serviceleistungen und Treueprogramme anzubieten. Vielleicht würde ich dabei überrascht feststellen, daß viele meiner Konsumentenkunden – deren Ertragskraft ich unter »ferner liefen« eingestuft habe – mir in Wirklichkeit ein beachtliches Geschäftsvolumen einbringen, weil sie meine Macs Verwandten und Freunden weiterempfehlen. Und vielleicht entdecke ich dabei außerdem, daß es Marktnischen gibt, deren Erhalt mich zuviel kostet, weil die Kunden eine Menge »Streicheleinheiten« erfordern oder der Verkaufszyklus einfach zu lang ist.

Ich gebe zu, daß ich einen ziemlich ehrgeizigen Plan für *Apple* skizziert habe, dessen Implementierung ein hohes Maß an Investitionen erfordern würde. Dennoch lassen sich bestimmte Elemente der Strategie schnell und ohne großen Kostenaufwand umsetzen.

Eine Kundendatenbank aufzubauen, wie ich sie für sinnvoll halte, würde viel Zeit und Geld kosten. Aber ein erster Schritt in diese Richtung würde den treuen Mac-Kunden die Möglichkeit bieten, Profildaten über sich selbst zu liefern und zu pflegen, und das wäre keine kostspielige Ergänzung für *Apples* Website. Eine E-Mail-Liste zu kompilieren und den direkten Kontakt zu den Mac-Stammkunden herzustellen, ist in meinen Augen ein Unterfangen, das sich aus der »Portokasse« bestreiten ließe.

Einige Elemente dieser Strategie könnten also in kurzer Zeit und für wenig Geld umgesetzt werden. Wenn die *Apple*-Kunden so positiv wie erhofft auf den Versuch reagieren, hofiert zu werden, würden sich weitere Investitionen durch die Rentabilität der Wiederholungskäufe finanzieren lassen.

Kann Apple es sich leisten, diese Strategie völlig zu ignorieren?

Da die Technologien heute vorhanden sind, um eine hervorragende Kundendatenbank aufzubauen, gibt es keine Entschuldigung für *Apple,* seine Kunden *nicht* auf diese Weise zu kontaktieren, und sie zur Aktualisierung ihrer Profile zu motivieren, sie zu befähigen, ihre eigenen Web-Erfahrungen maßzuschneidern, mit ihnen auf der Grundlage ihrer Interessengebiete zu kommunizieren und Produkte auf Anforderung zusammenzubauen und auszuliefern. Welche anderen Trümpfe hätte das Unternehmen sonst im Ärmel?

Und was ist mit Ihnen?

Im elektronischen Handel ist die Kenntnis von Ihren Kunden und den von ihnen gewünschten Produkten und Dienstleistungen noch unabdingbarer als in der

»realen« Welt. Der Standort ist dabei sekundär. Wenn Sie online einen Einkaufsbummel machen, spielt es keine Rolle, ob sich das Geschäft, in das Sie einen Blick werfen möchten, im Einkaufszentrum Ihres Wohnorts oder auf der anderen Seite des Globus befindet. Für den Lebensmittelladen an der Ecke reicht es aus, grob zu schätzen, was die Kunden wirklich wollen, denn die Bequemlichkeit ist ein Faktor, der die Kasse zum Klingeln bringt. Aber wenn dieser Vorteil entfällt – weil Käufer überall finden, was ihr Herz begehrt –, sollten Sie ganz genau wissen, wonach sie Ausschau halten.

Die Konkurrenz schläft bekanntlich nicht; sie hat vermutlich alle Hände voll damit zu tun, herauszufinden, wie sie durch Einstieg in den elektronischen Handel Kunden gewinnen könnte. Sie sollten die gleichen Überlegungen anstellen. Aber wenn Sie dabei nicht die richtigen Leute fragen, nämlich Ihre Endabnehmer, können Sie auch mit dem windschnittigsten Online-Prozeß keinen Blumentopf gewinnen.

Abbildung 2

Ein AK für Apple

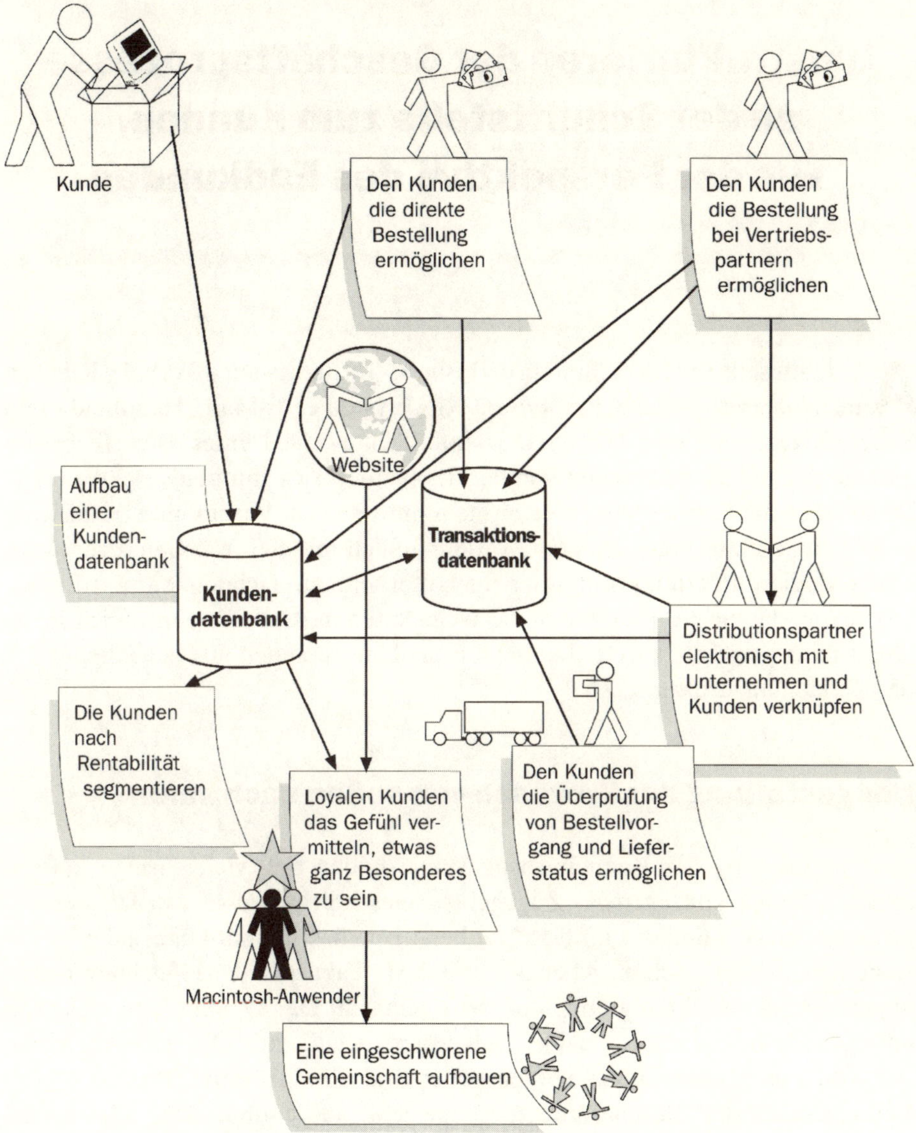

Dritter Schritt:

Umstrukturieren der Geschäftsprozesse an der Schnittstelle zum Kunden, aus der Perspektive des Endkunden

Alle in diesem Buch erwähnten E-Business-Technologien – Web, IVR-Systeme (*Integrated Voice Response*), Kiosksysteme, E-Mail, Handhelds und andere Kleinstcomputer, Handys und »intelligente« Call Center – sind Technologien an der Schnittstelle zum Kunden. Es handelt sich um neue elektronische Wege, über die Kunden mit Ihrer Firma unmittelbar in Verbindung treten können. Wenn Sie aus einer anderen Warte, nämlich mit diesen neuen technologischen Medien im Hinterkopf, über Ihr Unternehmen nachdenken, werden Sie feststellen, daß Sie Aktivitäten in die Wege leiten müssen, die vermutlich schon längst fällig gewesen wären: Sie müssen Ihr Unternehmen aus der Perspektive des Kunden umstrukturieren.

Neugestaltung der Prozesse von außen nach innen

Im Überschwang der Reengineering-Manie haben sich viele Firmen auf die falschen Dinge konzentriert. Zugegeben, Geschäftsprozesse wurden tatsächlich rationalisiert und das unterste zuoberst gekehrt, um ein Unternehmen kosteneffizienter zu machen. Aber der wichtigste Faktor in der Gleichung wurde übersehen, die Rechnung ohne den Wirt gemacht: Der Umbau fand nicht von außen nach innen statt – beim Endkunden beginnend. Die meisten haben sich von innen nach außen vorgearbeitet und administrative Prozesse, Herstellungsverfahren, Beschaffungsvorgänge usw. ausgedünnt. Das alles waren nutzbringende Initiativen. Viele haben den Unternehmen eine Menge Geld eingespart, sie in schlankere und produktivere Wettbewerbsteilnehmer verwandelt. Doch auf die Einnahmenseite der Gleichung hatten sie wenig Einfluß. Die meisten Restrukturierungsmaßnahmen, die in den 90er Jahren stattfanden, haben den Endverbraucher nicht einbezogen. Deshalb konzentrierte sich auch niemand darauf, die Geschäftstätigkeit für die Kunden zu erleichtern, ein Faktor, der für den Erfolg eines Unternehmens allerhöchste Priorität hat. Niemand versuchte bewußt, zufriedene, loyale Kunden zu gewinnen, die immer wieder auf »ihr« Unternehmen zurückgreifen und im Freundes- und Bekanntenkreis Mund-zu-Mund-Propaganda für Spitzenprodukte und Dienstleistungen betreiben.

Sobald Sie mit der Website als Kundenschnittstelle experimentieren, werden Sie feststellen, daß die Besucher Ihnen ihre Wünsche und Bedürfnisse genau mitteilen. Und Sie werden, vermutlich zu Ihrer großen Enttäuschung, merken, daß Sie das Konzept für die bestehenden Unternehmenssysteme und Geschäftsprozesse noch einmal gründlich überarbeiten müssen, um die Aufgaben aus der Warte des Kunden zu straffen. Was Ihre Website auf wenig schmeichelhafte Weise ins Rampenlicht rückt, sind die »schwarzen Löcher« in den Operationen Ihres Unternehmens. Heute gibt es Leute, die genau wissen, wo sich die Schwachstellen in Ihren betrieblichen Prozessen befinden. Sie versuchen, sie auszumerzen. Sie füllen die Lücken. Sie tun ihr Bestes, um Ihre Kunden mit einem nahtlosen Service zufriedenzustellen. Hinter den Kulissen wird der Ball häufig zwischen den einzelnen Abteilungen hin- und hergeschoben: Informationen werden verbal oder inoffiziell weitergegeben. Irgend jemand nimmt Anpassungen an einem Standardprozeß oder Produkt vor, um den Bedürfnissen der Kunden gerecht zu werden. Ein anderer vergewissert sich, daß die Bestellformulare ausgefüllt, die Rechnungen ausgestellt, die Waren ausgeliefert werden. Doch sobald die Kunden via Web einen direkten Kontakt zu Ihnen knüpfen, entfällt dieses Sicherheitsnetz. Ihr Unternehmen muß Farbe bekennen vor seinen Kunden und Distributionspartnern, muß »die Hosen herunterlassen«. Jeder Makel wird offenkundig, jeder Fehler beeinträchtigt die Fähigkeit der Kunden, sich bei Informationen und Transaktionen selbst zu bedienen.

Diese Technologien an der Schnittstelle zum Kunden sind in Wirklichkeit ein verkappter Segen. Das oberste Gebot im Wettbewerb, *Du sollst es dem Kunden leicht machen, rund um die Uhr und über verschiedene Interaktionswege mit Dir ins Geschäft zu kommen*, wird Ihnen keine andere Wahl lassen, als die meisten betrieblichen Prozesse hinter den Kulissen aus einem neuen Blickwinkel zu reorganisieren.

Wie interaktive Technologien eine Veränderung der Geschäftsprozesse beschleunigen

Eine der neuen Chancen, die E-Commerce-Technologien bieten, ist die Möglichkeit, den direkten Kontakt zu den Herzen und Köpfen Ihrer Endkunden herzustellen. Dann können Sie den Prozeß von hinten aufrollen, um Geschäftsvorgänge besser auf ihre Wünsche und Bedürfnisse abzustimmen. Nehmen wir beispielsweise die Firma *Hallmark. Hallmark Cards, Inc.* ist mit einem Jahresumsatz von 3,6 Milliarden Dollar und einem Marktanteil von 44 Prozent in den USA

eine klassische Konsumgüterfirma, die Millionen von Grußkarten an Millionen anonymer Kunden über Einzelhandelsgeschäfte verkauft.
Wie die meisten Firmen, die sich des Einzelhandels als Verkaufsschiene bedienen, behielt *Hallmark* genau im Auge, welche Karten in welchen demographischen Bereichen Absatz fanden, um seine Produktpalette den aktuellen Bedürfnissen anzupassen und sich stets in einem zeitgemäßen Gewand zu präsentieren. Als man die Kunden jedoch nach ihren Wünschen fragte, entdeckte man, daß die Kunden eigentlich eine Gedächtnisstütze brauchten, um sich an einen Geburtstag oder ein Jubiläum zu erinnern und dem Anlaß entsprechend eine Glückwunschkarte oder ein Geschenk zu kaufen. *Hallmark* nahm sich diese Lektion zu Herzen. Heute findet man auf der firmeneigenen Website *(Hallmark.com)* einen praktischen Terminplaner. Man gibt die wichtigen Daten und das Datum ein, an dem man daran erinnert werden möchte – eine Woche, drei Tage oder einen Tag vorher; dann erhält man eine E-Mail, die auf den Festtag von Freunden oder Verwandten aufmerksam macht.
Hallmark hat nun zum ersten Mal in seiner Geschichte eine Datenbank mit Kundenprofil-Informationen. Der Grußkartenhersteller kennt einen Teil seiner Endabnehmer, weiß, wann sie eine Gedächtnisstütze brauchen und wer Wert darauf legt. *Hallmark* und seine Geschäftspartner können auf dieser Basis immer neue Dienstleistungen und Angebote entwickeln. Ein Kollege erzählte mir beispielsweise, wie erfreut er war, als ihn die *Hallmark*-Filiale an seinem Wohnort telefonisch auf den Geburtstag seiner Frau in der kommenden Woche aufmerksam gemacht und ihn daran erinnert hatte, daß er ihr letztes Jahr einen »Strauß« Luftballons geschenkt hatte. Wie wäre es, wenn er ihr dieses Mal einen Teddybären mit einem Rosenstrauß schicken lassen würde? Er war so froh über die Gedächtnisstütze und das ebenso bequeme wie verlockende Angebot, daß er auf der Stelle seine Kreditkarte zückte!
Was mir an der *Hallmark*-Geschichte vor allem gefällt, ist, daß hier eine Firma, die einen Massenmarkt bedient, mit Hilfe von E-Commerce-Technologien eine kosteneffiziente, persönliche Beziehung zu ihren Endkunden aufbaut.
Ein weiteres Beispiel ist der *OnStar*-Dienst von *General Motors,* der an späterer Stelle eingehender geschildert wird. Der Autohersteller fragte seine Endabnehmer direkt nach ihren Präferenzen und Wünschen. Es stellte sich heraus, daß Fahrsicherheit und Komfort auf ihrer Liste ganz oben standen. Also wagte sich *GM* in ein völlig neues Geschäftsfeld vor: Es bietet den Fahrern mit Autotelefon und GPS (Global Positioning System) rund um die Uhr Hilfe bei der Bestimmung ihrer derzeitigen Position und dem besten Weg zu ihrem Zielort an. Ich wette, daß der *OnStar-Service* wie eine Bombe einschlägt und sich nicht auf Autos von *GM* beschränken wird. Sobald dem Autogiganten ein Licht aufgegangen war, welche Potentiale sich mit diesen neuen Technologien erschließen lassen, war er imstande, eine Reihe völlig neuer Geschäftsprozesse zu konzipieren, um Kunden fürs Leben zu gewinnen.

Oder nehmen wir die elektronische Ticketausstellung. Seit es die Technologie uns ermöglicht, die Papierflut von Flugtickets und Fahrscheinen für Bahn oder Bus einzudämmen, können wir unsere Reisen im voraus buchen, die Reservierungen in der letzten Minute ändern und einfach mit der Kredit- oder Kundenkarte aufkreuzen, um die Bordkarte oder Sitzplatzreservierung in Empfang zu nehmen. Aus der Sicht des Endkunden ist das ein Gewinn, denn er muß sich keine Sorgen mehr machen, Flug- und Fahrscheine zu verlieren oder zurückzugeben, weil er die Reise nicht antreten konnte. Aus Sicht des Reisebüros spart es Kosten ein, die durch Austellen und Umtausch der Tickets entstehen. Und aus der Warte der Fluggesellschaften läßt sich sowohl ein Kostenfaktor, der kräftig zu Buche schlägt, als auch Verzögerungen im Ertragsausweis beseitigen, die als Folge des zeitraubenden Kassenabstimmungsprozesses entstehen. Ein Manager aus der Tourismusbranche erklärte mir, daß 20 Prozent der Kosten, um einen Kunden ins Flugzeug zu setzen, wirkungslos »verpuffen«: Es handelt sich dabei um Kosten, die nach Abstimmung der Tickets auf Flugpreise, Rückerstattungen und Umtausch entstehen. Wenn man den Reservierungsprozeß aus der Perspektive des Endkunden strafft – die Papier-Tickets abschafft –, können auch die Reiseveranstalter ihre Geschäftsprozesse trimmen und überflüssige Kosten vermeiden.

Die Rolle des Zwischenhändlers bei der Rationalisierung von Geschäftsprozessen

Wenn wir an E-Commerce denken, fallen uns spontan die Zwischenstationen im Handel ein, die dabei entfallen: Man könnte diese Vermittler aus der Kommunikationsschleife herausnehmen. Wozu brauche ich schließlich den PC-Händler, wenn ich die Möglichkeit habe, einen *Dell*-Computer direkt auf der Website zu bestellen? Welchen zusätzlichen Nutzen kann mir dieser Vermittler bieten? Ich habe interessanterweise entdeckt, daß aufgrund der E-Commerce-Technologien zwar ein beachtlicher Teil des Zwischenhandels entfällt, aber eine genauso große Anzahl von Vermittlern auf den fahrenden Zug aufgesprungen und bemüht ist, den Bedürfnissen von Firmen gerecht zu werden, die ihren Kunden die Geschäftstätigkeit mit ihnen erleichtern wollen.
Ein Beispiel: Sie müssen Ihren PC reparieren lassen. Jeder, der sich einmal genötigt sah, ein Ersatzteil für einen *IBM*-Laptop zu bestellen, der seinen Geist aufgegeben hat, wird diesen Kraftakt aus eigener Anschauung kennen. Sie rufen bei *IBM* an. Dort erfahren Sie, daß man dieses Ersatzteil nicht mehr auf Lager hat, und erhalten die Telefonnummern einer Reihe von Händlern, der das Gesuchte *eventuell* noch führen. Es bleibt Ihnen als Kunde überlassen, bei sämtlichen Händlern anzurufen, um vielleicht einen zu finden, der Ihnen weiterhelfen kann. Der Händler, der das Gewünschte liefern könnte, hat in der Zwischenzeit keine

Ahnung von Ihrer Suchaktion. Dafür muß es einen besseren Weg geben, und es gibt ihn.
PC Service Source ist so ein Zwischenhändler. Die Firma lagert Ersatzteile ein und übernimmt die Garantieleistungen für mehr als dreißig Hersteller, einschließlich *Hewlett-Packard, Compaq Computer, Toshiba, Motorola, Dell Computer* und *AST Computer.* Als Endkunde wissen Sie nicht, daß Sie es mit *PC Service Source* zu tun haben. Sie rufen als erstes den Hersteller Ihres PC oder den Händler an, bei dem Sie das Gerät gekauft haben. Und was passiert?
Wenn Sie sich mit *Compaq* in Verbindung setzen, um Informationen über Ersatzteile oder Garantieleistungen zu erhalten, wird Ihr Anruf automatisch zu *PC Service Source* durchgestellt. Dort wirft der Kundenbetreuer einen Blick auf Ihre Garantieunterlagen, schaut nach, ob das Ersatzteil im Lager ist und schickt es Ihnen direkt zu, wobei er Sie nach Ihrer Kreditkartennummer fragt, falls Ihnen das Ersatzteil in Rechnung gestellt wird. Aus der Sicht des Kunden erhalten Sie die Serviceleistung mit einem einzigen, direkten Telefonat.
Wenn Sie den Händler anrufen, bei dem Sie Ihren PC gekauft haben, kann sich dieser in das webgestützte ServiceNet einklinken, das *PC Service Source* eigens für Händler eingerichtet hat. Während Sie am Telefon warten, gibt er Ihre Informationen ein, greift direkt auf Ihre Garantieunterlagen zu und überprüft, ob sich das benötigte Ersatzteil im Lager befindet. Dann bestellt er es, läßt es an Sie oder an sein Büro schicken und legt die Einzelheiten der Rechnungsausstellung fest. Die Transaktion ist abgeschlossen, und Sie, der Kunde, sind zufrieden. Warum? Weil der Vermittler sowohl dem Hersteller als auch dem Händler einen wertvollen Dienst erweist, der in einem besseren Service für den Endkunden resultiert.
Ein weiteres Beispiel für einen Vermittler, dessen Zweck darin besteht, Unternehmen den Dienst an ihren Endkunden zu erleichtern: Die *CheckFree Corporation* definiert ihre Marktnische als Bereitstellung von Diensten, damit die bestehenden intermediären Finanzinstitute – Banken – ihrer Klientel von größerem Nutzen sein können: den Privat- und Firmenkunden. *CheckFree* liefert die Infrastruktur, die mehr als zwei Millionen Kunden die Möglichkeit bietet, Rechnungen automatisch über ihre Bank zu begleichen. Und *CheckFree* ist der führende Anbieter von Rechnungsvorlage-Diensten für das Web-gestützte Banking. Wenn Sie Ihre Telefonrechungen, Stromrechnungen und sämtliche Rechnungen, die in regelmäßigen Abständen ins Haus flattern, online *sehen* möchten, bevor Sie zahlen, dann kann ein Software- und Rechnungsvorlage-Service, wie *CheckFree* ihn in Zusammenarbeit mit Ihrem Finanzinstitut bietet, das Online-Banking erheblich erleichtern.
Eines ist sicher: Nicht alle Vermittler werden in der Ära des elektronischen Handels überleben. Bei Brokern, Agenten und Zwischenhändlern, die einfach annehmen, daß die Kunden auch weiterhin ihre Dienste in Anspruch nehmen, um sich Zugang zu Produktinformationen, Preisen und grundlegenden Serviceleistungen zu verschaffen, ist der Untergang geradezu vorprogrammiert. Doch

diejenigen, die das zunehmende Selbstbedienungsbedürfnis der Kunden erkennen und ihnen bei geschäftlichen Transaktionen Steine aus dem Weg räumen, sind auf Erfolgskurs. Sie werden sich der Herausforderung gegenübersehen, fortwährend sicherzustellen, daß sie dem Kunden Dienste anbieten, die er wirklich schätzt und nicht selbst übernehmen kann. Vermittler wie *CheckFree* und *PC Service Source,* die sich darauf spezialisiert haben, hinter den Kulissen zu wirken, um die grundlegenden Angebote der Lieferanten zu vervollständigen und Problemlösungen »aus einer Hand« bereitzustellen, werden mit Sicherheit gedeihen.

Schlüsselkomponenten für eine erfolgreiche Umstrukturierung von Geschäftsprozessen

Im Laufe der Jahre ist mir etwas sehr Interessantes aufgefallen, was die Umstrukturierung von Geschäftsprozessen angeht. Ungeachtet dessen, wie die Abläufe an der Schnittstelle zum Kunden auch gestaltet werden, am Ende ist es immer das gleiche Bild. Es gibt viele unterschiedliche Szenarien: Kunden geben ihre Bestellungen auf, Kunden ändern ihre Bestellungen, Kunden verschaffen sich Zugang zu Informationen, Kunden überprüfen ihren Lieferstatus oder die Rechnungslegung, Kunden fordern Serviceleistungen an usw. In jedem Fall beginnt der Prozeß mit einer Anfrage, die der Kunde an Ihr Unternehmen richtet; danach folgt eine Reihe von Schritten oder Geschäftsvorfällen, die ermöglichen, daß diese Anfrage oder das Angebot zum Abschluß gebracht wird. Direkt unterhalb dieses Verfahrensablaufs findet sich fast immer ein Symbol, das wie ein Korb oder Faß aussieht, mit Pfeilen die hinein- und hinausführen. Es stellt einen Speicher für Informationen über den Kunden dar. Dort halten Menschen oder Systeme nach Informationen über den Kunden Ausschau – Adressen, frühere Bestellungen, Präferenzen, bisherige Verkaufs- und Lieferbedingungen, Angaben zu Kundenprofildaten und Kundenkonto usw. In der Praxis werden diese Informationen nicht immer in einer einzigen, physischen Datenbank gespeichert. Die Einzelheiten der Implementierung sind unwichtig. Wichtig ist es, einen Weg zu finden, um diese Informationen zu speichern und abzurufen, wenn Sie Ihre Geschäftsprozesse an der Schnittstelle zum Kunden von Grund auf umstrukturieren wollen.

Der Begriff »Geschäftsvorfälle« mag technisch klingen, aber er hat nichts mit Technik zu tun. Er hat seine Wurzeln in der Unternehmensrealität. Jeden Tag finden Hunderte von Vorfällen in unseren Kundenbeziehungen statt. Jeder notwendige Schritt in gleich welchem Geschäftsprozeß – Auftragsvergabe, Überprüfung der Kreditwürdigkeit, Überprüfung der Lagerbestände, Auslieferung des Produkts, Rechnungsausstellung, Einziehen der Zahlung – ist ein Geschäftsvorfall. Jeder dieser Geschäftsvorfälle löst Interaktionen zwischen Menschen und Anwendungen innerhalb Ihres Unternehmens oder mit firmenexternen Partnern aus. Und das Ergebnis dieser Geschäftsvorfälle verändert die Beschaffenheit die-

ses Schritts im Prozeß. Geschäftsvorfälle sind also die zweitwichtigste Komponente bei der Restrukturierung von Geschäftsprozessen.
Wenn Sie Ihr Unternehmen vom Standpunkt des Kunden aus der Vogelperspektive betrachten könnten, würden sie eine Kette von Interaktionen sehen, die der Endkunde in Gang setzt; sie lösen wiederum eine Reihe von Geschäftsvorfällen aus, die Kreise ziehen, nicht nur in sämtlichen Bereichen Ihres Unternehmens, sondern auch in den Firmen Ihrer Distributionspartner und Lieferanten. Diese vom Kunden ausgelöste Vernetzung von Interaktionsebenen ist ein weitverzweigtes Nervensystem, das dem elektronischen Handel seine lebenserhaltenden Impulse verleiht. Im nächsten Kapitel werde ich die Entwicklung einer Infrastruktur beschreiben, die Ihnen eine uneingeschränkte Teilnahme am E-Business ermöglicht.

Vierter Schritt:

Gewinnbringende Vernetzung Ihres Unternehmens: Die schrittweise Entwicklung einer umfassenden E-Commerce-Architektur

Sie können in den elektronischen Handel einsteigen, wenn Sie eine Website einrichten und diese stetig weiterentwickeln, um die wechselnden Bedürfnisse Ihrer Kunden und Geschäftspartner zu berücksichtigen. Gegen diesen Ansatz ist nichts einzuwenden. Im Lauf der Zeit werden Sie gleichwohl auf zwei nicht zu unterschätzende Probleme stoßen. Erstens werden Sie feststellen, daß Sie Ihre Website nur dann richtig in den Griff bekommen, wenn Sie diese fest in die Back-end-Systeme Ihres Unternehmens eingliedern. Im Idealfall sollten Sie eine Integrationsstrategie entwickeln, die sich verallgemeinern und auf alle Anwendungen ausrichten läßt, statt sich mit Stückwerk zu begnügen. Zweitens werden Sie erkennen, daß sich viele Merkmale, die Sie in Ihre Website eingebaut haben, nutzen lassen, um Ihren Kunden »Hilfen zur Selbsthilfe« an die Hand zu geben, beispielsweise durch Benutzung von Tonwahl-Telefon, Kiosksystem, Handhelds oder anderen Kleinstcomputern, die man in der Hand halten kann. Sie können sogar von einem großen Teil der Informationen und gestrafften Prozesse im Call Center profitieren, wo Ihr Verkaufs- und Servicepersonal in direktem telefonischen Kontakt mit den Kunden steht. Und Sie können einige Prozeß- und Informationsbausteine, die Sie für Ihre Endkunden konzipiert haben, zur Unterstützung Ihrer Vertriebspartner wiederverwenden. Es ist also eine gute Idee, wie ein Generalist zu denken und nicht nur die Einrichtung einer Website ins Auge zu fassen, sondern darüber hinaus eine Architektur zu entwerfen, die den elektronischen Handel heute und in Zukunft unterstützt.

Wie geht man also die Aufgabe an, eine tragfähige Infrastruktur für Ihre E-Business-Strategie[3] zu erarbeiten? Als Führungskraft mit Planungsaufgaben können Sie diese Frage nicht einfach an Ihre technische Mannschaft weitergeben; Sie müssen einige der wichtigsten firmenpolitischen und organisatorischen Themen

---

3 *Ernst & Young,* deren Service *»Wired for Profit«* im Oktober 1997 sein Debüt gab, mögen mir verzeihen. Ich war an der Promotion und Einführung des Dienstes beteiligt.

selbst durchdenken. Als Technologie-Guru haben Sie gewiß Ihre eigenen Ideen und Vorstellungen, aber Sie müssen einen Konsens über die Organisationsgrenzen im Unternehmen hinweg zustande bringen. Dazu möchte ich Ihnen ein paar Tips geben. Als erstes werden wir einen Blick auf die häufigsten Probleme werfen, mit denen sich Unternehmenspragmatiker und Technologieexperten auf Führungsebene konfrontiert sehen. Dann werde ich ein konzeptionelles Rahmenwerk skizzieren, das beide Gruppen benutzen können, um klarer zu sehen. Als nächstes möchte ich Sie auf eine Reihe brandaktueller Technologien aufmerksam machen, die Sie kennen sollten, und danach werde ich Sie durch die fünf Phasen führen, welche die meisten Unternehmen bei der Entwicklung der E-Commerce-Initiativen durchlaufen. Und zum Schluß können Sie bestimmen, wo Sie derzeit stehen.

Herausforderungen für das Unternehmen: Wem »gehört« der Kunde?

Die größte Herausforderung, der sich Ihre Firma beim Entwurf eines integrierten, benutzerfreundlichen elektronischen Handelsumfelds gegenübersehen wird, betrifft die Besitzrechte an den Kundeninformationen. Falls Ihr Unternehmen nach Produktlinien organisiert ist und Kunden »querbeet« gekauft haben, sind diese Informationen über Kunden und Verkaufsvorgänge möglicherweise nicht konsolidiert, sondern über sämtliche Produktgruppen verstreut.

Eine weiteres Problem sind die funktional gegliederten Abteilungen, die an verschiedenen Knotenpunkten der Interaktionen zwischen Kunden und Ihrem Unternehmen in Berührung kommen. Marketing, Verkauf und/oder Außendienst, Auftragserfassung, Kundendienst, Fakturierabteilung, Herstellung, Auftragsabwicklung, Versand und Qualitätskontrolle sind Funktionsgruppen, mit denen der Endkunde oder Vertriebspartner zu tun haben könnte. Wenn Sie die Geschäftsprozesse straffen möchten, ist zwischen allen diesen Abteilungen eine nahtlose Zusammenarbeit erforderlich, mit sowenig menschlicher Intervention wie möglich (denken Sie daran, Sie wollen es dem Kunden leicht machen, sich selbst zu bedienen).

Im Idealfall sollten Sie versuchen, die Verantwortung für die Informationen und Geschäftsprozesse, die den Kunden betreffen, klar zuzuweisen. Wie Sie an den zahlreichen Beispielen in diesem Buch sehen werden, scheint das Pendel dabei oft in Richtung Verkaufs- oder Marketingleiter auszuschlagen. Es gibt jedoch viele Organisationen, die keine Führungsposition in diesen Bereichen haben. Sollte das in Ihrer Firma der Fall sein, empfiehlt es sich, ein Komitee für Kundenbetreuung zu gründen oder einen neuen »Kundenkanzler« zu ernennen.

Technische Herausforderungen: Informationen und Anwendungen integrieren

Es gibt in aller Regel zwei große technische Herausforderungen, wenn Sie Geschäftsprozesse in Ihrem Unternehmen neu vernetzen, die den Austausch mit Kunden fördern. Die erste besteht darin, alle relevanten Informationen über jeden einzelnen Kunden in den verschiedenen Produktlinien und Abteilungen zusammenzuklauben. Die zweite Herausforderung betrifft den Arbeitsfluß, der nahtlos und automatisch von einer Anwendung zur anderen verlaufen sollte – beispielsweise von der Auftragserfassung zur Kreditkartenüberprüfung, Rechnungslegung und Lagerwirtschaft.

Es gibt keine Faustregel für die Konsolidierung von Kundeninformationen. Im allgemeinen wollen Sie Kundeninformationen miteinander verknüpfen, die in verschiedenen Datenbanken und Anwendungen erfaßt sind. Das erreichen Sie zum Beispiel, indem Sie alle relevanten Kundeninformationen kopieren und in ein zentrales Daten-Warehouse umwandeln (wie *Bell Atlantic*). Oder Sie verschaffen sich Zugang zu den verstreuten Informationsbausteinen und fügen sie erst bei Bedarf zusammen (wie *Wells Fargo*). Für welchen Ansatz Sie sich auch entscheiden, Sie werden Ihre Kundendatenbanken vermutlich ergänzen und mit mehr Profilinformationen bestücken müssen als früher.

Es gibt auch keine eherne Regel für die Verknüpfung der einzelnen Anwendungen. Aber der beste Weg ist die Benutzung einer Middleware – eine Software, die entwickelt wurde, um netzweite Interaktionen der Anwendungen zu ermöglichen. Im allgemeinen wollen Sie das Gros der bestehenden Anwendungen unangetastet lassen und nur in der Lage sein, ihnen auf einfachstem Weg Botschaften zukommen zu lassen und Informationen im Austausch zu erhalten. In einigen Fällen – *Bell Atlantik* ist der bekannteste – haben Unternehmen die Chance genutzt, um eine Reihe von Kernanwendungen völlig neu zu gestalten, um die gestrafften Geschäftsprozesse sämtlicher Produktlinien besser zu unterstützen.

Vier Konzepte, um eine Brücke zwischen Unternehmen und Technologie zu bauen

In den letzten Jahren haben sich einige konzeptionelle Bausteine herauskristallisiert, die Unternehmen helfen, ihre E-Commerce-Architektur zu entwickeln. Das Schöne ist, daß es sich dabei nicht um irgendeinen technischen »Hokuspokus« handelt: Sie sind für jeden Mitarbeiter im Unternehmen verständlich und als vorteilhaft zu erkennen. Für Profis wie Anwendungsdesigner oder Systemarchitekten stellen diese Konstrukte ein Kraftpaket dar. Sobald die »Betriebswirtschaftler« sie erkannt und grünes Licht gegeben haben, können die »Techniker«

diese Bausteine benutzen, um hochgradig flexible, jederzeit erweiterbare Systeme zu bauen. Und genau das schwebt Ihnen beim Entwurf einer E-Business-Architektur vor.

① *Kundenprofile*

Wenn Sie interaktive Anwendungen schaffen wollen, um die Vorteile der E-Business-Technologien zu nutzen, und personalisierte, kosteneffektive Dienste anzubieten, sollten Sie Kundenprofile entwickeln. In diesen Profil- oder Kontrolldateien sind die Präferenzen Ihres Kunden und wichtige Einzelheiten vermerkt, die Sie über ihn erfahren haben. Der *OnStar Service* von *General Motors* besaß bereits einen Grundstock an Informationen über jeden einzelnen Kunden – Name, Telefonnummer, Adresse, das Automodell, das er fuhr –, aber nach einem Jahr entdeckte *OnStar,* daß es sich lohnte, einige Voreinstellungen hinzuzufügen, beispielsweise welche Kredit- oder Kundenkarte an der Tankstelle benutzt wurde, ob noch weitere Familienmitglieder den Wagen fuhren oder welche Restaurants der Kunde häufig frequentierte. Das sind keine »Schön-zu-wissen«-Pluspunkte, die ein Kundenbetreuer sammeln würde, wenn er mit einem Käufer telefoniert, sondern Informationsbruchstücke, die bei der Einführung neuer Anwendungen wertvolle Dienste leisten können. Wenn sich ein Kunde im Fall *OnStar* nach dem Weg zur nächsten Tankstelle erkundigt, nennt das System automatisch diejenigen zuerst, von denen er eine Kundenkarte besitzt. Wenn seine Frau wissen möchte, wo sie am besten eine Pause einlegen und zu Mittag essen kann, sucht *OnStar* die Namen derjenigen Lokale aus der Datenbank heraus, die ihr am ehesten zusagen könnten. Ein weiteres Beispiel ist *American Airlines.* Die Fluggesellschaft hatte bereits Kundenprofile mit Angaben über Sitzplatz- und Essenspräferenzen entwickelt, aber man wollte diese Informationen ergänzen und verbessern. Man fragte sich: Von welchem Flughafen fliegt der Kunde normalerweise ab? Wohin ist er häufiger übers Wochenende geflogen? Das ermöglicht *American Airlines,* E-Mails nach Maß an Kunden zu schicken und die Werbetrommel für besonders preisgünstige Wochenendflüge zu rühren – in meinem Fall von Boston nach San Francisco.

② *Geschäftsregeln*

In jedem Unternehmen hat sich eine Reihe ungeschriebener und expliziter Regeln eingebürgert. »Wenn ein Kunde hundert Ersatzteile und mehr bestellt, erhält er einen Rabatt.« »Sobald festgestellt wurde, daß der Kunde kreditwürdig ist, geht der Auftrag klar.« »Wenn Sie dieses Produkt gleich bestellen, können wir Ihnen folgende Optionen anbieten.« Das sind Beispiele für explizite Geschäftsregeln. »Wenn er zu unseren langjährigen Kunden gehört und die Lieferung per Express braucht, vergessen wir die zusätzlichen Frachtkosten«, könnte eine stillschweigende Übereinkunft lauten – Gepflogenheiten, die weder in einem Verfahrenshandbuch noch in einer Software aufgezeichnet sind. Geschäftsregeln gehen Hand in Hand mit Kundenprofildateien. Wenn Sie die beiden miteinander kombinieren, können Sie Ihre Informationen, Produkte und Angebote auf die Präferenzen jedes einzelnen Kunden abstimmen. Ich habe beispielsweise eine Geschäftsregel in meinem Kundenprofil bei *Hertz* festgelegt: »Wenn ein Mietwagen mit Never-lost-Option verfügbar ist, möchte ich ihn zuerst angeboten haben.« Ich muß gar nicht erst danach fragen, das Computersystem von *Hertz* sucht mir automatisch ein Vehikel heraus, mit dem ich mich nicht mehr verirren kann.

③ *Geschäftsvorfälle*

Die Geschäftsvorfälle wurden bereits an früherer Stelle erwähnt. Warum ich das Thema noch einmal zur Sprache bringe? Sobald die wichtigen Geschäftsvorfälle in einem bestimmten Prozeß ermittelt sind – z. B. Kontostand überprüfen, Geldtransfer vom Spar- auf das Girokonto, Telefonrechnungen überweisen –, haben Sie alle Stationen identifiziert, an denen Interaktionen zwischen Systemen stattfinden. Wenn sich die Betriebswirtschaftler darauf verständigen können, welche Geschäftsvorfälle sich auf den Kunden auswirken, sind die Techniker in der Lage, einen nahtlosen Informations- und Arbeitsfluß zwischen den Systemen sicherzustellen.

④ *Code*

Betriebswirtschaftlich und technisch ausgerichtete Mitarbeiter brauchen eine gemeinsame Sprache, um ihre Aktivitäten zu beschreiben. Geschäftsregeln und Geschäftsvorfälle sind Teil dieser Sprache, und Codes ihre grundlegenden Bausteine. Ein Code ist eine Sprachregelung, auf die sich alle geeinigt haben. »Kunde«, »Account«, »Auftrag« und »Produkt« sind Beispiele dafür. Diese Begriffe müssen so umfassend sein, daß alle wichtigen Nuancen erfaßt sind. Was ist der Unterschied zwischen einem Einzelhandels- und einem Großhandelskunden? Zwischen einem Girokonto und einem Finanzanlagenkonto? Zwischen der Bestellung eines Produkts, das sich im Lager befindet, und einem Produkt, das gefertigt werden muß? Und so weiter. Kunden, Accounts und Produkte haben unterschiedliche Verhaltensweisen und Merkmale. Um eine Reihe gestraffter Geschäftsprozesse für Kunden zu entwerfen, müssen die Betriebswirtschaftler den Technikern diese Codes beschreiben. Diese Informationen werden bei der Entwicklung der Anwendungen berücksichtigt, die dem Kunden elektronische Interaktionen mit diesen Codes erlauben.

Wie tragen diese Konzepte dazu bei, die eingangs geschilderten organisatorischen und technischen Herausforderungen zu bewältigen? Vom organisatorischen Standpunkt könnten Sie die Kundenprofil-Informationen, Geschäftsregeln und Geschäftsvorfälle aus jeder Arbeitsgruppe in Ihrem Unternehmen zusammentragen, die einen Teil des Kundenbestands mit Beschlag belegt hat.

Wenn Sie diese Informationen anschließend in ein allgemeingültiges Geschäftsmodell integrieren, wird jede Gruppe sehen, in welche Lücke ihre Bausteine passen. Genau das hat *Hertz* im wesentlichen getan, als das Unternehmen ein einziges globales Kundenprofil für sein *#1-Club-Gold-Programm* entwickelte.
Aus der technischen Warte könnten Sie die Geschäftsvorfälle, die jede Gruppe ermittelt hat, benutzen, um Schnittstellen zwischen denjenigen Anwendungen zu schaffen, die Kontakt halten und Daten austauschen müssen. Geschäftsregeln und Kundenprofile dienen der Entwicklung von Frontend-Applikationen, die kundenspezifisch reagieren. Und die Code-Definitionen lassen sich benutzen, um die Komponenten Ihrer neuen Anwendungen zu entwerfen.
In dem Handbuch, das ich als Zusatzlektüre für dieses Buch anbiete, finden Sie eine technische Landkarte, die beschreibt, wie ein Designteam diese Konzepte für die Entwicklung einer E-Business-Architektur benutzen kann. Es enthält außerdem Einzelheiten über die Durchführung eines Workshops, um sämtliche Kundenprofil-Informationen, Geschäftsregeln, Geschäftsvorfälle und Codes zu erfassen, die es Ihnen ermöglichen, sofort mit Ihren E-Commerce-Projekten zu beginnen.

Brandaktuelle Technologien, die für den Einstieg in den E-Commerce wichtig sind

An der Implementierung einer E-Commerce-Infrastruktur sind viele Technologien beteiligt. Ich werde Sie nicht damit langweilen, alle zu beschreiben. Es gibt jedoch zwei Dinge, die Sie unbedingt beachten sollten. Erstens sollten Sie das Internet sowohl innerhalb als auch außerhalb Ihres Unternehmens als gemeinsame Netzwerkstruktur benutzen. So können Sie sie personalisieren und für absolute Datensicherheit sorgen. Außerdem sollten Sie die Vorteile aller technischen Standards nutzen, die sich im Internet rapide entwickeln. Zweitens empfiehlt es sich, darüber nachzudenken, ob Sie das World Wide Web als Entwicklungsumgebung für die meisten Ihrer interaktiven Anwendungen benutzen wollen. Selbst wenn sich Ihre Kunden nicht selbst via Web bedienen, können Sie eine integrierte Voice-Response-Applikation oder eine Anwendung schaffen, die auf dem Computer des Kunden läuft, wobei das Web als Plattform dient. Die beste Methode wäre, alle Backend-Systeme, die sich auf Geschäftsprozesse an der Schnittstelle zum Kunden auswirken, im Web miteinander zu verknüpfen. Integrieren Sie alle Informationen, die das allgemeine Kundenprofil, das Produkt, die Rechnungslegung und den Orderstatus betreffen, in ein webzugängliches Format. Dann entwickeln Sie verschiedene User-Schnittstellen und Funktionen für jeden einzelnen Vertriebsweg, über den die Kunden mit Ihrer Organisation Kontakt aufnehmen.
Es gibt vor allem vier noch in der Entwicklung befindliche Technologien, von

denen Mitarbeiter im Unternehmen zumindest soviel verstehen sollten, um sich auf dem Golfplatz über dieses Thema zu unterhalten. Sie sind für den elektronischen Handel von strategischer Bedeutung.

① *Smart Cards*

Stellen Sie sich eine intelligente Karte ähnlich wie eine EC-Karte vor, nur, daß diese auch imstande ist, Informationen zu speichern und Transaktionen durchzuführen. Eine Smart Card könnte beispielsweise als Speichermedium für Ihre Kundenprofilinformationen dienen. Sie könnte Ihre Vielfliegernummern und Ihren derzeitigen Bonus speichern und Ihnen ermöglichen, beim Kauf eines Flugscheins Ihr Meilenkonto zu belasten. Oder sie speichert Ihre Krankengeschichte (der Wunschtraum meines Vaters). Sie könnte sogar als E-Wallet (ein elektronisches Portemonnaie) benutzt werden, um U-Bahn, Bus, Taxi oder Zeitungen in jeder beliebigen Währung zu bezahlen (da der Währungsumtausch automatisch am Point of Sale erfolgt). Im *Hong Kong Jockey Club,* einem der renommiertesten Veranstalter von Pferderennen, kann das geschätzte Publikum dem Vernehmen nach bis zu 50 000 Dollar auf seine Smart Cards laden, bequem und ausreichend für die Wetten an einem Rennachmittag!

Warum ist es wichtig, zu verstehen, was es mit diesen Smart Cards auf sich hat? Weil sie in den nächsten Jahren überall auftauchen werden. Sie werden für den Zugriff auf den Computer, Bankgeschäfte, den Einkauf im Supermarkt und die Nutzung der meisten anderen Dienste Verwendung finden. Die Smart Card wird gemeinsam mit Paßwort, Fingerabdruck oder einem optischen Scanner den Nutzer aller rechnergestützten Dienstleistungen identifizieren. Es muß sich dabei nicht um eine Plastikkarte handeln; sie könnte sich als Ring, Uhr oder beliebiger Gegenstand »materialisieren«, den man bei sich trägt, um mit Computern und intelligenten Telefonen zu kommunizieren. Sie identifiziert den Benutzer und speichert über ihn wichtige Informationen.

Wenn Ihre Kunden Smart Cards besitzen, sollten Sie sich vergewissern, daß Ihre Anwendungen darauf abgestimmt sind, damit Sie ihnen das Leben nicht durch eine Flut von neuen Kredit- und Mitgliedskarten erschweren, in der viele von uns heute schon ertrinken. Wer wird die intelligenten Karten ausgeben? Zollbehörden, Banken, Universitäten, Fluggesellschaften und staatliche Institutionen, um nur einige wenige zu nennen. In den verschiedenen Regionen der Welt werden bestimmte Akteure in diesem Feld die Führung übernehmen. In einigen europäischen und asiatischen Ländern gibt der Staat schon jetzt Smart Cards aus, die für Sozialdienste benutzt werden können. In den USA werden die Banken sie vermutlich ihren Kunden zukommen lassen, weil die Servicekosten niedriger sind als bei Kreditkarten.

② *Digitale Zertifikate*

Ein digitales Zertifikat ermöglicht Transaktionspartnern, im elektronischen

Handel die Identität des anderen festzustellen. Wenn ein Mensch nicht leibhaftig vor Ihnen steht und in der Lage ist, sich auszuweisen, können Sie nicht wissen, ob er wirklich derjenige ist, der er zu sein behauptet. Und deshalb weist er sich mit dem digitalen Zertifikat aus. Auch Firmen müssen sich diesen Identitätsnachweis zulegen, so daß der Transaktionspartner beim Bezahlen oder bei der Übermittlung von Einreichungen an eine Regulierungsbehörde via Netz weiß, daß er an die richtige Adresse und nicht etwa an einen Hochstapler geraten ist. Digitale Zertifikate können auf Smart Cards oder in Computersystemen gespeichert werden. Sie bestätigen die Authentizität der Person, die eine Transaktion durchführt.

③ *XML*

XML bedeutet Extensible Mark-up Language. Aber das müssen Sie sich nicht merken. Was Sie wissen müssen, ist, daß Sie diese Sprache benutzen sollten, um Informationen über Ihre Produkte – Produktart, Merkmale, Preisstruktur – zu identifizieren, also alles, was ein Mensch oder ein anderes Programm darüber wissen muß. XML befindet sich auf dem Vormarsch zum »Esperanto« im elektronischen Handel. In den nächsten zwei Jahren werden alle elektronisch übermittelten Informationen und alle Produktbeschreibungen, Preisstrukturen und Einzelheiten über Lieferbedingungen und Auftragsabwicklung in XML codiert werden.

④ *JAVA*

In dem Spielfilm *Die Reifeprüfung* erhält der junge Protagonist, gespielt von Dustin Hoffman, von seinem Vater Karrieretips. »Plastik. Steig in die Plastikbranche ein, dann kann nichts schiefgehen,« rät ihm sein alter Herr. In den letzten zwei Jahren habe ich allen Berufseinsteigern empfohlen: »Java. Lernen Sie, in Java zu programmieren, und Sie werden nie auf der Straße stehen.« Warum sollte es Sie interessieren, welche Programmiersprache gerade brandaktuell ist? Aus drei Gründen: Erstens werden bald mehr Java-Programmierer auf dem Arbeitsmarkt verfügbar sein als andere Talente. Zweitens lassen sich Programme, die in Java geschrieben sind, viel schneller produzieren, weil die Fehlerwahrscheinlichkeit wesentlich geringer ist. Und drittens wird Java ohne Modifikation auf jeder Plattform laufen, von Settop-Boxen für Fernsehgeräte bis hin zum schnurlosen Telefon oder zur Website.

Nun wissen Sie alles, was Sie über die E-Commerce-Technologien wissen müssen, um während des nächsten Grillfests Eindruck bei Ihren Freunden und Nachbarn zu schinden.

Lassen Sie uns nun die fünf Stufen unter die Lupe nehmen, die Firmen bei ihren E-Business-Initiativen im allgemeinen durchlaufen. Sie haben vermutlich schon einige beim Einrichten der Website Ihres Unternehmens oder des automatischen Voice-Response-Systems gemeistert. Die ersten vier Stufen sind für alle relevant, ungeachtet dessen, welche Technologien Sie an der Schnittstelle zum Kunden einsetzen. Die fünfte Stufe – das Gemeinschaftsgefühl stärken – betrifft web-basierte Initiativen.

Die fünf Stufen im E-Business

Unternehmen durchlaufen in aller Regel fünf klar voneinander abgegrenzte Stufen bei ihren E-Business-Aktivitäten:

1. Bereitstellung von Unternehmens- und Produktinformationen (Brochureware)
2. Bereitstellung kundenunterstützender und befähigender Interaktionen
3. Unterstützung elektronischer Transaktionen
4. Personalisierung der Interaktionen mit Kunden
5. Stärkung des Gemeinschaftsgefühls

1. Bereitstellung von Unternehmens- und Produktinformationen (Brochureware)

»Brochureware« ist ein Begriff, der normalerweise einer Website der »ersten Generation« vorbehalten ist, die lediglich Marketing- und Hintergrundinformationen über den Anbieter liefert. Die Unternehmergemeinde ist sich einig, daß diese Stufe nicht besonders gewinnträchtig ist. Trotzdem stellt sie eine unabdingbare Voraussetzung dar. Viele Leute haben mir erzählt: »Meine Firma hat zwar eine Website, aber die besteht nur aus Werbematerial.« Es ist ihnen peinlich, daß ihre Website wenig mehr als eine elektronische Broschüre darstellt. Bevor man jedoch ein Haus baut, braucht man ein Fundament, wie jeder weiß. Die Brochureware ist ein notwendiger erster Schritt, weil er es firmenexternen Interessenten ermöglicht, sich ein Bild von Ihrem Unternehmen und seinen Produkten, seiner Geschichte und seinem Finanzstatus zu machen oder auch nur eine Mailing-Adresse zu finden.

Einige Online-Anbieter haben sich große Mühe bei der Bereitstellung nützlicher Firmen- und Produktinformationen gegeben, die per Tonwahl-Telefon zugänglich sind: Öffnungszeiten, derzeitige Verfügbarkeit und Preise der Produkte, Wegbeschreibungen, Mailing-Adresse. Das ist die telefonisch zugängliche Entsprechung zur Website der ersten Generation. Der Hauptunterschied besteht darin, daß Sie sich bei der Entwicklung eines telefonbasierten Informationssystems auf die »Muß«-Informationen beschränken und alle »Schön-zu-wissen«- oder zweitrangigen Informationen ausklammern.

Sie können ein Informationssystem auf Website-Basis auch für einen Informationskiosk verwenden. Doch zu dem Zeitpunkt, wo Sie bereit sind, in ein Kiosksystem zu investieren, sind Sie auch für Stufen 2 und 3 gerüstet.

2. Bereitstellung kundenunterstützender und befähigender Interaktionen

Auf der nächsten Stufe geht es um das Thema Customer Support. Und hier beginnen sich Ihre Investitionen merklich auszuzahlen. Wenn Sie eine Gruppe von Privat- oder Unternehmenskunden haben, die bereits internetfähig sind oder in Kürze sein werden, sollten Sie Ihr Augenmerk auf diesen Bereich richten. Wie Michael Dell, Firmenchef und Gründer von *Dell Computer,* sagt, ist der Kundendienst die für alle Beteiligten vorteilhafteste und am wenigsten spektakuläre Anwendung im Web. Kunden wollen imstande sein, sich selbst Informationen zu beschaffen, sowohl vor als auch nach dem Kauf. Sie möchten ihre Wahlmöglichkeiten recherchieren und ihre Entscheidungen auf der Grundlage umfassender Informationen treffen. Nach der Bestellung möchten Sie einen Blick auf ihren Orderstatus werfen. Sie möchten Hilfe zur Selbsthilfe, um beispielsweise zu verstehen, wie ein Produkt funktioniert, ohne darauf warten zu müssen, daß jemand den Hörer abnimmt und ihre Fragen beantwortet. Die meisten Leute, die mit dem Internet umgehen können, ziehen die Selbstbedienung vor. Und wehe dem Unternehmen, das nicht genug Informationen via Web liefert! Wie Phil Gibson, Leiter des Interaktiven Marketing von *National Semiconductor* erklärte: »Jedesmal, wenn wir keine Produktinformationen auf unserer Website postieren, machen uns die Kunden die Hölle heiß. Sie wollen alles über das Produkt erfahren, was *wir* wissen.«

Sie können auch interaktive, automatische Telefonsysteme entwickeln, die Kunden befähigen, selbst auf die gewünschten Informationen zuzugreifen: um ihren Lieferstatus abzurufen, zu sehen, ob die Anzahlung eingegangen ist, die Restschuld zu überprüfen und grundlegende Transaktionen durchzuführen (z. B. den zeitweiligen Lieferstopp und die erneute Zustellung der Tageszeitung veranlassen). Woher wissen Sie, welche Support-Funktionen Ihre Kunden brauchen? Das finden Sie leicht heraus. Sie erfassen lediglich die Telefonate und E-Mails, die Ihre Firma erhält, nach Art der Anfrage und sehen sofort, auf welche Kategorie die meisten entfallen. Diese Funktionen machen Sie dann via Tonwahl-Telefon zugänglich.

Die Handhelds wie Handy, Pager und PDAs (Personal Digital Assistent) können ähnlich benutzt werden wie ein automatisiertes Telefonsystem. Sie bieten dem Kunden eine Möglichkeit, zielgerichtete, häufig vorkommende Anfragen zu übermitteln. Die aktuelle Abflugzeit und Informationen über den Check-in-Schalter sind beispielsweise für Passagiere wichtig, bevor sie sich auf den Weg zum Flughafen machen. Diese Informationen können auf Abfrage oder dank des Kundenprofils jedesmal dann geliefert werden, wenn ein Passagier mit Ihrer Fluggesellschaft bucht.

Das Kiosksystem bietet Kunden eine hervorragende Interaktionsmöglichkeit mit Ihrer Organisation. Die Kunden sollten sich mittels Kundennummer und Paßwort identifizieren, Fragen stellen und sich die benötigten Informationen beschaffen können. Die kosteneffektivste Methode, einen Kiosk zu entwerfen, ist die Benutzung der Website als Entwicklungs- und Gliederungsplattform.

3. Unterstützung elektronischer Transaktionen

Sobald Sie eine Website eingerichtet haben, die Ihre Produkte und Dienstleistungen erklärt und dem Kunden hilft, sich selbst zu bedienen, besteht der nächste Schritt logischerweise darin, ihm den Kauf der Produkte und Dienstleistungen über Internet zu ermöglichen – die Transaktionsphase. Nichts frustriert potentielle Käufer mehr, als zu erfahren, daß sie nicht online bestellen, sondern die Nummer »1–800...« anrufen müssen. Fairerweise muß man sagen, daß einige Kunden es aus verschiedenen Gründen vorziehen, nicht per Mausklick zu bestellen. Sie ziehen vielleicht das persönliche Gespräch mit einem Verkaufsrepräsentanten vor. Oder sie brauchen zusätzliche Informationen, um bei ihrer Kaufentscheidung psychologisch ein gutes Gefühl zu haben. Manchen ist es auch nicht ganz geheuer, ihre Kreditkartennummer im Internet preiszugeben, trotz der Beteuerungen, daß die Daten sicher sind. Trotzdem ist eine erstaunlich große Anzahl von Kunden bereit, elektronisch zu ordern, vor allem Ihre Stammkunden. Genauso verblüffend ist die Anzahl der Geschäfte, die jetzt schon via Web abgewickelt werden. Ein Kunde erteilte letztes Jahr *Cisco Systems* Aufträge im Wert von 100 Million Dollar über Internet, ohne jemals mit einer Menschenseele gesprochen zu haben!

Aus dem gleichen Grunde sollten Kunden in der Lage sein, Routinetransaktionen per Telefon zu tätigen, ohne mit einem Kundenbetreuer sprechen zu müssen. Wenn Sie Waren bestellen möchten, die Sie wie Ihre Westentasche kennen, Rechnungen bezahlen, Umbuchungen vornehmen oder Aktien kaufen wollen, sollten Sie in der Lage sein, solche Transaktionen problemlos per Tonwahl-Telefon zu erledigen.

4. Personalisierung der Interaktionen mit Kunden

Sie haben nun eine hochgradig informative und interaktive Website. Der Kunde kann sich ohne Ihre Hilfe sämtliche Informationen beschaffen, die er für seine Kaufentscheidung benötigt. Und er kann sich dort alle Fragen zum Produkt beantworten lassen, die er noch hat, oder etwas über den Stand der Transaktionen mit Ihrem Unternehmen erfahren. Was tun Sie nun als nächstes, um sicherzugehen, daß er auch weiterhin Geschäfte mit Ihnen abschließt? Sie bitten ihn, mehr über sich selbst zu erzählen. Sie wollen eine Kundenprofildatei entwickeln und pflegen, die Ihnen Aufschluß über seine spezifischen Interessen und

Präferenzen gibt. In welcher Form möchte er von Ihnen kontaktiert werden? Per Telefon, E-Mail oder Fax? Für welche Produkte und Dienstleistungen interessiert er sich? Vielleicht nur für eine von den sechs Produktlinien, die Sie anbieten. Dann stimmen Sie die Web-Seite auf sein persönliches Profil ab, so daß Sie ihn bei jedem Besuch mit Namen ansprechen können, ihm zuerst die Dinge zeigen, für die er sich interessiert, und ihm Angebote präsentieren, die optimal auf seine Voreinstellungen in der Profildatei zugeschnitten sind. Jedesmal wenn ich zu *Amazon.com.* surfe, begrüßt mich die Homepage beispielsweise mit Namen und schlägt mehrere Neuerscheinungen vor, die thematisch mit meinen früher bestellten Büchern übereinstimmen. Das gibt mir auf Anhieb ein »anheimelndes« Gefühl, wenn ich meinem virtuellen Buchhändler einen Besuch abstatte.

Je mehr ein Kunde Ihrem Unternehmen über sich selbst offenbart, desto größer ist die Bindung, die entsteht. Die Websites der Finanzdienste sind das beste Beispiel für dieses »Klebstoff-Phänomen«. Sobald ein Kunde alle Firmen eingegeben hat, deren Rechnung er automatisch bezahlen möchte, und die Anzahl der Aktien und Anteile an offenen Investmentfonds, die er besitzt (damit der Wert seines Portefeuilles automatisch auf den neuesten Stand gebracht werden kann), wird er zögern, sämtliche Informationen noch einmal auf der Website eines anderen Anbieters einzutippen. Wenn ein Kunde durch Angabe der benötigten Informationen in ein Unternehmen investiert hat, damit die Geschäftsabwicklung gestrafft und der Prozeß auf seine Wünsche und Bedürfnisse ausgerichtet werden kann, bleibt er bei der Stange, es sei denn, das Unternehmen enttäuscht sein Vertrauen.

5. Stärkung des Gemeinschaftsgefühls

Sobald eine Vertrauensbasis und eine persönliche Beziehung mit Hilfe elektronischer Tools hergestellt sind, können Sie zum nächsten Schritt übergehen: das Gemeinschaftsgefühl unter Ihren Kunden stärken. Sie werden überrascht sein, in welchem Ausmaß Ihre Kunden bereit sind, einander bei technischen Problemen unter die Arme zu greifen, Tips zu geben und Erfahrungen auszutauschen. *Cisco Systems* war schon zu Beginn seiner Unternehmensgeschichte in der Lage, von diesem Zusammenhalt zu profitieren. Durch Ermutigung der Kunden, die technischen Fragen anderer Onliner zu beantworten, konnte das Unternehmen sein Supportprogramm intensivieren, ohne seine technische Mannschaft kräftig aufzustocken.

Menschen möchten das Gefühl der Zugehörigkeit haben. Deshalb bieten viele Websites Bereiche, die »Mitgliedern« vorbehalten sind. *American Airlines* erkannte dieses menschliche Grundbedürfnis und entsprach ihm mit einem getrennten Bereich für *AAdvantage-Vielflieger.* Auch *Microsoft* stellt separate Bereiche für CIOs und Entwickler zur Verfügung.

Menschen haben außerdem Spaß daran, einen eigenen Beitrag in Form von Ideen und Gedanken beizusteuern. Die *Wall Street Journal Interactice Edition* hat dem Wunsch vieler Onliner entsprochen, ihrer Meinung über brandheiße Themen in den Wirtschaftsnachrichten Ausdruck zu verleihen. Durch die Einrichtung von Foren, wo Kunden sich in einen Dialog über Themen einklinken können, die sie interessieren, gibt das *Journal* ihnen das Gefühl größerer Verbundenheit mit dem Magazin. Ein Kunde, der seine Ansichten online äußert, wird höchstwahrscheinlich Tag für Tag zurückkehren, um die Reaktion zu beobachten.

Sämtliche Schritte verknüpfen

Was gehört also zur Entwicklung einer Infrastruktur für E-Business? Sie beginnen bei Ihren Endkunden. Sie gestalten die wichtigsten Geschäftsprozesse von außen nach innen neu, die sich auf diese Kunden auswirken. Dabei beziehen Sie alle Geschäftsvorfälle ein, legen die Geschäftsregeln fest und definieren die wichtigsten Codes. Dann kann Ihre Technologiemannschaft diese sich schrittweise herauskristallisierende Blaupause nehmen und Internet und Web als Entwicklungsplattform für interaktive Anwendungen an der Schnittstelle zum Kunden benutzen. Sie sammeln Kundeninformationen in Produktlinien- und Funktionsbereichen, um eine ausbaufähige Kundenprofildatei zu schaffen. Sie benutzen die von Ihnen festgelegten Geschäftsregeln, um abteilungs- und anwendungsübergreifende, automatisierte Arbeitsabläufe zu entwerfen. Sie entwickeln Informations- und Wissensdatenbanken und kodieren die darin enthaltenen Informationen auf eine Weise, daß die E-Commerce-Anwendungen Ihrer Partner, Lieferanten und Kunden imstande sind, die benötigten Informationen zu lokalisieren und für ihre Entscheidungen zu nutzen. Sie entwickeln darüber hinaus eine Reihe von Applikationen an der Schnittstelle zum Kunden – für Web, Kiosksystem, integrierte Voice-Response-Systeme und Call-Center-Personal, das mit Televerkauf, Telemarketing und Support befaßt ist, und für das kunterbunte Sammelsurium elektronischer Systeme und Geräte, die Ihre Kunden für die Interaktion mit Ihrem Unternehmen benutzen werden. Diese E-Business-Anwendungen, die einen Datenaustausch mit dem Kunden ermöglichen, werden in die restlichen Operationssysteme integriert, die über das Netzwerk hinausreichen, um Ihre Lieferanten, Distributoren, Banken und alle anderen Geschäftspartner in den Regelkreis einzubinden.

Bei der Lektüre der Fallstudien in diesem Buch werden Sie feststellen, daß die Infrastrukturen der Unternehmen nicht haargenau gleich sind, aber manche sich ähneln. Und wenn Sie die Betroffenen fragen würden, ob sie heute noch die gleiche E-Commerce-Architektur wählen würden wie vor zwei oder drei Jahren, bekämen Sie vermutlich zur Antwort, daß sie einem Prozeß folgen würden, der dem von mir skizzierten in groben Zügen gleicht. Doch bevor wir mit den Geschichten der Pioniere fortfahren, die im E-Commerce Neuland erobert und ihre Claims abgesteckt haben, lassen Sie uns einen Blick auf den letzten strategischen Schritt werfen, den Sie vor Beginn der Reise einleiten sollten: die Überlegung, wie Sie Ihren Erfolg messen wollen.

Fünfter Schritt:

Festigung der Kundentreue: das A und O jeder gewinnbringenden Aktivität im E-Commerce

Im Durchschnitt verlieren US-Unternehmen fünfzig Prozent ihrer Kunden innerhalb von fünf Jahren. Wie viele Interessenten-Anschriften müssen gesammelt werden, um auch nur einen Auftrag mit einem Neukunden abzuschließen? Wie lange dauert es, bevor sich die Kosten der Akquisition durch den Gewinn aus weiteren Geschäften mit ihm amortisieren? In manchen Branchen dauert es Jahre, bis diese Kosten hereingeholt sind. Es überrascht wohl nicht, daß Firmen, die ihre wichtigen Kunden bei der Stange halten, gewinnträchtiger sind als solche mit einem geringen Anteil an Dauerkunden.

Der elektronische Handel ermöglicht Ihnen, kosteneffektive, treuefördernde Beziehungen zu Ihren gewinnträchtigsten Kunden aufzubauen. Wenn Sie ihnen die Geschäftsabwicklung mit Ihrem Unternehmen erleichtern, werden sie von Ihnen auf Bequemlichkeiten und Gewohnheiten »programmiert«, bei denen die Konkurrenz Ihnen nur schwer den Rang ablaufen kann. Kunden, die Online-Geschäfte mit Ihnen machen, sind darüber hinaus eher bereit, aus eigenem Antrieb in Produkte und Serviceleistungen mit höherer Gewinnspanne zu investieren, wie *Dell Computer* und *Wells Fargo* bezeugen können.

Die beste Möglichkeit, die Ergebnisse Ihrer E-Commerce-Initiativen zu messen, besteht darin, Ihre Rentabilitätsrechnung auf das Fundament einer verstärkten Kundenloyalität zu stellen – Kunden, deren Bedürfnisse zu befriedigen Sie weniger kostet. Genau das haben *American Airlines, Bell Atlantic, Cisco Systems, PhotoDisc* und *iPrint* getan. Und es funktioniert! Selbst wenn das Geschäftsmodell für Ihre E-Commerce-Initiative von Werbeeinnahmen abgefedert wird, werden treue Kunden, die immer wieder zu Ihnen kommen, zu einem erhöhten Anzeigenvolumen führen, wie das *Wall Street Journal* und *Tripod* herausgefunden haben.

Als erstes lassen Sie uns nun einen Blick auf die ökonomischen Aspekte der Kundenloyalität werfen. Und dann werden wir einige Themen untersuchen, die bei der Messung und Förderung der Kundentreue eine Rolle spielen.

Wie ein loyaler Kunde Ihre Bilanz aufpolstert

Quantitative Daten belegen, daß die Festigung der Kundentreue nachhaltige Auswirkung auf die Bilanz eines Unternehmens hat. Firmen, die fähig sind, die richtigen Kunden zu gewinnen und zu halten, sind ertragreicher als solche, deren Kunden nach wenigen Transaktionen abspringen. Um Ihre Beziehung zu einzelnen Kundengruppen und die Auswirkungen zu verstehen, die eine Förderung ihrer Loyalität auf den Unternehmensgewinn hat, müssen Sie einige Aufwands- und Ertragsposten messen. Abbildung 3 zeigt die verschiedenen Ertragskomponenten der Kundenloyalität.
Ein Barometer für die erhöhte Kundentreue, mit der eine Verbesserung der Einnahmenseite einhergeht, sind folgende Elemente:

- ***Grunderlös***

Der Grunderlös umfaßt die Einnahmen aus einer gegebenen Transaktion, ungeachtet der Kundenbeziehung, Loyalität oder Rabatte für das Produkt. Je länger Sie einen zahlenden Kunden halten, desto höher ist der Grunderlös, den Sie erzielen.

- ***Wachstum***

Wenn die erste Transaktion einen Nutzen für den Kunden geschaffen hat, kauft er weitere Produkte von Ihnen. Die Umsatzerlöse, die Sie mit diesem Kunden erzielen, wachsen mit Ihrem Anteil an der Summe, die dieser Kunde für seine gesamten Einkäufe auf diesem Gebiet ausgibt.

- ***Referenzen***

Referenzerlöse erzielen Sie, wenn Ihr zufriedener Kunde beispielsweise Geschäftspartner an Ihre Firma verweist. Je länger Ihre Beziehung zu einem Kunden andauert, je mehr Neukunden bringt er Ihnen.

- ***Premium-Preise***

Im Gegensatz zur landläufigen Meinung sind loyale Kunden bereit, mehr für Ihre Produkte zu zahlen als Neukunden, die vielleicht noch nicht restlos vom Nutzen Ihrer Angebote überzeugt sind. Warum sollte Ihr Kunde auch das Risiko eingehen, etwas anderes auszuprobieren und sich möglicherweise Ärger einzuhandeln, wenn er mit Ihrem Produkt vollauf zufrieden ist? Loyale Kunden lassen sich nicht durch Lockvogelangebote Ihrer Konkurrenten ködern und fordern keinen Rabatt als Voraussetzung für zukünftige Geschäfte. Je zufriedener sie mit der Geschäftsbeziehung sind, desto höher ist auch der Premium-Preis, den sie zu zahlen gewillt sind.

Außerdem sollten Sie Ihr Augenmerk auf diejenigen Elemente richten, die beeinflussen, wieviel Sie für einen entwicklungsfähigen Kundenbestand ausgeben müssen. Zu den wichtigen Überlegungen gehören die folgenden:

- ***Kostenlose Akquisition***

Die meisten Unternehmen, deren Erfolg auf Kundentreue basiert, zahlen nichts für die Neukundengewinnung. Ihre Kunden wechseln nie – oder selten – zur Konkurrenz über. Die Umsatzerlöse erhöhen sich, weil sie von Jahr zu Jahr mehr kaufen. Ihre Neukunden werden von zufriedenen und loyalen Kunden an Sie verwiesen. Und das Profil dieser Neukunden deckt sich mit dem Ihrer besten Kunden.

Abbildung 3

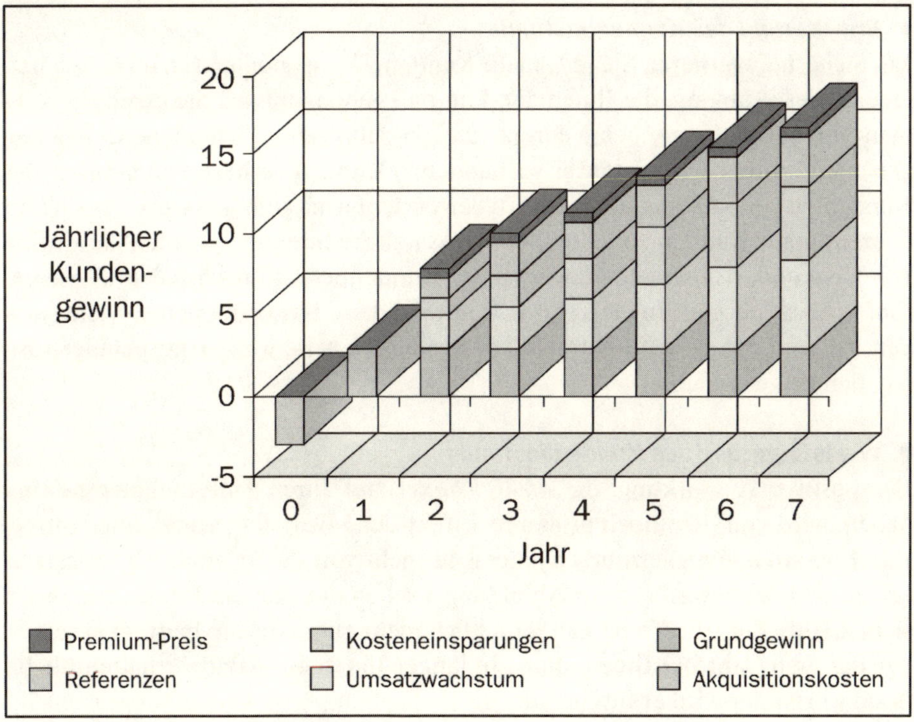

Aus: *The Loyality Effect,* von Frederick F. Reichheld (© President and Fellows of Harvard College, alle Rechte vorbehalten, Boston, Mass., 1996). Neudruck mit Genehmigung der Harvard Business School Press.

Der Gewinn Ihres Unternehmens wächst, sobald Sie treue Kunden gewonnen haben, weil sie mehr kaufen, höhere Preise zahlen und eine Beziehung zu Ihnen entwickeln, deren Pflege kosteneffektiver ist. Außerdem verweisen sie Geschäftspartner/Bekannte an Sie, ohne daß Ihnen Akquisitionskosten entstehen.

- ***Erfahrene Kunden***

Es kostet Sie weniger, mit einem loyalen Kunden zu arbeiten. Er kennt Ihre Produktlinie und Prozesse. Er ruft nicht die falsche Abteilung an, um sich nach Produkten zu erkundigen, die Ihre Firma nicht führt. Selbst wenn Sie ihm teure Tools an die Hand gegeben haben, um die Beziehung zu untermauern, z. B. Worksheets, elektronischer Zugriff auf Informationen oder Online-Produktkonfigurationen, haben Sie immer noch eine Menge Geld gespart, weil er sich bei einer Reihe von Transaktionen selbst bedienen kann und in der Zusammenarbeit mit Ihnen für einen effizienten Austausch gerüstet ist.
Der Kundenpool sollte jedoch nicht stagnieren, wenn Ihr Unternehmen nach Wachstum strebt. Wenn Sie die Mehrzahl Ihrer bestehenden Kunden halten und neue dazugewinnen können, haben alle Beteiligten einen Nutzen.

- ***Erweiterung des Kundenbestands***

Mit Sicherheit verlieren Sie jedes Jahr Kunden. Das ist nun mal so im Geschäftsleben. Diese Kunden, die Ihnen den Laufpaß geben, müssen Sie ersetzen. Nehmen wir beispielsweise eine Firma, die im Jahr zehn Prozent neue Kunden gewinnt und zehn Prozent ihrer vorhandenen Kunden verliert. Am Umfang des Kundenbestands ändert sich nichts. Wenn es der Firma gelingen würde, noch fünf Prozent mehr Kunden zu halten, ohne zusätzliche Summen für die Akquisition von Neukunden auszugeben, wächst der Kundenbestand nach Adam Riese um fünf Prozent im Jahr. In vierzehn Jahren wird diese Firma doppelt so viele Kunden haben. Und sie wird beträchtlich gewachsen sein, weil es ihr gelungen ist, Kunden länger zu halten.

- ***Wertsteigerung des Kundenbestands***

Die positive Auswirkung, die *mehr Kunden* auf Ihren Unternehmensgewinn haben, wird von dem noch größeren Effekt der »Wertsteigerung« übertroffen. Ihre Kunden kaufen vermutlich jedes Jahr mehr von Ihnen, wodurch Umsatzerlöse und Gewinn wachsen. In Abbildung 3 sehen Sie, daß ein Kunde, der Ihnen sieben Jahre lang die Treue hält, erheblich mehr zum Gewinn beiträgt als einer, der das erste Jahr bei Ihnen kauft. Je länger Ihnen ein Kunde erhalten bleibt, desto wertvoller wird er für Sie.

Die Kundenloyalität messen

Wir sind daran gewöhnt, in Marktsegmenten zu denken, was die Kunden betrifft: männlich, Stadtbewohner, unter zwanzig; Singles mit hohem Einkommen; oder Senioren, aktiv. Es ist wichtig, zu verstehen, daß wir uns jeden einzelnen Kunden und seine *individuellen* Merkmale ansehen müssen, wenn es um die Analyse der Kundenloyalität geht. Wenn Ihr Unternehmen Geld verdient, ist der Kundenbestand im Schnitt gewinnbringend. Doch in jedem Marktsegment, das Sie ermitteln, tragen einige Kunden zum Gewinn bei, während Sie mit anderen ein Verlustgeschäft machen.

In der Bankingindustrie wurde die Kundenrentabilitätsanalyse zu einer Kunst verfeinert. Eine Bank, die eine solche Analyse durchführt, hat beispielsweise entdeckt, daß zwanzig Prozent der umsatzstärksten Kunden mehr als hundert Prozent zum Gewinn beitragen! Die restlichen achtzig Prozent höhlen diesen Profit aus und beschneiden ihn bis auf die Summe, die auf der Ergebnisrechnung der Bank erscheint.

Ein weiterer Vorreiter auf dem Gebiet der Kundenrentabilitätsanalyse ist ein Elektronikhersteller. Diese Firma war überzeugt, zu viele Kunden zu bedienen, und begann, eine Gewinn-und-Verlust-Rechnung je Kunde aufzustellen. Dadurch wurden unverzüglich diejenigen herausgefiltert, die für die Verluste verantwortlich waren beziehungsweise am meisten zum Gewinn beisteuerten. Mit Hilfe dieser Information konzentriert sich das Unternehmen jetzt auf seine besten Kunden, mit Preisen, die unrentable Beziehungen nicht mehr alimentieren.

Wir müssen in der Lage sein, Gewinn und Verlust je Kunde zu ermitteln, genau wie bei Produkten. Unser Bemessungssystem muß sich also auf die individuellen Merkmale des Kunden konzentrieren, statt ihn mit allen anderen Angehörigen eines Marktsegments über einen Kamm zu scheren. Die kundenspezifische Erfolgsanalyse erfordert neue Kostendaten und eine neue Analyse.

Entscheidungen im Unternehmen, die eine Festigung der Kundentreue bewirken sollen, erfordern Informationen, die bisher vielleicht noch nicht erfaßt oder ausgewertet wurden. Die Liste der nützlichen Daten beinhaltet:

- Aufwand und Erträge je Kunde und in einem bestimmten Zeitrahmen;
- Referenzgeschäfte;
- Grund für den Wechsel zur Konkurrenz;
- Faktoren, die zur Loyalität beitragen, oder Merkmale Ihres Produkts, die der Kunde schätzt.

Neue Informationen ermöglichen neue Analysen, die eine Reihe neuer Entscheidungen stützen, wie:

- Gewinne je Kunde ermitteln;
- die gewinnstärksten und -schwächsten Kunden identifizieren;
- die charakteristischen Merkmale Ihrer besten Kunden verstehen;
- Marketingkampagnen maßschneidern, um die richtigen Kunden zu gewinnen;
- Analyse der Möglichkeiten, Ihren Nutzen für die Kunden zu verbessern;
- nach Lösungen suchen, um die Anzahl der »Überläufer« zu verringern.

Den Ertrag je Kunde messen

Viele Unternehmen haben es sich angewöhnt, die Erträge je Kunde zu messen, um die Verkaufsprovisionen kalkulieren zu können. Im allgemeinen speichern Auftrags- und Rechnungslegungssysteme diese Informationen und erstellen Kunden-Ertragsberichte, nach Absatzgebiet und Produkt geordnet. Die fortlaufende Aufzeichnung der Erträge je Kunde stellt dank der modernen Finanzapplikationen heute kein Problem mehr da.
Aber einigen Industrien scheint nicht klar zu sein, wen oder was sie als »den Kunden« betrachten soll. Einen Haushalt? Oder die Angehörigen eines Haushalts? *AT&T* betrachtet jeden Telefonanschluß im Haushalt als Eigentum einer separaten Kundeneinheit. *Bell Atlantic* hat dagegen sämtliche Haushaltsmitglieder in einen Topf geworfen: Sie gelten als ein einziger Kunde.
Sobald man zu einer Entscheidung gelangt ist, wie man den Begriff »Kunde« definiert, könnte die nächste Herausforderung darin bestehen, sich mit sämtlichen Produktlinien auf eine gemeinsame Kundenidentität zu einigen. In einem Unternehmen, das sich am Produkt orientiert, arbeitet jedes Geschäftsfeld mit einer anderen Kundenidentifikationsnummer, ohne einen Blick auf das übergeordnete Beziehungsgeflecht zu werfen, in das der Kunde eingebunden ist. In einem solchen Umfeld kann es ein ernstzunehmendes Hindernis für die Ertrags- und Rentabilitätsanalyse je Kunde sein, sich auf eine gemeinsame Definition des Kundenbegriffs zu verständigen.

Die Kosten je Kunde messen

Die größte Schwierigkeit bei der Gewinnanalyse ist die Berechnung der Kosten. Buchführungssysteme sind hilflos, wenn es gilt, die aktuellen Kosten zu erfassen. Sie können die früheren Kosten beziffern und die durchschnittlichen direkten und indirekten Kosten für ein Produkt. Sie können einen Teil der Gemeinkosten eines Unternehmens und die Verkaufs- und Marketingkosten für einen Kunden oder ein Produkt dazurechnen. Aber sie sind nicht imstande zu sagen, was es derzeit kostet, eine Bestellung entgegenzunehmen, eine Produkteinheit zu produzieren und sie dem Kunden zu liefern.
Das Standard-Finanzbuchhaltungsmodell läßt den Wert der Loyalität unberücksichtigt. Es wurde für die externe Berichterstattung gemacht, nicht für Management-Anwendungen. Es konzentriert sich auf Kapitalanlagen und Abschreibungsmöglichkeiten, auf die Kosten der veräußerten Güter und auf die laufende Arbeit.
Buchhaltungssysteme ermitteln überwiegend die Vertriebs-, Allgemein- und Verwaltungskosten sämtlicher Produktlinien. Diese Kategorie kann bis zu 25 oder 30 Prozent der Gesamtkosten ausmachen, und sie schließt beträchtliche

Kosten für die Kundenpflege ein. Dieser Kostenfaktor sollte je Kunde aufgeschlüsselt werden, um die Servicekosten zu verstehen. Einen Blanko-Prozentsatz auf alle Kunden zu verteilen, verfälscht das Bild.

In den vergangenen zehn Jahren sind die Buchhaltungssysteme in das Kreuzfeuer der Kritik geraten, weil ihre Daten über Produktkosten und Rentabilität zu wünschen übrigließ. Die Daten sind auch heute noch nicht präzise. Die aktivitätsbasierte Kostenerfassung (ABC) bietet wichtige zusätzliche Daten und Analysen, die zu einer besseren Kostenkalkulation beitragen. ABC modelliert ein Unternehmen, gestützt auf Geschäftsvorfälle (z. B. Kosten für Bestellung, Lieferung und Kundendienst), die mit Aktivitäten und Prozessen verknüpft werden. Die daraus resultierenden Kosten werden den Kostenobjekten zugeordnet: Das können Kunden, Produkte oder Prozesse sein. Sobald Sie begonnen haben, Ihr Unternehmen mit Hilfe von Geschäftsvorfällen und Geschäftsobjekten zu modellieren, sind Sie für die Einführung eines ABC-Modells besser gerüstet.

Die Implemetierung eines ABC-Systems, um Aufschluß über die Kundenrentabilität zu gewinnen, ist nicht so einfach. Zuerst wird ein ABC-System entwickelt, um die kundenbasierten Kosten zu analysieren. Damit die Umsetzung Ihres ABC-Konzepts nicht bis zum Sankt Nimmerleinstag dauert, sollten Sie sich anfangs nur auf diejenigen Geschäftsvorfälle beschränken, die unmittelbare Auswirkung auf Ihre Kunden haben. Als nächstes wird eine multidimensionale Analyse durchgeführt, um die Kosten Ihrer »Dienste am Kunden« festzustellen. Und zum Schluß müssen Sie Gewinn-und-Verlust-Rechnungen aufstellen, um die Beziehungen zwischen produkt- und kundenbasierten Aktivitätskosten ins Rampenlicht zu rücken.

Die Kundenrentabilität messen

Am Anfang der Kundenanalyse sind wir vielleicht nicht immer sicher, wie hoch die Kosten je Kunde wirklich liegen. Wir wissen nicht genau, welchen Zeitrahmen wir für die Rentabilitätsanalyse unter die Lupe nehmen sollten, und ob unser Kunde eine Einzelperson oder ein Haushalt ist. Es ist unter Umständen auch nicht klar, wann wir einen Blick auf die Standard- oder aktuellen Kosten werfen, oder wann wir die verrechneten Gemeinkosten einbeziehen sollten. Trotz all dieser Fragezeichen wollen Sie sich aber ein genaues Bild von der Kundenrentabilität machen, um eine bessere Grundlage für Ihre E-Commerce-Initiativen zu haben.

Angesichts der Unerfahrenheit und der Ungenauigkeit der Daten ist es wichtig, mit verschiedenen Analysen experimentieren zu können. Ein guter erster Schritt besteht darin, Ihren Kundenbestand je nach Rentabilität vier Quadraten zuzuordnen. Dabei sollten Sie gleichwohl kein statisches Modell benutzen (beispielsweise die letzte Finanzabschlußperiode). Halten Sie sich lieber an verschiedene

Zeitabschnitte; betrachten Sie die Gewinne, die sich als gleitender Mittelwert aus den aktuellen Kosten errechnen, ohne Umlagen, über einen Zeitraum von zwanzig, zwölf und drei Monaten.

Im obersten Quadrat sind Ihre gewinnträchtigsten, und im untersten Ihre gewinnschwächsten Kunden angesiedelt. Zu Beginn können Sie Ihre E-Commerce-Initiativen auf Ihre gewinnbringendsten Kunden ausrichten. Als nächstes möchten Sie vielleicht Möglichkeiten ins Auge fassen, die Kosten der Geschäftstätigkeit mit Ihren am wenigsten rentablen Kunden durch E-Commerce-Technologien zu senken, während Sie gleichzeitig die Erträge erhöhen, die Sie mit dieser Gruppe erzielen.

Analyse der Überläufer und treuen Kunden

Kunden zu halten hat nichts damit zu tun, sie mit kleinen Aufmerksamkeiten zu überschütten, in der Hoffnung, daß sie sich an Ihre Firma erinnern. Kunden halten Ihnen die Treue, weil sie Ihr Angebot zu schätzen wissen.

Es gibt zahllose kurzweilige Überläufergeschichten, die schildern, wie Unternehmen ihre Kunden auf die Palme bringen und damit der Konkurrenz in die Arme treiben. Aber die meisten Kunden wechseln nicht im Zorn das Lager, sondern weil sie den Nutzen eines Produkts aus einer bestimmten Perspektive wahrnehmen. Laufend erscheinen neue Erzeugnisse im Markt, oder ein Konkurrent, der fest im Sattel sitzt, bietet neuartige Preisschemata, Produktmerkmale oder Lieferoptionen. Plötzlich sieht der Kunde in dieser Alternative Vorteile. Außerdem können sich die Gewohnheiten und Bedürfnisse ändern, und damit auch der vom Kunden wahrgenommene Nutzen bestimmter Produkteigenschaften.

Wang Laboratories kann ein Lied davon singen. Der Konzern hatte fast schon ein Monopol auf Textverarbeitungssysteme und zeichnete sich darüber hinaus durch einen hervorragenden Kundendienst aus. Doch Anfang der 90er Jahre konnten die *Wang*-Textverarbeitungsprogramme in puncto Preis und Funktion nicht mehr mithalten, als die ersten PCs auf dem Markt erschienen. Trotz der hohen Qualität der Serviceleistungen sprangen die *Wang*-Kunden reihenweise ab. Eine zeitlang entging dem Unternehmen die Massenflucht, weil es immer noch zahlreiche Bestellungen von Neukunden verbuchte.

Kunden verabschieden sich meistens nicht in aller Förmlichkeit. Sie machen sich klammheimlich aus dem Staub, wie Soldaten, die zum Feind überlaufen. Wenn Sie kein System installiert haben, um diese Überläufer zu identifizieren, merken Sie vielleicht nicht einmal, daß sie verschwunden sind.

Möglicherweise enthüllen Ihre Orderdaten, daß ein Kunde X nicht mehr soviel kauft wie früher, aber diese Information weckt nur dann Ihre Aufmerksamkeit, wenn Sie gezielt danach Ausschau halten. Sie führen vielleicht Stichproben durch, um die Kaufgewohnheiten Ihrer Kunden im Blick zu behalten, oder führen in bestimmten Abständen eine Umfrage bei einem Teil der Kunden auf Ihrer Liste durch, um zu erfahren, was sie kaufen und von wem, aber auch hier müssen Sie wieder »ausschwärmen«, um sich die Informationen zu beschaffen. Um sich der Flut der Überläufer entgegenzustemmen, sollten Sie einige Schlüsselinformationen zusammentragen und sie ebenso aktiv wie stetig überwachen:

- Wie viele Kunden sind seit der letzten Bestandsaufnahme abgesprungen?
- Was haben diese Überläufer gemein?
- Warum sind Sie zur Konkurrenz gegangen?

Dudley Nigg von der Firma *Wells Fargo* entdeckte beispielsweise, daß sich die Anzahl der Überläufer durch Online-Banking um die Hälfte reduzieren ließ. Kunden, die normalerweise die Bank gewechselt hätten, sobald sie das *Wells*-Territorium verließen, blieben bei der Stange, wenn sie Online-Kunden waren.

Die richtigen Kunden finden und halten

Jetzt wissen Sie also, wer die richtigen Kunden sind: die gewinnbringenden, die Sie in Ihrer Rentabilitätsanalyse ermittelt haben. Als nächstes müssen Sie die charakteristischen Merkmale dieser Kunden ermitteln und verstehen. Einige von ihnen gehören vielleicht zu den Menschen, die eine langfristige Beziehung vorziehen; andere sind möglicherweise nur infolge ihrer Passivität gewinnträchtig, weil sie sich als anspruchlos und vorhersehbar erweisen. Aber im allgemeinen sind die richtigen Kunden diejenigen, deren Bedürfnisse mit dem Nutzen übereinstimmen, den Sie zu bieten haben.

Nachdem Sie die charakteristischen Merkmale bestimmt haben, können Sie Marketingaktionen planen, um die richtigen Kunden wie ein Magnet anzuziehen. Und wenn Sie die Eigenschaften Ihrer unrentablen Kunden kennen, können Sie Programme entwerfen, die verhindern, daß sie sich angezogen fühlen.

Vielleicht sagen Sie jetzt: Das ist doch ein alter Hut! Die gleiche Marktsegmentierung ist in unserer Firma schon seit langem gang und gäbe – männlich, Stadtbewohner, unter zwanzig – richtig? Falsch. Märkte werden auf der Grundlage genereller demographischer Daten segmentiert; Marketingprogramme auf der Basis von Kundenmerkmalen werden auf der Grundlage subjektiver Profildateien (die Ihr Unternehmen erstellt hat) von Einzelpersonen entwickelt, deren demographische Daten sich beträchtlich voneinander unterscheiden können.

Bei der Kundenrentabilitätsanalyse werden Sie zwangsläufig auf eine große Anzahl von Kunden stoßen, die den erzielten Gewinn schmälern. Was fangen Sie mit dieser Information an? Die Antwort liegt auf der Hand: Sie müssen das Blatt wenden und Ihre »schwarzen Schafe« in gewinnträchtige Kunden verwandeln,

indem Sie die Interaktionskosten verringern oder die mit ihnen erzielten Erträge erhöhen.
Falls beide Versuche fehlschlagen, sollten Sie diese Kunden ermutigen, zu einem Anbieter überzuwechseln, der ihren Bedürfnissen besser Rechnung trägt. »Jetzt machen Sie aber mal einen Punkt!« werden Sie jetzt vielleicht entrüstet sagen. »Schlagen Sie allen Ernstes vor, einen Kunden bewußt zu vergraulen?« So widersinnig es auch klingen mag: Ja! Auf diese Klientel zu verzichten ist unter dem Strich immer noch besser als von Ihren Aktionären oder Spitzenkunden zu verlangen, daß Sie die »Schlußlichter« alimentieren!
Ein hohes Maß an Loyalität ist der Beweis, daß der Kunde bei Ihnen mehr für sein Geld bekommt als anderswo. Wenn Sie verstehen, worin dieser einmalige Nutzen besteht, können Sie ihn noch erhöhen, und damit auch Ihren Anteil am Kaufvolumen Ihrer Kunden.
Welchen Nutzen hat Ihr Angebot für die Kunden? Vergessen Sie nicht: Kunden schätzen nicht nur grundlegende Dinge wie Produktqualität und Produktmerkmale, sondern auch die problemlose, bequeme Geschäftsabwicklung mit einem Unternehmen.

Die große Herausforderung: vom produktzentrierten zum kundenzentrierten Modell

Viele Firmen sind produktzentriert. Unternehmen mit mehreren Produktlinien behandeln oft jede einzelne als separates, abgeschottetes Geschäftsfeld. Für jedes Produkt gibt es eine eigene Support-, Verkaufs- oder Außendienstmannschaft, Produktentwicklung, Rechnungsausstellung usw. Die Kommunikation über die Produktgrenze hinaus ist auf ein Mindestmaß beschränkt.
In diesem Modell wird der Kunde zur anonymen Zielscheibe von Marketingkampagnen, und die Finanzsysteme sind damit befaßt, den Marktanteil, die Kosten und den Gewinnbeitrag des Produkts mehr oder weniger exakt auszurechnen. Damit aber zäumt man das Pferd am falschen Ende auf: Umsatzerlöse und Gewinne stammen nicht vom Produkt, sondern vom Kunden.
Und um dem Faß die Krone aufzusetzen, konzentrieren sich die Verkaufsanstrengungen häufig auf die Suche nach qualifizierten Interessenten, die sich in *neue* Kunden umwandeln lassen, statt für die wachsende Zufriedenheit der bereits vorhandenen Kunden und damit für die wachsende Bereitschaft zu sorgen, immer mehr für die Produkte und Dienstleistungen des Unternehmens auszugeben. Die Kosten, die entstehen, um einen Neukunden an Land zu ziehen, übersteigen häufig das Volumen seines ersten Kaufabschlusses.
Kunden – sogar Firmenkunden – sind Menschen, und Menschen wissen es zu schätzen, wenn man sie höflich, respekt- und verständnisvoll behandelt. Wenn ein Kunde anruft oder Ihre Website besucht, erwartet er Ihre Wertschätzung. Er

möchte zumindest, daß Sie seinen Namen kennen und wissen, welche Produkte und Serviceleistungen er bei Ihnen bezieht, wie lange er schon Kunde ist, welchen Wert er als Kunde hat, welche besonderen Anforderungen er an Ihre Produkte und Dienstleistungen stellt, wann er das letzte Mal um Hilfe gebeten oder bestellt hat, und wer das letzte Mal sein Ansprechpartner war (Dieses Minimum beinhaltet eine Menge, wie Sie merken!).

Wenn der Mitarbeiter, an den er gerät, diese Informationen nicht besitzt, ist der Kunde frustriert und hat das Gefühl, daß man ihn nicht zu schätzen weiß. Ein Kunde sollte nie fragen müssen: »Sie wissen wohl nicht, wer ich bin?« (siehe Abbildung 4).

Organisationen, die nach Produkten und Funktionen gegliedert sind, können das Bedürfnis eines Kunden, anerkannt und erinnert zu werden, nicht befriedigen. Sie sind nicht imstande, eine Gesamtbild des Kunden zu entwickeln. Ihre Anwendungen und Daten sind nach Produktlinien segmentiert. Es gibt kein einzelnes umfassendes »Kundenkonzept«. Falls sich Ihr Unternehmen auf das Produkt statt auf seine Kunden konzentriert, werden Sie es schwerer haben, mittels E-Commerce-Technologien einen loyalen Kundenstamm zu entwickeln und zu halten. Sie müssen die Informationsbruchstücke über Ihre Kunden mühsam zusammenfügen und Geschäftsprozesse quer durch sämtliche Produktlinien bereinigen, um erfolgreich zu sein.

Kundenorientierung wird die Norm werden

Heute haben Unternehmen, die Kundenrentabilitätsanalysen durchführen und sich reorganisieren, um Kunden zu halten, einen strategischen Vorteil. In naher Zukunft wird der Kunde gleichwohl erwarten, daß Sie wissen, wer er ist und wie Sie seinen Bedürfnissen gerecht werden. In zwei Jahren werden Unternehmen, die Kunden identifizieren und von ihrer Zufriedenheit profitieren, die Norm sein. Firmen, die im alten Trott verharren und Produktfamilien an anonyme Kunden veräußern, werden ihre liebe Not haben, Gewinne einzufahren.

Die kundenorientierte Organisation mag ein Ziel sein, das meilenweit von Ihrem jetzigen Ausgangspunkt entfernt ist. Aber es kann beträchtliche Auswirkungen auf die Bilanz Ihres Unternehmens haben, den ersten Schritt in diese Richtung zu tun.

Also packen Sie's an! Ermitteln Sie wenigstens einen Teil Ihrer gewinnträchtigsten Kunden und entwickeln Sie danach E-Commerce-Lösungen, um diese Beziehung zu zementieren. Warten Sie geduldig ab und beobachten Sie, was passiert. Ihr Unternehmen wird einiges aus dieser Übung lernen, und selbst ein kleiner Erfolg erleichtert den nächsten Schritt. Vergewissern Sie sich vor dem Start, daß Sie den Prozentsatz der loyalen Kunden kennen, die Sie anvisieren, und die Kosten, um ihnen Spitzenleistungen zu bieten. Dann sind Sie mit dem Zahlenmaterial ausgerüstet, das Sie brauchen, um die Ergebnisse Ihrer E-Commerce-Initiativen zu messen.

Abbildung 4

Unser Kunde hat es nicht leicht: Er muß seine Situation jedesmal aufs neue einer anderen abgeschotteten, produktorientierten Abteilung erklären. Die Mitarbeiter, mit denen er spricht, sind zwar entgegenkommend und hilfsbereit, haben aber nicht die erforderlichen Informationen. Der Kunde wird von einer Abteilung zur nächsten weitergereicht, ohne der Lösung seines Problems einen Schritt näherzukommen.

Zweiter Teil

Acht Erfolgsfaktoren und Fallstudien

Wie Sie von den Erfolgsfaktoren und Fallstudien profitieren

In den nächsten acht Kapiteln werden wir jeden wichtigen Erfolgsfaktor (EF) im einzelnen untersuchen:

- Die richtigen Kunden anvisieren
- Die Verantwortung für die Gesamterfahrung des Kunden übernehmen
- Geschäftsprozesse straffen, die sich auf den Kunden auswirken
- Eine Rundumsicht von der Kundenbeziehung entwickeln
- Kunden zur Selbstbedienung anregen
- Kunden bei der Bewältigung ihrer Arbeit unterstützen
- Serviceleistungen personalisieren
- Das Gemeinschaftsgefühl stärken

Diese Faustregeln klingen einfach und prosaisch. Aber wenn wir das Paket aufschnüren, werden Sie feststellen, welche subtilen Aktivitäten damit verbunden sind und wie schwierig es ist, sie richtig anzuwenden. Es gibt zahlreiche Organisationen, deren E-Business-Initiativen beredtes Zeugnis von den Erfolgen und Mißerfolgen mit jedem einzelnen Baustein ablegen. Deshalb habe ich die Beschreibung des jeweiligen Erfolgsfaktor mit Beispielen von Organisationen aller Art und aus aller Welt gewürzt, einschließlich solcher ohne Erwerbscharakter und staatlicher Institutionen.

Nach der Erläuterung der Erfolgsfaktors werde ich Ihnen jeweils zwei Fallstudien von Firmen präsentieren, die Spitzenleistungen bei der Umsetzung eines spezifischen Erfolgsbausteins (oder auch anderer) erbracht haben. Am Anfang jeder Fallstudie finden Sie folgende Tabelle:

Wichtige Erfolgsfaktoren im Fall »X«	
✯ Die richtigen Kunden anvisieren	✓ Kunden zur Selbstbedienung anregen
Die Verantwortung für die Gesamterfahrung des Kunden übernehmen	✓ Kunden bei der Bewältigung ihrer Arbeit unterstützen
✓ Geschäftsprozesse straffen, die sich auf den Kunden auswirken	✓ Serviceleistungen personalisieren
Eine Rundumsicht von der Kundenbeziehung entwickeln	Das Gemeinschaftsgefühl stärken
✯ = Hier detailliert beschrieben	✓ = Hier kurz angesprochen

Diese Tabelle soll Ihnen als Orientierungshilfe für die nachfolgende Fallstudie dienen. Da die Fallbeispiele Firmen beschreiben, die Spitzenleistungen erbringen, enthält jedes einzelne mehrere Erfolgsfaktors. Die Sternchen deuten darauf hin, welche Erfolgsfaktoren im Brennpunkt stehen. Die Häkchen zeigen, welche weiteren Erfolgsfaktors in der Fallstudie angesprochen werden.

Auswahl der Fallstudien

Nach welchen Kriterien wurden die Fallstudien ausgesucht? Ich gebe zu, es war schwierig: Es gab vierzig Unternehmen, die zur Wahl standen. Grundsätzlich habe ich mich für diejenigen entschieden, die den jeweiligen Erfolgsfaktor am besten veranschaulichen. Die Kandidaten, die das Rennen gemacht haben, waren ausnahmslos bemüht, den Kunden die Geschäftsabwicklung mit ihnen zu erleichtern, und sie bemühen sich weiter. Das bedeutet indessen nicht, daß ihre Aktivitäten nicht mehr zu verbessern wären oder andere Unternehmen und Organisation nicht mit gleichermaßen beeindruckenden Leistungen aufwarten könnten. Hinzu kommt ein zweites Merkmal der sechzehn von mir ins Rampenlicht gerückten Firmen: Sie waren allesamt bereit, ihre Erfahrungen so detailliert zu schildern, daß sie für jeden nützlich sind, der daraus lernen möchte.
Natürlich war meine Recherche damit nicht beendet. Ich habe wesentlich mehr Fallstudien gesammelt, als Sie auf den folgenden Seiten finden, und ich bleibe weiter am Ball. Wenn Sie sich für eine aktualisierte Version interessieren, besuchen Sie uns auf unserer Website, www.customers.com. Und falls Sie möchten, daß ich die Initiative Ihres Unternehmens in die Sammlung einfüge, melden Sie sich bei pseybold@ customers.com. Ich würde mich freuen, zu erfahren, was Sie erreicht haben.

Das technische Material

Da dieses Buch für Führungskräfte und Technologen geschrieben wurde, habe ich versucht, die Fallbeispiele aus der Geschäfts- und Organisationsperspektive zu schildern, ohne im Labyrinth fachspezifischer Details steckenzubleiben. Ich weiß jedoch, daß viele von Ihnen daran interessiert sind, etwas über die Systeme und Technologien zu erfahren, die benutzt wurden; deshalb hat jedes Fallbeispiel einen Abschnitt nach folgendem Muster:

Entwicklung der technischen Infrastruktur

Diese Rubrik bietet eine kurze Zusammenfassung der technologischen Ansätze und Überlegungen hinter den Architekturoptionen. Sie ist nur für Technofreaks!

Pattys Resümee

Am Ende jeder Fallstudie gibt es einen Abschnitt mit der Überschrift »Pattys Resümee«. Hier finden Sie Beobachtungen und Vorschläge für die nächsten Schritte, die ein Unternehmen bei der Verbesserung seiner E-Business-Initiative einleiten könnte. Es gibt immer Möglichkeiten, die Meßlatte bei den eigenen Leistungen höher anzulegen! Und natürlich kann ich als Beraterin dem Drang nicht widerstehen, meinen Senf dazuzugeben. Interessant an diesem Abschnitt ist die Entwicklung, die nach der Niederschrift des empfohlenen Aktionskurses (ungefähr sechs Monate vor der Veröffentlichung des Buches) stattgefunden hat. Ein halbes Jahr ist eine lange Zeit im Netz! Es besteht also die Möglichkeit, daß in der Zwischenzeit weitere Fortschritte erzielt wurden. Sie haben die Chance, nachzuprüfen, ob die Aktivitäten, die ich für wichtig hielt, tatsächlich den Sprung an die Spitze der Prioritätenliste geschafft haben (Natürlich stehen bei allen beschriebenen Unternehmen die Wünsche der Kunden an allererster Stelle, und nicht die Empfehlungen der Berater!).

»Tips« und Lektionen

Am Ende jeder Fallstudie finden Sie eine Liste mit »Tips«. Das sind die wichtigsten Punkte, die Sie, so hoffe ich, aus jeder Geschichte behalten und in Ihren eigenen Wirkungsbereich integrieren werden – Punkte, die für Ihre Initiativen nützlich sein könnten. Wenn es Ihnen so geht wie mir, werden beim Lesen von Fallbeispielen alle möglichen Ideen geweckt, die das eigene Unternehmen betreffen. Die Tips, die Sie daraus ableiten, sind vielleicht ganz andere als diejenigen, die ich Ihnen auf dem Silbertablett serviert habe.

Im Anschluß an die Fallstudien-Paare habe ich die Lektionen zusammengefaßt, die ich bei der Erforschung der beiden Initiativen entdeckt habe und nützlich fand. Ich hoffe, Sie nehmen aus diesem Buch nicht nur Erkenntnisse über die Aktivitäten von *American Airlines* und *Cisco Systems* mit, sondern entdecken bei der Betrachtung der Unternehmen, die auf dem Gebiet der E-Commerce-Technologien Pionierarbeit geleistet haben, um ihren Kunden die Geschäftsabwicklung mit ihnen zu erleichtern, auch die Gemeinsamkeiten, die sich dabei zeigen.

Synthese der Spitzenleistungen

Diese Muster, die allen Branchen, Organisationen und wichtigen Erfolgsfaktoren zugrunde liegen, sind am Ende des Buches in einem eigenen Kapitel zusammengefaßt. In diesem Bereich ist lebenslanges Lernen angesagt. Je mehr Sie wissen, desto mehr gilt es, zu experimentieren und zu erforschen. Die Synthese der Spitzenleistungen erhebt also nicht den Anspruch, die einzig wahre, allein seligmachende zu sein. Sie soll vielmehr zu eigenen Gedanken und Fragen anregen. Zum Beispiel: Sind Ihnen noch andere Übereinstimmungen aufgefallen? Oder: Gibt es Ansätze, die Sie nachahmen (oder vermeiden) möchten?
Wenn Sie bereit sind, Ihre eigene koenig-kunde.com-Initiative auf den Weg zu bringen oder bestehende Aktivitäten in dieser Richtung zu verbessern, interessiert Sie vielleicht das *Customers.com Handbook*, das Sie auf unserer Website bestellen können. Darin sind zwei »Landkarten« enthalten: eine für die betriebswirtschaftlich orientierten Mitarbeiter in Ihrem Team, die andere für Ihre Technologie-Experten, und praktische Anleitungen für einen Workshop, den Sie abhalten können, um dem König-Kunde-Projekt auf die Sprünge zu helfen.

Erfolgsfaktor 1:

Die richtigen Kunden anvisieren

American Airlines und *National Semiconductor* sind anschauliche Beispiele für Unternehmen, die ihre World-Wide-Web-Initiativen sorgfältig auf die richtigen Kunden abgestimmt haben: diejenigen Kunden, die den Unterschied in der Bilanz ausmachen. *American* richtet seine Website auf seine treuesten Kunden aus, die 32 Millionen und mehr *AAdvantage*-Vielflieger. Reiseplanung, Buchung, Ausstellung der Tickets, Höherstufung (in die Business- oder First Class) und die Suche nach Partnerhotels oder Restaurants, die *AAdvantage*-Miles verrechnen, gehören zu den Dienstleistungen, die von ihnen elektronisch in Anspruch genommen werden können.

National Semiconductor spricht gezielt diejenigen Mitarbeiter im Unternehmen an, die den größten Einfluß auf den Kauf ihrer Produkte haben: Entwicklungsingenieure. Mehr als 500 000 nutzen jeden Monat die Website des Halbleiterherstellers, um die geeigneten Chips zu suchen, Datensheets und Software-Simulationen herunterzuladen und Prüfstücke zu bestellen.

Wir werden uns im folgenden genau ansehen, wie diese Unternehmen vorgegangen sind. Aber zuerst müssen wir das Fundament errichten. Welche Schritte sind unerläßlich, wenn Sie ihnen nacheifern und Erfolg haben wollen?

- Bestehende und potentiellen Kunde identifizieren
- Die gewinnträchtigen Kunden ermitteln
- Entscheiden, welche Kunden Sie halten (oder nicht mehr verlieren) wollen
- Herausfinden, welche Kunden die wichtigsten Beschaffungsmaßnahmen beeinflussen
- Nachforschen, welche Kunden Referenzgeschäfte bringen
- Zwischen Kunden, Partnern und Interessengruppen differenzieren

Bestehende und potentielle Kunden identifizieren

Der erste Schritt besteht darin, festzustellen, wer Ihre Endkunden und potentiellen Kunden sind und soviel wie möglich über sie in Erfahrung zu bringen. Vielleicht glauben Sie, es gäbe keine Möglichkeit, ihre Identität genau festzustellen, vor allem, wenn der Verkaufsvorgang indirekt, über verschiedene Vertriebswege, abgewickelt wird. Aber das ist ein Irrtum, wie die Beispiele der Grußkartenfirma *Hallmark* (die Kunden an wichtige Termine erinnert), *Quaker Oats* (die Kunden zum Besuch einer Rice-A-Roni-Site mit Rezepten einlädt) und vieler anderer Unternehmen zeigen. Dank der kosteneffektiven Technologien, mit denen Sie heute Ihre Kunden erreichen können – von der Website bis zu E-Mails und Mitgliederkarten – läßt sich zumindest eine Untergruppe Ihres Kundenbestands ausmachen.

Sie tun also alles, was in Ihrer Macht steht, um Ihre Endkunden zu ermitteln und ihnen das Gefühl zu geben, König zu sein. Bieten Sie Ihnen einen Anreiz, ihre Identität preiszugeben – Privilegien, die sie erhalten, wenn sie sich als treue Kunden »outen«. Sie werden überrascht sein, wieviel sie Ihnen über sich selbst erzählen, wenn sie zu der Schlußfolgerung gelangen, daß es Sie wirklich interessiert. Wichtig ist natürlich, das in Sie gesetzte Vertrauen nicht zu mißbrauchen. Pflastern Sie Kunden nie mit Angeboten oder Erinnerungshilfen zu, um die sie nicht gebeten haben. Eine Frau warf ihre Kundenkarte weg, als sie von ihrem Supermarkt per Post die Mitteilung erhielt, es sei Zeit, neue Tampons zu kaufen! *CVS,* eine amerikanische Drugstore-Kette, machte sich bei ihren Kunden unbeliebt, als sie diese auf das Ablaufdatum von Medikamenten hinwies. Obwohl die Mailings wie eine Serviceleistung aufgemacht waren und Empfehlungen für preiswertere Arzneimittel mit den gleichen Wirkstoffen enthielten, gingen die Kunden angesichts des unerwünschten Winks mit dem Zaunpfahl auf die Barrikaden. Sie sahen darin eine Verletzung ihrer Privatsphäre. Sie sollten also genau überlegen, wie Sie solche Informationen verwenden. Vergewissern Sie sich, daß Ihren Kunden klar ist, was sie als Gegenleistung dafür erhalten, daß sie sich zu erkennen gegeben haben. Und begehen Sie niemals einen Vertrauensbruch.

Die gewinnträchtigen Kunden ermitteln

Natürlich erzielen Sie mit manchen Kunden mehr Gewinn als mit anderen. Deshalb ist es ein absolutes Muß, die gewinnträchtigsten Kunden zu ermitteln. Auf die Vielflieger von *American Airlines* entfällt der Löwenanteil der verkaufen Flugscheine und des daraus resultierenden Gewinns. Sie sind nicht nur deshalb profitabel, weil sie häufig unterwegs, sondern auch weil sie gut informierte Passagiere sind, die mit weniger Erklärungen und »Händchenhalten« auskommen als die Gelegenheitsflieger.

Als *Wells Fargo* mit der Umstrukturierung seiner Call Center begann, konzentrierte sich die Bank auf Kunden mit einem hohen Nettowert: diejenigen, die ihr den größten Gewinn einbrachten, weil sie die meisten gebührenpflichtigen Dienste in Anspruch nahmen. Geldüberweisungen, die Rückzahlung von Anleihen oder die Investition in Einlagengeschäfte und Geldmarktfonds mit Hilfe eines einzigen Telefonats waren Erleichterungen für die Kunden und ein entscheidender Faktor, um sie an sich zu binden.

Als *AT&T* den Kundendienst bereinigte, richtete der Konzern sein Augenmerk auf die kleinen Firmen, insgesamt neun Millionen Kunden. Die Produkte und Dienstleistungen, die er ihnen anbietet, sind in allen US-Bundesstaaten standardisiert, was Kosten spart. Als *AT&T* diesen Kunden die Möglichkeit bot, ihren Service an ein höheres Niveau anzupassen, einen neuen Dienst hinzuzufügen, Reparaturen durchführen zu lassen oder eine Rechnung zu korrigieren, konnten die Kosten verringert und gleichzeitig die Kundenzufriedenheit und Kundenloyalität verbessert werden.

Achten Sie also bei der Rentabilitätsanalyse nicht nur auf die Erträge, die Sie mit jedem Kundensegment erzielen, sondern auch auf die Kosten, die im Zuge der Kundenpflege anfallen. Und werfen Sie einen Blick auf den lebenslangen Wert dieser Kunden. Wieviel Gewinn läßt sich mit einem bestimmten Kundensegment im Lauf seiner Lebenszeit erwirtschaften, gemessen in mehr Umsatz, geringeren Transaktionskosten, Referenzkunden und Geschäftsabschlüssen mit höherer Gewinnspanne?

Entscheiden, welche Kunden Sie hinzugewinnen (oder nicht mehr verlieren) wollen

Als *Dow Jones* seine Web-Version vom *Wall Street Journal* lancierte, hatte das Unternehmen einen klar umrissenen Zielmarkt ins Auge gefaßt. Angesichts der schwindenden Anzahl der Abonnenten (weil junge Leute nicht mehr daran gewöhnt sind, ihre Nase jeden Tag in die Zeitung zu stecken) hielt das *Wall Street Journal* nach Lesern Ausschau, die sich nicht für die gesamte Palette der Wirtschaftsnachrichten, sondern nur für die Highlights in der Wirtschaftsszene interessieren. Man hoffte, sie im Web zu finden, und so war es. Mehr als 65 Prozent der Onliner, die *The Wall Street Journal Interactive Edition* als Informationsmedium nutzen, sind keine Abonnenten der gedruckten Zeitung.

Reader's Digest sieht sich einem ähnlichen Problem gegenüber. Viele jüngere Leute kämen nie auf die Idee, das »altbackene« Magazin auch nur in die Hand zu nehmen, das sie automatisch mit ihren Großeltern in Verbindung bringen. Trotzdem ist die größte Umsatz- und Gewinnquelle der Direktverkauf von »Haushaltsratgebern«, die bei den meisten jungen Familien Anklang fänden. Deshalb nutzt *Reader's Digest* das Web, um an diejenigen Kunden heranzukommen, die

das Unternehmen verliert: Es wendet sich an die Eltern junger Familien. Es bietet praktische Lebenshilfen zu Themen, die für seine Zielleserschaft von Interesse sind – z. B. »Wie man Kinder vor Drogen schützt« – und baut um diesen Themenkatalog herum eine Gemeinschaft auf.
Bell Atlantic, in der mittleren Atlantikregion der USA beheimatet, suchte einen Weg, die Abwanderung seiner ortsansässigen Kunden zu stoppen, als die günstigen Anbieter von Festnetz-, Mobilfunk- und Fernverbindungen in sein Territorium eindrangen. Deshalb machte sich das Unternehmen mit Volldampf daran, den Kunden den Zugriff auf sämtliche Telekommunikationsdienste von *Bell Atlantic* zu erleichtern und ihnen somit das Bleiben schmackhaft zu machen.
Denken Sie also darüber nach, welche Neukunden Sie hinzugewinnen und welche vorhandenen Kunden Sie nicht verlieren wollen. Wie lassen sich die Vorteile der Technologie nutzen, um sie kosteneffektiv an Ihr Unternehmen zu binden und König Kunde bei Laune zu halten?

Herausfinden, welche Kunden die wichtigsten Beschaffungsmaßnahmen beeinflussen

Ein Kunde ist nicht immer die Person, die bestellt oder den Scheck ausfüllt. Der schlußendliche Kunde ist häufig derjenige, der bei wichtigen Beschaffungsmaßnahmen grünes Licht gibt und die Erledigung der Schreibarbeiten dem Büropersonal oder der Einkaufsabteilung überläßt.
Einige Firmen sind auf eine wahre Goldmine gestoßen, als sie nicht die Käufer ihrer Produkte, sondern die wichtigen Kaufbeeinflusser umwarben. *National Semiconductor* erkannte, daß es die Entwicklungsingenieure waren, die hier das letzte Wort hatten: Sie bauten die Chips der Halbleiterfirma in das Produkt ein, das sie gerade konstruierten. Obwohl es Monate dauern konnte, bevor dieses Produkt fertigungsreif war und eine Bestellung über die Einkaufsabteilung erfolgte, bestand der wichtigste erste Schritt darin, die technischen Beschreibungen und Chipmuster in die Hände der Entwicklungsingenieure zu bringen. Die firmeneigene Website hat sich dabei als das kostengünstigste Mittel zum Zweck erwiesen.
Ähnlich erging es *Community Playthings.* Der Hersteller von Einrichtungen für Tagesstätten und Möbeln für Kinder mit spezifischen Bedürfnissen identifizierte die Physiotherapeuten als wichtigste Kaufbeeinflusser. Physiotherapeuten, die mit Kindern im schulischen Umfeld arbeiten, sind selten mit der Genehmigung oder Einleitung einer Beschaffungsmaßnahme befaßt. Sie empfehlen indessen die Ausrüstung, die angeschafft werden sollte. Ein zusätzlicher Anreiz für die gezielte Ansprache dieser einflußreichen Gruppe bestand darin, daß sie viel herumkommt und im Verlauf der Woche etliche Schulen besucht. Obwohl die Schule oder Tagesstätte die Produkte bestellt und die Rechnungen bezahlt, bietet ein

einziger Physiotherapeut, den man für ein Produkt erwärmen kann, die Chance, mehrere Verkaufsabschlüsse unter Dach und Fach zu bringen. *Community Playthings* hat seine Kundendatenbank überarbeitet und erfaßt jetzt nicht nur das Personal von Schulen und Tagesstätten, dem es die Ausrüstung verkauft, sondern auch die Namen der Physiotherapeuten; sie werden mit den verschiedenen Schulen verknüpft, auf die sie mit ihren Empfehlungen Einfluß haben.
Ein anderes Unternehmen, das bei der Ermittlung ihrer Kunden, Interessenten und Kaufbeeinflusser ganze Arbeit leistet, ist *Pioneer Hibred. Pioneer Hibred* ist der führende Hersteller von Saatgut für Mais, Weizen, Gerste und andere Getreidearten, mit einem Marktanteil von 75 Prozent allein in den USA. Er hat eine beispielhafte Datenbank entwickelt, in der jeder Farmer in Amerika erfaßt ist, auch wenn er nicht zu den Kunden zählt. Das Unternehmen führt seit mehr als zehn Jahren gewissenhaft »Buch« über Wetterbedingungen, die verwendeten Samen und Düngemittel und den Ernteertrag je Acre für bestehende und potentielle Kunden. Aber es hat auch die wichtige Rolle der Kaufbeeinflusser erkannt und seine Kundendatenbank durch Informationen über diese Gruppe abgerundet. Sie umfaßt beispielsweise landwirtschaftliche Berater oder Ernährungswissenschaftler von Konzernen wie *Frito-Lay,* die sich dafür interessieren, welche Getreidesorten angebaut werden.
Wer beeinflußt den Kauf Ihrer Produkte? Wie läßt sich eine direkte Verbindung zu diesen Personen herstellen? Wie können sie die »heimlichen Drahtzieher« ermitteln, kontaktieren und sicherstellen, daß sie zum richtigen Zeitpunkt die richtigen Informationen über Ihre Produkte und Dienstleistungen haben?

Nachforschen, welche Kunden Referenzgeschäfte bringen

Zufriedene Kunden sind die beste Quelle für Referenzen. *Community Playthings* hat beispielsweise entdeckt, daß 60 Prozent der Kunden immer wieder bei ihnen kaufen, was darauf hindeutet, daß sie zufrieden sind. Obwohl das 25 Millionen Dollar schwere Unternehmen im Jahr 600 000 Dollar für Direktmarketing ausgibt, sind auf diese Aktionen nicht mehr als zwölf Prozent der Neugeschäfte zurückzuführen. Ebenfalls zwölf Prozent des Umsatzes leiten sich aus den Empfehlungen langjähriger Kunden her – die das Unternehmen keine müde Mark kosten! *Community Playthings* hat inzwischen die meisten Direktmarketing-Aktivitäten in seiner Strategie gestrichen und konzentriert sich nun darauf, die bereits vorhandenen Kunden zu identifizieren und rundum zufriedenzustellen, so daß sie immer wieder kaufen und durch Mund-zu-Mund-Propaganda neue Kunden werben.
Meine Firma, die *Patricia Seybold Group,* hat die Vorteile von Kaufbeeinflussern und Referenzen ebenfalls klar erkannt. Als Consulting-Unternehmen, das strategische Orientierungshilfen für die Nutzung der Informationstechnologie im

E-Business-Bereich anbietet, verbringen wir viel Zeit im Gespräch mit Technologieanbietern, um den Nutzen neuer Produkte zu ermitteln. Die meisten dieser Anbieter werden von PR-Firmen repräsentiert, die ihren Neukunden unsere Produkte und Dienstleistungen empfehlen. Angesichts dieses Referenztrends haben wir unser Augenmerk mehr und mehr auf die Beziehungen zu den PR-Firmen konzentriert und darauf geachtet, daß sie unsere Angebote und Arbeitsweise verstehen.

Es ist in Ihrem Interesse, dafür zu sorgen, daß Ihre langjährigen Kunden Ihr Unternehmen loben und damit neue Kunden für Sie gewinnen. Zeitschriften haben den Bogen schon lange heraus: »Für jeden neuen Abonnenten, den Sie werben, wird Ihr Abonnement kostenlos um ein Jahr verlängert!« Eine der erfolgreichsten Marketingskampagnen meiner Firma, was die Kosten im Vergleich zum Ertrag angeht, zielte auf unsere langjährigen Kunden ab, die angespornt wurden, ein Netz zu knüpfen und auszuwerfen: Für jeden Neukunden, der auf Empfehlung zu uns kam, erhielt der Kunde, der ihn geworben hatte, ein Hummeressen für zwei Personen mit allen Schikanen per Flugzeug frei Haus geliefert. Dieser »Lobster-Buddy«-Fischzug war nicht nur sehr erfolgreich, sondern auch ungemein beliebt bei den Kunden, denen die persönliche Note der Prämie gefiel.

Was tun Sie für Ihre Kunden, um Referenzgeschäfte anzukurbeln? Wie können Sie die Informationstechnologie nutzen, um den Referenzprozeß besser zu verfolgen und zu fördern?

Differenzieren Sie zwischen Kunden, Partnern und Interessengruppen

Viele Personen sind für Ihr Unternehmen wichtig, aber nicht alle gehören zu Ihren Kunden. Deshalb müssen Sie zwischen Ihren Endkunden – den Konsumenten des Produkts – und Ihren Partnern oder Interessengruppen unterscheiden. Partner können diejenigen sein, die in Ihrem Auftrag unmittelbaren Kontakt zum Kunden haben, beispielsweise Handelsvertreter oder Eigenhändler, Broker oder Distributoren. Interessengruppen sind ebenfalls in das Geschehen einbezogen, angefangen von den internen Mitarbeitern bis hin zu den firmenexternen Regulatoren oder Banken, die großes Interesse am Wohl Ihres Unternehmens haben und ihr Scherflein dazu beitragen, aber nicht diejenigen Personen sind, die Ihr Produkt *benutzen*. Das heißt nicht, daß Sie Partner und Interessengruppen getrost ignorieren können, aber sie sollten die zweite Geige spielen, wenn Sie über Möglichkeiten nachdenken, Ihren Endkunden das Leben leichter zu machen. Wenn es Ihnen gelingt, sich einen Platz in den Köpfen Ihrer Kunden zu verschaffen, können Sie Ihren Partnern und Interessengruppen besser helfen, diejenigen Geschäftsprozesse zu straffen, die sich auf Ihre Kunden auswirken.

Die *National Science Foundation,* eine US-Regierungsbehörde, die Zuschüsse für wissenschaftliche Forschungsprojekte verteilt, wollte ihre Geschäftsprozesse für die Endkunden – Forscher, die sich um diese Zuschüsse bewerben – und Interessengruppen, z. B. die Entwicklungsbüros von Universitäten, Abteilungsleiter und Verwaltungs- und Finanzpersonal, bereinigen. Bisher ist es der Stiftung leichter gefallen, die Verwaltungs- und Finanzprozesse zu straffen, als den Forschern – den eigentlichen Kunden – die Arbeit bei der Beantragung der Zuschüsse zu erleichtern.
Wenn Sie Geschäftsprozesse mit Blick auf den Endkunden verschlanken, profitieren normalerweise auch andere Interessengruppen davon, z. B. die Vertriebspartner. *Fruit of the Loom* wollte den Kauf von T-Shirts, die bei Sportveranstaltungen und Rockkonzerten mit einem Logo nach Wunsch bedruckt werden, bequemer machen. Deshalb wurde die Logistik gestrafft, so daß die T-Shirts nun in kurzer Zeit und relativ kleinen Mengen über die Absatzwege zu den Anbietern an den jeweiligen Veranstaltungsort gelangen.
Wissen Sie mit hundertprozentiger Sicherheit, wer Ihre Endkunden sind? Gäbe es Möglichkeiten, ihnen einen besseren Service zu bieten und gleichzeitig die Beziehung zu Ihren Partnern und anderen Interessengruppen zu intensivieren? Wenn Sie sich auf den Endkunden konzentrieren, ohne die Bedürfnisse der anderen wichtigen Interessengruppen im Beziehungsflecht zu vernachlässigen, haben Sie gute Chancen, langfristig die richtigen Entscheidungen zu treffen.

Beispiele: American Airlines und National Semiconductor

Während Sie die beiden Fallstudien lesen, sollten Sie ab und zu innehalten und über Ihre eigene Organisation nachdenken. Welche Aktivitäten, die diese Firmen in die Wege geleitet haben, könnten Ihnen als Muster dienen? Mir gefällt an diesen Fallbeispielen vor allem, daß beiden Unternehmen klar war, auf welches Kundensegment sie abzielten. Und beide haben ihre Angebote fortwährend verbessert, um den hohen Erwartungen dieser Kundengruppen gerecht zu werden.

Die richtigen Kunden anvisieren:

American Airlines

www.aa.com

Organisationsprofil

American Airlines war die erste große Fluggesellschaft mit einer Website, die es Passagieren ermöglichte, ihre Flüge online zu planen und zu buchen und sich Zugriff auf Fluginformationen in Echtzeitverarbeitung zu verschaffen. Anders war an diesem Ansatz, daß *Americans* Website eigens für die 32 Millionen gewinnträchtigsten Kunden gestaltet wurde – die Vielflieger der Kategorie *AAdvantage.* Im Zuge dieses Prozesses lernte die Fluggesellschaft beispielsweise, daß Kunden regelmäßige Benachrichtigungen via E-Mail schätzen. Sie stellte fest, daß Kundenprofile wichtig sind, um die Angebote auf die individuellen Bedürfnisse der Passagiere auszurichten. Und sie entdeckte den Wert des Netzwerks als interaktivem Marketingmedium.

Wichtige Erfolgsfaktoren im Fall »American Airlines«	
✭ Die richtigen Kunden anvisieren	✓ Kunden bei der Selbstbedienung helfen
Die Verantwortung für die Gesamterfahrung des Kunden übernehmen	✓ Kunden bei der Bewältigung ihrer Arbeit unterstützen
✓ Geschäftsprozesse straffen, die sich auf den Kunden auswirken	✭ Serviceleistungen personalisieren
Eine Rundumsicht von der Kundenbeziehung entwickeln	Das Gemeinschaftsgefühl stärken
✭ = Hier detailliert beschrieben	✓ = Hier kurz angesprochen

American Airlines spricht die meisten treuen Kunden gezielt an

Als John Samuel die Website seines Unternehmens (www.amr.com) Ende 1994 zu Gesicht bekam, erkannte er auf Anhieb, das eine große Chance ungenutzt blieb. Statt *AMR*s Jahresbericht online zu schicken, hätte man die häufigsten Fragen der Passagiere beantworten sollen, zum Beispiel: »Wann landet Flug Nummer 1574?« oder »Was muß ich tun, wenn ich meinen Hund mitnehmen möchte?« Er schlug sogar Reservierungen via Web vor, ein Vorgang, der *Americans* Distributionskosten drastisch senken und den Passagieren mehr Bequemlichkeit und Kontrolle bieten würde.

Damals war John Samuel Leiter der Vertriebsplanung von *American Airlines;* die Gruppe war für die Überwachung der Computer-Reservierungssysteme der Fluggesellschaft zuständig. Er arbeitete darüber hinaus eng mit den Reservierungsbüros zusammen und wußte, daß mehr als fünfzig Prozent der dort eingehenden Anrufe nicht zu einer Buchung führten. Samuel hoffte dem Unternehmen eine Menge Geld einzusparen, wenn er auch nur einem Bruchteil der Leute, die *Americans* gebührenfreie Nummer anriefen, um Fluginformationen, Auskünfte über die Flugpreise und Tips zur Reiseplanung zu erhalten, den Zugriff aufs Netz schmackhaft machen könnte. Und wenn auch nur ein kleiner Prozentsatz der Passagiere online buchen und eine winzige Kerbe in das 2-Millionen-Dollar-Budget schlagen würde, das *American* alljährlich für die Reisedistributionskosten veranschlagte, wäre die Investition in das neue Medium mehr als gerechtfertigt.

Den Service auf die Bedürfnisse der Vielflieger abstimmen

Aber Samuels Vision ging noch weiter. Er erkannte, daß er nicht nur die Kosten der Fluggesellschaft reduzieren, sondern gleichzeitig auch die Beziehung zu *Americans* loyalsten Kunden, den Vielfliegern, untermauern konnte.
Das Vielflieger-Programm namens *Advantage* hat mehr als 32 Millionen Mitglieder. In einer Umfrage, die *American* 1995 unter diesen Kunden durchführte, stellte sich heraus, daß 87 Prozent der Teilnehmer am Arbeitsplatz und mehr als 70 Prozent auch zu Hause einen Computer hatten. Im Herbst 1997 ergab eine weitere Umfrage, daß alle Vielflieger Zugang zu einem PC hatten. Deshalb überrascht es wohl nicht, daß in vielen *American-Airlines*-Maschinen Passagiere sitzen, die am Laptop arbeiten. Die Route von Austin, Texas nach San Jose, Kalifornien hat wegen der großen Anzahl der Computernutzer an Bord, die die Menschen um sich herum überhaupt nicht wahrnehmen, den Spitznamen »the Nerd Bird« erhalten. Zusätzliche Umfragen enthüllten, daß 70 Prozent der *AAdvantage*-Mitglieder ihre Transaktionen mit *American* gerne elektronisch abgewickelt hätten. Diese vielbeschäftigten, vernetzten Vielflieger waren vor allem daran interessiert, mehr Kontrolle über ihre Reiseplanung und Umbuchungen zu erhalten. »Unsere besten Kunden sind Leute, die alle Hände voll zu tun haben. Sie möchten ihre Flüge zu einer Zeit planen, die ihnen ins Konzept paßt, und wenn es mitten in der Nacht ist«, erklärte Samuel.
Deshalb schlug er vor, innerhalb der Fluggesellschaft eine Gruppe zusammenzustellen, die ausschließlich für dieses neue Medium, *American Airline's Website,* zuständig sein sollte, und die Betreuung der firmeneigenen *AMR*-Site den Kommunikationsexperten im Unternehmen zu überlassen. Anfang 1995 stellte er ein kleines Team zusammen, bestehend aus sechs Mitgliedern, denen die elektronischen Interaktionen mit den Airline-Kunden überantwortet wurden, gleich ob diese das Netz oder PC-Software benutzen. Diese Gruppe erhielt den Auftrag, neue elektronische Distributionswege zu entwickeln und zu pflegen, mit eigener Gewinn-und-Verlust-Rechnung. Meßlatte für ihren Erfolg war die Summe, die sie der Fluggesellschaft in Form von Distributions- und Kundenkommunikationskosten einsparen half.

Die erste Website einrichten: Zugriff auf Informationen

Julie Shohet ist Produktmanagerin im Web-Team. Sie ist betriebswirtschaftlich orientiert und keine Technologin. Sie wußte, welche Art von Fragen *Americans* Kunden im allgemeinen stellen, z. B.: »Landet die Maschine aus Chicago pünktlich?«, »Servieren Sie an Bord Mittagessen?«, »Wie weit ist es vom Flughafen ins Stadtzentrum?«, »Wie verpacke ich meine Skier?« oder »Welchen Film zeigen Sie diesen Monat auf den Flügen nach Westen?« Als erstes machte sich Julies Team an die Aufgabe, die im Call Center erteilten Informationen für den Web-Zugriff aufzubereiten.

Als die Website von *American Airlines* am 17. Mai 1995 in Betrieb genommen wurde (als Unterabschnitt von *AMR.com*), stand den Onlinern ein ganzes Arsenal detaillierter Informationen zur Verfügung. Sie konnten beispielsweise die Bedingungen und Begrenzungen bei der Beförderung des Gepäcks, Spielfilme und Mahlzeiten, Gebäudepläne der Flughäfen und andere logistische Einzelheiten abrufen.

Während des Sommers nahm die Gruppe den Zugriff auf die Flugpläne in die Angebotspalette auf. Der User gab nur den Abflugs- und Zielort und die gewünschten Ankunfts- und Abflugzeiten ein, und schon erhielt er eine Liste mit allen Flügen, die seinen Anforderungen entsprachen. Obwohl die *American*-Flüge an erster Stelle standen, waren auch andere Airlines aufgeführt. Warum? Weil viele Kunden, die *Americans* Hotline anriefen, erst die Angebote vergleichen wollten, bevor sie buchten. Sie konnten keine Entscheidung treffen, bevor sie nicht wußten, welche Alternativen verfügbar waren.

Das nächste wichtige Informationsbruchstück, das die Passagiere brauchten, minderte den »Personalverschleiß« im Call Center: Es betraf Auskünfte über Ankunft und Abflug, beispielsweise Flugsteig und Zeiten. Im Oktober 1995 war *American* die einzige Fluggesellschaft, die Echtzeit-Informationen im Web veröffentlichte. Abflüge, Landungen, Flugplanänderungen und Gate-Nummern wurden alle dreißig Sekunden aktualisiert.

Im Spätherbst bereitete Shohets Team die ersten sensiblen Daten für die Web-Site vor: Die Kunden sollten die Möglichkeit haben, sich online über die Preise zu informieren.

Warum sensibel? In der Airline-Branche gelten Preisangaben als eine Form der Werbung und müssen daher sorgfältig unter die Lupe genommen werden. Shohets Gruppe fiel die Aufgabe zu, *Americans* Rechtsabteilung zu überzeugen, daß sämtliche diesbezüglichen Informationen auf der Website den gleichen Geschäftsprozeß wie alle anderen veröffentlichten Preise durchlaufen hatte.

Ende 1995 konnten *Americans* Kunden und Interessenten übers Netz weitgehend die gleichen Informationen erhalten wie per Telefon.

Eine der Hürden, die Shohets Team überwinden mußte, bestand darin, jede

Abteilung der Fluggesellschaft – Flughafen, Reservierungen, Spielfilme, Mahlzeiten, Gepäckabfertigung und *AAdvantage*-Programm – zu motivieren, die Verantwortung für »ihre« Informationen auf der Website zu übernehmen. Bob Crandall, Firmenchef von *AMR* und andere Topmanager leisteten dabei Schützenhilfe. Sie standen fest und wortgewaltig hinter der Web-Präsentation. Shohet erklärte: »In einigen Abteilungen war das eine harte Nuß. Aber allmählich, im Verlauf der ersten zehn Monate, wurden die Leute immer versierter und interessierter, was das Internet betraf. Ich habe ein Memo losgeschickt, in dem es hieß: »Ihre Abteilung hat die Gelegenheit, unseren Internet-Kunden AAs Produkte/Dienstleistungen vorzustellen. Sie sind jedoch für die Bereitstellung präziser Daten und die Pflege verantwortlich.« Nach und nach entwickelte jede Gruppe Stolz auf ihren aktiven Beitrag zur Website. Ende 1997 betreuten mindestens vierzig verschiedene Mitarbeiter auf allen Ebenen des Unternehmens ihren Teil der Seiten.

Sobald Shohets Truppe die grundlegenden Voraussetzungen geschaffen hatte, war es an der Zeit, Samuels Vision zu verwirklichen und den *AAdvantage*-Passagieren die Möglichkeit zu bieten, ihre Geschäfte mit *American* komfortabel und kosteneffizient abzuwickeln. Im Februar 1996 konnten sich diese Kunden ins Web einloggen und auf ihre eigenen Account-Informationen zugreifen. Sie konnten sich anschauen, wie viele Meilen sich bis dato auf ihrem Konto angesammelt hatten und welche Flüge, Hotelübernachtungen und Mahlzeiten im Restaurant gutgeschrieben worden waren. Die Passagiere waren begeistert und begannen, sich in hellen Scharen einzuloggen und registrieren zu lassen. Samuels Gruppe spornte sie mit Anreizen wie der Versteigerung von Transatlantikflügen und Pauschalurlauben zu weiteren Besuchen der Website an.

Die größte Überraschung: Die Beliebtheit der E-Mail-Mitteilung

Eine einfache Idee in diesem Umstrukturierungsprozeß erwies sich als die größte Überraschung. Anfang 1996 beschloß Samuels Team, es sei kein Problem, regelmäßig E-Mails mit einer Liste der »Schnäppchenangebote« der Woche (Discountflüge über das kommende Wochenende) an alle Kunden zu schicken, die diese Dienstleistung in Anspruch nehmen wollten. Sie hätten nie damit gerechnet, daß dieser Service wie eine Bombe einschlagen würde. Binnen dreißig Tagen hatten sich 20 000 Interessenten angemeldet; nach wenigen Monaten war die Mailing-Liste auf 100 000 Adressen angewachsen. Und nach einem Jahr hatten mehr als 775 000 Menschen die *NetSAAver*-Preislisten per E-Mail bestellt. Anfang 1998 verschickte *American* schließlich jede Woche 1,7 Millionen E-Mails. Obwohl andere Fluggesellschaften dieses Konzept inzwischen »abgekupfert« haben, stammt die Idee, via E-Mail für Discountflüge zu werben, ursprünglich von *American Airlines*, und ihre E-Mail-Liste liegt im Internet nach wie vor ganz vorne.

Die unerwartete Popularität dieser E-Mails veranlaßte die Fluggesellschaft, ihr elektronisches Mailingsystem innerhalb eines Jahres zweimal umzubauen. Sie führte außerdem zu einer neuen Funktion auf der Website. *American* fügte ein Buchungsmodul für *NetSAAver* hinzu, das es den Kunden gestattete, schnell die preisgünstigsten Flüge herauszufinden und online zu buchen. Sie müssen keine *AAdvantage*-Mitglieder sein, um Informationen per E-Mail über die *NetSAAver*-Flugpreise zu erhalten, es sei denn, sie wollen im Web einen *NetSAAver*-Sitzplatz buchen. Das hat, wie könnte es anders sein, zu einer Erhöhung der *AAdvantage*-Mitgliederzahlen geführt.

Online-Transaktionen hinzufügen

Zu einem späteren Zeitpunkt im Sommer 1996 eröffnete *American* eine neue Palette interaktiver Angebote mit dem Etikett *AAcess: American Airlines' Interactive Travel Network* und eine neue Homepage, *www.americanair.com.* Die *AAdvantage*-Kunden konnten nun online buchen, umbuchen und sich die Flugscheine zuschicken lassen. Im Herbst hatten sie die Möglichkeit, ein elektronisches Ticketingsystem zu benutzen, so daß sie ihre Flüge bis zum letzten Moment ändern konnten, ohne sich den Kopf über den Umtausch der Flugscheine zu zerbrechen. Außerdem führte *American* Incentives und Verkaufsförderungsmaßnahmen ein. Mit jedem online gebuchten Flug erhielt der Passagier Vielflieger-Meilen als Bonus. Jede Verkaufsförderung im Web führte zu einem Buchungsboom, der auch nach der Aktion noch andauerte: Anfangs hatten sie ein monatliches Wachstum von 22 Prozent zu verzeichnen, was Samuels kühnste Schätzungen überstieg. Die Erträge aus online-Buchungen lagen 1997 um 98 Prozent über dem Soll und erhöhten sich 1998 das ganze Jahr, Monat für Monat, in rasantem Tempo. John Samuels Vision nahm Gestalt an. »Wir machen unsere Website zum besten Geschäftsumfeld für unsere *AAdvantage*-Mitglieder.«

Im Verlauf der nächsten zwölf Monate arbeitete Samuels Team daran, die Web-Site kontinuierlich zu verbessern, insbesondere die Funktionen für *AAdvantage*-Mitglieder. Sie konnten nun Restaurant- und Hotelangebote mit Vielfliegerbonus in der Nähe ihrer Destination finden, ein Lokal nach Art der Küche und Preiskategorie auswählen und sich eine Straßenkarte mit einer Wegbeschreibung zeigen oder ausdrucken lassen.

Im Frühjahr 1997 waren sie in der Lage, Upgrading-Coupons anzufordern und damit Sitze in der ersten oder Business Klasse via Web zu reservieren. Im Herbst 1997 hatte *American* zu dem ein Ärgernis aus dem Weg geräumt, über das sich Vielflieger beklagt hatten: die Upgrading-Coupons oder Anstecker, die ständig ausgegeben und aktualisiert werden mußten. *American Airlines* war zur papierlosen Gesellschaft mutiert.

Eine der Entdeckungen, die man dabei machte, war, daß sich die Passagiere zusätzliche Bestätigungen nach einer elektronischen Reservierung wünschten als zu der Zeit, in der sie ihre Flugscheine noch »schwarz auf weiß« erhielten. Natürlich konnten die Kunden ihren Reservierungsstatus jederzeit einsehen, eine Kopie ausdrucken und mit auf die Reise nehmen. Aber das reichte ihnen nicht aus. Und so begann *American,* ihnen nach jeder Reservierung oder Umbuchung eine Bestätigung per E-Mail zu schicken. Genau das war das Sicherheitsgefühl, das die Kunden brauchten.

Entwicklung der technischen Infrastruktur

In den ersten zwei Jahren wurde die laufende Programmierung für die Website von *Americans* Schwestergesellschaft *SABRE* vorgenommen. Die Sparte *SABRE Decision Technologies (SDT)* entwickelte die von *American* benötigte Infrastruktur und nutzte das Wissen, das sie bei der Arbeit an ihrer eigenen Web-Site, *Travelocity,* erworben hatte. *American Airlines* besaß bereits ein umfassendes Buchungs- und Reservierungssystem, das mainframegestützte *SABRE*-System. Die Herausforderung für die Designer bestand darin, das bestehende *SABRE*-System mit den Komponenten zu umgeben, die eine Neu- und Weiterentwicklung von anwenderfreundlichen, an den aktuellen Bedarf angepaßten Buchungskapazitäten im Web gestatteten.

Den Reservierungsservice mit Mix-and-Match-Komponenten ausstatten

Das Entwicklungsteam von *SDT,* das die Aufgabe hatte, für die Funktionalität des *SABRE*-Systems im Web zu sorgen, wählte den Modul-Ansatz. Erstens war das bestehende *SABRE*-Reservierungssystem für die Gruppe ein »Reservierungsservice«. Zweitens erkannte sie, daß die Bereitstellung von Informationen im Internet ein einzigartiges Anforderungsprofil besaß, das beim Entwurf der verschiedenen Input- und Outputkapazitäten nicht berücksichtigt worden war. Deshalb unterteilten sie den Problembereich in Funktionen – Input/Output, Autorisierung, Session Management usw. – und implementierten jede Funktion als einen getrennten, anpassungsfähigen Baustein. Diese service- und modulbasierte Architektur entsprach den Anforderungen an ein System der ersten Generation. Als neue Funktionen wie elektronisches Ticketing hinzugefügt wurden, war es schwierig, die Komponenten zu integrieren und auszutauschen.

Die nächsten Schritte: Profile konsolidieren und personalisieren

Ende 1997 hate sich *American Airlines* auf die Umstrukturierung der großen Datenbanken eingelassen, die das Fundament seiner Website bildeten. Ein Problem, das die Fluggesellschaft lösen mußte, war die Existenz mehrerer Profildateien. Bisher waren Kundeninformationen an verschiedenen Stellen aufbewahrt worden. Ein Profildatensatz war im *SABRE*-Reservierungssystem gespeichert. Ein weiterer für *AAdvantage*-Mitglieder befand sich in der *AAdvantage-DB2*-Datenbank. Und als die Anzahl der *NetSAAver*-Abonnenten wuchs, schuf *American* zu guter Letzt eine relationale Oracle-Datenbank, um Informationen über diese Kundengruppe zu sammeln. Nun ist das Unternehmen dabei, die verschiedenen Profilinformationen zu konsolidieren und miteinander zu verknüpfen.

Ein damit verbundenes Entwicklungsprojekt, das *American Airlines* Ende 1997 startete, war der Umbau seiner inhaltsorientierten Datenbanken. Um die Web-Site für jeden Besucher zu personalisieren, mußte *American Airlines* die meisten dieser Datenbestände formatieren, so daß den unterschiedlichen Kundengruppen unterschiedliche Angebote gemacht werden konnten. Samuel erkannte, daß diese Arbeit die zeitraubendste war, da *American Airlines* mehr als 3 000 Seiten mit Informationen besaß, die in kleine, formatierte Informationsobjekte aufgeteilt und in eine objektorientierte Datei übertragen werden mußten. Samuel erklärte kurz vor der Beendigung des Projekts, man habe noch mehr Zeit dafür gebraucht als von ihm veranschlagt worden sei. Er rät Teams, die sich auf ein ähnliches Unterfangen einlassen, zu kalkulieren, wieviel Zeit sie für die Verschlüsselung sämtlicher Informationen über verschiedene Kundengruppen benötigen und diesen Schätzwert zu vervierfachen!

American wählte die Softwareplattform *Broad Vision's One-to-One,* um ihre Website zu personalisieren. Man entschied sich für zwei verschiedene Integrations- und Entwicklungsfirmen, die der *SABRE*-Gruppe halfen, die personalisierten Marketing- und Buchungsmerkmale zu implementieren.

Das elektronische Buchungsinstrument am Frontende des *SABRE*-Systems mußte ebenfalls neu gestaltet werden, so daß Interaktionen mit den *AAdvantage*-Kundenprofilen und Reaktionen auf die Geschäftsbedingungen möglich waren, die der Kunde wählen konnte. Das erforderte die Entwicklung einer getrennten Preis-Datenbank, die *American* wesentlich mehr Handlungsspielraum bot als im Rahmen des *SABRE*-Systems. Dieser Ansatz, der sich an den Geschäftsbedingungen orientiert, muß *American* befähigen, die gekennzeichneten Metadaten-Formate den Flugreisen zuzuordnen – also bestimmte Destinationen als »Golfurlaub«, »Strandurlaub«, »Skiurlaub« usw. auszuweisen. Samuel plant die Benutzung von *XML,* um diese Informationen in naher Zukunft zu formatieren.

Der Übergang zur Personalisierung

Im Juni 1998 installierte *American Airlines* eine Neufassung seiner Website. Abgesehen von der verbesserten Bedienerführung und Funktionalität bestand

der größte Vorteil in der Personalisierung für die *AAdvantage*-Mitglieder. *American* beginnt mit dem Kundenprofil, das bereits in der *AAdvantage*-Datenbank gespeichert ist. Es enthält Namen und Adresse des Passagiers, wie viele Meilen er insgesamt mit *American* zurückgelegt hat, wie viele Meilen er auf seinem Konto angesammelt und eingelöst hat und ob er beispielsweise als *AAdvantage*-Mitglied der Gold- oder Platinebene angehört. Wenn er das umstrukturierte Reiseplanungs- und Buchungs-Tool für Online-Reservierungen benutzt, hat er die Möglichkeit, seine Profildatei zu ergänzen. Wählt er beispielsweise einen Sitz am Gang oder ein bestimmtes Menü, gibt es eine Checkbox, die er überprüfen und seine Präferenzen einfügen kann. Wenn er für andere reserviert – beispielsweise Familienmitglieder –, steht es ihm frei, auch für sie ein Profil anzulegen. Jedes *AAdvantage*-Mitglied kann bis zu zehn miteinander verknüpfte Kundenprofildateien haben. Und jedes Profil läßt sich mit mehreren Kreditkarten verknüpfen, die zum Beispiel mit Personal Card, Business Card usw. bezeichnet werden können. Man muß also nicht länger *American Express*, *Visa* oder *Mastercard* angeben.
Was fängt *American* mit dieser Flut von Profildaten an? In der ersten Online-Version entwickelte das Unternehmen spezifische Geschäftsregel, die den Status der *AAdvantage*-Mitglieder (Gold, Platin), den Heimatflughafen und die Flug- und Preisinformation berücksichtigten. Der Kunde wurde beispielsweise jedesmal darauf aufmerksam gemacht, wenn der Hin- und Rückflug Boston/San Franscisco unter die 400-Dollar-Marke fiel. Dann konnte er diese Preise anklicken, um zu sehen, für welche Daten sie galten. Oder er wurde benachrichtigt, wenn besonders preisgünstige oder neue Flüge von seinem Heimatflughafen ins Programm genommen worden waren oder wenn es infolge von Bauarbeiten im Flughafenbereich zu Verspätungen kam. Oder man umgarnte ihn mit Extras speziell für Platin-Mitglieder. In der Nachfolgeversion des Personalisierungsprogramms, das Ende 1998 abgeschlossen wurde, kann der Kunde seine eigenen Optionen wählen, z. B. »Preisinformationen zu Strandurlaubszielen von meinem Heimatflughafen unter 500 Dollar«. Auch hier ist *American* dem Feld der Wettbewerber wieder davongezogen und bietet seinen treuesten Vielfliegern kundenspezifische Informationen, von denen sich die Konkurrenz mit ihren Serviceleistungen eine Scheibe abschneiden kann.

Ergebnisse

Ein Indiz, ob *American Airlines* ihren Passagieren nützliche Informationen zur Verfügung stellt, ist der zunehmende Verkehr auf ihrer Website. Im März 1998 verzeichnete das Unternehmen 4 Millionen Pageviews pro Woche, und mehr als 530 000 Kunden haben sich seit der Einweihung in den Online-Dienst eingeloggt. Die Ratingliste *Media Metrix PCMeter* bestätigte, daß die Airline-Site im Juni 1998 die beliebteste im Internet war.

Jede Woche machen Tausende von *AAdvantage*-Kunden Gebrauch von der *American*-Website, um Reisen zu planen und zu buchen, sich Zugang zu *AAdvantage* Account- und Programminformationen zu verschaffen oder sich über Produkt- und Serviceeinzelheiten der Fluggesellschaft zu informieren.

Samuel hatte erwartet, daß die Kunden die Reisen über das Internet heraussuchen und planen, die Flüge aber telefonisch buchen würden. Er wurde positiv überrascht. Statt sich wie erhofft zwischen 1997 und Ende 1998 zu verdoppeln, erreichten die Erträge aus Website-Aktivitäten diese Marke bereits nach dem ersten Quartal 1998! Um diese Zahlen in die richtige Perspektive zu rücken: Die Online-Buchungen tragen mit nicht mehr als einem Prozent zum Gesamtergebnis bei, das sich auf 140 Millionen Dollar beläuft. Dennoch ist diese Form des Flugscheinverkaufs bei *American Airlines* die bei weitem kostengünstigste und gewinnbringendste. Und Samuel geht davon aus, daß der Prozentsatz der Erträge aus dem Web in den kommenden Jahren ständig wächst.

Was John Samuel, Julie Shohet und ihr Team am spannendsten finden, sind gleichwohl die unglaublichen Chancen, die sie für das interaktive Marketing im Web entdeckt haben. Ein Beispiel ist der »Restplatzverkauf«. Bevor Samuel die Leitung der Vertriebsplanung übernahm, war er in der *American*-Gruppe tätig, die sich mit der Renditeplanung befaßte. Er wußte, wie vielschichtig die Formeln sind, nach denen *American* und andere Fluggesellschaften die Ertragskraft der Plätze in einer Maschine berechnen. Bei jedem Flug wird ein gewisser Prozentsatz für Vielflieger reserviert, die häufig erst in letzter Minute buchen. Aber 48 Stunden vor dem Flug möchte die Airline gerne so viele Restplätze wie möglich besetzen. Wo sonst als im Netz wäre es kosteneffektiv und möglich, innerhalb von 48 Stunden bestimmte Sitze zum »Schnäppchenpreis« zu ergattern? Wie sonst hätte man die Passagiere kostengünstig über preiswerte Discountflüge informieren können? Und seit die technische Arbeit abgeschlossen ist, die Kundenprofile und Personalisierung stützt, kann das Unternehmen den Verkauf bestimmter Flüge bei den Kunden, die in aller Regel diese Routen fliegen, gezielt fördern.

Pattys Resümee für American Airlines

American Airlines ist der Konkurrenz um Längen voraus, aber im Herbst 1997 hatten viele Fluggesellschaften, einschließlich Erzrivale *United Airlines,* aufgeschlossen bzw. *Americans* Angebot sogar noch übertroffen. Beispielsweise ermöglichte *United* seinen Passagieren noch vor *American* eine graphische Sitzauswahl, während *American* den Konkurrenten bei der Personalisierung überrundet hat. Hier sind einige weitere Themen, die *American* ansprechen sollte:

① ***Flugreservierungssysteme integrieren***

Wenn man heute einen Flug über ein Reisebüro oder telefonisch bei *American*

Airlines direkt bucht, findet man darüber keine Unterlagen auf der Website. Und wenn man umgekehrt via Netz bucht und das Reisebüro anruft, um in letzter Minute die Reiseroute zu ändern, hat der Expedient keine Zugriffsmöglichkeit auf die Web-Reservierung (es sei denn, Sie haben die Reservierungsnummer). Das ist ärgerlich für die Kunden. Sie wollen nahtlose Interaktionen mit den Reservierungssystemen der Fluggesellschaft. Sobald sich das Reisebüro in den Reservierungsvorgang eingeklinkt hat, kassiert es eine Provision von *American,* was auf der Hand liegt, aber den Kunde nicht interessiert: Er möchte eine nahtlose Erfahrung. Gleich ob sich die Kunden bei der Buchung ihrer Flüge selbst bedienen, *American* anrufen oder für die Ausarbeitung eines Teils der Route das Reisebüro bemühen – sämtliche Informationen sollten für jeden, der Zugriff darauf haben und sie ggfs. ändern muß, leicht verfügbar sein. Das ist einer der Funktionsbereiche, die *American* derzeit in Angriff nimmt.

② *Die Bearbeitung der eingehenden E-Mails verbessern*

American Airlines erhält zahlreiche E-Mails von Kunden, die ihre Website benutzen. Ende 1997 hat das Unternehmen einige grundlegende, automatische E-Mail-Filtersysteme installiert, um die Mails nach Kategorien zu ordnen und in manchen Fällen per Autoresponder zu beantworten. Doch Änderungen im Arbeitsablauf, die mehrere Abteilungen und eine hochkomplizierte Tracking-Software betreffen, sollen effektiver und effizienter auf E-Mails von Kunden reagieren. Es überrascht wohl nicht, daß die Fluggesellschaft das Problem zuerst im *AAdvantage*-Bereich ihrer Website anging: Sie gab ihren Topkunden die Möglichkeit, E-Mails an die *AAdvantage*-Kundenbetreuer im Telefondienst zu schikken. Diese E-Mails werden in dieselbe Support-Datenbank eingeloggt, die zur Beantwortung telefonischer Abfragen benutzt wird. Ein lobenswerter Anfang. Doch braucht das Unternehmen eine umfassende, automatisierte Lösung, um der E-Mail-Flut Herr zu werden, die ihm seine Kunden auch in Zukunft ins Haus schicken werden.

③ *Den Vielfliegern mehr Optionen für die Einlösung der Meilen an die Hand geben*

American ist sich der Bedeutung, die der Vielflieger-Bonus in der Psyche ihrer Kunden spielt, durchaus bewußt. *AA* hat das Spiel erfunden und ist ihm nun auf Gedeih und Verderb ausgeliefert. So mancher *AAdvantage*-Kunde wendet viel Zeit und Mühe auf, um seine Meilen zu maximieren und die Optionen beim Einlösen zu verbessern. Heute kann er sich schon zum Zeitpunkt der Buchung für ein Upgrading entscheiden, und wenn in der gewünschten Periode ein Platz in der First Class frei ist, erhält ihn der Kunde und wird davon in Kenntnis gesetzt. Aber warum vereinfacht man den Vorgang nicht? Warum gibt man dem Kunden nicht einen Platz auf der Website, wo er die verfügbaren Optionen eingeben, aktualisieren und verändern kann? Ein Beispiel: »Ich habe ein Plus von mehr als

50 000 Meilen auf meinem Konto und möchte einen Überseeflug buchen; setzen Sie mich automatisch in die erste Klasse.« Und jedesmal, wenn diese Option gewählt wird, könnte die Fluggesellschaft automatisch eine E-Mail schicken und den Kunden von seinem Upgrading in Kenntnis setzen.

④ *Kunden sollten Hotels, Mietwagen und Restaurants selber buchen können*

Heute gibt es viele Reiseseiten im Netz, wo man nicht nur den Flug reservieren, sondern auch Mietwagen und Hotels buchen kann. *American* sollte dieses One-Step-Shopping für ihre Vielflieger einführen. Sobald der Kunde den Flug gebucht und ein Hotel und Restaurant ausfindig gemacht hat, das ihm zusätzliche *AAdvantage*-Meilen gutschreibt, sollte er alles online bei *American Airlines* buchen können, einschließlich des Mietwagens. Für ihn spielt es keine Rolle, ob die Fluggesellschaft ihn dabei zur Website des Hotels führt, um die Unterkunft zu reservieren, solange sie alle relevanten Profil- und Kreditkarteninformationen weiterleitet und er sie nicht neu eingeben muß. Sämtliche *AAdvantage*-Partner von *American Airlines* würden von dieser nahtlosen Weitergabe profitieren. Und den Kunden würde es mit Sicherheit gefallen, die gesamte Transaktion über eine Anlaufstelle abzuwickeln.

⑤ *Smart Cards für AAdvantage-Kunden*

Die meisten Vielflieger finden es gar nicht erfreulich, einen Stapel Plastikkarten von Airlines, Hotels und Mietwagenfirmen mit sich herumzuschleppen. Sie haben es auch satt, für jedes Unternehmen eigene Identifikationen und Paßwörter zu benutzen, um sich einzuloggen. Eine bessere Lösung wäre eine Smart Card für Flugreisende, die für alle Anbieter gilt. Sie könnte sich auf die Kreditkarte stützen, die der Kunde bereits benutzt. Sie könnte ein oder mehrere digitale Zertifikate enthalten und sich bei jedem Unternehmen für seine Identität verbürgen. Und sie könnte Auskunft über den aktuellen Stand seiner verschiedenen Vielflieger-Konten und die derzeitige Reiseroute geben. Um an Bord eines Flugzeugs zu gelangen oder ein reserviertes Hotelzimmer zu betreten, würde der Passagier die Karte einfach in einen entsprechenden Scanner stecken und sein Paßwort eingeben oder durch Abtasten der Augen oder Finger seine Zugangsberechtigung bestätigen lassen. Dieselbe Smart Card könnte er für jedes Gerät benutzen, mit dem er sich Zugang zum Netz verschafft, um neue Reservierungen vorzunehmen oder bestehende zu ändern. *American Airlines* hat bereits Smart-Card-Lesegeräte in allen Flughäfen aufgestellt, die sie anfliegt. Sie versucht jedoch noch immer, sich darüber klarzuwerden, was für die Kunden am sinnvollsten wäre. Man kann sich beispielsweise nur schwer vorstellen, daß die Fluggesellschaft ihrem größten Konkurrenten *United Airlines* einen Schulterschluß vorschlagen würde, um eine gemeinsame Smart Card für Passagiere aus der Taufe zu heben. Aber man kann sich sehr wohl vorstellen, daß es ihr gelingt, ihre *AAdvantage*-Partner-Airlines,

Hotels, Mietwagenfirmen, Banken usw. von den Vorteilen einer Kooperative zu überzeugen.

Tips aus der *American-Airlines*-Fallstudie

① Konzentrieren Sie Ihre E-Commerce-Bemühungen auf die gewinnträchtigsten Kunden. Stellen Sie fest, was sie brauchen und schätzen. Stimmen Sie Ihr Angebot auf diese Bedürfnisse ab und machen Sie es ihnen zunehmend leichter, Geschäfte mit Ihnen abzuwickeln.

② Bei der Entscheidung, welche Informationen Sie zuerst auf Ihre Website bringen, sollten Sie sich an den Anfragen orientieren, die immer wieder in Ihrem Call Center eingehen. Wenn es Ihnen gelingt, auch nur einen Bruchteil dieser Anrufer zur Abwanderung auf die Website zu motivieren, wo sie die Antworten auf ihre Fragen selber finden können, sparen Sie Geld.

③ Denken Sie über elektronische Marketingaktionen nach, deren Durchführung auf anderem Weg unpraktisch wäre. Dieses Potential entdeckte *American Airlines* mit seinem *NetSAAvers*-Preisprogramm, das einen sagenhaften Erfolg hatte: Die Kunden wurden jeden Mittwoch über Restplatzangebote zum Discountpreis für das kommende Wochenende informiert.

④ Ihr Webmarketing-Team muß nicht den gesamten Inhalt Ihrer Website entwickeln. Julie Shohet von *American Airlines* ist es gelungen, zahlreiche Mitarbeiter auf allen Ebenen des Unternehmens – insgesamt vierzig – zu verpflichten, für ihren Anteil an der Website die Verantwortung zu übernehmen. Dann fällt es in den Aufgabenbereich dieser Personen, dafür zu sorgen, daß ihre Page immer auf dem neuesten Stand ist und die Daten präzise sind. Die Mitarbeiter werden sich gegenseitig darin überbieten, die besten und nützlichsten Informationen und Angebote zu präsentieren.

⑤ Sie müssen Ihre Backend-Systeme nicht völlig neu strukturieren, um den Kunden einen leichten Zugriff zu ermöglichen. Es reicht, diese Systeme als »Service« zu betrachten und das Website-Frontend als Forum mit einer Reihe von Anwendungen zu gestalten, die Informationen und Funktionen bei diesen Backend-Diensten abrufen können.

Die richtigen Kunden anvisieren:

National Semiconductor

www.national.com

Organisationsprofil

Innerhalb von zwei Jahren nach Installation der Website wurde *National Semiconductor* zum Magneten für mindestens ein Drittel des gesamten potentiellen weltweiten Marktes. Mehr als 500 000 Entwicklungsingenieure pilgern Monat für Monat zur Site der Halbleiterfirma, um sich Informationen über Chips zu holen, für die sie sich interessieren. *National Semiconductor* schnitt seine Website auf die Kunden am Frontende der Kaufkette zu: auf die Ingenieure, die mit der technischen Evaluation der Bausteine befaßt sind, die sie für Funktelefone und andere von ihnen konstruierte Produkte brauchen. *National Semi* hat außerdem hervorragende Arbeit geleistet, um seine Web-Site mit dem Rest des Unternehmens zu vernetzen. Interessenten-Adressen, die via Website gesammelt werden, werden direkt in das Opportunity Management System weitergeleitet. E-Mails von Kunden werden von irgendeinem der 8 000 Mitarbeiter beantwortet. Und jeden Tag erhält die Belegschaft von *National Semi* elektronisch verteilte tabellarische Darstellungen der Daten von der Website: für welche Produkte sich die Kunden interessieren und welche Muster sie bestellt haben. Diese Informationen werden mit den Prognosen der Vertriebspartner – nach Kunden aufgeschlüsselt und auf dem aktuellen Umsatz basierend – kombiniert, um alle Unternehmensangehörigen über den Erfolg der einzelnen Produkte auf dem laufenden zu halten.

Wichtige Erfolgsfaktoren im Fall »National Semiconductor«	
✯ Die richtigen Kunden anvisieren	✓ Kunden zur Selbstbedienung anregen
✓ Die Verantwortung für die Gesamterfahrung des Kunden übernehmen	✯ Kunden bei der Bewältigung ihrer Arbeit unterstützen
✓ Geschäftsprozesse straffen, die sich auf den Kunden auswirken	✓ Serviceleistungen personalisieren
Eine Rundumsicht von der Kundenbeziehung entwickeln	Das Gemeinschaftsgefühl stärken
✯ = Hier detailliert beschrieben	✓ = Hier kurz angesprochen

National Semiconductor zielt auf Entwicklungsingenieure ab

1994 unterbreiteten Phil Gibson, Leiter des Bereichs Interaktives Marketing, und Ann Wagner, für Marketing und Kommunikation bei *National Semiconductor* verantwortlich, ihrem Chef Pat Brockett die Idee, eine Website für das Unternehmen einzurichten. Pat gab grünes Licht für die Initiative, unter einer Bedingung: »Sie muß auf die Entwicklungsingenieure ausgerichtet sein.«

Wenn Ingenieure ein neues oder verbessertes Produkt entwickeln, müssen sie alle benötigten Bauteile ausfindig machen. Zu diesem Zweck wälzen sie Werkstückkataloge und Broschüren mit technischen Daten, die ihnen von den Herstellern der bevorzugten Erzeugnisse zur Verfügung gestellt werden, sprechen mit deren Verkaufsrepräsentanten und bestellen Muster zum Ausprobieren. Wenn ein Baustein in ein Produktdesign aufgenommen wurde, wickelt die Einkaufsabteilung im Auftrag der Herstellung den Beschaffungvorgang ab.

Brockett wußte, daß die Personengruppe mit dem größten Einfluß auf die Kaufentscheidung die Entwicklungsingenieure waren, die den Chip von *National Semi* in ein Produkt einbauen wollten, und nicht der Leiter der Einkaufsabteilung, der die Bauteile bestellte.

Gibson und Wagner baten Rick Brennan, die Website zu gestalten. Brennan stellte ein kleines Team zusammen, und mit der Hilfe von R. R. Donnelly, der alle Produkt-Datasheets von *National Semi* gedruckt hatte, schickten sie eine Site ins Netz, von der die Entwicklungsingenieure ganz nach Bedarf herunterladen konnten.

Die Kunden nach ihren Wünschen fragen

Als Eingabe für den ursprünglichen Entwurf beauftragte Brennan eine Marketingorganisation, Fokusgruppen mit Entwicklungsingenieuren nach ihren Wünschen und Bedürfnisse bezüglich der Website zu befragen. Die Rückmeldungen der Kunden waren laut und deutlich: »Langweilt uns nicht mit Unternehmens- oder Marketinginformationen, sondern gebt uns Produktinformationen an die Hand.«

Drei Monate nach der Eröffnung der Website traten die Marktforscher an eine Gruppe von Ingenieuren mit der Bitte heran, die Website von *National Semiconductor* mit dem Online-Angebot der Konkurrenz zu vergleichen, vor allem *Texas Instruments, Motorola* und *Xylinx.* Brennans Truppe kombinierte die Rückmeldungen mit den Informationen, die sie von den Website-Nutzern erhalten hatten.

Sie stellte fest, daß sich die Kunden für keine der optisch ansprechenden Graphiken begeistern konnten, die sie in der ersten Iteration der Site verwendet hatten. Es dauerte zu lange, sie auf den Bildschirm zu holen. Die Ingenieure hatte auch keine Lust, lange zu warten, bis die umfangreichen Datasheet-Files heruntergeladen waren. Sie zogen es vor, selbst nach den Produkten zu suchen, deren Leistungsmerkmale ihren Anforderungen entsprachen, die Kurzfassungen der Datasheets zu überfliegen, die für sie interessanten herunterzuladen und Muster zu bestellen, alles so schnell und einfach wie möglich. »Für uns ist wichtig, daß die Suche funktionell ist, schnell geht und nur ein Minimum an Graphiken enthält«, erklärten die Kunden den Marktforschern.

Die Suche vereinfachen

Daraufhin krempelte das Team die Website völlig um. Es entwickelte vier auf die Ingenieure zugeschnittene Möglichkeiten, online nach den gewünschten Informationen zu suchen.

Das nützlichste Suchinstrument war eine parametrische Suchmaschine. Der Ingenieur füllt eine Tabelle mit den Variablen aus, die ihn interessieren. Er sucht vielleicht einen Chip mit einer bestimmten Integrationsdichte, Anzahl von Anschlüssen, Temperaturtoleranz und/oder Preislage. Er könnte sich beispielsweise alle 100-Milliampere-Niederspannungsregulatoren unter 25 Dollar anzeigen lassen. Diese parametrische Suche wird in *National Semis* Datenbank durchgeführt, die 22 000 mögliche Bauelemente gespeichert hat und die Antworten in nur wenigen Sekunden liefert.

Die zweite Suchmaschine besaß eine Textsuchfunktion. Der Kunde kann Schlüsselwörter oder Sätze eingeben wie »Analog/Digital-Wandler« und erhält eine Liste mit allen Dokumenten auf der Site, die in Frage kommen – Datasheets, Preisinformationen oder Software-Simulationen.

Drittens kann der Kunde eine visuelle Suchfunktion benutzen und eine graphische Darstellung durchforsten.

Oder er beschließt, in *National Semis* Online-Katalog zu blättern. Er ist nach Chipkategorien geordnet, und der User wird schrittweise durch die einzelnen Ebenen der für ihn interessanten Angebotspalette innerhalb dieser Gruppe geführt.

Schneller Zugriff zu Informationen und Transaktionen

Sobald der Entwicklungsingenieur das Gesuchte gefunden hat, möchte er alle relevanten Informationen erhalten. Tim Stuart, der Ende 1995 ins Web-Team eintrat, hatte die Idee, Produktmappen zu entwerfen. Jedes Produkt besitzt seine eigene Mappe. Sie enthält Datasheets, Preisinformationen, Software-Simulationen, detaillierte technische Beschreibungen, Angaben über die Verfügbarkeit (wann das Bauelement verfügbar sein wird und in welchen Mengen) und eine Möglichkeit, Muster zu bestellen.

Viele Marketingmanager wären hocherfreut, wenn die Kunden eine Menge Zeit damit verbringen würden, die Website ihres Unternehmens zu durchforsten. Nicht so Phil Gibson. Er hatte seinen Kunden aufmerksam zugehört: Sie wollten die Website ansteuern, gezielt nach dem Gesuchten fahnden – und dann ab durch die Mitte! Der Einkauf war schließlich Teil ihrer Arbeit und kein Privatvergnügen.

Durch die aufmerksame Beobachtung der Kundenaktivitäten auf der Website war das Team von *National Semiconductor* in der Lage, die Benutzerführung fortlaufend zu straffen. Als die Site im Frühjahr 1995 ins Netz geschickt wurde, klickten die Kunden in aller Regel sieben bis acht Pages an, bevor sie sich ausklinkten. 22 Monate später waren sie imstande, sich im Schnitt nach 2,5 Pages zu verabschieden. Sie steuern die Homepage an, führen eine Suchaktion durch, führen eine Transaktion durch (zum Beispiel Muster bestellen, ein Datasheet herunterladen oder eine E-Mail an den Produktmanager schicken) und verlassen die Seite.

Die Beschaffungsexperten in den Vorgang einbeziehen

Kaum hatte *National Semiconductor* es geschafft, enge Beziehungen zu den Kaufbeeinflussern aufzubauen, ungeachtet dessen, ob sie die elektronischen Bauelemente benutzten oder nicht, richteten Gibson und seine Mannschaft ihr Augenmerk auf den Rest der Wertkette im Unternehmen. Auch hier gingen sie wieder äußerst zielstrebig vor. Sie peilten die Leiter der Einkaufsabteilungen, Einkäufer und Bauteil-Ingenieure an. Jede dieser Gruppen hatte ureigene Bedürfnisse, die jedoch von der neuen zweckspezifischen Website »Purchasing Ressources«, die *National Semiconductor* im Mai 1998 eingerichtet hatte, berücksichtigt wurden. Sie enthält interaktive Verknüpfungen mit *DigieKey, Farnell, Newark* und *Pioneer* – einige Kataloganbieter und Distributoren von *National* –, wo die Bestellung online und der Versand in Echtzeit-Verarbeitung erfolgt.

Leiter von Einkaufssabteilungen und Einkäufer haben ein gravierendes Problem, auf das ihre Website eingehen soll. Im Rahmen der Neuproduktentwicklung müssen sich die Ingenieure schnellstmöglich in kleiner Menge Bauelemente beschaffen können, die sie für Konstruktion und Test eines Prototyps brauchen, bevor dieser grünes Licht von oben erhält und in Serie geht. Mit Hilfe der Ressourcen-Site orten die Einkaufsabteilungen zuerst die in Frage kommenden Bauelemente. Dann überprüfen sie die Verfügbarkeit, indem sie präzise Bestandsinformationen bei den fünfzig Distributoren abrufen, die diese Bauteile führen. Und zum Schluß können sie die benötigten kleine Mengen direkt bei einem der Lieferanten bestellen, deren Ordersysteme mit *National Semis* Website verknüpft sind, oder können andere telefonisch kontaktieren. (Natürlich erwartet Gibson, daß ein großer Teil der übrigen Distributoren ihre Backend-Ordersysteme bald in ihre Website für das Beschaffungswesen integriert.)

Die eigens für die Ressourcenbeschaffung eingerichtete Site bietet den Kunden darüber hinaus die Möglichkeit, die Produktinformationen durch Querverweise zu vertiefen, um Benachrichtigung bei Produktänderungen zu bitten, ein personalisiertes Portfolio mit Informationen über bestimmte Produkte von *National Semi* anzulegen und online Bestellungen aufzugeben.

Die Bauteil-Ingenieure haben die Aufgabe, neue Substitute oder Ersatzteile für Produkte zu finden, die bereits gefertigt werden. Sie können dieselbe Ressourcen-Site benutzen, um sich über Alternativen kundig zu machen, herauszufinden, wer sie auf Lager hat und die benötigten Bauelemente ordern. *National Semi* schätzt, daß die Rationalisierung dieser Aspekte im Beschaffungsprozeß dem Unternehmen und seinen Kunden durch den Produktivitätsgewinn im nächsten Jahr rund 100 Millionen Dollar einsparen wird.

Den Metabolismus von National Semiconductor ändern

Es ist eine Sache, eine 1-A-Website für Kunden einzurichten, aber einen Koloß wie *National Semiconductor* (mit weltweit 19000 Mitarbeitern) zu veranlassen, daß er blitzschnell auf Kundenbedürfnisse reagiert und Rückmeldungen oder Input voll nutzt, steht auf einem ganz anderen Blatt. Phil Gibson war sich der Herausforderungen bewußt, denen er sich in puncto Unternehmenskultur gegenübersah. Er hat keine Mühen gescheut, damit die Vorleistungen der Kunden zum Kern des Unternehmens vordrangen.

Kundenanfragen gehen direkt an die verantwortlichen Gruppen

Ein wichtiger Schritt, mit dem die Netzdesigner Gibsons Zielsetzungen unterstützten, war die Entwicklung eines E-Mail-Formulars auf der Website, das automatisch an die jeweils verantwortlichen Produktmanager und technischen Support-Mitarbeiter weitergeleitet wurde. Wenn der Kunde eine E-Mail schickt, stellt ein Router die Verbindung zur Datenbank her, wo sie seriell aufgezeichnet und dann automatisch an die richtige Gruppe im Unternehmen weitergeleitet wird, je nach Inhalt der Nachricht. Der Kunde erhält unverzüglich eine Bestätigung, daß seine elektronische Post angekommen ist, und die Zusicherung, daß er innerhalb von 48 Stunden mit einer Antwort rechnen kann.

Zweitens bestand Gibson drauf, daß es keine »Sackgassen« geben durfte. Sobald eine E-Mail im Unternehmen eintrifft, wird sie automatisch gespeichert und der Bearbeitungsweg festgehalten. Kann diejenige Person, an die sie geleitet wurde, den Vorgang nicht bearbeiten oder die Fragen des Kunden nicht zufriedenstellend beantworten, wird die E-Mail automatisch an jemanden weitergereicht, der für ihn in die Bresche springt.

Statt auf ein kleines Team von Support-Mitarbeitern kann Gibson auf mehr als 8000 Angehörige im Unternehmen zurückgreifen, die für die Bearbeitung von Kundenanfragen zuständig sind. Der automatisierte Ablauf gewährleistet, daß niemandem mehr als der ihm »zustehende« Anteil am Arbeitsvolumen aufgebürdet wird. Und da alle Fragen und Antworten festgehalten und in einer Datenbank aufgezeichnet werden, auf die alle Mitarbeitern im Unternehmen Zugriff haben, kann *National Semi* sicher sein, daß die Fragen kontinuierlich beantwortet werden.

Leads gehen direkt an die Kundenbetreuer

Bevor Gibson das Website-Projekt in Angriff nahm, war er für die Auswahl, Entwicklung und Implementierung des automatischen Verkaufs- und Leadmanagement-Systems verantwortlich gewesen. Sobald die Entwicklungsingenieure das Netz besuchten, sich als User registrieren ließen und Profilinformationen im Zuge der Online-Umfragen lieferten, vergewisserte er sich, daß diese Daten automatisch in das Leadmanagement-System einflossen. Wenn ein Entwicklungsingenieur also zur Website des Unternehmens surft und Informationen über ein bestimmtes Bauelement anschaut, erscheint diese Information in der »Leadmanagement-Pipeline« des Verkaufsmitarbeiters oder Distributors, der diesen Kunden betreut.

Rückmeldungen über das Produkt werden direkt an die Entscheidungsinstanzen weitergeleitet

Gibson begriff auch, wie wichtig das fortwährende Feedback der Kunden für die Entscheidungsinstanzen im Unternehmen ist. Um diese Informationen für die betreffenden Führungskräfte leichter »verdaulich« zu machen, entwickelte Gibson eine Software mit Berichten in graphischer Form. In diesen Berichten wird beispielsweise die Anzahl der Abfragen für jedes Produkt, die Anzahl der heruntergeladenen Datasheets und die Anzahl der bestellten Muster aufaddiert. Die Informationen lassen sich leicht mit dem aktuellen Produktverkauf in Verbindung bringen, so daß *National Semiconductor* mit Hilfe dieses »Frühwarnsystems« erkennen kann, welche Produkte gut gehen und welche floppen.
Gibsons Truppe sorgt dafür, daß auch die Rückmeldungen in Form persönlicher Erfahrungen, die per E-Mail oder mit den Fragebögen eingehen, prompt an die verantwortlichen Produkt- und Marketingmanager weitergeleitet werden. Oft lassen sich daraus auch Rückschlüsse auf Produkte der Konkurrenz ziehen, die unverzüglich an die Organisationen im Außendienst weitergeleitet werden.

Die Interaktionen zwischen Distributoren und *National Semiconductor* straffen

Wie viele große Hersteller verkauft *National Semiconductor* auch direkt, aber nur an ein kleines Marktsegment, bestehend aus rund hundert Großkunden. Der Rest wird über Distributoren abgewickelt, die *National Semis* Chips gemeinsam mit vielen Konkurrenzprodukten verkaufen. In aller Regel liefert die Beschaffungsabteilung des Kunden den Distributoren eine Liste mit allen Bauelementen, die für die Herstellung eines bestimmten Produkts benötigt werden. Der Distributor setzt sich mit den Herstellern in Verbindung, um Preise und Verfügbarkeit zu ermitteln, und gibt diese Daten an den Einkäufer weiter, der dann mit ihm den besten Endpreis aushandelt.

National Semiconductor hat private Websites, die der Unterstützung seiner unabhängigen Distributoren in Asien, Europa und Lateinamerika dienen. Zuerst enthielten diese überwiegend Marketingmaterial, zum Beispiel Diapräsentationen, Broschüren, Produktauswahl-Handbücher und »elektronische Präsentationspakete« – also alles, was der Distributor braucht, um einen Verkaufsvorgang erfolgreich abzuschließen.

Im September 1997 fügte *National Semi* eine neue Funktion in die Extranet-Verbindung zu seinen Distributoren ein: Die Vertriebspartner konnten Kundengeschäfte einspeichern. Dieses automatisierte Registriersystem, TEAM genannt, enthält ein Anmeldeformular, das es dem Wiederverkäufer ermöglicht, detaillierte Informationen über den Account des Kunden einzugeben, z. B. an welchen Geräten er interessiert ist und mit welchen Laufzeiten er rechnet. Als Gegenleistung dafür, daß er *National Semiconductor* diese Informationen zur Verfügung stellt und den Geschäftsabschluß vorab »ankündigt«, erhält der Wiederverkäufer eine Provision und eine Gewinnspanne als Anreiz. Die Distributoren profitieren von diesem System, weil sie jetzt wissen, welche Aufträge sich in der Pipeline befinden. Und *National Semiconductor* gewinnt ebenfalls, weil das Unternehmen jetzt weiß, was es herstellen soll. Schon in den ersten Monaten wurden mehr als tausend potentielle Geschäftsabschlüsse registriert, Interessentenadressen im Wert von einer Milliarde Dollar. Gibson berichtet, daß die Vertriebsleiter von der neuen Funktion, die ihnen »Einblick« in die Wertkette ermöglicht, hellauf begeistert sind. Sie kommen jetzt problemlos an eine Zusammenfassung der Verkaufsaktivitäten, geordnet nach Distributor, Niederlassung, Region und Land, heran.

Im Frühjahr 1998 hatten Distributoren und ihre Wiederverkäufer Zugriff auf eine vollautomatisierte Konfigurations- und Preisangebotsapplikation im Web, BizQuote genannt. Dieses benutzerfreundliche Frontend-System ist direkt mit den Backend-Systemen von *National Semiconductor* verknüpft. BisQuote liefert Informationen über Beschaffungszeit, Preise und Lieferzusagen. Bisher war die einzige Person, die einem Kunden oder Wiederverkäufer verbindliche Preise nennen konnte, ein Zweigstellenleiter. Nun hat jeder Vertriebspartner die Möglichkeit, Aufträge zu konfigurieren, Preise auszurechnen und sie übers Web zu plazieren. Gibson schätzt, daß BizQuote bei Vertriebspartnern und Kunden durch die leichtere Überprüfung der Verfügbarkeit und Bestellung von Produkten zu einer Kosteneinsparung von mindestens 20 Millionen Dollar führen wird.

Entwicklung der technischen Infrastruktur

Zuerst schloß *National Semiconductor* Website-Links zu allen Datenbeständen ein, die auf der Host-Site von *R. R. Donelly* untergebracht waren. Das wurde problematisch, als die Besucherzahl wuchs. Deshalb brachte *National Semi* alle Daten auf einem großen *Sun*-Server zusammen, der unter *Netscape* Commerce Server-Software lief, mit einem Shadow-Server, der das Backup lieferte, und suchte sich als »Wirt« die nahegelegene Site eines Internet Service Providers mit Hochgeschwindigkeitszugriff.

Parametrische, in Java geschriebene Suchmaschinen

Als offensichtlich wurde, daß für die Website eine parametrische Suchmaschine erforderlich war, hielt Tim Stuart nach einem Standardpaket Ausschau, das *National Semiconductor* benutzen konnte. Er fand eine kleine Firma mit dem Namen *Cadis,* die genau das hatte, was er brauchte, aber die von ihr entwickelte Applikation war nicht webfähig. Stuart beantragte und erhielt einen »Innovationszuschuß« von *National Semiconductor* und verwendete die Mittel, um *Cadis* die Entwicklung einer in Java geschriebenen parametrischen Suchmaschine zu finanzieren. Im März 1996 wurde die Suchmaschine aus der Taufe gehoben und mit einer Datenbank von mehreren tausend Produkten im Netz postiert. *National Semiconductor* führte damit die erste weltweite kommerzielle Java-Anwendung ein.

Kombination von Native Internet und Lotus *Notes*

Das automatische Registriersystem für den Verkauf, das Phil Gibson befürwortet hatte, ist eine Anwendung von *MFJ International,* die auf *Lotus* Notes basiert und *OverQuota* genannt wird. Sie enthält *National Semis* gesamte Kundendatenbank und zeichnet sämtliche Kontakte, die Mitarbeiter des Unternehmens mit den Accounts haben, seriell auf. Notes (heute Domino) bildet auch die Grundlage der automatisierten Arbeitsabläufe, die *National Semi* benutzt, um E-Mails von der Website durch das Unternehmenslabyrinth zu schleusen. Und alle Produkteinführungen werden über Notes-Arbeitsablaufpläne und Datenbanken gesteuert. Außendienstler und Repräsentanten des Herstellers können die vorgeschlagene Positionierung und Verfügbarkeit neuer Produkte noch vor der Einführung überwachen und wertvolle Feedbackdaten aus dem »Feld« liefern.

Pointcast zur unternehmensweiten Datenübertragung

Gibsons Team benutzt *Lotus* Notes derzeit auch als Vehikel, um produktbezogene Informationen von der Website zu sammeln, das Material mit Informationen zu kombinieren, die von den Herstellungsapplikationen stammen, und Graphiken und Charts zu erstellen, die via Pointcast übertragen werden. Alle Mitarbeiter im Unternehmen haben Pointcast auf ihren PCs und können ihr Bildschirm-Display nach Maß gestalten, so daß nur die Produkte oder Produktkategorien sichtbar sind, die sie interessieren.

Informationen für die Web-Veröffentlichung und Personalisierung aufbereiten

Nachdem Gibsons Gruppe zweieinhalb Jahre lang eine Produktions-Website betrieben hatten, wollte sie eine bessere Möglichkeit zur Kontrolle der Datenaufbereitung finden. Daten wurden von verschiedenen Produktgruppen innerhalb des Unternehmens freigegeben, erstellt, bearbeitet und postiert. Um diesem Organisations- und Dokumentationsproblem beizukommen, wählte Gibson den *Vignette* Story Server. Diese Dokumentationsplattform bietet dem Unternehmen die Möglichkeit, Dokumentenüberprüfungszyklen festzusetzen, um die verteilte Datenerstellung besser zu kontrollieren und personalisierte Pages für die Großkunden von *National Semiconductor* zur Verfügung zu stellen. Das firmenintern entwickelte SiteCreator-Tool gestattet dem Außendienst, Web-Seiten über ein einfaches Browser-Interface zu erstellen, zu bearbeiten und zu pflegen. Das kann irgendwo in der Welt via Remote-Computer geschehen. Dank der Benutzerfreundlichkeit dieses Werkzeugs sind keine Kenntnisse der HTML-Codes, Filestrukturen oder Linker erforderlich.

Distributoren erhalten Zugriff auf National Semis *mainframe-gestützte Systeme*

Die Distributoren von *National Semiconductor* sind nun via Internet direkt mit dem Transaktionssystem im Zentralrechner verbunden, wenn es um Anfragen, Preise, Bestellungen und Terminüberwachung geht. Sie benutzen dabei ein Tool von *Enterprise Link,* das SmartTran genannt wird.

Großkunden mit personalisierten Web-Seiten hofieren

Im Mai 1998 brachte das Gibson-Team eine Funktion auf den Weg, die Mitarbeitern im Verkauf die Entwicklung personalisierter Seiten für ihre Großkunden ermöglicht. Die Kundenbetreuer wählen die Informationen aus, die sie ihren Kunden präsentieren möchten, und verknüpfen die personalisierte Seite mit der für ihn bestimmten Echtzeit-Orderstatus-Information. Diese individuelle Web-Site wird zu einem Forum, wo ein großer Teil des Dialogs und der Diskussionen zwischen Kundenbetreuer und den Ansprechpartnern im Kundenunternehmen stattfinden. Im Juli 1998 hatte der Verkaufs- und Außendienst annähernd 200 solcher individuellen Websites geschaffen. Die Kunden benutzten sie, um Einblick in öffentliche oder nur ihnen zugängliche Informationen zu erhalten, z. B. Firmenverträge, Preise und Vorlaufzeiten. Sie können auch per Browser in interessanten neuen oder vorläufigen Produktbeschreibungen, Weißpapieren und Anwendungshinweisen »stöbern«, die mit ihrem Unternehmen zu tun haben, oder sich über den Stand der Produktentwicklung von »Projekten nach Maß« auf dem laufenden halten. Und sie können um Produktanzeigen oder Hilfestellung bei der Anwendung der Produkte vor Ort, im Kundenunternehmen, nachsuchen.

Ergebnisse

In den ersten zwei Jahren seit der Einrichtung wuchs die Anzahl der Besucher auf *National Semiconductors* Website von Null auf 500 000 pro Monat. Vierzig Prozent dieser Kunden haben sie als »Bookmark« markiert, um sie leichter wiederzufinden, so daß die Adresse mit einem einzigen Klick angesteuert werden kann.

National Semis Website wurde in fünf verschiedenen Studien, die das Unternehmen in den letzten zweieinhalb Jahren durchgeführt hat, von den Entwicklungsingenieuren als die Nummer eins bei der Suche nach Halbleiterprodukttechnologie und Informationen genannt. Warum? Weil Gibson und sein Team die Site ständig nachbessern, wobei sie sich am Kundenfeedback und Kundenverhalten orientieren.

Gibson und seine Truppe werden mit Lobeshymnen von Kunden überschüttet. Zum Beispiel: »Ihr seid Spitze; ich hatte die Muster im Handumdrehen!«, »Ich habe noch nie mit *National* geredet, aber jetzt!« oder »Ich finde die Website wunderbar. Der Zugriff ist schnell und leicht.«

Es gibt weltweit schätzungsweise 1,5 Millionen Entwicklungsingenieure, die Halbleiter verwenden. Also kommuniziert *National Semiconductor* jeden Monat mit mehr als einem Drittel des potentiellen Markts für seine Produkte. »Das sind fünfzigmal mehr Menschen, zu denen ich eine direkte Beziehung herstellen kann, als über die anderen Kommunikationskanäle, die mir zur Verfügung stehen. Für meine Call Center wäre es völlig undenkbar, ein solches Volumen zu bewältigen; und meine Mitarbeiter im Direktverkauf wären auch nicht imstande, so viele Menschen zu kontaktieren«, sagt Gibson.

Im Dezember 1997 zogen die Kunden täglich 11 000 Datasheets von *National Semiconductors* Website. »Das sind 330 000 Datasheets über genau diejenigen Produkte, für die sie sich interessieren, die jeden Monat an Kunden ausgegeben werden«, erklärt Gibson. Seine 400 im Direktverkauf tätigen Mitarbeiter, die 400 Herstellungsrepräsentanten und die 8 000 Distributoren kämen nicht annähernd an den Radius der Website heran. Sie kontaktieren insgesamt nur 8,5 Prozent der Kunden von *National Semiconductor* und tragen mit 60 Prozent zum Gesamtergebnis des Unternehmens bei. Die übrigen 40 Prozent stammen von den Kataloganbietern, die *National Semiconductors* Chips führen und sie den Abnehmern kleiner Mengen zur Verfügung stellen. Die Website spielt eine wichtige Rolle, um alle großen und kleinen Kunden Informationen an die Hand zu geben, die sie brauchen, um eine Entscheidung für eine Produktentwicklung zu treffen.

Großkunden bringen *Nationals* Website Inhouse

Welche bessere Möglichkeit gäbe es, den Erfolg einer kundenorientierten Web-Site zu messen, als das Wissen, daß diese Kunden sie ins Intranet ihrer Firmen bringen? Eine beachtliche Anzahl von *National Semis* Großkunden hat die Site – Sicherheit hin oder her – an ihren »Firewalls« vorbeigeschleust. Auf diese Weise können ihre Entwicklungsingenieure auf die neuesten Produktinformationen zugreifen, ohne sich ins Internet einklinken zu müssen.
1996 lud *Tektronix,* einer der größten Kunden des Halbleiterherstellers, alle seine Lieferanten in die Unternehmenszentrale ein, um ihnen *National Semis* Website vor Augen zu führen und ihnen ans Herz zu legen, sie als Vergleichsmaßstab für die eigenen Netzaktivitäten zu betrachten.

Internationale Reichweite

Als das Unternehmen 1995 seine erste Website präsentierte, stammten 95 Prozent der Besucher aus den USA oder Kanada. Innerhalb von zwei Jahren kamen nur noch 50 Prozent aus Nordamerika, der Rest war in anderen Staaten beheimatet. *National Semiconductor* erhielt nun auch Anfragen und Bestellungen aus Ländern, in die das Unternehmen noch nie verkauft hatte.

Die Rückmeldungen der Kunden haben die Produktzyklen beschleunigt

Früher dauerte es nach der Neueinführung eines Produkts etwa ein Jahr, bis *National Semiconductor* feststellen konnte, ob es ein Erfolg oder ein Reinfall war. Nun kann der Produktmanager die Reaktionen der Kunden jeden Tag verfolgen. Er sieht, wie viele Anfragen eingegangen sind, wie viele dieser Interessenten auf technische Informationen zugegriffen haben und wie viele Muster angefordert wurden. Er kann über Nacht Fragen, Reaktionen und andere Rückmeldungen über die eigene Position im Wettbewerb abrufen. Das hat zur Folge, daß *National Semi* nun drei Monate nach der Produkteinführung weiß, ob man ein As im Ärmel oder einen Blindgänger hat.

Pattys Resümee für National Semiconductor

Es fällt schwer, etwas zu finden, was *National Semiconductor* mit seiner Website falsch gemacht hat, aber es gibt immer Bereiche, die sich verbessern lassen. Mir sind einige Punkte aufgefallen, an denen *National Semi* als nächstes arbeiten könnte.

① ***Mehr Simulationen***

Obwohl es möglich ist, Softwaresimulationen von der *National-Semiconductor*-Site herunterzuladen, sind die meisten so geschrieben, daß sie nur in geschützten Systemen laufen. Und nicht alle Kunden haben Zugriff auf diese Systeme. Ein logisches Angebot wären Java-basierte Software-Modelle und Simulationen für Produkte von *National Semiconductor,* so daß die Ingenieure ihre eigenen Parameter mittels Plug-In eingeben und die Ergebnisse anschauen können. Wenn man diese Simulationen in Java schreibt (das jeder Computer ausführen kann), lassen sie sich leicht von der Website starten oder auf ein beliebiges System des Kunden herunterladen.

② ***Das Gemeinschaftsgefühl stärken***

Zugegeben, die Kunden von *National Semiconductor* haben es eilig: Sie surfen zur Website und verabschieden sich weder, sobald sie das Gesuchte gefunden haben, aber sie haben noch andere Gemeinsamkeiten. Viele waren vermutlich mit den gleichen Entwicklungsproblemen konfrontiert und haben Lösungen gefunden, die für die anderen von Nutzen sein könnten. Deshalb empfehle ich *National Semiconductor,* den Dialog bei seinen Onlinern durch Postieren von anregenden und nützlichen Themen zu stärken, zum Gedanken- und Erfahrungsaustausch zu ermutigen und technische Diskussionen zu moderieren.

③ ***Den Regelkreis Entwicklung–Beschaffung–Herstellung schließen***

Den Entwicklungszyklus hat *National Semiconductor* heute fest im Griff. Aber es besteht eine Kommunikationslücke zwischen der Zeit, in der ein Entwicklungsingenieur ein Produkt zum Testen auswählt und der Zeit, in der die Bestellung erfolgt. Und es findet eine Weitergabe statt – von der Entwicklung zur Herstellung zur Beschaffung – sowohl in der Kundenorganisation als auch in den Distributionskanälen von *National Semiconductor.* Die Mehrzahl der von *National Semiconductor* hergestellten Produkte werden nach wie vor über Distributoren bezogen. Obwohl das Unternehmen wichtige Schritte bei der Informationssammlung auf diesem Vertriebsweg unternommen hat, wäre es an der Zeit, die Distributoren und Endkunden in dieser Informationsschleife enger zu vernetzen. Im Idealfall sollte *National Semi* versuchen, den gesamten Geschäftsvorgang der Endkunden unter einen Hut zu bringen, von der Auswahl eines Bauelements bis zur Beschaffung und Herstellung.

Tips aus der *National-Semiconductor*-Fallstudie

① Manchmal sind die wichtigen Kunden, die ein Unternehmen anpeilen sollte, nicht die Käufer, sondern die Personen, die großen Einfluß auf die Kaufentscheidung haben.

② *National Semi* kann genau verfolgen, wozu die Kunden ihre Website benutzen, um die Web-Erfahrung ständig an die Wünsche und Bedürfnisse anzupassen. Die Entwickler haben anhand der Logs die Dateiaktivitäten überprüft und Möglichkeiten entworfen, das Gesuchte mit ganz wenigen Klicks anzusteuern.

③ Kunden brauchen unter Umständen mehrere verschiedene Wege, um sich Produkte und Informationen zu beschaffen. *National Semiconductor* bietet seinen Kunden vier Suchmaschinen.

④ Die Bearbeitung der eingehenden E-Mails ist für jede ein wichtiges Thema. *National Semiconductor* hat es ernst genommen. Die elektronische Post wird in einer Datenbank festgehalten, in einem Logfile gespeichert und dann an die betreffende Person zur Bearbeitung weitergeleitet. Statt einfach alle E-Mails an die technische Support-Mannschaft zu übermitteln, die für diese Arbeit bezahlt wird, schickt Gibson sie an Produktmanager, Marketingmanager und Entwicklungsgruppen. Auf diese Weise haben mehr Mitarbeiter im Unternehmen direkten Kontakt mit seinen Kunden.

⑤ Gibson wollte sichergehen, daß alle Angehörigen des Unternehmens die Echtzeit-Informationen der Kunden, die via Website eintreffen, bestmöglich nutzten. Deshalb ordnet sein Team die Daten nach Produktkategorien, kombiniert sie mit den aktuellen Bestands- und Bestelldaten und überträgt dieses »Dashboard« jeden Tag an alle Mitarbeiter. So weiß jeder im Unternehmen, welche Produkte gut laufen und mit welchen Probleme auftauchen könnten.

⑥ Die Kunden pflegen auf den Web-Seiten ihre eigenen Profildaten. Diese Profile und Web-Besuche werden benutzt, um das Leadmanagement-System und die Kundendatenbank zu aktualisieren.

⑦ Distributoren haben ihre eigene Extranet-Verbindung zu *National Semiconductor,* einschließlich der Möglichkeit, Verkaufsvorgänge in die Pipeline einzuloggen, die Produktionskapazität »festzuschreiben« und Aufträge direkt an die mainframe-gestützten Produktionssysteme von National zu übermitteln. Dieser enge elektronische Kontakt mit den Distributoren ermöglicht *National Semi* eine bessere Produktplanung und Einblicke in die Aktivitäten seiner Endkunden.

⑧ *National Semi* hat einen bestimmten Geschäftsprozeß – die schnelle Beschaffung von Chips in kleinen Mengen – aus der Warte der Endkunden gestrafft. Das gelang durch den Aufbau einer aus Kundensicht nahtlosen Verbindung mit seinen Lieferanten. Die Einkaufsabteilungen der Endkunden haben direkten Zugang zu Informationen über die Bestände der Distributoren, können Preise und Verfügbarkeit abfragen und Bestellungen in kleinen Mengen mit kurzer Beschaffungszeit aufgeben.

⑨ *National Semiconductor* stattet sein Personal im Direktverkauf – das die größten Kunden betreut – mit den Tools aus, das es braucht, um jedem Account eine personalisierte Web-Seite anzubieten.

Die wichtigsten Kunden anvisieren:

Lektionen

Wer sind die richtigen Kunden? *American Airlines* und *National Semiconductor* zählen diejenigen dazu, die einen merklichen Unterschied in der Bilanz bewirken. Im Fall *American* sind es die Käufer und Konsumenten der Dienstleistungen. Bei *National Semi* sind es diejenigen Mitarbeiter in der Kundenfirma, die Einfluß auf die Kaufentscheidung haben und das Produkt in ihren Konstruktionen verwenden. Obwohl die Websites beider Unternehmen großen Zulauf verzeichnen – Investoren, potentielle Mitarbeiter, zwanglose Besucher und Gelegenheitskunden –, ist eine ganze Sektion dieser wichtigen und hochgeschätzten Kundengruppe vorbehalten. Die Zeit und Mühe, die in die Pflege ihrer Website investiert werden, zielt überwiegend darauf ab, diesen anvisierten Kunden die Geschäftsabwicklung mit dem Unternehmen zu erleichtern.

Herausfinden, was Kunden brauchen und ständig die Fähigkeit verbessern, diesen Wünschen zu entsprechen

Sowohl *American Airlines* als auch *National Semiconductor* haben im Vorfeld grundlegende Marktforschung betrieben. Sie stellten fest, welche Wünsche und Interaktionsbedürfnisse ihre Kunden hatten. *National Semiconductor* ist es in besonderem Maß gelungen, stetige Verbesserungen auf der Grundlage des Verhaltens seiner Web-Besucher zu erzielen und auf spezifische Anfragen zu reagieren. Die Tatsache, daß man hier alle drei Monate die Reaktionen der Kunden auf die Website im Vergleich zur Konkurrenz analysiert, zeigt, daß *National Semi* sich der Möglichkeit bewußt ist, von einem Konkurrenten im Hinblick auf die Web-Präsenz eingeholt und überholt zu werden.
Es ist nicht billig, diese Websites einzurichten und zu pflegen. Trotzdem liefern *American Airlines* und *National Semiconductor* einen besseren, effektiveren Kundendienst, der das Unternehmen weniger kostet als Call Center und Direct-Mail-Aktionen. Sie erreichen und befriedigen die Bedürfnisse mehrerer hun-

derttausend Kunden mit wesentlich effizienter übermittelten, gezielten Informationen. Und beide Unternehmen können meßbare Ergebnisse vorweisen, die das belegen. *American Airlines* hat Online-Reservierungen zum Bruchteil der Kosten eingeführt, die durch Reisebüros und Call Center entstehen, und die *AAdvantage*-Kunden bedienen sich selbst mit Informationen, die sie sich sonst per Telefon beschaffen mußten, wenn sie nicht darauf verzichten wollten. *National Semiconductor* deckt einen weit größeren Kundenbestand mit seinen direkten, bedarfsspezifischen Informationen ab, als es auf anderem Weg jemals kontaktieren könnte. Und das wachsende Volumen des Auslandsverkaufs ist eine direkte Folge der Website-Aktivitäten.

Den Zugang zu Transaktionen erleichtern

Beide Unternehmen haben innerhalb kürzester Zeit erkannt, daß Kunden die Website zwar für ihre Recherche brauchen, aber es nicht unbedingt dabei belassen. Sie möchten einem natürlichen Pfad von der Nachforschung bis zur Transaktion und zum Statusbericht folgen. *American Airlines* brauchte mehr als ein Jahr, bis Kunden ihre Flüge online buchen konnten. Doch in der Zwischenzeit bot das Unternehmen seinen Vielfliegern einen zusätzlichen Nutzen: Sie waren imstande, ihren »Kontostand« abzufragen.

National Semiconductor bietet eine ganze Palette von Transaktionen an: Kunden können Dateien und Software herunterladen oder Produktmuster anfordern. Das sind Aktivitäten, die den Besucherstrom auf der Website erhöhen und die Kunden veranlassen, immer wieder auf die Angebote des Unternehmens zurückzukommen. Der nächste Schritt, die Online-Bestellung großer Mengen über Distributoren zu ermöglichen und ins Netzwerk einzubinden, wird einer anderen Klientel dienen – den Einkaufsabteilungen – und den Kreis schließen.

Das Medium E-Mail effektiv nutzen

American Airlines hat die Chance erkannt, E-Mails als Medium zu nutzen, um Kunden auf regulärer Basis zu kontaktieren und gezielt anzusprechen. Das schiere Volumen des wöchentlichen E-Mail-Verkehrs via *NetSAAver* und die anhaltende Beliebtheit des Programms zeugen davon, daß Kunden auf »Schnäppchenangebote« geradezu versessen sind. Dadurch kann sich *American Airlines* wirksamer bei ihnen in Erinnerung bringen als durch kostspielige Werbemaßnahmen.

National Semiconductor hat noch bessere Arbeit mit den eingehenden E-Mails geleistet. Durch automatisches Filtern und Routing an den richtigen Mitarbeiter, wobei die E-Mails in einer Datenbank seriell gespeichert und bis zur vollständigen Bearbeitung »Spur für Spur« aufgezeichnet werden, vergewissert sich das

Unternehmen, daß es aus diesen Interaktionen den größtmöglichen Nutzen ableitet.

Die Unternehmenskultur ändern und auf den Kunden ausrichten

In beiden Fallbeispielen hatten die kundenzentrierten Websites eine nachhaltige Auswirkung auf »eingespielte« Verfahrensweisen. Für *American Airlines* dient die Web-Präsenz als Beschleuniger für die bereichsübergreifende Informationsübermittlung und den Stolz, einen Beitrag zu leisten. Statt Informationen zurückzuhalten, versuchen sich die Abteilungen nun gegenseitig zu überbieten, wer die aktuellen Neuigkeiten über Produkte und Dienstleistungen am schnellsten in Umlauf bringt. Im Fall *National Semi* haben die direkten Rückmeldungen, die Produktmanager und Designer von Hunderten spezifischer Website-Besucher via E-Mail erhalten, die Prioritäten in der Produktentwicklung beeinflußt.
National Semi ist mit der Nutzung der Informationen, die es durch seine Website gewinnt und in die Entscheidungsprozesse des Unternehmens einfließen läßt, eine echte Spitzenleistung gelungen. Da das Kundenfeedback konsolidiert, in leicht verständliche Charts eingespeist und an Führungskräfte und Produktlinienmanager verteilt wird, sind diese wichtigen Entscheidungsinstanzen nun in der Lage, den Pulsschlag ihrer Produkte zu überwachen. Weil man genau verfolgen kann, wie viele Onliner auf die Informationen zugreifen, Muster herunterladen und Bestellungen aufgeben, besitzt *National Semi* jetzt ein hervorragendes »Frühwarnsystem«, das eine schnelle Kursänderung ermöglicht.

Erfolgsfaktor 2:

Die Verantwortung für die Gesamterfahrung des Kunden übernehmen

Ich habe dieses Jahr einen großen Teil meiner Weihnachtseinkäufe über Internet erledigt. Und ich war nicht die einzige. Wie die *Yankee Group* verlauten ließ, belief sich das Shopping-Volumen der Amerikaner zwischen dem Thanksgiving Day (dem letzten Donnerstag im November) und Neujahr 1997 auf sage und schreibe 800 Millionen Dollar, verglichen mit 300 Million Dollar in der gleichen Vorjahresperiode. Ich rechne um die Weihnachtszeit 1998 mit einem Anstieg der Konsumentenkäufe auf mindestens 2 Milliarden Dollar.

Warum mir das Online-Shopping soviel Spaß und das Leben leicht gemacht hat? Ganz einfach: Ich wußte genau, was ich bei jedem Anbieter zu erwarten hatte und konnte nicht enttäuscht werden. Gleich ob ich *L. L. Bean, Wal-Mart, Amazon com., Virtual Vineyards* oder *West Marine* einen virtuellen Besuch abstattete, es war immer die gleiche befriedigende, beruhigende und berechenbare Erfahrung. Oft wußte ich von vornherein, wonach ich suchte: ein Buch über Städteplanung für meinen Schwager, der Architekt ist, einen extragroßen Schlapphut für meinen Schwiegersohn, der gerne segelt, eine Kiste mit verschiedenen kalifornischen Weinen für meinen Bruder und seine Frau, und eine »Tickle Me Elmo«-Puppe für die zweijährige Tochter einer guten Freundin. In mehreren Online-Läden wurde ich mit den Worten begrüßt: »Hallo Patricia Seybold, nett, Sie wiederzusehen! Wir haben da ein paar Angebote, die Ihnen gefallen werden.«

Jedesmal begann ich meine elektronische Interaktion mit einer Recherche (obwohl ich gelegentlich gerne Umwege mache und mir zuerst die »Sonderangebote« anschaue). Bei jeder gezielten Suchaktion fand ich eine Reihe interessanter Optionen, unter denen ich wählen konnte. Am besten gefiel mir jedoch die Fülle von Informationen, die man sich über jeden Artikel beschaffen kann: Bilder, ausführliche Beschreibungen, Beurteilungen, Empfehlungen und manchmal Erfahrungen von anderen Kunden. Der Kaufvorgang selbst war einfach und beruhigend. Jeder einzelne Schritt war klar durchdacht: die Ware in den Einkaufswagen legen, die Kreditkartennummer und Versandadresse eingeben oder überprüfen, Geschenkpapier und Grußkarte aussuchen, Versandoption wählen.

Es macht nichts, wenn man den Vorgang mittendrin abbricht und am nächsten Tag wiederkommt. Der Einkaufswagen mit den ausgewählten Waren befindet sich immer noch im virtuellen Gang, und man kann dort weitermachen, wo man aufgehört hat. Einige Male hatte ich das Bedürfnis, mit einem Menschen aus Fleisch und Blut zu sprechen. Also wählte ich eine gebührenfreie Nummer und stellte meine Fragen (»Welcher von den beiden Sonnenhüten ist wasserdicht?«) Wieder wurde ich mit Namen begrüßt, erhielt eine effiziente Antwort auf meine Fragen und bestellte telefonisch.

Aber die Online-Erfahrung war mit der Auftragserteilung nicht zu Ende. Die ersten E-Mails trafen ein: »Wir haben die beiden Bücher soeben abgeschickt, per Express, auf unsere Kosten. Die anderen vier aus derselben Bestellung werden in Kürze zugestellt.« »Linda Seybold hat den Empfang des Weins quittiert, den Sie gestern um 5.40 Uhr verschickt haben.« Als die Produkte eintrafen, waren sie sorgfältig verpackt und hübsch eingewickelt (wenn ich darum gebeten hatte).

Das Positive an diesen Transaktionen war für mich das Gefühl, es mit einer Firma zu tun zu haben, die eine »Persönlichkeit« besaß. Der menschliche Kontakt war hergestellt. Vermutlich sogar besser als in einem physischen Geschäft, in dem vor Weihnachten Hochbetrieb herrscht. Ich erhielt Informationen, wann immer ich sie brauchte, ohne mir jemanden suchen zu müssen, den ich fragen konnte, und es blieb mir erspart, an der Kasse Schlange zu stehen. Es gab überhaupt keine Wartezeiten und keinen Frust, nur Zufriedenheit und Seelenfrieden, was die Kaufentscheidung betraf. Diese Firmen haben es verstanden, mir eine Erfahrung zu vermitteln, wie ich sie mag und erwarte.

Natürlich ändern sich die Bedürfnisse der Kunden im Lauf der Zeit. Unternehmen, die sich dessen bewußt sind, behalten die Lebenszyklen ihrer Kunden im Auge. Sie verstehen, daß eine Frau, die alleinstehend war, plötzlich andere finanzielle Bedürfnisse hat, wenn sie heiratet und an Kinder denkt. Sie haben den Unterschied zwischen einem Kunden begriffen, der ein Produkt zum ersten Mal kauft und installiert, und einem anderen, der dieses Produkt an Tausende von Endkunden liefert. Die *American Skiing Company,* die mehr als ein Dutzend Skizentren besitzt und betreibt, speichert alle möglichen Daten ihrer Kunden: beispielsweise über den Leistungsstand sämtlicher Familienmitglieder auf Skiern oder Snowboard (Anfänger oder Fortgeschrittene), wo sie das letztemal Quartier bezogen haben, und ob die Skiausrüstung mitgebracht oder geliehen war. Wenn man Timmy wieder zum Skikurs anmelden, Skistiefel in derselben Größe für Sarah ausleihen und im selben Zimmer wie im Vorjahr logieren möchte, ist das kein Problem. Solche Arrangements lassen sich telefonisch oder über Web in die Wege leiten.

Diese Privatkunden haben ganz andere Bedürfnisse, wenn sie als Firmenkunden auftreten. Wenn Sie einen Wagen bei *Hertz* mieten, gleich ob geschäftlich oder zu Ihrem Privatvergnügen, bleibt vielleicht ein großer Teil der Anforderungen gleich – Automatik, Viertürer, Nichtraucher –, aber manche Bedürfnisse unter-

scheiden sich. Für die berufliche Schiene könnte ein Autotelefon erforderlich sein, während sie für die Fahrt in den Urlaub gerne einen Kindersitz und einen Ski-Dachträger hätten.
Vor allem aber wünschen sich Kunden eine Geschäftsabwicklung, die gut konzipiert, gut aufgebaut und in jeder Phase vorhersehbar ist. Und nicht zu vergessen das Gefühl, immer und überall die Kontrolle zu haben. Sie müssen imstande sein, den Ton anzugeben und eine Erfahrung zu machen, die nicht 08/15, sondern auf ihre individuelle Situation ausgerichtet ist.
Das erfordert einiges an Vorleistungen, um ein Fundament für die Kundentreue zu errichten; aber eben diese Loyalität wartet als Belohnung auf alle, die bereit sind, die Verantwortung für die Gesamterfahrung des Kunden zu übernehmen.
Folgende Voraussetzungen müssen gegeben sein:

- Die Kontinuität der Erfahrung als »Markenzeichen« anbieten;
- Kunden Zeit und Ärger ersparen;
- den Seelenfrieden der Kunden stärken;
- mit den Partnern zusammenarbeiten, um die Kontinuität der Dienstleistungs- und Produktqualität zu gewährleisten;
- die Individualität des Kunden berücksichtigen;
- Kunden die Kontrolle über ihre Erfahrungen geben.

Die Kontinuität der Erfahrung als »Markenzeichen« anbieten

Ein Markenname beschwört nicht nur das Bild eines bestimmten Produkts, sondern auch bestimmte Gefühle beim Kunden herauf. Je mehr Erfahrung er mit dem Produkt oder der Dienstleistung hat, desto »intuitiver« reagiert er in aller Regel. Inzwischen gibt es Unternehmen, die positive Kundenerfahrungen als ihr »Markenzeichen« betrachten, indem sie den damit verbundenen Erwartungen und Gefühlen gerecht werden.
Einer meiner persönlichen Lieblingsanbieter ist *L. L. Bean:* Hier bilden der zwischenmenschliche Kontakt, eine ungezwungene, freundliche Atmosphäre, die Produkterfahrung bei Outdoor-Aktivitäten und der 1-A-Kundendienst ein harmonisches Ganzes. Als ich Ende der 60er Jahre in Yarmouth, Maine wohnte, fuhren mein Mann und ich oft mitten in der Nacht zu *L. L. Bean.* Schließlich war nach Feierabend in Maine nicht viel los, und *L. L. Bean* hatte rund um die Uhr geöffnet, für Jäger und andere, die lange Strecken in die »Wildnis« gefahren waren. Stöbern und Einkaufen um zwei Uhr morgens, umgeben von freundlichem Personal, ohne Menschenmengen und in einer warmen, anheimelnden Atmosphäre war ein ganz besonderer Luxus, den wir uns hin und wieder gönnten. Aber das nächtliche Vergnügen war nicht das einzige erinnerungswürdige Element der Erfahrung. Die Retourenpolitik, die dort herrscht, ist sensationell.

Ich besaß einmal ein paar Winterstiefel von *L. L. Bean,* die ich heiß und innig liebte. Nach zwei Jahren waren die Absätze schief gelaufen. Ich brachte sie zu *L. L. Bean,* um sie besohlen zu lassen, und wartete in einer Schlange vor dem Kundendienst, in der es überraschend schnell vorwärts ging. Als ich an die Reihe kam, erfuhr ich, daß Bean dieses Modell nicht mehr repariert und zu meiner Enttäuschung auch nicht mehr führt. Doch bevor mich der Jammer packte, wurde ich gebeten, mir im Laden ein Paar brandneue Stiefel aussuchen, gleich welches Modell, kostenlos. Das ließ ich mir natürlich nicht zweimal sagen. Daß ich meine gebrauchten Stiefel einfach gegen ein Paar neue eintauschen konnte, wenn sie abgetragen waren, hat mich zu einer loyalen Kundin gemacht, die *L. L. Bean* in höchsten Tönen lobt.

Bei einem Online-Besuch macht man die gleiche Erfahrung wie bei einem Einkaufsbummel im Winter um zwei Uhr morgens; diese Kontinuität ist inzwischen zu einem »Markenzeichen« geworden. Natürlich kann man genauso stöbern und online einkaufen wie im Laden oder in einem Papierkatalog von *L. L. Bean.* Und man erhält das gleiche, was man bei *L. L. Bean* erwartet: hilfreiche, kompetente Informationen über den uneingeschränkten Genuß von Outdoor-Aktivitäten – angefangen von Tips, wie man neue Wanderstiefel einläuft und welche Socken die Füße am trockensten halten, bis hin zu gut gespurten Langlauf-Loipen in verschiedenen Parks und Erholungsgebieten, die sich in staatlicher Hand befinden.

Ersparen Sie Kunden Zeit und Ärger

Wichtig ist vor allem, Stolpersteine und Verzögerungen im Zuge der Kundenerfahrung vorherzusehen und aus dem Weg zu räumen. Sie werden später lesen, was sich *Hertz* ausgedacht hat, um Verzögerungen für seine Kunden zu vermeiden. Ein weiteres Paradebeispiel auf diesem Gebiet ist die *American Skiing Company (ASC).* Wie *Hertz* bemüht sich das Unternehmen, die Kundenerfahrungen sowohl in der physischen als auch in der virtuellen Welt stetig zu verbessern. Jede Interaktion am Skiort wird gestrafft, angefangen von den Leihskiern und Skistiefeln (sie warten im Hotelzimmer auf den Urlauber) bis hin zur Wegbeschreibung vom Parkplatz zum Skihang: ein Vertreter des Unternehmens begrüßt die Gäste, beantwortet Fragen und weist sie ein. Wie *Hertz* bietet auch die *ASC* ein Programm für ihre Dauerkunden, die »Pistenfreaks«. Mit dieser sogenannten Edge-Karte am Revers (die man sich vor Urlaubsantritt oder an Ort und Stelle besorgen kann) ist ein für allemal Schluß mit der Ansteherei, um Liftkarten zu kaufen. Der elektronische Skipaß wird vor dem Einsteigen in den Lift eingescannt und gibt den Weg auf den Berg frei. Mit derselben Edge-Card können Sie außerdem alles kaufen, was der Skiort zu bieten hat. Ihr Konto wird automatisch belastet, wenn Sie frühstücken gehen, einen Skikurs besuchen, Skier ausleihen oder andere touristische Angebote in Anspruch nehmen. Man kann die Karte per Website bestellen und hier auch den Kontostand überprüfen. Profilinformationen über die ganze Familie, einschließlich der Hotelzimmer, in denen man untergebracht war, Alter der Kinder, Größe der Skistiefel und welche Kurse jeder einzelne beim letzten Besuch der acht Wintersportzentren von *ASC* gebucht hat, werden ebenfalls laufend auf den neuesten Stand gebracht.

Für den Seelenfrieden des Kunden sorgen

Eine gute Kundenerfahrung umfaßt Service, Produkt – und Seelenfrieden. Ein Beispiel: Was machte den Leuten am meisten Kopfzerbrechen, als das Konzept des Internet-Banking zum ersten Mal auftauchte? Richtig, die Datensicherheit. Die *Security First Network Bank* erkannte, daß sich dieser Umstand in einen Aktivposten umwandeln ließ und machte den Seelenfrieden zum Herzstück seiner Unternehmensstratagie.

Amazon.com und *Virtual Vineyards* haben die Bedeutung des Seelenfriedens für ein gedeihliches Wachstum ihrer Unternehmen schon frühzeitig erkannt. Beide haben es sich zur Aufgabe gemacht, ihre Kunden in jeder Phase der Auftragsvergabe zu beruhigen. Sie bestätigen den Eingang der Bestellung, benachrichtigen sie, wenn die Ware abgeschickt wurde, und überwachen, wie im Fall *Virtual Vineyard,* jeden Schritt des Liefervorgangs.

Eine der beliebtesten Anwendungen bei den meisten kommerziellen Websites ist die Möglichkeit, daß sich die Kunden über den Orderstatus informieren können. *Dell Computer, Cisco Systems, Amazon.com* und viele andere bieten diese Funktion an. Sie gehen mit gutem Beispiel voran und zeigen, wie Unternehmen zum Seelenfrieden ihrer Kunden beitragen können. Kunden möchten etwas über den Stand der Dinge bei Bestellungen, Anforderung des Kundendienstes, erfolgten Zahlungen und Rechnungskorrekturen erfahren oder sich über die Verfügbarkeit der Waren im Lagerbestand informieren. Ende 1996 ermöglichte *Boeing* seinen Airline-Kunden den Zugriff auf die Ersatzteil-Datenbank. Vorher mußten die *Boeing*-Kunden eine Hotline anrufen, um Ersatzteile zu ordern oder sich über Preis und Verfügbarkeit kundig zu machen. Die Bestellungen wurden via EDI-Verbindungen (Electronic Data Interchange) aufgegeben, die nur autorisierten Personen zugänglich waren. Doch sobald *Boeing* den Kunden die Option anbot, sich sowohl die benötigten Informationen online zu beschaffen als auch zu ordern, machten die Kunden in hellen Scharen von diesem Medium Gebrauch. Auch kleinere Fluggesellschaften, die nie Interesse an einer Verbindung mit *Boeing* bekundet hatten, konnten nun schnell und leicht im Internet bestellen. Aber noch wichtiger waren die Informationen über die Verfügbarkeit der Ersatzteile. Kunden, die früher einmal in der Woche die Hotline anriefen, warfen nun mehrmals am Tag einen Blick auf die Web-Seiten, um zu erfahren, welche Ersatzteile vorhanden und wo sie eingelagert waren. Wenn die Fluggesellschaft *Qantas* ein Ersatzteil in Sidney brauchte, spielte es keine unbedeutende Rolle, ob es in Hawaii oder in Seattle verfügbar war. Die Gewißheit, daß man es im Notfall schnell besorgen konnte, war für den Seelenfrieden der *Boeing*-Kunden wichtig.

Eine weitere Methode, die heimlichen Befürchtungen der Online-Kunden auszuräumen, ist die Garantieerklärung. Das Skizentrum Sunday River (das der *ASC* gehört) garantiert Urlaubern, daß sie nicht länger als acht Minuten am Skilift warten müssen, sonst werden sie kostenlos befördert. Es garantiert den Kursteilnehmern außerdem den stetigen Erfolg beim Skilaufen oder Snowboarden, sonst geht die nächste Stunde »aufs Haus«.

Der Seelenfrieden ist vor allem dann wichtig, wenn Kunden sich in einer streßbefrachteten Situation befinden. Mein Lieblingsbeispiel: verspätete oder gestrichene Flüge. Airlines können den Seelenfrieden der frustrierten Passagiere wiederherstellen, wenn sie ihnen präzise Informationen über die Situation zukommen lassen. Was nicht funktioniert, sind Vertröstungen: »Wir bitten um Geduld und hoffen, Ihnen bald Näheres mitteilen zu können.« Was funktioniert, sind klare Auskünfte: »Wir haben ein mechanisches Problem mit der Klimaanlage, das aber in den nächsten dreißig Minuten behoben sein wird« oder »Wir mußten den Flug bedauerlicherweise streichen, aber alle Passagiere wurden auf die nächste Maschine umgebucht, die in dreißig Minuten startet. Bitte begeben Sie sich zu Ausgang 2A. Ihre Sitzplätze sind die gleichen. Wir laden Sie in der Zwischenzeit zu einer Tasse Kaffee ein und sind gerne bereit, Abholer zu benachrichtigen. Wir bitten Sie nochmals, die Unannehmlichkeit zu entschuldigen.« Wenn Sie Kunden genaue Informationen über ihre Situation geben, tragen Sie zur Wiederherstellung und zum Erhalt ihres Seelenfriedens bei.

Arbeiten sie mit Partnern zusammen, um die Kontinuität der Dienstleistungs- und Produktqualität zu gewährleisten

Manchmal ist Ihr Unternehmen nicht das einzige, das mit ihren Kunden in Kontakt steht. Was ist, wenn der Kunde Produkte und Dienstleistungen von Ihnen kauft, die eine dritte Partei liefert? Oder wenn Sie mit Distributoren und Partnerfirmen zusammenarbeiten, die Aufträge entgegennehmen, Produkte ausliefern und Serviceleistungen oder maßgeschneiderte Problemlösungen für die Endkunden bereitstellen? Oder wenn Sie bestimmte Funktionen im Outsourcing-Verfahren an Fremdfirmen übertragen haben, zum Beispiel den technischen Kundendienst über Call Center oder direkt vor Ort? Dem Kunden ist es schnuppe, wie Sie Ihre Arbeit erledigen, aber er macht Sie hundertprozentig für die Qualität des Ergebnisses und die Erfahrungen verantwortlich, die er auf diesem Weg macht.

Die meisten virtuellen Unternehmen – wie *Amazon.com, Security First Network Bank* und *Virtual Vineyard* – verlassen sich auf Partner, die das Angebot vervollständigen. Bei *Security First* sind alle Aktivitäten ausgelagert. Trotzdem hat man aus der Kundenperspektive das Gefühl, daß es sich um eine einzige Organisation handelt, in der alles wie am Schnürchen klappt. Alle Ansprechpartner kennen das Gesamtbild Ihrer Accounts und den Status Ihrer Geschäftsbeziehung zur Bank.

Outsourcing könnte irgendwann nicht mehr die Ausnahme, sondern die Regel sein, da immer mehr Unternehmen ihre Aktivitäten auf die Kernkompetenzen zurückschrauben und wichtige Geschäftsfunktionen Fremdfirmen übertragen. Zum Glück gibt es eine Reihe Zulieferer, die viel Verständnis für die Notwendigkeit haben, einen nahtlosen Service zu liefern. Distributoren wie *Ingram Books,* die den größten Teil der Beschaffung für *Amazon.com* abwickeln, werden zu unverzichtbaren Partnern in diesem Szenario. Service Provider wie *Altel,* die für den Kundendienst der *Security First Network Bank* zuständig sind, oder die Firma *CheckFree,* die für viele Finanzinstitute Rechnungen ausstellt und zusendet, verstehen das Bedürfnis nach transparenten Dienstleistungen. Der Kunde profitiert von der dritten Partei, bekommt sie aber nie »zu Gesicht«. Wenn ein Problem auftaucht, stehen alle Statusinformationen unverzüglich sowohl dem Endkunden als auch dem Unternehmen zur Verfügung, mit dem er *meint,* zu tun zu haben. Zusteller wie *UPS* und *Federal Express* ermutigen ihr Kunden, sich auf das Versprechen einer positiven Gesamterfahrung zu verlassen. Sie haben verstanden, daß Firmen ihren Kunden nicht nur Produkte liefern, sondern ihnen auch die Möglichkeit bieten sollen, den gesamten Liefervorgang hautnah zu verfolgen.

Die Individualität des Kunden berücksichtigen

Es ist nicht möglich, dem Kunden eine »ganzheitliche« Erfahrung zu ermöglichen, ohne ihn und seine Wünsche als individuell wahrzunehmen und zu befriedigen. Wie gut organisiert und harmonisch der Kaufvorgang auch sein mag, wenn er das Gefühl hat, am Fließband abgefertigt zu werden, wie in den meisten Fastfood-Restaurants, ist es nicht sehr wahrscheinlich, daß er dem Unternehmen die Treue hält. Wenn er aber spürt, daß er als Kunde König ist, wächst seine Loyalität. *L. L. Beans* führt genau Buch über die Einkäufe, die in Kundenprofildateien festgehalten werden. Man weiß, daß ich ein Kanu besitze, Polartec-Kleidung liebe und Schuhgröße 42 trage. *Hertz* weiß, daß ich meine *American-Express*-Karte benutze, wenn ich einen Wagen für eine Geschäftsreise miete, und mit *Visa* zahle, wenn ich privat unterwegs bin. Dem Unternehmen ist außerdem bekannt, daß ich viertürige Kleinwagen bevorzuge und Orientierungsprobleme habe, so daß man mir, wenn verfügbar, ein Auto mit NeverLost-Leitsystem anbietet. Sunday

River Ski Resort weiß, daß ich Kinder habe, wie alt sie sind, wie gut sie Ski laufen und welche Unterbringungsmöglichkeiten meiner Familie gefallen.

Geben Sie Kunden die Kontrolle über ihre Erfahrungen

Egal wie gut Sie die Gesamterfahrung aufbauen, Sie sollten den Kunden in diesem Prozeß nicht bevormunden. Er möchte das Gefühl haben, den Vorgang von A bis Z steuern zu können. Bei der Anmeldung zu einem Skikurs im Sunday River Ski Resort werden dem Urlauber beispielsweise mehrere Videoclips von Skifahrern vorgeführt, und er entscheidet selbst mittels Leistungsvergleich, welcher Kurs für ihn der richtige sein könnte.

Security First National Bank hat begriffen, daß Kunden nicht nur ihren Kontostand abrufen, Rechnungen bezahlen und Geldtransfers durchführen wollen, sondern ihre Mittel auch besser *verwalten* wollen. Deshalb bietet die *SFNB* ihren Kunden die Möglichkeit, ihre Ausgaben nach Kategorien zu ordnen, »Berichte zur Finanzlage« zu erstellen und über ihre Investitionen online zu disponieren. Daß die Bank ihre Kunden aktiv in die Finanzplanung und -kontrolle einbezieht, statt sie auf den Posten eines passiven Beobachters zu beschränken, zeigt, daß sie das Problem der »Gesamterfahrung« gemeistert hat.

Beispiele: *Hertz* und *Amazon.com*

In den beiden nachfolgenden Fallstudien werden wir zuerst *Hertz* unter die Lupe nehmen und analysieren, wie der Mietwagenverleiher die Verantwortung für die Gesamterfahrung des Kunden übernimmt. Dann werden wir einen Blick hinter die Kulissen werfen, um zu sehen, wie *Amazon.com* dieser Herausforderung gerecht wird, da die Kundenkontakte hier ja ausnahmslos im Cyberspace stattfinden. Also folgen Sie mir, zuerst in die physische, dann in die virtuelle Welt.

Die Verantwortung für die Gesamterfahrung des Kunden übernehmen (in der realen Welt)

Hertz

www.hertz.com

Organisationsprofil

Die *Hertz*-Manager erkannten den Nutzen von Kundenprofildateien in den 70er Jahren. Als das Unternehmen später beschloß, zur Festigung der Kundentreue ein Programm zu entwickeln, das dem neuesten Stand der Technik entsprach, konnte es auf diese Kundendatei zurückgreifen, sie erweitern und zum Dreh- und Angelpunkt aller gestrafften Geschäftsprozesse machen, mit denen der Kunde in Berührung kam. Der *Hertz #1 Gold Club* kombiniert eine Reihe von Technologien, von elektronischen Clipboards bis zu einem im Mietwagen eingebauten Navigationssystem und elektronischen Anzeigen, damit die Kundenerfahrung rundum angenehm ist. Die Website des Unternehmens unterstützte verschiedene Kundensegmente – Urlauber, Geschäftsleute, Reisebüros, Reiseabteilungen in Unternehmen – mit Informationen und Anwendungen, die über die gleiche Integrationsinfrastruktur verfügten.

Wichtige Erfolgsfaktoren im Fall »Hertz«	
Die richtigen Kunden anvisieren	✓ Kunden zur Selbstbedienung anregen
✭ Die Verantwortung für die Gesamterfahrung des Kunden übernehmen	Kunden bei der Bewältigung ihrer Arbeit unterstützen
✭ Geschäftsprozesse straffen, die sich auf den Kunden auswirken	✓ Serviceleistungen personalisieren
✓ Eine Rundumsicht von der Kundenbeziehung entwickeln	Das Gemeinschaftsgefühl stärken
✭ = Hier detailliert beschrieben	✓ = Hier kurz angesprochen

Hertz konzentriert sich auf eine streßfreie Erfahrung

Hertz hat derzeit das beliebteste Mietwagen-Programm der Welt. Warum? Weil das Unternehmen verstanden hat, daß Kunden mehr wollen als Punkte sammeln. Sie wünschen sich einen besseren Service, wenn sie sich ein Auto leihen. Als Mitglied im *Hertz #1 Club Gold* werde ich während der gesamten Transaktion betreut – von der Minute an, wo ich den Wagen via Web miete, bis zum Schluß, wenn ich dank des eingebauten NeverLost-Systems (GPS) meinen Weg zum Zielort finde und den Wagen zurückgebe. *Hertz* hat innovativen Gebrauch von der Elektronik gemacht, um unnötige Schritte für den Kunden zu vermeiden und mit Hilfe von Kundenprofildateien zu gewährleisten, daß die Präferenzen jedes einzelnen berücksichtigt werden, gleich ob in Atlanta oder Neuseeland.

Hertz hat als erste Mietwagenfirma den strategischen Nutzen einer gut geführten Kundenprofildatei erkannt. Die Idee, den Namen jedes Kunden, den bevorzugten Fahrzeugtyp, Kreditkartennummer, Adresse und Informationen über seine

Firma in einer Datei festzuhalten, kam einer Kundenbetreuerin. Anfang der 70er Jahre fiel der Angestellten auf, daß ein großer Teil der Kunden jede Woche kam. Sie begann, die Daten auf Karteikarten zu notieren, so daß sie die Mietwagenformulare schon vor der Ankunft ausfüllen konnte. 1973 wurde dieser Brauch mit der Einrichtung einer Kundenprofildatenbank formalisiert. Dieses Programm erhielt den Namen *Hertz #1 Club* und sollte den Kunden Zeit sparen.

Ende der 80er Jahre erhielten die *Hertz*-Führungskräfte einen Wink mit dem Zaunpfahl; in den Umfragen, die sie regelmäßig durchführten, um Aufschluß über die Kundenzufriedenheit zu gewinnen, tauchte immer wieder die Frage auf: »Warum muß ich zum Flughafenschalter, um meine Mietwagenformulare auszufüllen?« »Tja, warum eigentlich?« überlegte daraufhin die Führungsriege. Brian Kennedy, Marketing- und Verkaufschef von *Hertz,* stellte eine Arbeitsgruppe zusammen, die untersuchen sollte, wie *Hertz* sämtliche Prozesse bereinigen könnte, die seine treuesten Kunden betraf. Den Vorsitz übertrug er Janet Smith, für den Bereich Werbung und Marketingprogramme verantwortlich. Robert Bailey war als Speerspitze für den Bereich Operations zuständig. Kennedy taufte seine neue Initiative auf den Namen *Hertz #1 Club Gold* und formulierte ein hochgestecktes Ziel: *alle* Prozesse straffen, mit denen Kunden in Berührung kamen. Auch der Zeitrahmen zeugte von Ehrgeiz: Das *Hertz-#1-Club-Gold*-Programm sollte binnen zwei Jahren weltweit installiert sein und laufen!

Warum konnte *Hertz* seinen *#1-Club-Gold*-Mitgliedern keine Jahres-Mietwagenverträge geben? Die Kunden könnten sich mit den Konditionen einverstanden erklären und ihre Profildateien einmal im Jahr auf den neuesten Stand bringen. Da die Kreditkartennummer bekannt war, mußten sie nicht jedesmal eine Unterschrift leisten. Schluß mit den Warteschlangen am Schalter! Das war die erste bahnbrechende Lösung, mit der die Arbeitsgruppe aufwartete.

Als nächstes sah sie sich den Weg vom Flughafengebäude zum Mietwagen an. Die Kunden hatten eindeutig erklärt, daß Zeit Geld für sie war. Daher würden sie die Annehmlichkeit schätzen, aus dem Flugzeug zu steigen und mit einem Zubringerbus direkt zum Auto gebracht zu werden. Dieser bereinigte Prozeß durfte aber nicht nach Massenabfertigung aussehen. Als die Marktforscher die Vorstellungen der Kunden schilderten, hörten die Architekten, Niederlassungsleiter und Operationsplaner aufmerksam zu.

Dann wurden Möglichkeiten diskutiert, die Mietwagenparkplätze so zu gestalten, daß Bequemlichkeit und persönliche Note garantiert waren. Eine Idee war eine elektronische Anzeigetafel mit den Namen der Kunden in alphabetischer Reihenfolge und der Stellplatznummer des Mietwagens und einer zweiten Anzeigetafel auf dem Mietwagen, die den Namen des Kunden trug? Sobald der Kunde aus dem Zubringerbus ausstieg, würde er seinen Namen in Leuchtschrift sehen! Und was wäre, wenn man den Parkbereich überdachen würde, um Regen und Schnee fernzuhalten? Dann konnte der Kofferraum des Mietwagens offenbleiben und der Kunde sein Gepäck darin verstauen, den Deckel schließen und losfahren. Und was würde der Kunde dem Wachposten an der Ausfahrt des Parkplatzes als Identitätsnachweise vorlegen? Wie wär's mit dem Führerschein? Auf diese Weise konnte man zwei Fliegen mit einer Klappe schlagen: sich vergewissern, daß der Fahrer einen gültigen Führerschein besaß, und seine Identität mit den im Fahrzeug deponierten Unterlagen vergleichen, um sicherzugehen, daß er den richtigen Wagen genommen hatte.

Der beschleunigte Mietwagenservice: Die Einführung des *#1-Club-Gold*-Programms

Kennedy beharrte darauf, daß das *#1-Club-Gold*-Programm eine weltumspannende Initiative sein mußte, um Kontinuität zu garantieren. Ungeachtet des Reiseziels sollte der Kunde überall die gleiche positive Erfahrung mit *Hertz* machen können. Und so entwarf die Arbeitsgruppe firmenintern eine internationale Marketingkampagne. Sie klapperte ein Land nach dem anderen ab, erklärte die Konzepte, die dem Programm zugrunde lagen, und die Voraussetzungen, die erfüllt sein mußten. Dabei wurden zwei Probleme deutlich. Zum einen hatte jede *Hertz*-Niederlassung außerhalb der USA bereits eine eigene Kundendatenbank. Zweitens gab es eine Reihe länderspezifischer, kultureller Unterschiede bei der Abwicklung des Verleihvorgangs. In Frankreich wurden die Autos beispielsweise häufig mit Chauffeur vermietet. Die Arbeitsgruppe hörte sich aufmerksam die Einwände an und notierte vor allem die vielfältigen Informationen, die in einer Profildatei Eingang finden mußten, um sich den unterschiedlichen Gepflogenheiten anpassen zu können. In vielen Ländern wurde zum Beispiel die Paß- und Führerscheinnummer des Fahrers auf dem Mietformular verlangt.

Nach dieser Sammelaktion wurde offensichtlich, daß sich das Ziel – die weltweite Kontinuität der Kundenerfahrung – nur dann realisieren ließ, wenn man eine einzige, globale Kundendatenbank erstellte und diese in die Reservierungs- und Schaltersysteme rund um den Globus integrierte. Es wurde geplant, die Kundendaten in den verschiedenen Ländern in die erweiterte globale Datenbank zu übertragen und die anderen Systeme entweder zu ersetzen oder zu überarbeiten, damit sie den *#1-Club-Gold*-Anforderungen entsprachen. Janet Smyth und Brian Dickerson, dem die Verkaufssysteme von *Hertz* obliegen, beschreiben diese Bestrebungen, einen weltweiten Konsens herzustellen, als »ziemlich schmerzhaften Prozeß«. Sie waren indessen dankbar für die unermüdliche Unterstützung von Brian Kennedy. Immer wenn der Widerstand, auf den sie stießen, zu groß wurde, luden sie die Probleme bei Kennedy ab, der ein Machtwort sprach.

Im November 1988 wurde der *Hertz #1 Club Gold* als Pilotprojekt an vier Standorten in den USA eingeführt. Diese Vorreitermodelle schlossen die elektronische Anzeige mit dem Namen des Kunden in Leuchtschrift und neue Systeme für die Belegschaft ein, die den Mietwagenvertrag des Kunden ausdruckten, die Unterlagen ins Auto legten und überprüften, ob es startklar war, wenn der Kunde eintraf. Die Kundenreaktionen auf diese »Pionierstationen« waren so positiv, daß *Hertz* beschloß, das Konzept binnen kürzester Zeit zu verbreiten. Im April 1989 führte *Hertz* seinen beschleunigten *# 1-Club-Gold*-Mietwagenservice amerikaweit, 1991 in Kanada, 1992 in Europa und 1993 im Bereich Asien-Pazifik ein. Heute ist der # 1-Club-Gold-Service an mehr als 600 Standorten in aller Herren Länder verfügbar. An 38 großen Flughäfen steht der Fuhrpark unter einem Schutzdach, und es gibt weder Warteschlangen noch seitenlange Formulare, die unterschrieben werden müssen. Name des Kunden und Stellplatz des Fahrzeugs sind auf einer elektronischen Tafel in Leuchtschrift vermerkt, der Wagen wartet in einem geschützten *# 1-Club-Gold*-Parkbereich, mit offenem Kofferraum und so eingeparkt, daß man vorwärts wegfahren kann. Man steigt einfach ein, zeigt Führerschein und Mietwagenpapiere am Ausgang vor und los geht's. An mehr als 600 Standorten präsentieren die Kunden am speziell eingerichteten *# 1-Club-Gold*-Schalter ihren Führerschein, nehmen die Schlüssel und die Papiere in Empfang und begeben sich schnurstracks zum Wagen.

Den Kunden dabei helfen, ihr Ziel zu erreichen

Das Engagement des Unternehmens, die Erfahrung der Mietwagenkunden zu verbessern, hat *Hertz* angespornt, die Technologie innovativ zu nutzen. In der Führungsetage beschloß man beispielsweise, daß es nicht ausreicht, den Kunden Straßenkarten ins Auto zu legen, damit sie den Weg zu ihrem Zielort finden, und so entwickelte *Hertz* 1984 als erstes Mietwagenunternehmen Terminals und Kiosksysteme mit computergestützten Fahranleitungen (CDD) für seine Kunden. Dieser Service liefert umfassende Informationen über den Weg zum gewählten Zielort, einschließlich geschätzter Zeit und Entfernung, in den USA und Kanada in sechs Sprachen, in Europa in neun. Die Touch-Screen-Terminals an den Flughafenschaltern gestatten es dem Kunden, Hotels, Restaurants oder auch Sehenswürdigkeiten auszuwählen und detaillierte Fahranweisungen am *Hertz*-Standort auszudrucken.

Aber diese Methode war für viele Geschäftskunden von *Hertz* nicht das Gelbe vom Ei. Meistens kannten sie nur den Straßennamen der Firma, die sie besuchen mußten. Deshalb machte sich *Hertz* daran, diesen Prozeß zu straffen, ohne daß sich Kunden zum Schalter begeben und Schlange stehen mußten, um mit einem *Hertz*-Mitarbeiter zu sprechen. Die Problemlösung, für die sich *Hertz* entschied, war der Einbau eines GPS (Global Positioning System) in ausgewählten Fahrzeugen.

Diese Leitsysteme waren inzwischen erschwinglicher geworden, und *Rockwell International* produzierte ein Modell, das bei den Firmenlenkern von *Hertz* Interesse weckte. Bob Bailey, Leiter der Qualitätssicherung, befürwortete Tests mit dem GPS von *Rockwell.* Die Geräte wurden also in die Fahrzeuge der Topführungskräfte von *Hertz* eingebaut. Sämtliche Marketing- und General Manager, die in der Nähe von Park Ridge, New Jersey lebten und in der *Hertz*-Zentrale arbeiteten, mußten sich als Versuchskaninchen zur Verfügung stellen. Die Reaktion: Sie waren begeistert! Das Unternehmen nannte das System NeverLost und plante, es den *Hertz-# 1-Club-Gold*-Mitgliedern in den USA als Option anzubieten.

Der nächste Schritt bestand darin, GPS bei Kunden zu erproben. Das Marketingteam des Unternehmens versuchte, sich durch Fokusgruppen ein Bild von den Kundenwünschen bezüglich der Produktmerkmale und vom Ausmaß des Interesses zu machen. 1995 wurde das System in 600 Fahrzeugen getestet. Die Reaktion war so überwältigend, daß *Hertz* ein Jahr später weitere 7 500 Fahrzeuge damit ausstattete. 1997 wurde der GPS-Bereich der Firma *Rockwell* von der *Magellan Systems Corporation* übernommen, einem in Kalifornien beheimateten GPS-Hersteller. Das NeverLost-System besaß genau die Eigenschaften, die Kunden am meisten schätzten: eine leicht lesbare Straßenkarte auf dem Bildschirm; große, gut sichtbare Pfeile, die zeigten, wann und wo man abbiegen mußte; schnelles Nacheichen, wenn der Wagen einen Tunnel verließ; und unverzügliche neue Routenvorschläge, wenn der Fahrer eine Ausfahrt verpaßt hatte oder falsch abgebogen war.

Zu den weiteren Funktionen auf der Wunschliste der Kunden gehörte die Möglichkeit, aus einer Liste von Sehenswürdigkeiten oder Einrichtungen (Freizeitparks, Hotels, Krankenhäuser usw.) zu wählen, für den Fall, daß jemand die genaue Adresse einer »genannten« Destination nicht wußte. Des weiteren wurden Fast-food-Restaurants und Gaststätten, der nächstgelegene Geldautomat und die nächste Tankstelle aufgeführt.

Navigation Technologies aus Sunnyvale, Kalifornien stellte die kartographische Software für die *Magellan*-Systeme her. Sie ist auf PCMCIA-Karten gespeichert und befindet sich in einem Gerät im Kofferraum des Wagens, das über eine Schnittstelle Daten mit dem GPS austauscht. Zweimal im Jahr werden neue Karten herausgegeben. In den USA sind die Karten von Kalifornien besonders detailliert. Umfassende geokodierte Straßenkarten (mit genauen Breiten- und Längenangaben) für jeden Teil der Welt herzustellen, bleibt eine Herausforderung.

Derzeit hat *Hertz* annähernd 8 000 GPS-Einheiten in seinem amerikanischen Mietwagen-Fuhrpark, mehr als die zehnfache Menge, mit der sein größter Konkurrent aufwarten kann. *Hertz* hat festgestellt, daß die Kunden immer mehr Gebrauch von dieser Option machen, sobald sie mit der Bedienung vertraut sind.

Durch Updates der Karten, ergänzende Informationen und Echtzeit-Routenplanung verbessert und entwickelt *Magellan* das System ständig weiter.

Während der Sommerolympiade 1996 in Atlanta baute *Hertz* eine Kunden-

Datenbank für die Besucher aus aller Welt auf. Und packte die Gelegenheit beim Schopf, die nächste Verbesserung im GPS-System auf den Weg zu schicken: Echtzeit-Verkehrsinformationen und Vorschläge für Umleitungen, um Staus auszuweichen. Die Olympiade bot eine einmalige Chance, die neuen Produktmerkmale zu testen. In den meisten Städten kann sich der Fahrer mit Hilfe der Verkehrsberichte lokaler Nachrichtensender über Staus und alternative Routen informieren. Während der Olympiade brachten die in Atlanta für Verkehr und öffentliche Sicherheit zuständigen Einrichtungen aktuelle Verkehrsdurchsagen, die in Taxis, Bussen und entsprechend ausgerüsteten Privatfahrzeugen empfangen werden konnten. Dieser Service übertrug nicht nur Sprache sondern auch geographisch kodierte Daten, die in die bereits bestehenden Systeme integriert werden konnten. Durch Einbau eines zusätzlichen Empfängers/Transmitters in jedem Wagen mit entsprechender Software war *Hertz* in der Lage, den Kunden mit einem NeverLost-System im Mietwagen immer die neuesten Verkehrsberichte und eine automatische Umprogrammierung des Systems zu bieten, das neue Routen auswählte.

Den Rückgabe-Prozeß vereinfachen

Hertz erbrachte auch Pionierleistungen, was die Prozedur der Mietwagen-Rückgabe betraf. 1987 führte das Unternehmen das *Hertz-Instant-Return*-Programm ein: Ein *Hertz*-Mitarbeiter begrüßt den Kunden auf dem Parkplatz, erfaßt den Kilometer- und Benzinstand, gibt den Rückgabevorgang ein und händigt dem Kunden eine Empfangsbestätigung aus, die von einem tragbaren Drucker erstellt wird – und das alles in weniger als sechzig Sekunden! Heute wird der *Instant-Return*-Service an mehr als 110 Standorten in den USA und Kanada, des weiteren in Australien und in sieben europäischen Ländern angeboten. 1997 beschloß *Hertz,* noch einen Schritt weiterzugehen und führte *Hertz Return Centers* ein, überdachte Bereiche in der Mietwagen-Rückgabezone des Parkplatzes, in denen die Kunden vor Wind und Wetter geschützt sind, wenn sie aus dem Auto steigen, ihr Gepäck aus dem Kofferraum nehmen, die Rückgabeformalitäten über die Bühne bringen und in den Bus steigen. *Hertz* hat bis Ende 1999 die Einrichtung von vierzig *Return Centers* geplant.

Selbstbedienung via Web für Kunden und Reisebüros

Heute bearbeitet das Worldwide Reservations Center von *Hertz* in Oklahoma City mehr als 30 Millionen Telefongespräche im Jahr, und mehr als die Hälfte der jährlich 17 Millionen Reservierungen werden über Reisebüros auf Provisionsbasis abgewickelt. Der Zugang zu den Reservierungssystemen von *Hertz* erfolgt in der Regel über die computergestützten Reservierungssysteme der Fluggesellschaften (CRS), die für jede einzelne Buchung eine Gebühr verlangen. Deshalb plante die Global Automation Marketinggruppe von *Hertz* eine Initiative. Sie hatte zwei Ziele: erstens, es dem Kunden leicht machen, an Informationen über die Preise und Verfügbarkeit der Fahrzeuge heranzukommen und eigenhändig via Web einen Mietwagen zu bestellen. Und zweitens wollte man den Reisebüros einen weitere Interaktionsmöglichkeit mit *Hertz* bieten. Ungewöhnlich an diesem Ansatz war, daß die Online-Initiative sowohl auf die Endkunden als auch auf die Reisebüros ausgerichtet war. Und daß letzteren die gleiche Provision zugesagt wurde, die sie normalerweise erhielten (bei Buchung über ein anderes rechnergestütztes Reservierungssystem).

Die erste informative Website von *Hertz* wurde im November 1996 ins Netz geschickt. Im darauffolgenden Frühjahr hatte die Arbeitsgruppe die nächste Stufe des Konzepts umgesetzt: Kundendienst und Transaktionen. Potentielle und altgediente Kunden konnten eingeben, wann und wo sie einen Mietwagen reservieren lassen wollten, das Fabrikat wählen, das sie interessierte und sehen, ob es verfügbar war. Den *#1-Club-Gold*-Mitgliedern wurden auf der Grundlage ihrer Profildaten die jeweiligen Preise genannt (Unternehmensdiscount, *AAA*-Rabatt usw.).

Als das webgestützte Reservierungssystem seine Arbeit aufnahm, war das Unternehmen vom »Verkehrsaufkommen« angenehm überrascht. Die meisten Besucher, die auf die Website zugriffen, waren bereits *Hertz*-Kunden.

Im Laufe der Zeit hat *Hertz* das webgestützte Frontend-System für seine Endkunden und Reisebüros weiter gestrafft und verbessert. Beispielsweise können die Expedienten inzwischen nicht nur Reservierungen vornehmen, sondern auch auf die Rabattinformationen des Unternehmens zugreifen und sich Bilder von den angebotenen Fahrzeugen zeigen lassen – letzteres ist vom herkömmlichen CRS-Reservierungssystem aus nicht möglich. Und Kunden sind nicht nur in der Lage, Online-Informationen abzurufen und einen Mietwagen zu bestellen, sondern können sich auch die Reservierungen anschauen, die ein Reisebüro für sie in die Wege geleitet hat. Das sind streßfreie Interaktionen, die Kunden von einem Unternehmen erwarten.

Entwicklung der technischen Infrastruktur

Die größte Veränderung in der informationstechnologischen Infrastruktur von *Hertz* fand Ende der 80er Jahre statt, als das Unternehmen seine Systeme umzubauen und den Service für die *#1-Club-Gold*-Mitglieder zu beschleunigen begann. Da es bereits eine Kundenprofildatei besaß, war der Umbruch kein Alptraum wie für andere Firmen, die nie eine zentrale Kundendatenbank eingerichtet hatten. Als erstes mußte die *#1-Club*-Datenbank erweitert werden, um zusätzliche Informationen für das weltweit beschleunigte Serviceangebot zu integrieren. Anschließend wurden Kundendatenbanken an den verschiedenen internationalen Standorten konsolidiert, damit *Hertz* eine einzige, globale Kundendatenbank erhielt. Danach mußten neue Schnittstellen zwischen der Profildatei, dem Reservierungssystem, der Kreditkarten-Anwendung und den Fahrzeugbestands- und Verfügbarkeitsdaten geschaffen (und weltweit eingeführt) werden. Die Kundenprofile bilden nun das Herzstück aller Applikationen. Die Kundenpräferenzen sind der Motor für die Interaktionen zwischen den verschiedenen Anwendungsdiensten. Und zum Schluß wurde ein Web-Frontend hinzugefügt.

Brian Dickerson leitete die Umstrukturierung der Informationstechnolgie für das *#1-Club-Gold*-Programm. Für ihn ist es ein Glücksfall, daß *Hertz* bereits eine Kundendatenbank und den ursprünglichen *#1 Club* hatte und damit eine gute Ausgangsbasis für den Umbau besaß. Diese IDMS-Datenbank enthielt bereits grundlegende Profilinformationen über die *#1*-Clubmitglieder. Um den Anforderungen für die neuen *#1-Club-Gold*-Mitglieder gerecht zu werden, wurde die ursprüngliche Datenbank erweitert, so daß sie nun sämtliche *Hertz*-Kunden weltweit erfaßte. Für die Profile der Gold-Club-Mitglieder brauchte man gleichwohl zusätzliche Informationen, die in verknüpften DB2-Datenbanken gespeichert wurden. Die kombinierte, globale Kundendatenbank befindet sich in Datenzentren in Oklahoma City und ist auf Massenspeichern abgelegt; Zugangsberechtigt sind nur autorisierte, globale Netzwerke.

Als nächstes nahmen Dickerson und sein Team die Bereinigung des restlichen Reservierungsprozesses in Angriff, wobei sie ihre Informationen aus dem Kundenprofil ableiteten.

Den Reservierungsvorgang neu gestalten

Dickerson erklärt die vier Schritte, die für den Aufbau des Gold-Service erforderlich waren: »Erstens mußten wir herausfinden, welchen Fahrzeugtyp der Kunde bevorzugt. Zweitens mußten wir dieses Vehikel mit einem Preis auszeichnen, je nach Vertragskonditionen, anwendbaren Rabatten und aktuellen Verkaufsförderungsmaßnahmen. Drittens mußten wir grünes Licht haben, um die Kreditkarte des Kunden zu belasten. Und viertens mußten wir im voraus die Mietwagenpapiere ausdrucken und für den Kunden sichtbar im zugewiesenen Fahrzeug deponieren.«

Die Arbeitsgruppe, die für das Informationssystem zuständig war, entschied auf dieser Grundlage, welche Auskünfte sie für die Umsetzung jedes einzelnen Schritts benötigten. Um sich ein Bild über die Präferenzen in bezug auf den Fahrzeugtyp zu machen, mußte sie beispielsweise bei den Profilinformationen ansetzen. Wenn sich der Kunde bei jeder Reservierung ein anderes Fabrikat aussucht, hat die jeweils aktuelle Information Vorrang vor der im Profil enthaltenen. Sobald die Vorlieben des Kunden bekannt sind, fragt das Reservierungssystem die Fahrzeugdatenbank ab, um die Verfügbarkeit zu überprüfen, und liefert die

benötigten Informationen: Fahrzeugtyp; Datum, Zeit und Ort, an dem der Wagen abgeholt wird; Datum, Zeit und Ort der Rückgabe. Nachdem das verfügbare Fahrzeug ermittelt ist, sucht das Reservierungssystem die Kundendatenbank nach Vertragsinformationen ab, die sich auf den Preis auswirken – zum Beispiel: Qualifiziert sich der Kunde als Automobilclubmitglied für einen *AAA*-Preisnachlaß? Hat seine Firma per Vertrag Sonderpreise mit *Hertz* vereinbart? Mit diesen Informationen ausgerüstet, durchforstet das Reservierungssystem die Preistabelle. Wenn der Kunde die Reservierung akzeptiert hat, holt sich das Reservierungssystem von der Kreditkarten-Autorisierungsstelle die Bewilligung, der Kreditkarte des Kunden den fälligen Betrag zu belasten.
Kurz bevor der Kunde den Wagen abholt, werden schließlich die Informationen über den gesamten Vorgang an den Antrittsort der Reise übermittelt. Dort werden sie in die Computer-Warteschlange gesetzt, ausgedruckt und in einer Hängeschlaufe im Fahrzeug deponiert. Und sollte der Flug des Kunden Verspätung oder er die Maschine verpaßt haben, wird in der Abholstation eine *Wiederbeschaffungsaktion* in Gang gesetzt.
Dickerson berichtet, *Hertz* habe Glück gehabt, daß die vier Systeme, die für die Implementierung des gestrafften Reservierungsprozesses erforderlich waren – Reservierung, Verfügbarkeit des Fahrzeugs, Preise und Kreditkartenautorisierung – bereits installiert waren und wie am Schnürchen klappten. Diese hochkomplizierten Transaktionssysteme, die auf *IBM*-Großrechneranlagen laufen, waren bereits durch Highspeed-Hyperchannel-Links miteinander verbunden. Der Rationalisierungsprozeß erforderte eine Einbindung der Kundenprofil-Informationen in den Transaktionsfluß.
Um diesen Prozeß noch weiter zu verbessern, führte *Hertz* 1996 das *Gold Electronic Manifest System (GEM)* ein, das den zuvorkommenden Busfahrern ein elektronisches Verzeichnis mit den Kunden-Unterlagen an die Hand gab, so daß sie jeden Kunden mit Namen begrüßen und sich vergewissern konnten, daß der Wagen bereit stand, bevor sie zu den Stellplätzen des *# 1 Club Gold* fuhren.

Einstieg ins Netz

1996 wählte *Hertz* den Internet Information Server von *Microsoft,* der unter Windows NT für die Web-Plattform lief. Ein kleines technisches Team schuf CGI Skript-Interfaces für Kundenprofildatenbank, Reservierungssystem und Preis-Suchmaschine. Das Web stellt also eine weiteres Frontend im Backend-Reservierungssystem von *Hertz* dar. Sämtliche Geschäftsregeln, Kundenprofildateien und Arbeitsabläufe zwischen den Applikationen sind die gleichen wie beim *Hertz*-Personal im Call Center oder im Reisebüro, deren Interaktionen über andere computergestützte Reservierungssysteme (CRS) erfolgen.

Profilprobleme

Hertz gehört zu den wenigen Firmen, die seit mehr als einem Jahrzehnt Kundenprofile als Herzstück ihres Informationssystems benutzen. Das Wissen, wann eine Kundenprofildatei auf den neuesten Stand gebracht werden muß, ist gleichwohl ein vertracktes Problem. Wenn der Kunde beispielsweise bei jeder Reservierung einen anderen Fahrzeugtyp oder eine Sonderausstattung verlangt, hat diese Information in jedem einzelnen Fall Vorrang vor dem Profilmerkmal. Woher weiß *Hertz* also, ob ein Kunde seine Profildaten ein für allemal geändert haben möchte? Zuerst fragten die *Hertz*-Mitarbeiter bei der Reservierung: »Sollen wir Ihre Datei entsprechend überarbeiten oder ist das eine Ausnahme von der Regel?« Dabei stellten sie fest, daß oft keine richtige Antwort auf diese Frage gegeben wurde. Und dann entdeckten die Kunden später zu ihrer Bestürzung, daß man das falsche Fahrzeug für sie bereitgestellt hatte. Dieses Problem trat vor allem dann auf, wenn sie sowohl für geschäftliche als auch private Zwecke einen Mietwagen brauchten. Die derzeitige Problemlösung von *Hertz* besteht darin, die Kunden zur eigenhändigen Änderung ihrer Profildatei zu motivieren, wann immer es erforderlich ist, aber davon auszugehen, daß Korrekturen am Reservierungsschalter als einmalig gelten. Profiländerungen lassen sich durch Anruf bei einem Kundendienst-Repräsentanten, per E-Mail, Fax oder in Papierform vornehmen. Heute können *Hertz*-Kunden, die dem *#1 Club Gold* angehören, ihr Profil auch online ändern.

Ergebnisse

Hertz ist weltweit das größte Mietwagen-Unternehmen. Und seit 1918 Jahr für Jahr das gewinnstärkste. Seit der Einführung des *Hertz-#1-Club-Gold*-Programms 1989 ist die Anzahl der Mitglieder auf mehr als 2 Millionen gestiegen. Sie vereinigen über 40 Prozent des gesamten Mietwagengeschäfts in den USA auf sich und sind die treuesten Kunden des Unternehmens. Mit jeder Verbesserung des Komforts und der Serviceleistungen haben sie das Geschäftsvolumen von *Hertz* erhöht.

Pattys Resümee für Hertz

Hertz ist seinen Konkurrenten weit voraus: Das Unternehmen hat genau verstanden, wie man Prozesse für seine Kunden strafft und stetig erweitert, um immer mehr positive Kundenerfahrungen beim Beschaffen und Fahren des Mietwagens einzubeziehen. Natürlich gibt es noch viele Schritte, die das Unternehmen einleiten könnte.

Als ich Mitte 1998 nach Irland flog, entdeckte ich, daß die *Hertz*-Station am Flughafen Shannon nicht im besten Zustand war und keinen *#1-Club-Gold*-Service anbot (obwohl er in den Broschüren beschrieben war). Bei Auslandsreisen sollte man also vorher überprüfen, ob dieser spezielle Dienst angeboten wird.
Das Web ist ein ideales Medium, um sämtliche Dienste bereitzustellen, die eine hausinterne Reisestelle in großen und kleinen Firmen braucht; *Hertz* arbeitet daran, um den Service auf diesem Gebiet stetig zu verbessern. Die großen Unternehmenskunden von *Hertz* erhalten derzeit jeden Monat Sammelrechnungen und Berichte. Die hausinterne Reisestelle hat, wie ein reguläres Reisebüro, Zugang zu allen Funktionen. *Hertz* nutzt nun die Chance, diese Option via Web auch kleinen Firmenkunden anzubieten. Zum ersten Mal in seiner Geschichte hat das Unternehmen einen kostengünstigen Mechanismus – das Netz –, um kleinen Firmen Dienste nach Maß zur Verfügung zu stellen.

Tips aus der *Hertz*-Fallstudie

① Kunden-Profildateien sind der erste Schritt. Beginnen Sie mit der Erstellung umfassender Kundenprofilinformationen. Spornen Sie Ihre Kunden an, ihre Profile selbst zu pflegen.

② Benutzen Sie eine einzige globale Kundendatenbank. Fügen Sie die lokalen Bedürfnisse in die Gesamtstruktur ein. Auf diese Weise bleibt die Kontinuität der Dienste gewahrt, und lokale Besonderheiten werden als »Extras« behandelt.

③ Die Prioritäten beim Umbau der Unternehmensprozesse sollten aus der Warte der Kundenerfahrung gesetzt werden. Im Fall *Hertz* beschwerten sich die Kunden darüber, daß sie am Schalter Schlange stehen mußten. Diesem Mißstand abzuhelfen war die erste Maßnahme des weitläufigen Umstrukturierungsprogramms.

④ Eliminieren Sie jeden Schritt, der den Kunden Zeit kostet. *Hertz* hat das immer wieder gemacht: elektronische Anzeigen, um den Kunden zu seinem Wagen zu dirigieren, den Kofferraum offenlassen, die Karte ins Fahrzeug legen, kein Papierkrieg beim Verlassen des Parkplatzes.

⑤ Gehen Sie bewußt auf die unausgesprochenen Ängste des Kunden ein. Sorgen Sie dafür, daß alle Fragen beantwortet werden, die dem Kunden im Kopf herumschwirren. Das gelang *Hertz* durch Eintrag jedes Kunden im elektronischen Manifest und ständige Überwachung der Ankunfts- und Abflugzeiten, um zu gewährleisten, daß der Wagen bei der Ankunft des Kunden startklar war.

⑥ Erleichtern Sie dem Kunden die Benutzung Ihrer Produkte oder Dienstleistungen. *Hertz* bietet zwei Orientierungshilfen beim Fahren: Terminal und Kiosksystem mit computergestützten Fahranleitungen, bei denen sich der Kunde selbst bedient, oder die Wahl eines Fahrzeugs mit eingebautem Never-Lost-GPS-System.

⑦ Verwenden Sie ein einziges Backend-System für die verschiedenen Interaktionswege. Gleich ob ein Kunde bei *Hertz* anruft, sich via Website selbst bedient und/oder ein Reisebüro beauftragt – die Reservierungsinformationen und die Erfahrung, die er im Zuge dieser Transaktion macht, sollten immer haargenau die gleichen sein.

Die Verantwortung für die Gesamterfahrung des Kunden übernehmen

Amazon.com

www.amazon.com

Organisationsprofil

Amazon.com ist weit mehr als der »größte Buchhändler der Welt«. Er bietet eine der umfassendsten Einzelhandelserfahrungen im Web. Durch fortlaufende Verbesserung der Prozesse, mit denen der Kunde in Kontakt kommt, und des Geschäftsmodells gelingt es dem Online-Anbieter, der Konkurrenz immer eine Nasenlänge voraus zu sein. Er hat mehr als 3,1 Millionen treue Kunden, weil das Management den wichtigsten Erfolgsfaktor im Auge behält: Es sorgt dafür, daß die Erfahrungen der Kunden während des gesamten Kaufvorgangs so befriedigend sind, daß sie gar nicht erst auf die Idee kämen, zur Konkurrenz überzuwechseln.

Wichtige Erfolgsfaktoren im Fall »Amazon.com«	
Die richtigen Kunden anvisieren	✓ Kunden zur Selbstbedienung anregen
✭ Die Verantwortung für die Gesamterfahrung des Kunden übernehmen	Kunden bei der Bewältigung ihrer Arbeit unterstützen
✭ Geschäftsprozesse straffen, die sich auf den Kunden auswirken	✓ Serviceleistungen personalisieren
✓ Eine Rundumsicht von der Kundenbeziehung entwickeln	✓ Das Gemeinschaftsgefühl stärken
✭ = Hier detailliert beschrieben	✓ = Hier kurz angesprochen

Amazon.com setzt Maßstäbe für den Online-Einzelhandel

Amazon.com war der erste virtuelle Buchhändler, der im Web auftauchte und mit Sicherheit nicht der letzte. Die Beliebtheit des Unternehmens schon in der Startphase und die unvorstellbare Loyalität seines wachsenden Kundenbestands hat viele Konkurrenten angelockt. Einige, wie *Barnes & Noble* oder *Borders,* waren über das Web hinaus Buchhändler in der physischen Welt, die ihre Marketing- und Distributionsaktivitäten durch das Netz abrunden wollten. Andere, wie *Cendant's BookStack,* beschränkten sich auf die virtuelle Präsenz: Sie besaßen keine »greifbare« Vertriebsstelle. *Amazon.com* hat indessen eine Leistung vorgelegt, bei der ihm so schnell kein Rivale den Rang ablaufen kann: Das Unternehmen hat Maßstäbe für die Online-Erfahrung im Einzelhandel gesetzt und die Meßlatte dabei ständig höher gelegt. Im gleichen Tempo, wie andere die Web-Site und das Geschäftsmodell von *Amazon.com* nachahmen, geht das Unternehmen zur nächsten Entwicklungsebene über. Solange ihm das Geld nicht ausgeht, wird dieses Lernspiel fortgesetzt. Derjenige Anbieter, der Kundenwünsche und -bedürfnisse am schnellsten ermittelt und erfüllt, wird bei diesem Rennen auf dem Siegertreppchen stehen. So funktioniert die »neue Ökonomie«.

Sich auf die Kundenerfahrung konzentrieren

Jeff Bezos, der Gründer von *Amazon.com,* hatte verstanden, daß der Konkurrenzkampf zwischen physischen und virtuellen Buchhändlern nicht nur über den Preis geführt wird, sondern daß der Komfort beim Einkauf genauso wichtig ist. Er wußte, daß *Amazon.com* als virtueller Buchhändler einen unschätzbaren Vorteil gegenüber physischen Wettbewerbern besitzen würde: seinen Warenbestand. Es gibt theoretisch keine Grenzen für die Anzahl der Bücher, die ein virtueller Anbieter im Sortiment haben kann. (Ende 1997 waren bei *Amazon.com* 2,5 Millionen Titel aufgelistet, und das Unternehmen stand in Kontakt mit unzähligen kleinen, unabhängigen Verlagen, deren Veröffentlichungen den Sprung in den Buchhandel nie geschafft hätten. Mitte 1998 bot *Amazon.com* 3 Millionen Buchtitel und 125 000 CDs an.) Die Kauf*erfahrung* in einem gut sortierten Buch- oder CD-Laden läßt sich indessen nur schwer übertreffen. Man kann nach Herzenslust stöbern, die Bücher in die Hand nehmen und in Musterexemplaren schmökern, während man die Regale durchforstet. Die besten Buchläden haben ein Café, bequeme Sitzgruppen und ein prasselndes Feuer im Kamin. Kompetente Verkäufer empfehlen Bücher oder helfen, ein bestimmtes zu finden, wenn man den Verfasser und Titel vergessen hat, aber die Handlung in etwa schildern kann. Wie soll ein virtueller Anbieter diese taktilen und zwischenmenschlichen »Reize« überbieten? Die beste Möglichkeit war, den Einkauf zu einer genauso reichen und rundum befriedigenden *Erfahrung* zu machen, allerdings mit anderen Mitteln. Ein virtueller Buchhändler kann den Duft von frisch gebrühtem Kaffee, die Wärme und den Geruch eines prasselnden Feuers oder das Gefühl von Leder und Papier in der Hand nicht via Internet übermitteln. Aber er kann seinen Kunden eine genauso befriedigende Erfahrung bieten. Und genau das nahm sich Bezos vor. Er analysierte den gesamten Kaufprozeß und teilte ihn in einzelne Aufgabenbereiche auf. Dann begab sich sein Team an die Arbeit: Jeder einzelne Aufgabenbereich wurde optimiert und die Abläufe in einer Reihe bereichsübergreifender Szenarien getestet. 1998, als *Amazon* expandierte und Musik in sein Leistungsprogramm aufnahm, führte das Team ähnliche Analyse- und Implementierungmaßnahmen durch.

Online-Shopping

Die Entwickler von *Amazon.com* begriffen, daß Kunden in aller Regel einen Buchladen zum Stöbern oder zur Jagd (nach einem bestimmten Werk) betreten. Um die Bedürfnisse der Stöberer zu befriedigen, richteten die Merchandiser den Online-Buchladen ähnlich wie sein physisches Vorbild ein. Es gibt »Tische« im vorderen Bereich der Verkaufsfläche mit Neuausgaben, Sonderangeboten und Geschenkideen. Nach einem Blick in die Auslagen kann man eine bestimmte Sektion ansteuern: Kochen, Architektur, Computer usw. Dort finden die Stöberer Hinweise von Experten zum jeweiligen Themenbereich. Oder man schaut sich die Bücher an, die von bestimmten Rezensenten empfohlen wurden, wie *The New York Times Book Review* oder Oprah Winfreys Buchclub. Die Jäger, die genau wissen, was sie wollen, tippen einfach ein, was sie über das gesuchte Werk wissen (Name des Autors, Teile des Titels oder themenbezogene Stichwörter). *Amazon.com*s Suchmaschine liefert ihnen blitzschnell eine Liste der Bücher, die mit den eingegebenen Informationen übereinstimmen.
Sobald man ein interessantes Buch gefunden hat, kann man sich eine Zusammenfassung oder Besprechung von anderen Lesern anschauen. *Amazon.com* war der erste Einzelhändler, der außerdem drei oder vier Bücher vorstellte, die diese Leser ebenfalls gekauft hatten, entweder zum selben Thema oder vom selben Verfasser. Ich persönlich finde diese Funktion sehr nützlich: Sie sagt mir, daß ich nicht die einzige *Amazon.com*-Kundin bin, die zu »Spontankäufen« neigt. Laut einer informellen Umfrage unter den *Amazon.com*-Käufern bestehen nach meiner Schätzung mindestens 10 Prozent der *Amazon*-Bestellungen aus solchen Zusatzgeschäften.
Bei jedem Titel, den *Amazon* führt, ist auch die Lieferzeit aufgelistet, die zwischen 24 Stunden und einem Monat oder mehr liegen kann, falls das Buch noch nicht erschienen ist. Bezos hatte begriffen, daß die Kunden keinen Auftrag erteilen würden, wenn sie nicht wußten, wann sie das gewünschte Buch erhielten. Schließlich gab es für sie ja eine Alternative – den physischen Buchhändler gleich um die Ecke.

Was hat ein virtueller Buchhändler – außer dem größeren Warenbestand, versteht sich –, was ein physischer nicht hat? Einen Service, den Kunden schätzen. Dazu gehört beispielsweise die Bestellung von Büchern, die angekündigt, aber noch nicht erschienen sind. Man kann sie bestellen und muß sich danach um nichts mehr kümmern, denn man weiß, daß sie zugeschickt werden, sobald sie im Handel sind. Von den kleineren unabhängigen Verlagen, die sich dem Publisher's-Advantage-Programm von *Amazon* angeschlossen haben, nimmt der virtuelle Buchhändler fünf Exemplare jeder Neuerscheinung auf Lager. Nachbestellungen erfolgen nach Bedarf, so daß Kunden nicht wochenlang auf Bücher warten müssen, an die sie sonst nur schwer herankommen würden.

Online-Kauf

Amazon.com war der erste Web-Einzelhändler, der den Kaufvorgang optimal gestaltete. Das Unternehmen hielt sich dabei an zwei Prinzipien: Bequemlichkeit und Zufriedenheit der Kunden. Als erstes wurden die Kunden von der Datensicherheit überzeugt. *Amazon.com* gehörte zu den ersten Web-Anbietern, die Kreditkartengeschäfte im Internet abwickelten. In einer eigenen Sektion über das Thema Datensicherheit wird genau erklärt, wie die Kreditkartennummer verschlüsselt, gespeichert und vor dem Zugriff durch Unbefugte geschützt wird. Und für Kunden, die immer noch Bedenken haben, werden Fax oder E-Mail als Alternative für die Übermittlung von Kreditkarten-Informationen angeboten. Dann führt das Unternehmen den Kunden durch einen Kaufprozeß, der fünf Schritte umfaßt (*Amazon.com* war die erste Online-Firma, die jeden Schritt im Kaufvorgang numerierte und den Kunden durch den gesamten Prozeß begleitet). Nachdem man alle gewünschten Waren in seinen Einkaufskorb gelegt hat, weist man sich aus (wenn man mehrmals gekauft hat, sind sämtliche Informationen in einem Datenfile abgespeichert), gibt an, ob es sich um eine Geschenksendung handelt (dann kann man das Geschenkpapier aussuchen und eine Grußkarte schreiben), gibt die Adresse des Empfängers durch Eintippen oder Anklicken ein, wählt aus einer Anzahl von Versandoptionen die gewünschte aus, überprüft die Endsumme und bestätigt den Auftrag. An jedem Punkt in diesem Prozeß kann man zurückgehen und Änderungen vornehmen, Bücher hinzufügen und löschen oder auch den gesamten Kaufprozeß stornieren. Beim nächsten Besuch der Website wartet der Einkaufswagen noch genauso, wie man ihn verlassen hat, mit sämtlichen ausgewählten Büchern.
Schon beim ersten Kauf wird ein Kundenprofil erstellt. Es enthält alle Daten, die man bei dem Vorgang eingegeben hat. Bleibt bei späteren Besuchen alles gleich (Versandadresse, Kreditkartennummer usw.) hat man den Kaufprozeß im Handumdrehen »abgehakt«: Man bestätigt die Informationen nur noch und drückt die »Jetzt-bestellen«-Taste. Wenn man eine Änderung einfügen möchte, z. B. ein Buch an einen anderen Empfänger mit einer anderen Adresse schicken will, wird diese Anschrift in die Profildatei aufgenommen. Bei der nächsten

Bestellung kann man aus den Anschriften auswählen, die *Amazon.com* in der Datei gespeichert hat.
Um den Prozeß noch mehr zu straffen, hat *Amazon* die 1-Click-Option eingeführt. Zuerst wählt man eine bestimmte Kreditkarte, eine Versandadresse aus dem Kundenprofil und eine bestimmte Versandmethode (beispielsweise Standard, innerhalb von zwei Tagen oder Expreß). Dieses Operationsprofil gilt daraufhin für alle 1-Click-Transaktionen. Jetzt geht die Bestellung der gewünschten Bücher mit der 1-Click-Taste tatsächlich auf Knopfdruck.

Auftragserfüllung

Binnen weniger Minuten (im wahrsten Sinne des Wortes) erhält man eine E-Mail mit der Auftragsbestätigung von *Amazon.com* (bei diesem Service war *Amazon.com* Vorreiter). Sobald das Unternehmen die Bücher verschickt (nach Wahl gemeinsam oder getrennt, sobald sie verfügbar sind), wird man wieder per E-Mail benachrichtigt und darauf hingewiesen, welche Buchsendungen noch ausstehen. Ich selbst habe sehr zufriedenstellende Erfahrungen mit der Auftragserfüllung von *Amazon.com* gemacht. Die Bücher treffen fast immer vor dem anvisierten Datum ein, und zwar selbst im Standardversand per Expreß; die Kosten übernimmt das Unternehmen. Ich weiß allerdings nicht genau, wie ich zu der Ehre komme: Vielleicht habe ich als treue Kundin ein paar zusätzliche Vorteile, für die *Amazon.com* nicht die Werbetrommel rührt.
Als *Amazons* Gründer Jeff Bezos dieses Geschäftsmodell konzipierte, war er vermutlich der Ansicht, ein virtueller Buchhändler könne ganz auf Lagerbestände verzichten. Ursprünglich hatte er geplant, die Website als Ersatz für Einzelhandelsgeschäfte zu nutzen und den Versand der Bücher an die Kunden Distributoren zu überantworten. Aber es wurde schnell offensichtlich, daß *Amazon.com* die Bücher in eigener Regie lagern und verschicken mußte, um die komplette Servicepalette bereitstellen zu können, die ihm vorschwebte. Die Kunden waren nicht gewillt, länger als zwei Tage auf einen Bestseller zu warten, der gerade in aller Munde und in den Regalen aller Buchhändler zu finden war. Deshalb mietete *Amazon.com* eine große Lagerhalle in Seattle, wo die Bücher verpackt und verschickt wurden, sobald die Bestellungen eingingen. Das Unternehmen hatte genügend Exemplare der Bestseller für eine prompte Zustellung. Bezos kam mit seinen beiden wichtigsten Distributoren, *Ingram Books* und *Baker & Taylor* überein, Bücher bei Bedarf sofort an *Amazon.com* zu schicken, so daß die Aufträge blitzschnell abgewickelt und die Lagerhaltungs- und Lagerkosten niedrig gehalten werden konnten. Im November 1997 verdoppelte *Amazon.com* seine Kapazität in Seattle und eröffnete ein neues Distributionszentrum in New Castle, Delaware. Die Lager- und Versandkapazität wurde um das Sechsfache aufgestockt, so daß man Kunden an der Ost- und Westküste der USA wesentlich schneller bedienen konnte. »Mit Vertriebszentren an beiden Küsten können wir die Zeitspanne von der Auftragserteilung bis zur Auftragserfüllung

für die Kunden von *Amazon.com* in gleich welchem Teil des Landes spürbar verkürzen,« erklärte Bezos. Mit 300 000 Quadratfuß Lagerfläche und einem Umsatzerlös von 116 Millionen Dollar für das zweite Quartal 1998 näherte sich *Amazon.com* einem aufs Jahr umgerechneten Ergebnis von 1 547 Dollar pro Quadratfuß Lagerfläche. Natürlich handelt es sich bei den Lagerkosten um reine »Depotkosten«, denn *Amazon.com* zahlt für die Bücher erst, wenn sie verkauft sind.

Pflege der Account-Datei

Meine eigenen Erfahrungen mit *Amazon.com* waren immer so erhellend und verläßlich, daß ich meine Account-Datei selten überprüfe. Sie enthält Informationen über jedes Buch, das ich bei *Amazon* bestellt habe, wann und an wen es geliefert wurde. Obwohl ich bei einem bestellten Buch nie Nachforschungen über den Verbleib anstellen mußte (*Amazons* Benachrichtigungen kommen prompt und sind sehr beruhigend), werfe ich gelegentlich einen Blick in meine Account-Datei, um zu sehen, ob ich ein bestimmtes Buch bereits für mich selbst oder beispielsweise für meinen Vater bestellt habe. Abgesehen von der Bequemlichkeit für den Kunden dient diese Funktion jedoch noch einem anderen Zweck. Die Profilinformationen, die *Amazon.com* über jeden Kunden erstellt, enthält nicht nur die vom Kunden aktualisierten Rechnungs- und Versandadressen oder die Kreditkartennummern, sondern auch eine Liste aller Bücher, die geordert wurden. Abgesehen vom Unternehmen kann nur der Kunde selbst auf diese Daten zugreifen, um eine Verletzung der Privatsphäre zu verhindern. *Amazon.com* benutzt diese Informationen für einen nützlichen Zweck, nämlich um weitere Bücher zu empfehlen, die dem Kunden gefallen könnten.

Benachrichtigungen

Amazon.com war der erste Web-Anbieter, der erkannte, daß Kunden gerne per E-Mail auf Bücher oder CDs aufmerksam gemacht werden, die sie interessieren könnten. Diese Bitte um Benachrichtigung läßt sich nach Thema, Autor oder anderen Kriterien eingrenzen (z. B. auf Neuerscheinungen, die in der *New York Times* besprochen wurden). Danach erhält man regelmäßig E-Mails von *Amazon.com*s *Eyes*-Service. Ich finde diesen Dienst sehr nützlich. Jedesmal, wenn beispielsweise ein neues Buch zum Thema »Kunden« in den Handel kommt, werde ich davon per E-Mail in Kenntnis gesetzt. Büchernarren lassen sich jeden Tag eine Benachrichtigung über alle neuen Bücher schicken, die erscheinen!

Personalisierter Service

Amazon.com hat es verstanden, den Buchkauf in eine sehr individuelle Erfahrung zu verwandeln. Kunden, die dem virtuellen Buchhändler wieder einmal einen Besuch abstatten, werden mit Namen begrüßt und erhalten auf der Grundlage der jüngst gekauften Bücher eine Reihe empfohlener Titel präsentiert. Im

Recommendation Center von *Amazon* kann man sich online eine noch längere Liste ausgewählter Titel anschauen, handverlesen auf der Basis früherer Bestellungen. Die Benachrichtigungen erwecken beim Kunden ebenfalls das Gefühl, eng mit dem Unternehmen verbunden zu sein. Die 1-Click-Kaufoption, dazu die Möglichkeit, das eigene Profil jederzeit zu ergänzen oder zu ändern und alles anzuschauen, was man jemals bestellt hat, dienen ebenfalls dazu, die Beziehung zwischen *Amazon.com* und den Käufern zu festigen. Je mehr man kauft, desto nützlicher sind die personalisierten Empfehlungen. Da ich Bücher für verschiedene Leute mit ureigenen Bedürfnissen und Interessen zu kaufen pflege, finde ich oft neue Titel, über die sich die Beschenkten freuen (das neueste Java-Programmierhandbuch für meinen Sohn, das neueste zukunftsträchtige Sachbuch für meinen Mann, den neuesten Roman von John Grisham für mich selbst).
Ein weniger gelungenes Experiment ist nach meiner Ansicht der Einsatz von »intelligenten Agenten«: Sie schlagen Titel und Autoren nicht auf der Basis früherer Bestellungen vor, sondern richten sich nach den Angaben des Kunden. Um an diesem BookMatcher-Game teilzunehmen, muß man durch Multiple-Choice-Optionen Titel und Autoren in bestimmten Kategorien (Romane, Sachbücher usw.) bewerten. Der »intelligente Agent« schlägt Bücher auf der Grundlage dieses Rankings vor, indem er die Auswahl mit der anderer Teilnehmer vergleicht. Wenn beispielsweise dreißig Michael-Crichton-Fans auch die Romane von Tom Clancy verschlingen, schlägt der Agent letztere vor, sobald man ein Buch von Crichton bestellt. Warum ich diesen Ansatz weniger geglückt finde? Aus zwei Gründen: Es dauert, bis man sich durch die Optionen und mathematischen Annäherungen laviert hat. Für den Kunden ist das also keine Zeitersparnis. Und zweitens ist die Arbeit mit diesem Stichproben-Unterverzeichnis viel ungenauer, als wenn man Titel, Themen und Autoren der tatsächlich gekauften Bücher mit der Datenbank vergleicht, in der die Bestellungen anderer Kunden gespeichert sind.

Das Gemeinschaftsgefühl stärken

Mit großer Sorgfalt ist es *Amazon.com* gelungen, eine Gemeinschaft aufzubauen. Während die Konkurrenz mit beiden Füßen auf den fahrenden Zug aufgesprungen ist und beispielsweise mit Online-Chatecken, Echtzeit-Interviews und Diskussionsforen Mitglieder wirbt, ist *Amazon.com* bedächtiger vorgegangen. Man wird in die *Amazon.com*-Gemeinde aufgenommen, wenn man Buchbesprechungen beisteuert. Diese Rezensionen werden von *Amazon.com*-Experten auf Herz und Nieren geprüft, um zu gewährleisten, daß es ihnen nicht an Sachkenntnis und Stilsicherheit mangelt. Die Kunden verlassen sich lieber auf die Empfehlungen und Reaktionen von ihresgleichen.

Entwicklung der technischen Infrastruktur

Als Bezos *Amazon.com* Mitte 1994 gründete, wählte er das Sun Sparc System als Host. Als der Verkehr zu *Amazons* Website jedoch exponentiell zu wachsen begann, beschloß er, zu zwei Digital-AlphaServer-2000-Systemen überzuwechseln. Die 64-Bit-Prozessoren sind mit einem Gigabyte RAM zu einem symmetrischen Multiprozessorsystem verbunden. Dieses hochleistungsfähige System gab *Amazon.com* mehr Luft und die Skalierbarkeit, die das virtuelle Unternehmen für die nächsten Jahre brauchte. *Amazon.com* verläßt sich auf den Arbeitsspeicher des AlphaServers, um in Nanosekunden einen Index zu erstellen. *Amazon* hat die gesamte Liste mit mehr als 3 Millionen Titel im RAM gespeichert, so daß die Abfragen der Kunden blitzschnell beantwortet werden können. Das zugrundeliegende Datenbanksystem ist von *ORACLE.*

In den ersten drei Jahren der Unternehmenstätigkeit schrieb *Amazon.com* seine gesamte Software selbst. 1997 fügte es für die Implementierung der Matchmaker-Funktion NetPerception hinzu, eine Intelligent Agent Software. Ende 1997 und Anfang 1998 erforschte das Unternehmen die Möglichkeit, einen Teil des hausgemachten Codes durch »Standard«-E-Commerce-Softwaremodule zu ersetzen, um die Kosten der Softwarepflege zu verringern. Wie viele Unternehmen, die ihre Software selbst geschrieben und im Lauf der Jahre modifiziert haben, mußte *Amazon.com* entdecken, daß man nur schwer kommerzielle Pakete mit sämtlichen oder auch nur einem Großteil der Funktionen findet, die es bereits entwikkelt hatte.

Irgendwann wird *Amazon.com* wahrscheinlich Software-Module von Fremdfirmen kaufen und an seinen Bedarf anpassen, wenn es seine Web-Business-Funktionen weiterentwickelt. Im August 1998 kaufte das Unternehmen *Junglee* dazu, eine Firma, deren technologische Kernkompetenz in der XML-Benutzung besteht, um damit die Plattform für den elektronischen Handel der nächsten Generation zu schaffen.

Straffen der Geschäftsprozesse für alle Interessengruppen

Amazon.com hat nicht nur Pionierarbeit geleistet, was die stetige Verbesserung der Erfahrungen betrifft, die Endkunden mit seiner Website machen, sondern verschiedene Interessengruppen – Verlage, Distributoren und andere onlinearbeitende Einzelhändler – überzeugt und zufriedengestellt. Da diesen Interessengruppen die Geschäftsabwicklung mit *Amazon.com* leicht gemacht wurde, hat sich folglich auch die Gesamterfahrung des Kunden verbessert. Verlage veröffentlichen Vorbesprechungen ihrer Neuerscheinungen, als Barometer für den Grad des Leserinteresses. Sie ergänzen die Bücherlisten der *Amazon*-Site durch eigene Beiträge: Rezensionen, Preise, Inhaltsangaben, Auszüge und andere Marketinginformationen, die Kunden bei der Kaufentscheidung unterstützen. Verlage wissen auch die detaillierten Umsatzinformationen zu schätzen, die *Amazon* ihnen wöchentlich liefert. Und die großen Ditributoren von *Amazon* freuen sich über das Umsatzvolumen und die Effizienz der gestrafften Order- und Retourenprozesse. Aber noch beeindruckender ist eine andere Interessengruppe, die maßgeblich am Unternehmenserfolg beteiligt ist: Sie besteht aus 100 000 Partnern, die *Amazon* bis Mitte 1998 ins Boot genommen hatte.

Jede Firma oder Organisation, die eine Web-Seite über ein Spezialthema einrichtet, kann sich als *Amazon.com*-Partner registrieren lassen. Sie wählt dann eine Reihe von Büchern von der *Amazon.com*-Website aus, die sie »unter ihre Fittiche nehmen« möchte. Sie kann dann ihre eigenen Buchbesprechungen und Kommentare hinzufügen. Wenn ein Kunde ein Buch anklickt, um es zu kaufen, wird er direkt zu *Amazons* Website weitergeleitet, wo der Vorgang mit Hilfe des *Amazon*-Kaufprozesses abgeschlossen wird. Der Partner erhält eine Provision.

Amazon macht es Firmen genauso leicht, Partner zu werden, wie seinen Endkunden den Bücherkauf. Die Beschreibung des Programms und der rechtsverbindliche Vertrag werden auf *Amazons* Website postiert, zusammen mit umfassenden Anleitungen, wie man die eigene Site mit *Amazon* verknüpft. Man füllt online ein einfaches Antragsformular aus, wartet, bis *Amazon* grünes Licht gibt (was rund 24 Stunden dauert), und schon kann's losgehen. Obwohl *Barnes & Noble* das Konzept, das sich großer Beliebtheit erfreut, rasch imitiert und eine hauseigene Spielart dieses Partnerprogramms zurechtgezimmert hat, hat *Amazon* bisher eine Partnergemeinschaft ins Leben gerufen, die wesentlich größer ist und immer noch wächst.

Ergebnisse

*Amazon.com*s Umsatz ist kometenhaft gestiegen. 1997 wuchsen die Erlöse um 838 Prozent im Vergleich zum Vorjahr. Der Nettoumsatz lag 1996 bei 15,7 Millionen und 1997 bei 147,8 Millionen Dollar. Allein für das vierte Quartal 1997 betrug der Nettoumsatz sage und schreibe 66 Millionen Dollar, verglichen mit 37,9 Millionen Dollar im dritten Quartal. Im zweiten Quartal 1998 wurde ein Reinumsatz von 116 Millionen Dollar ausgewiesen: Das ist eine Erhöhung um 316 Prozent gegenüber dem gleichen Vorjahresquartal. *Amazon.com* hat mehr als 3,1 Millionen Kunden. Und die Wiederholungskäufe repräsentierten im zweiten Quartal 1988 fast 65 Prozent des gesamten Geschäftsvolumens. *Amazon.com* gelingt es also hervorragend, seine Kunden bei der Stange zu halten – das Geheimnis des Erfolgs im Spiel um den großen Gewinn.

Zugegeben, das Unternehmen schreibt Verluste – das Defizit hatte sich Mitte 1998 auf 64 Millionen Dollar angehäuft. Was kein Wunder ist, denn die Investitionen in Marketing- und Werbeaktivitäten waren gewaltig. Und *Amazon.com* hat eine stetige Wertsteigerung zu verzeichnen – für Aktionäre, Kunden und die Branche. Mitte August 1998 wurde der Wert mit 5,9 Milliarden Dollar beziffert (mehr als das Zehnfache des Umsatzes!).

Wenn die Website eines Online-Unternehmens mehr als eine Million Besucher anzieht, die immer wiederkommen, gilt sie als »brandheißer« Tip. Sie zieht Partner, Inserenten und weitere Kunden, allein durch Mund-zu-Mund-Propaganda, wie ein Magnet an. Bisher (Stand: Mitte 1998) hat *Amazon.com* keine Werbung auf seiner Website akzeptiert, im Gegensatz zu den meisten Konkurrenten, zum Beispiel *Barnes & Noble.* Sollte das Unternehmen irgendwann einmal seine Einnahmen aufbessern müssen, wäre der Verkauf von Werbefläche ein Klacks.

1998 wuchs *Amazon.com* in artverwandten Einzelhandelsbereichen, vor allem in Musik. Durch die Aufnahme ähnlicher Produkte ins Leistungsprogramm wollte Bezos seinem Kundenbestand, der sich auf 3,1 Millionen belief und immer noch wuchs, die Möglichkeit zu einem One-Step-Shopping bieten. Die Musikfirmen, die bereits online gegangen waren – *CDNow* und *N2K* – machten aus ihrer Skepsis, ob *Amazon.com* im Musiksektor ebenso gut abschneiden würde wie im angestammten Buchbereich, keinen Hehl. Aber die Erfahrung in der physischen Welt hat gezeigt, daß sich Bücher und Musik harmonisch ergänzen, wie der Erfolg von *Borders Books and Music* bezeugt. Als treue Kundin erhielt ich die Chance, die Musiksparte von *Amazon.com* zu testen. Wie nicht anders erwartet, war die Erfahrung rundum zufriedenstellend. Ich forschte nach einem wenig bekannten Jazzmusiker, fand die gesuchten Titel, konnte mir anschauen, welche Stücke sich auf den CDs befanden und Besprechungen und Kommentare dazu lesen. Dann kaufte ich mit meiner 1-Click-Option und erhielt meine CD-Sendung pünktlich wie immer. Wenn ich jetzt bei *Amazon.com* Bücher bestelle, kann ich es mir oft nicht verkneifen, in der Musikabteilung zu stöbern, und meistens werde ich fündig. *Amazon.com* macht es mir leicht, meinen »Einkaufswagen« mit allem zu beladen, was mein Herz begehrt. Ich nehme an, daß ich nicht die einzige bin, die mehr kauft als ursprünglich geplant.

Ich gebe zu, daß mich ein Aspekt des Geschäftsmodells erstaunt hat. Warum muß ein virtueller Buchhändler in soviel physische Lagerfläche investieren? Warum können die Distributoren nicht den Versand für *Amazon.com* übernehmen? Mindestens ein Konkurrent des Unternehmens in der Buchwelt, *Cendant's BookStack,* verzichtet auf eine eigene Lagerwirtschaft, und die meisten Online-Einzelhändler in der Musikbranche verlassen sich ebenfalls darauf, daß Vertriebsorganisationen die Bestellungen ausliefern. Daß *Amazon* eine Ausnahme war, liegt vermutlich daran, daß man die positive Gesamterfahrung des Kunden auf diese Weise besser gewährleisten kann.

Im Februar 1998 machte ich die Probe aufs Exempel und bestellte das gleiche Buch bei drei verschiedenen Firmen: *Amazon.com, Barnes & Noble* und *BookStack. Amazon.com*s Auftragsbestätigung traf als erste ein – rund fünf Minuten vor *Barnes & Noble* –, kein großer Unterschied. *BookStack* brauchte für diesen

Vorgang zwei Tage! *Amazon.com*s Lieferung traf zuerst ein, das Paket von *Barnes & Noble* lag an zweiter Stelle, und *BookStack* hinkte eine ganze Woche hinterher. Ich denke, diese Erfahrung spricht Bände.
Heute sind die Distributoren nicht darauf eingerichtet, Bestellungen »im Kleinformat« zu bearbeiten. Ihre Geschäftsprozesse und Systeme sind auf Buchhändler ausgerichtet, die Hunderte von Büchern gleichzeitig ordern. Solange, bis ein Distributor in die Bresche springt und die Servicelücke kosteneffektiv schließt, wird *Amazon.com* Lagerfläche anmieten müssen.

Pattys Resümee für Amazon.com

Ein kluger Schachzug von *Amazon.com* wäre, seine Erfahrung mit Kiosksystemen in Buchläden zu nutzen. Physische Buchhandlungen verfügen über eine begrenzte Verkaufsfläche und müssen ihren Buchbestand daher beschränken. Außerdem gibt es häufig Engpässe am Informationsstand, wo Mitarbeiter den Kunden für Fragen zur Verfügung stehen. Die Buchhandlungen könnten sich als *Amazon.com*-Partner registrieren lassen, ein Internet-Terminal im Laden aufstellen, ihren eigenen Markennamen benutzen und es Kunden ermöglichen, die Datenbank eigenhändig nach den gewünschten Büchern zu durchsuchen. Diese Datenbank müßte mit den Lagerbestandssystemen verknüpft sein, so daß ein Wegweiser zum richtigen Regal auf dem Bildschirm erscheint, wenn der Kunde ein Buch auswählt, das vorrätig ist. Andernfalls müßte er die Möglichkeit haben, es problemlos zu bestellen und sich nach Hause (oder an die Adresse von Freunden) schicken zu lassen. Der Buchhändler würde eine Provision erhalten, ohne einen Handschlag getan zu haben. Und der Kunde würde zufrieden nach Hause gehen.
Mitte 1998 kaufte *Amazon.com* zwei Unternehmen dazu, *Junglee* und *PlanetAll*. *Junglee* liefert die XML-Technologieplattform für einen breitgefächerten elektronischen Handel. Und was bringt *PlanetAll* mit in die Ehe? Abgesehen von 1,5 Millionen Mitgliedern einen »Durchbruch in einem grundlegenden und wichtigen Bereich, in der Kontaktpflege«, erklärt Jeff Bezos. Bezos hält viel von einfachen Lösungen, die funktionieren. Und *PlanetAll* besitzt ein Geschäftsmodell, das beide Kriterien erfüllt. Man wird dort kostenlos Mitglied, liefert die eigenen Kontaktinformationen und fügt Namen von Freunden oder Personen hinzu, mit denen man Verbindung halten oder den Kontakt wiederherstellen möchte. Diesen Prozeß kann man vereinfachen, indem man in ehemalige Kommilitonen, Geschäftspartner und andere Kontaktpersonen unterteilt. Die genannten Personen werden gefragt, ob sie *ihre* Kontaktinformationen an Sie weitergeben und Sie bei Änderungen benachrichtigen wollen. Von jetzt an werden die Daten dieser Kontaktpersonen in Ihrem persönlichen Terminplaner immer auf dem neuesten Stand gehalten. Ihre persönliche Datenbank auf

PlanetAll wird mit Hilfe der Mobile Data Exchange Software von *Puma Technology* mit dem Kontaktmanager in Ihrem PC oder dem in der Hand gehaltenen PDA (Personal Digital Assistens) abgeglichen. Auf diese Weise hat man weder Informationen, die Schnee von gestern sind, noch das Problem, jemanden aus den Augen zu verlieren.

Wenn man den automatisch aktualisierten Kontaktmanager mit einem Kalender verbindet, der die wichtigen privaten Daten vermerkt – Geburtstage, Jahrestage oder andere Gelegenheiten, bei denen man sich etwas schenkt –, wird der Traum jedes Einzelhändlers wahr. Sie werden mit einem Piepton von Ihrem persönlichen Terminplaner oder durch eine E-Mail rechtzeitig daran erinnert, Ihre Wahl aus einer Geschenkliste zu treffen, die sich auf frühere Käufe stützt (in *Amazon.com*s Datenbank gespeichert) und eigens auf Ihren Geschmack und Ihre Gewohnheiten abgestimmt ist.

Bezos könnte *Amazon.com* von einer Shopping-Site für Bücher, CDs und in Kürze Videos in ein »Einkaufsparadies nach Maß« umwandeln, wo man alles, was der Mensch braucht, unter einer einzigen Web-Adresse findet. Bei einem solchen Einkauf würden Sie viel Zeit sparen (das kostbarste Gut, das es gibt). Alle Profildaten über Sie (und Ihre Familie) wären bereits infolge früherer Shopping-Expeditionen vorhanden – Lieblingsautoren und Musiker, bevorzugter Kleidungsstil, Farben usw. Die am häufigsten genutzten Kreditkarten für private und geschäftliche Zwecke wären ebenfalls gespeichert (natürlich vor Mißbrauch geschützt), genauso wie die Adresse, an die Ihre Bestellungen für sich selbst, Familienangehörige und Freunde geliefert werden sollen. Wenn Bekannte oder Verwandte umziehen, würde man Ihnen automatisch die neue Adresse mitteilen. Auch die Geburtstage und Jahrestage von Freunden und Verwandten befänden sich im Datenbestand. Brautpaare könnten ihre Geschenke-Wunschliste auf der Website postieren. Mit einem einzige Klick wären Sie in der Lage, alles anzuschauen, was Sie in Ihrem »Einkaufsparadies nach Maß« gekauft und an wen sei es geschickt haben. Bei jedem Besuch geben Sie nur noch die erforderlichen Parameter ein, und, siehe da, schon haben Sie eine Liste mit sämtlichen Waren im Lagerbestand (egal wo auf der Welt) und den aktuellen Preisen vor Augen. Wenn Sie weitere Informationen benötigen, durchsuchen Sie mit einem Klick die Web-Site des Herstellers, und wenn Sie bestellen möchten, werden alle relevanten Daten automatisch ausgefüllt. Sie überprüfen nur noch die Eingaben, nehmen notfalls Änderungen vor, und fertig! Ein personalisierter Einkaufsbummel, alles aus einer Hand! Warum auch nicht? Und wer wäre besser befähigt, einen solchen Service zur Verfügung zu stellen als *Amazon.com,* der beliebteste Online-Einzelhändler der Welt?

Tips aus der *Amazon.com*-Fallstudie

① Konzentrieren Sie sich auf die Gesamterfahrung des Kunden, der mit Ihnen ein Geschäft abwickelt. Ermitteln Sie jeden einzelnen Geschäftsvorfall oder

Schritt im Zuge der Interaktionen mit Ihrem Unternehmen und straffen Sie diese Prozesse.

② Geben Sie den Kunden bei jedem Schritt die Sicherheit, mit der Wahl Ihrer Firma die richtige Entscheidung getroffen zu haben, zum Beispiel durch prompte Auftragsbestätigung und Lieferbenachrichtigung, möglichst in Echtzeit.

③ Speichern Sie die Profildaten Ihrer Kunden; bieten Sie ihnen die Möglichkeit, sie jederzeit in eigener Regie zu überarbeiten und bei einem »Schnellkauf« eine Reihe von Schritten, die im Profil festgehalten sind, zu überspringen (wie bei *Amazon.com*s 1-Click-Option).

④ Bieten Sie Ihren Kunden Zugang zur gesamten Transaktionsgeschichte mit Ihrem Unternehmen.

⑤ Lassen Sie sich von Ihren Kunden sagen, in welchen Fällen sie unaufgefordert benachrichtigt werden möchten.

⑥ Gewinnen Sie Geschäftspartner, indem sie es ihnen leicht machen, Ihre Produkte zu verkaufen und eine Provision zu verdienen, damit sie Ihr Unternehmen gegenüber ihren Kunden repräsentieren.

⑦ Vereinfachen Sie Ihren Zulieferfirmen die Geschäftsbeziehungen zu Ihrem Unternehmen, so daß Sie motiviert sind, sie aufrechtzuerhalten. Helfen Sie ihnen dabei, den Kunden ihre Produkte so effektiv wie möglich zu präsentieren.

⑧ Konzentrieren Sie sich darauf, den Kunden rundum positive Erfahrungen zu ermöglichen; sorgen Sie durch Ihre 1-A-Serviceleistungen dafür, daß sie Ihnen die Treue halten und Sie wärmstens weiterempfehlen. Kombinieren Sie diese Kundenpflege mit einem aggressiven Marketingprogramm, um neue Kunden zu gewinnen, die nicht nur auf Ihr Produkt, sondern auch auf die Kauferfahrung schwören.

Die Verantwortung für die Gesamterfahrung des Kunden übernehmen

Lektionen

Dieser wichtige Erfolgsfaktor ist besonders schwer in den Griff zu bekommen und eng mit dem nächsten verzahnt: Geschäftsprozesse straffen, die sich auf den Kunden auswirken. Mit anderen Worten: Sie können nicht die Kontrolle und die Verantwortung für die gesamte Kauferfahrung übernehmen, solange Sie nicht einen Großteil der Szenarien und Interaktionen zwischen Kunden und Ihrem Unternehmen bereinigt haben. Trotzdem ist es vorteilhaft, wenn Sie das übergeordnete Bild verstehen – welche Gesamterfahrung der Kunden macht –, bevor Sie bestimmte Geschäftsprozesse herauspicken, um sie aus der Sicht des Kunden zu verbessern. Sowohl *Hertz* als auch *Amazon.com* sind anschauliche Beispiele für das ganzheitliche Denken, das erforderlich ist, um die Verantwortung für die Gesamterfahrung des Kunden zu übernehmen.

Ein weiteres Beispiel ist *Wells Fargo.* Bill Finkelstein, Chefarchitekt der Online-Aktivitäten, war besorgt über die Erfahrungen, die Kunden beim Zugang zur Bank via Internet machen könnten: Kamen sie schnell genug durch? Hielt die Verbindung? *Wells Fargo* kann ein hohes Leistungsniveau, gute Reaktionszeiten und Serviceleistungen rund um die Uhr gewährleisten, hat aber keinen Einfluß auf die übergeordnete Internet-Infrastruktur, die ihre Kunden benutzen. Es gibt einige Faktoren, die sich der Kontrolle von *Wells Fargo* und anderer Online-Anbieter entziehen, zum Beispiel die Qualität der Telefonverbindung, Probleme eines Internet-Serviceproviders oder Weiterleitungen über kaputte Knoten. *Wells Fargo* zerbricht sich laufend den Kopf über solche Themen und versucht, schon im Vorfeld herauszufinden, wann Kunden Probleme haben könnten. Das ist ein gutes Beispiel dafür, wie Unternehmen in der E-Business-Welt die Verantwortung für die Gesamterfahrung des Kunden übernehmen.

Rücken Sie Kundenprofile in den Brennpunkt Ihrer Anwendungen

Was lernen wir von einem Blick hinter die Kulissen von *Hertz* und *Amazon.com*? Die Erfahrungen beider Unternehmen zeigen, daß gute und vollständige Kundenprofildateien als Kern des Systems das A und O sind. *Hertz* bittet seine Kunden, ihre Daten per Papier, Telefon oder Website auf den neuesten Stand zu bringen. *Amazon.com* lädt Kunden ein, ihre Profile jederzeit online zu ändern, ein logischer Schritt, da alle Interaktionen mit dem Unternehmen im Netz erfolgen. Aber in beiden Fällen ist die Benutzung und Bearbeitung dieser Profile raffiniert. *Hertz* hatte früher Probleme, weil Kunden diese Daten im Handumdrehen ändern konnten, während sie einen Mietwagen reservierten. *Amazon.com* bietet seinen Kunden die Möglichkeit, Profilinformationen zu ändern oder zu vervollständigen und eine Unterdatei auszuwählen, die zum aktiven 1-Click-Dialogfeld wird. In beiden Fällen dienen die Kundenprofildaten als Ausgangspunkt und Kontrollmechanismus für alle Geschäftsprozesse. Bei jedem Geschäftsvorfall muß man auf die Profildaten des Kunden zurückgreifen, um den weiteren Aktionskurs zu bestimmen.

Erleichtern Sie den Geschäftspartnern die Beziehungen zu Ihrem Unternehmen

Hertz und *Amazon.com* sind bemüht, auch die Beziehungen zu ihren Geschäftspartnern zu straffen. *Hertz* möchte Reisebüros die Buchung der Mietfahrzeuge durch Zugriff auf die Kundenprofildatei und detaillierte Informationen über die angebotenenen Automodelle via Web vereinfachen. *Amazon.com* ermöglicht den Verlagen eine optimierte Verkaufsförderung ihrer Neuerscheinungen, noch bevor die Bücher im Handel sind, und liefert ihnen umfassende wöchentliche Umsatzberichte. Außerdem hat *Amazon* mit seinem Partner-Programm ein riesiges neues Vertriebsnetz aufgebaut; diese Repräsentanten des Unternehmens können sich mit ihren interessenspezifischen Websites leicht in die Kette einklinken und als »Bindeglied« die Verknüpfung herstellen.

Aus der Warte des Kunden führen diese gestrafften Partnerbeziehungen zu einem Gewinn für alle Beteiligten. Die *Hertz*-Mietwagenkunden können problemlos hin- und herwechseln und sich entweder selbst im Internet bedienen oder sich bei einem Reisebüro Hilfe holen. *Amazon.com*-Kunden stehen erstklassige Serviceleistungen offen, ungeachtet dessen, ob sie direkt vom Unternehmen oder von einem der Partner kaufen – denn das ist ein und dasselbe.

Konzentrieren Sie sich auf den Seelenfrieden Ihrer Kunden

Das A und O bei der Verantwortung für die Gesamterfahrung des Kunden ist das Wissen um das, was ihn beunruhigt. Angst und Zweifel schleichen sich immer dann ein, wenn der Kunde im Dunkeln tappt. Deshalb haben die *Hertz*-Busfahrer Ihren Namen auf einem elektronischen Clipboard vor sich. Falls sie dort nicht vermerkt sind, wird das Schalterpersonal per Funk davon in Kenntnis gesetzt, daß Sie sich im Anmarsch befinden. In dem Moment, wo Sie Ihren Mietwagen erreichen, ist alles bereit, selbst bei einer Flugplanänderung. Der Shopping-Prozeß bei *Amazon,* der fünf Schritte beinhaltet, und die Benachrichtigungen, die der virtuelle Buchhändler als erster eingeführt hat, um anzuzeigen, daß ein Auftrag erteilt oder eine Buchsendung unterwegs ist, tragen dazu bei, die unausgesprochenen Befürchtungen der Kunden auszuräumen.

Dem Kunden an jedem Punkt des Vorgangs die Kontrolle über die Kauferfahrung überlassen

Bei *Hertz* hat der Kunde durch seine Profildaten die Mehrzahl der Erfahrungen unter Kontrolle. Die NeverLost-Option gibt ihm die benötigten Orientierungshilfen an die Hand, die ihn auf zeitgemäße Weise ans Ziel bringen. Bei *Amazon.com* kann der Kunde mit der 1-Click-Funktion verschiedene Versandoptionen wählen und bestimmen, ob und wann er per E-Mail informiert werden möchte. Beide Unternehmen sind anschauliche Beispiele für die Kontrolle, die der Kunde bei der Geschäftsabwicklung mit Ihnen haben sollte.

Erfolgsfaktor 3:

Geschäftsprozesse straffen, die sich auf den Kunden auswirken

Ich finde den Service wunderbar, den *American Express* seinen Online-Kunden bietet. Da ich oft geschäftlich unterwegs bin, habe ich zwei Probleme, die weit verbreitet sind. Erstens muß ich meine Spesenabrechnung unmittelbar nach einer Reise vorlegen, damit meine Firma die Rückvergütung über die Bühne bringen und ich dadurch meine *AmEx*-Rechnung pünktlich bezahlen kann. Und zweitens kenne ich bei Auslandsreisen nicht immer den genauen Wechselkurs, der beim Begleichen der Hotel- und Restaurantrechnungen zugrunde gelegt wurde, obwohl ich sie immer erhalte und aufhebe. Ich könnte mir die Zeit für eine Schätzung nehmen, gestützt auf den Zinssatz, der im Lokalblatt am Tag der Transaktion veröffentlicht wird, aber normalerweise vergesse ich, dort nachzuschauen. Also was mache ich? Ich surfe ein oder zwei Tage nach meiner Rückkehr zur Website von *American Express* und gebe meine Accountnummer und mein Paßwort ein. Dort sehe ich sämtliche Belastungen meiner Kreditkarten seit der letzten Rechnung und den genauen Betrag in US-Dollar. Das ist ein gutes Beispiel für die Straffung eines Geschäftsprozesses, der sich auf mich, den Kunden, auswirkt. Durch Bereitstellung der Information, die ich brauche, ermöglicht es mir *American Express,* meine Rechnungen pünktlich und problemlos zu bezahlen.

Wie geht man bei der Rationalisierung der Geschäftsprozesse vor, die Einfluß auf den Kunden haben? Wie entscheidet man, was wichtig ist und was nicht? Welche Schritte sollte man genau einleiten? Folgende Leitlinien können sich als nützlich erweisen:

- Den Endkunden identifizieren.
- Den Prozeß aus der Perspektive des Endkunden straffen.
- Den Prozeß für die wichtigen Interessengruppen bereinigen.
- Den Prozeß auf der Grundlage der Kundenrückmeldungen ständig verbessern.
- Den Prozeß für alle Beteiligten transparent machen.

Identifizieren Sie zuerst den Endkunden

Selbst wenn Sie nicht direkt mit dem Endkunden in Kontakt kommen, möchten Sie Ihre Geschäftsprozesse aus seiner Warte straffen. Damit vergewissern Sie sich, daß Sie die richtigen Prioritäten setzen. Erinnern Sie sich noch, wie *National Semiconductor* seine Endkunden – die Entwicklungsingenieure, die den Kauf beeinflussen – gezielt angesprochen hat? Diese Orientierung hatte die Bereinigung sämtlicher Prozesse zur Folge, die sich auf die Fähigkeit dieser Kunden auswirkten, ihre Arbeit zu erledigen. Nach abgeschlossener Planung muß der Entwicklungsingenieur kleine Mengen seines Endprodukts für Markttests herstellen. Früher pflegte er sich mit der firmeninternen Einkaufsabteilung in Verbindung zu setzen und über sie beispielsweise 100 Chips zu bestellen, die möglichst innerhalb einer Woche geliefert werden sollten. *National Semiconductor* arbeitete gemeinsam mit seinen Katalogdistributoren daran, diese Kunden mit der Website des Unternehmens zu verbinden und ihnen dort eine möglichst schnelle Bestellung anzubieten. Wenn ein Ingenieur jetzt eilig eine kleine Menge Chips benötigt, kann er oder die Einkaufsabteilung auf der Website ordern. Die Auftragserfüllung erfolgt binnen zwei Tagen über einen der Distributoren, die sich auf die Lagerung und Lieferung kleiner Chipmengen spezialisiert haben.
Brooklyn Union Gas ist ein hundert Jahre altes Versorgungsunternehmen, das einem großen Anteil der Bevölkerung im Herzen der Metropole New York Gas zum Kochen und Heizen liefert. Anfang der 80er Jahre erkannte die Geschäftsleitung, daß sie einiges mehr über ihre Endkunden wissen mußte, um Produkte und Dienstleistungen auf die Bedürfnisse abzustimmen. Und so baute das Unternehmen unter der Führung von Tom Morgan, einem visionären Technologen, das Kundeninformationssystem völlig um, so daß die Endkunden zum Dreh- und Angelpunkt wurden. Diese Endkunden – die Leute, die den Heiz- und Geräteservice in Anspruch nahmen – lebten häufig in Apartment-Blocks, die von Hausverwaltungsfirmen betreut wurden. Oft wurden die Gasrechnungen von Fremdfirmen bezahlt, die auch den Kundendienst kommen ließen, wenn Reparaturen anfielen. *Brooklyn Union Gas* hielt alle diese Beziehungen in seiner Kundendatenbank fest und rüstete sein Servicepersonal mit Handhelds aus, die einen Zugriff auf das Informationssystem des Unternehmens gestatteten. Nun können alle Fragen, die der Endkunde hat, zum Beispiel: »Wann wird der Zähler wieder abgelesen?«, »Ist meine Gasrechnung bezahlt?« oder »Was ist eigentlich mit der Heizung in unserem Haus los?« von den Mitarbeitern im Innendienst beantwortet werden.
Wenn Sie sich also zum Ziel gesetzt haben, die Endkunden mit Ihren Produkten und Dienstleistungen zufriedenzustellen, müssen Sie sich als erstes darüber klarwerden, wer diese Endkunden wirklich sind und sich in ihre Lage versetzen.

Den Prozeß aus der Perspektive des Endkunden straffen

Sobald Sie den Endkunden identifiziert haben, besteht der nächste Schritt darin, Ihre Prozesse aus der Perspektive des Kunden zu überdenken. *Virtual Vineyards* hat genau das getan. Das Unternehmen zielte auf zwei Kundensegmente ab, als es seine Versand- und Lieferprozesse maßschneiderte: die Kunden, die Wein bestellten, und potentielle Kunden, die Wein erhielten. Es merkte, daß Käufer wissen wollten, wann der Empfänger den Wein zugestellt bekommt, und manchmal mußte auch der Empfänger erfahren, ob die Sendung beispielsweise in seiner Firma angekommen war. Wenn Sie einem Kollegen in Japan eine Kiste mit kalifornischem Wein schicken, möchten Sie mit Sicherheit gerne informiert werden, ob sie wohlbehalten eingetroffen ist. Und der japanische Kollege, der auf das Eintreffen des Weins wartet, ist froh, eine E-Mail mit der Benachrichtigung zu erhalten, daß seine Sekretärin den Empfang gerade bestätigt hat.

Bei der Lektüre der nächsten beiden Fallstudien werden Sie merken, daß auch die Arbeitsgruppe am Babson College ein Szenario für die Funktionsweise der neuen Prozesse aus der Warte ihrer Endkunden – der Studenten – schuf. Im Anschluß wurde dieses Szenario von Studenten getestet.

Den Prozeß für die wichtigen Interessengruppen bereinigen

Oft ist es einfacher, Geschäftsprozesse auf die wichtigsten Interessengruppen abzustimmen – Agenten, Händler und andere Vertriebspartner, Einkaufsabteilungen oder Controller – als auf die Bedürfnisse der Endkunden. Hier bietet sich manchmal die beste Möglichkeit, Umstrukturierungsmaßnahmen auf den Punkt zu bringen, vor allem, wenn Sie damit Ihren Vertriebspartnern die Geschäftsabwicklung mit Ihren Endkunden erleichtern. *Ingram Micro* ist der weltweit führende Großhändler für Computer und Peripheriegeräte. Das Unternehmen hat überhaupt keinen Kontakt mit den Endkunden. Trotzdem wurde hier der Kauf und Verkauf von PCs in den letzten vier Jahren völlig umgewandelt; die Reorganisation kam den Endkunden zugute. *Ingram Micro* hat die Führung bei der Entwicklung von XML-basierten Standards übernommen: Sie beschreiben in detaillierter Form die Merkmale aller Komponenten, die ein Computerbenutzer verwendet: Art des Bauelements, Ausmaße, Eigenschaften, Preis usw. Alle großen Computer- und Peripheriehersteller und die meisten Konkurrenten von *Ingram Micro* haben sich darauf verständigt, dieselben Standards zu benutzen. Das hat den Vorteil, daß Beschaffung, Versand und Auslieferung der Produkte kosteneffektiver und einfacher werden. Welchen Nutzen hat der Endkunde? Er wird bald in der Lage sein, das Web zu durchsuchen, um »die billigsten Speicherchips, die mit meinem *Dell-Latitude-LM*-Laptop kompatibel und innerhalb von 24 Stunden verfügbar sind«, zu bestellen. Da die Backend-Organisationen in der Computerbranche ihre Geschäftsprozesse bereinigt haben, werden dem Endkunden am Frontend der Wertkette die Kaufaktivitäten bei jedem x-beliebigen Lieferanten erleichtert.

Manchmal sind die Interessengruppen, die Sie berücksichtigen müssen, im selben Unternehmen wie Ihre Endkunden beschäftigt, aber in anderen Abteilungen, die andere Bedürfnisse haben. Im zweiten Fallbeispiel, in dem es um das FastLane-Programm der *National Science Foundation (NSF)* geht, werden Sie sehen, wie *NSF* einen repräsentativen Querschnitt aller Interessengruppen zusammenstellte, die bei der Beantragung und Vergabe von Forschungszuschüssen und im Administrationsprozeß eine Rolle spielen: Es handelte sich dabei sowohl um Mitarbeiter der *NSF* als auch um Repräsentanten aller Universitätsabteilungen, die regelmäßig mit der *NSF* zu tun hatten. Diese Interessengruppen gestalteten ihre eigenen Geschäftsprozesse um und setzten die Prioritäten für die praktische Umsetzung. Die Endkunden – die Wissenschaftler selbst – waren im Entwicklungsteam nicht aktiv vertreten. Dennoch sind viele Verbesserungen im Prozeß der Mittelvergabe eine Folge der direkten Interaktionen zwischen Forschern und geldgebender Regierungsbehörde.

Den Prozeß auf der Grundlage der Kundenrückmeldungen ständig verbessern

Oft lernt man nur aus Erfahrung – trial and error –, wie man dem Endkunden das Leben leichter machen kann. Man beginnt mit einer Kundenumfrage, um zu ergründen, welche Wünsche und Bedürfnisse vorhanden sind, und bemüht sich nach bestem Wissen und Gewissen, sie zu befriedigen. Dann gilt es, sich in Geduld zu üben, zu beobachten und aufmerksam zuzuhören, um sich ein Bild von den Reaktionen zu machen. Genauso ging *National Semiconductor* vor, um die Entwicklungsingenieure zufriedenzustellen. Der Halbleiterhersteller erhielt seine »Marschbefehle« im Gespräch mit ihnen und entwarf seine Website entsprechend der Wunschliste dieser Kunden. Danach verfolgte er die Online-Aktivitäten dieser Kunden, analysierte, wie viele Schritte erforderlich waren, damit sie ans Ziel gelangten, und klammerte alle überflüssigen Schritte auf der Grundlage dieses Feebackprozesses aus.

Alle Leute, die für Entwicklung, Verbesserung und Pflege der interaktiven Web-Sites ihrer Unternehmen verantwortlich sind, sagen das gleiche: Es gibt keine Zauberformel für den Erfolg. Sie bemühen sich nach besten Kräften, die Bedürfnisse und Interessen der Kunden vorab einzuschätzen und beobachten die Site danach Tag und Nacht (genauer gesagt, sie kaufen Software, die diese Arbeit erledigt). Sie analysieren die Informationen und suchen nach Möglichkeiten, die Benutzerführung zu verbessern. Gleichzeitig machen sie es dem Kunden leicht,

Ihnen Aufschluß über seine Reaktionen zu geben, indem sie ihm auf jeder einzelnen Web-Page ein Formular für Rückmeldungen zur Verfügung stellen. Sie ziehen Ihre Schlußfolgerungen aus diesen Hinweisen, sammeln alle Ergebnisse und benutzen diese, um die Website gezielt umzustrukturieren. Sie sind nicht auf Ratespielchen angewiesen: Die Kunden sagen Ihnen genau, welche Wünsche und Bedürfnisse sie haben.

Im Cyberspace kann die Verbesserung von Prozessen ein genau kalkulierter Vorgang sein. In der realen Welt handelt es sich häufig um eine ziemlich vage Angelegenheit. Ein einzelnes Formular für Kundenrückmeldungen reicht nicht aus. Wie viele haben Sie schon in Hotelzimmern und Restaurants herumliegen sehen, ohne sie zu beachten? Worauf Sie aus sind, ist eine Möglichkeit, die Erfahrungen jedes einzelnen Kunden Schritt für Schritt zu verfolgen. Bei jedem Kontakt, den Ihr Unternehmen mit dem Kunden hat, möchten Sie ihm die Möglichkeit geben, sein Urteil über diese Begegnung abzugeben.

BC Transit ist eine städtische Organisation, die im kanadischen Vancouver für den Bus- und Fährdienst zuständig ist. Früher war sie damit zufrieden, Fahrpläne für Busse und Fähren in der ganzen Stadt aufzuhängen, erkannte aber bald die Notwendigkeit, telefonischen Zugriff auf die gleichen Informationen zu bieten. Um die Kosten niedrig zu halten, werden die persönlichen Hilfestellungen auf die Stoßzeiten beschränkt und rund um die Uhr Auskünfte über das Tonwahl-System bereitgestellt. 1996 eröffnete *BC Transit* eine Website und begann, hier sämtliche Fahrpläne und Routen der Busse und Fähren zu veröffentlichen. Diese Informationen wurden durch Kartenmaterial, Hinweise auf Zugang für Behinderte oder Busse, in denen die Mitnahme von Fahrrädern und Haustieren gestattet ist, abgerundet. Die Kunden waren froh über die zusätzlichen Informationen, aber das reichte nicht aus: Sie wollten wissen, ob *ihr* Bus oder *ihre* Fähre pünktlich fuhr. Sie waren an Echtzeit-Informationen via Internet und Tonwahl-Telefon interessiert. Deshalb vernetzte *BC Transit* seine Echtzeit-Fahrpläne mit den Kundeninformationssystemen. Nun kann man im Handumdrehen feststellen, ob der Bus innerhalb der nächsten Viertelstunde eintrifft, bevor man zur Haltestelle geht.

Den Prozeß für alle Beteiligten transparent machen

Sie werden beim Lesen der beiden nachfolgenden Fallstudien merken, daß die Beteiligten Zugang zu allen benötigten Informationen haben. Jede Interessengruppe, einschließlich des Endkunden, können den Prozeß »einsehen«. Nichts verschwindet in der Versenkung. Jedes Element des Prozesses ist für alle Betroffenen klar und deutlich sichtbar.

Dieser Punkt mag auf den ersten Blick nebensächlich erscheinen, aber er ist ungemein wichtig. Ganze Industrien wurden durch die Prozeßtransparenz, die aus dem elektronischen Handel resultiert, grundlegend umgewandelt. Der

Frachtverkehr ist ein anschauliches Beispiel. Früher gaben wir uns damit zufrieden, Güter zu verschicken und darauf zu vertrauen, daß sie am Bestimmungsort ankamen. Wichtige Sendungen wurden versichert oder per Einschreiben geschickt, damit wir wußten, daß sie in die richtigen Hände gelangt waren. *Federal Express* mischte die ganze Branche auf, als das Unternehmen begann, Luftfrachtsendungen auf ihrem Weg Schritt für Schritt zu verfolgen und Kunden diese Informationen zur Verfügung zu stellen – denjenigen Personen oder Firmen, die sie aufgegeben hatten. Damit konnte sich *FedEx* positiv von der Konkurrenz abheben und diese Stärke stetig ausbauen. *Federal Express* war auch das erste Unternehmen, das seine Versandinfos im Web postierte. Es bot Kunden nicht nur die Möglichkeit, sich online aus erster Hand kundig zu machen, sondern diese Informationen auf der Website mit Hilfe bestimmter Programme automatisch zu erfassen und den eigenen Kunden zugängig machen. Dann begann *FedEx*, seine Kunden – Katalogversandhäuser wie *Lands' End* – zu ermutigen, die Statusinformationen für ihre Sendungen auf einer eigenen Web-Seite zu postieren. Wenn Sie also ein Produkt bei *Lands' End* bestellt haben und die Zustellung durch *FedEx* erfolgen soll, können Sie jederzeit nachprüfen, ob das Paket bereits ausgeliefert wurde und wer den Empfang quittiert hat. Inzwischen bietet *FedEx* einen E-Mail-Service an, mit dem der Absender den Empfänger davon in Kenntnis setzen kann, daß ein Paket an ihn unterwegs ist.
Obwohl *Federal Express* als erstes auf die Idee kam, den Absendern und ihren Kunden Einblick in den Versandprozeß zu geben, hat auch *UPS* bei der Überwachung der Zustellungen ganze Arbeit geleistet, aber in wesentlich größerem Umfang als *FedEx*. 1997 behielt *Federal Express* in aller Regel rund 2 Millionen Pakete im Auge, *UPS* brachte es auf 18 Millionen. *UPS* scannt jede einzelne Sendung mindestens dreimal während des Versands. Und wie bei *Federal Express* lassen sich die *UPS*-Infos auf der Website und mit Hilfe der Software abrufen, die Großkunden bei Transaktionen mit *UPS* benutzen. Welche neuen Funktionen ermöglicht diese Transparenz im Versandprozeß? Ein Unternehmen, das in Hongkong gefertigte Hemden an verschiedene Einzelhandelsgeschäfte in den USA schickt, könnte beispielsweise die Route der gesamten Sendung oder eines Teils ändern, auch wenn sich die Container bereits auf dem Weg befinden. Oder eine Frau, die am Samstag vor den Traualtar treten will und entdeckt, daß ihr Brautkleid mit normaler Luftfracht geschickt wurde und erst am Mittwoch ankommen würde, könnte das Paket »abfangen« und eine Overnight-Zustellung, bis zum nächsten Morgen, veranlassen.
Die *National-Science-Foundation*-Fallstudie zeigt, daß die verbesserte Transparenz bei der Beantragung und Vergabe von Forschungszuschüssen die Lebensqualität der Wissenschaftler und Universitätsabteilungen, die von den Beihilfen abhängig sind, erhöht hat. Statt nach der Eingabe sechs Monate auf heißen Kohlen zu sitzen und zu bangen, ob die Gelder bewilligt wurden, können nun alle Beteiligten sehen, wie ihre Chancen stehen.

Geschäftsprozesse straffen, die sich auf den Kunden auswirken:

Babson College

www.babson.edu

Organisationsprofil

Studenten gefiel die Ausbildung, die sie vor und nach der Graduierung am Babson erhielten, aber der bürokratische Filz war ihnen ein Dorn im Auge. Die Studenten und ihre Eltern fanden die Geschäftsabwicklung mit dem College zeitraubend. Babson brauchte drei Jahre für den Umbau aller Geschäftsprozesse an der Schnittstelle zum Kunden und schuf ein Web-basiertes Umfeld, im dem alle Transaktionen stattfinden, angefangen von der Kurseinschreibung bis zu Diskussionsforen im »Klassenzimmer«. Das Herzstück des neuen Systems ist eine individuelle Kunden-Profildatenbank, für deren Aktualisierung die Studenten selbst verantwortlich sind.

Wichtige Erfolgsfaktoren im Fall »Babson«	
✓ Die richtigen Kunden anvisieren	✓ Kunden zur Selbstbedienung anregen
Die Verantwortung für die Gesamterfahrung des Kunden übernehmen	Kunden bei der Bewältigung ihrer Arbeit unterstützen
✯ Geschäftsprozesse straffen, die sich auf den Kunden auswirken	✓ Serviceleistungen personalisieren
✓ Eine Rundumsicht von der Kundenbeziehung entwickeln	✓ Das Gemeinschaftsgefühl stärken
✯ = Hier detailliert beschrieben	✓ = Hier kurz angesprochen

Babson College: Die Qualität der Dienste für Studenten verbessern

William Glavin, der Präsident des Babson College, wollte, daß seine Institution, eine bekannte und führende Kaderschmiede für angehende Manager, kein Lippenkenntnis ablegte, sondern das praktizierte, was sie predigte. An diesem privaten College in Wellesley, Massachusetts gibt es Studiengänge für Graduierte und Nichtgraduierte. Das Angebot für graduierte Studenten gilt in den USA als Nummer eins unter den MBA-Programmen. Und *U.S. News and World Report*

bezeichnet die betriebswirtschaftliche Ausbildung für Nichtgraduierte seit mehr als sechs Jahren als die beste im ganzen Land. Glavin wollte sich mit diesen externen Beurteilungen aber nicht zufriedengeben. Er machte sich Gedanken darüber, wie seine Studenten – die eigentlichen Kunden – das College sahen.
In Studentenumfragen wurde das akademische Programm überschwenglich gelobt. Anfang der 90er Jahre äußerten die Teilnehmer jedoch allgemein Unzufriedenheit mit den administrativen Diensten, die das College bot. Viele Transaktionen galten als »Hindernislauf«. Insbesondere beklagten sich die Studenten über Hürden in folgenden Prozessen:

- Bearbeitung der Bewerbungsunterlagen,
- Einschreibung,
- Finanzhilfe-Pakete,
- Rechnungsausstellung für Studenten,
- Kreditvergabe für Studenten,
- Kommunikationsmangel zwischen den Verwaltungsabteilungen.

Ende 1993 stellte Glavin eine Arbeitsgruppe zusammen, bestehend aus langjährigen Mitgliedern der Verwaltung, den Fakultäten und aus Umstrukturierungsexperten; sie sollte das Verbesserungspotential der administrativen Prozesse am Babson prüfen und konkrete Empfehlungen für die Vorgehensweise ausarbeiten. Infolge dieser Empfehlungen betraute Gavin ein Reengineering Design Team unter dem Vorsitz von Richard Kesner mit der Aufgabe, einen umfassenden Plan für die Runderneuerung der administrativen Dienste für Studenten zu entwickeln. Er sollte Szenarien für die gewünschten Ergebnisse, die einzelnen Etappen bei der Realisierung dieser Ergebnisse und Prototypen für die Computersysteme enthalten.

Die gewünschten Resultate: Ein Musterszenario aus der Warte der Studenten

Im Februar 1994, als das Team mit dem Umbau begann, besaß der typische Einschreibungsprozeß für die Kurse in jedem Semester barocke Ausmaße. Die Studenten standen Schlange, um sich über finanzielle Beihilfen beraten zu lassen oder einen Platz in den von ihnen gewählten Kursen zu ergattern. Wenn sie endlich an der Reihe waren, stellten sie oft fest, daß die Kurse bereits voll waren, so daß sie auf Alternativen »Zweiter Wahl« zurückgreifen oder von einem Professor zum anderen rennen mußten, damit dieser eine Ausnahme machte. Und dabei galt es, den Nachweis für die unterschiedlichsten Voraussetzungen beizubringen und Anforderungen zu erfüllen, die sich zeitlich oft nicht unter einen Hut bringen ließen. In der gleichen Zeit mußten sie sich für eine Unterkunft auf dem

Campus einschreiben und auf dem »Verhandlungsweg« versuchen, an das gewünschte Haus und den gewünschten Raum heranzukommen, nur um die Prozedur zu wiederholen, wenn es nicht klappte. Ein streßbefrachtetes Ritual! Das neue Szenario, das die Entwicklungsgruppe erarbeitete, war wesentlich einfacher und konnte von den Studenten per Computer daheim oder auf dem Campus über die Bühne gebracht werden.
Der vorgeschlagene Einschreibungsprozeß für Kurse und Unterbringung auf dem Campus sah folgendermaßen aus:

- Kurse werden per Computer belegt, und da die Transaktion in Echtzeit erfolgt, wissen die Studenten auf Anhieb, welche ausgebucht sind und was für Alternativen es gibt. Wenn sie bei dieser Entscheidung Hilfe brauchen, können sie auf Vorlesungsverzeichnisse, Fakultätsbiographien und Fakultätsbewertungen von Studenten zugreifen. Sie können die eigenen Studienunterlagen und die akademischen Anforderungen im Hauptfach anschauen, um die am besten geeigneten und interessantesten Kurse herauszusuchen.
- Sie können sich ihre Pausenhalle und den Speiseplan aussuchen.
- Sie können die Kosten errechnen, die Bezahlung in die Wege leiten und Beihilfen und/oder Bankkredite beantragen. Teilzeitjobs werden im Web postiert, so daß elektronische Bewerbungen möglich sind.
- Dieses System schließt »intelligente Agenten« ein, die prüfen, ob alle Transaktionen »rechtmäßig« sind und die Studenten an die Abgabefristen erinnern.

Dieses Szenario ist beeindruckend, verglichen mit der altehrwürdigen Methode, sich die Hacken abzulaufen, noch bevor das Semester überhaupt beginnt. Und natürlich war das nur einer von vielen Bausteinen in der Vision von den elektronisch gestützten, administrativen Diensten, mit denen das Babson College seinen Studenten das Leben erleichtern wollte.

Die Grundstruktur für den Umbau der Prozesse errichten

Wie wurde der Umstrukturierungsprozeß abgewickelt? Die Entwicklungsgruppe konzentrierte sich auf fünf Schlüsselbereiche, die für die Befriedigung der wichtigsten Bedürfnisse von Kunden und Interessengruppen Vorrang hatten – Studenten (die Endkunden), Eltern und Mitarbeiter (ebenfalls in den Prozeß eingebunden). Diese Bereiche waren:

- Bewerbung am College,
- akademische Unterlagen und Einschreibung,
- Beratung (akademische, administrative und Lebensberatung),
- Finanzdienste,

- praxisbezogenes Lernen und Karrieredienste (Praktika im Unternehmen und Stellenvermittlung).

Funktionsübergreifende Arbeitsgruppen wurden gebildet, um die Geschäftsprozesse in allen Bereichen neu zu konzipieren. In diesen Teams waren Studenten, Angehörige der Verwaltung, Fakultäten und IT-Experten[4] vertreten.
Die Gruppen arbeiteten mit vollständigen Szenarien, entwickelten Prototypen und testeten beides mit Zielgruppen, die sich aus Studenten und Verwaltungspersonal zusammensetzten. Als Prototypen und Szenarien kombiniert waren, wurde deutlich, daß das Babson-College seine informationstechnologische Infrastruktur völlig »ummodeln« mußte.
Die IT-Gruppe beschloß, auf dem bereits vorhandenen, robusten WAN-Netzwerk aufzubauen. Die Benutzung von *Lotus* Notes zur Unterstützung der gestrafften Geschäftsprozesse sollte erweitert und eine einzige, konsolidierte Informationsdatenbank für die Studenten entwickelt werden. Sie sollte »Stammdatenbank« für alle Informationen sein, die für Studenten relevant waren. Statt die Informationsbruchstücke über jeden Studenten in getrennten Systemen auf dem Campus aufzubewahren, sollten sie gesammelt und an einem Ort gespeichert werden; alle anderen Anwendungen würden die benötigten Information dort abrufen können. Die Integration aller im College vorhandenen Systeme in dieses neue Rahmenwerk wurde entsprechend dem Beschluß des IT-Teams einer Fremdfirma übertragen.

Entwicklung der technischen Infrastruktur

1992 hatte das Babson mit der Implementierung eines neuen Client-Server-Netzwerks begonnen, dem sogenannten *GlobeNet. GlobeNet* besteht aus einem Glasfaser-Back-Bone-Netz, das alle lokalen Netze in den Gebäuden auf dem Campus miteinander koppelt und auf dem Netzwerkbetriebssystem Banyan VINES läuft. 1994 waren alle Desktop-PCs im College ersetzt oder auf 486er PCs aufgerüstet, und mit *Microsoft* Windows bzw. *Microsoft*-Office-Anwendungsprogrammen bestückt worden, um die persönliche Produktivität bei den Applikationen zu verbessern. Die Studenten hielten normalerweise mit dem eigenen 486er oder einem besseren Gerät auf dem Campus Einzug.

Informationen über die Kunden in einem einzigen Daten Warehouse konsolidieren

Das IT-Team schlug eine einzige, integrierte Kundendatenbank vor, in der alle wichtigen Profilinformationen enthalten sein sollten. Sie wurde »Person Master«-Database genannt. Dahinter stand die Idee, ein Modell zu entwickeln,

4 Informationstechnologie

bei dem man mit einem Log-in viele Anwendungen nutzen kann. In dieser Kundendatenbank sollte der *Microsoft* SQL-Server zum Einsatz kommen. Die Person-Master-Datenbank sollte die Quelle aller Profilinformationen (Name, Adresse, Telefonnummer, Matrikelnummer usw.) für alle übernommenen Systeme und die neuen Client-Server-Applikationen sein, die entwickelt oder gekauft wurden, um die bestehenden Transaktionssysteme zu ersetzen.

Arbeitsflußanwendungen und Groupware-Plattform

Das Babson-Entwicklungsteam erkannte jedoch, daß ein gemeinsames Daten-Warehouse und die Client-Server-Netzwerk-Kapazitäten nicht ausreichten, um zu gewährleisten, daß der Zugriff auf die Informationen brauchbar und nahtlos verlief. Das College beschloß daher, Arbeitsflußlösungen zu erforschen, um den Benutzern den Weg durch die administrativen Prozesse zu erleichtern. Babson wählte die Action-Workflow-Produktreihe von *Action Technologies* als Arbeitsflußplattform, wobei die Arbeitsflußanwendungen in *Lotus* Notes entwickelt wurden. Rückblickend erklärt Kesner, das dieser Schritt ein Fehler gewesen sein könnte.

Ein universelles Frontend-System für die administrativen Dienste entwickeln

Kesner hatte jedoch nicht geplant, *Lotus* Notes als Frontend-System für die administrativen Dienste zu benutzen. Das IT-Team am Babson baute als erstes eine auf Formulare gestützte, graphische Point-und-Klick-Schaltfläche für diese Dienste auf, die den VisualBasic-Compiler benutzte. Jedes umstrukturierte System lieferte ein Frontend mit demselben Aussehen und Arbeitsgefühl, so daß die Benutzer leicht lernten, zwischen den Systemen hin- und herzuwechseln. Sie nannten diese Frontends (und die zugrundeliegenden Anwendungen) View It & Do It Online, oder VIDIO.

Im Frühjahr 1997 wurde klar, daß die Benutzung eines auf Formulare gestützten VisualBasic-Frontends für Notes-basierte Anwendungen zu kompliziert und nicht universell genug war. Die unerwartete Beliebtheit und allgegenwärtige Präsenz des World Wide Web überschnitt sich mit Babsons VIDIO-Projekt. Es lag auf der Hand, daß Frontend und Arbeitsfluß ins Web wandern mußten. Richard Mickool, der im Umbauteam mitgearbeitet hatte und Kesner als Chief Information Officer (CIO) am Babson College ablöste, machte sich die Situation zunutze und beschloß, alle Entwicklungen auf eine einzige Plattform zu stellen: *Lotus* Domino. Dadurch war es Mickools Team möglich, ihre *Lotus*-Kenntnisse zu nutzen und gleichzeitig eine universelle Browser-User-Schnittstelle für alle VIDIO-Applikationen zu schaffen. Außerdem konnte sie die teuren, komplexen und getrennten Arbeitsflußentwicklungsumgebungen, die sie gestestet hatte, über Bord werfen. Mickool erklärte: »Wir konnten alles, was wir brauchten, mit Domino zusammenstückeln.« Alle Backend-Anwendungen und Informationen in den Daten-Warehouses wurden direkt in die neue webgestützte Domino-Infrastruktur integriert. Mit dem Wechsel zur Domino-Plattform sei die Entwicklung der Anwendungen wesentlich schneller vorangegangen, berichtete Mickool.

Verknüpfung mit den Bedienungsdaten

Mickools Team beschloß, die Einschreibungsanwendung nicht direkt mit dem bereits vorhandenen, auf VAX-Prozeßrechner gestützten Kursplanungssystems zu verknüpfen. Zum einen sollte die VAX-basierte Anwendung ausgemustert werden, zum anderen wollte man die Leistungsfähigkeit des Produktionssystem nicht beeinträchtigen. So entstand eine zweite SQL-Server-Datenbank, in der die Bedienungsdaten gespeichert wurden. Jeden Abend zieht er eine Image-Kopie vom VAX-Planungssystem. Die webgestützte Einschreibungs- und Kursplanungsanwendung ist interaktiv mit dem Betriebsdatenspeicher verbunden. Ende 1997 ersetzte Babson die VAX-Anwendung durch ein neues Kursplanungsprogramm, das auf dem SQL-Server von *Microsoft* läuft. Nun wird abends kein Image-Backup von den Betriebsdaten mehr erstellt, sondern durch die Web-Anwendung einfach eine getrennte Datensicht geschaffen.

Entwurf und Einführung der neuen Anwendungen

Rund neun Monate nach Beginn der Umstrukturierungsarbeit wurde offensichtlich, daß jemand ganztags die Verantwortung für die Überwachung und den Aufbau der technologischen Infrastruktur übernehmen mußte, wenn die neuen Geschäftsprozesse ein Erfolg werden sollten. Rick Mickool, der von Anfang an in das Projekt der IT-Gruppe einbezogen war, stellte sich für diese Implementierungsaufgabe zur Verfügung und gab seinen früheren Posten als Leiter der studentischen Dienste auf. Als Kesner im Frühjahr 1997 das Babson verließ, trat Mickool als CIO in seine Fußstapfen.
Im September 1997 begann Mickools Team mit der Entwicklung der Applikationen, die in den vergangenen Jahren als Versuchsmodell entworfen und getestet worden waren. Die ersten Anwendungen, die schrittweise zum Einsatz kamen, waren für die Studenten, obwohl befugte Fakultäts- und Verwaltungsangehörige ebenfalls Zugang zu den Informationen erhielten. Anwendungen, die auf die Bedürfnisse der Eltern, der ehemaligen College-Absolventen und anderer Interessengruppen ausgerichtet waren, sollten später an die Reihe kommen.

Bewerbung am College

Für Studenten, die sich um eine Aufnahme am Babson bewerben, bietet das College nun eine Reihe webgestützter Optionen. Sie können die Website (www.babson.edu) besuchen, sich Informationen über das College holen und die Bewerbungsunterlagen online ausfüllen. Die Anwendung muß nicht in einer einzigen Sitzung beendet werden: Die Bewerber können zurückkehren, um die verschiedenen Teile zu vervollständigen. Erst wenn sie die »Abschicken«-Taste drücken, wird die Bewerbung vom College bearbeitet. Die Online-Bewerbung fließt direkt in das Zulassungssystem ein. Die Studenten können außerdem ein allgemeines, webgestütztes Bewerbungsformular ausfüllen, das bei mehreren Universitäten in Umlauf ist, einschließlich der Stanford University. Auch hier wird die Bewerbung im Web ausgefüllt, abgeschickt und in das Zulassungssystem eingespeist (und in das anderer Wettbewerber, die zum Verbund gehören). Das erleichtert den Studenten die Bewerbung bei mehreren Universitäten und Colleges mit betriebswirtschaftlicher Fakultät, weil die Bewerbungsunterlagen nicht mehrfach ausgefüllt und abgeschickt werden müssen.

Vorbereitung auf den Eintritt ins College

Sobald ein Student angenommen wurde, schickt das College eine formale Zulassungsmitteilung (mit der regulären Post), die eine ID zum Einloggen und ein Paßwort für den Zugriff auf eine Website enthält, die eigens für die Erstsemester geschaffen wurde. Damit will man unter anderem sicherstellen, daß Studenten, die ihre Studiengebühren noch nicht entrichtet haben, ihre Meinung nicht doch noch ändern und sich für ein anderes College entscheiden. Diese Willkommensseite trägt dazu bei, die Beziehung zwischen dem zugelassenen Studenten und dem College zu festigen. Sie enthält alle Informationen, die ein Student benötigt, um für die Ankunft auf dem Campus gerüstet zu sein: Anreisemöglichkeiten, Unterbringung, Kurse, ein Stadtplan von Boston und Umgebung usw. Sie gibt auch Antworten auf häufig gestellte Fragen und bietet Diskussionsforen. Studenten können auch selbst Fragen stellen und entscheiden, wer sie beantworten soll: ein Kommilitone, ein Fakultätsmitglied, ein Ehemaliger usw. Diese E-Mails werden in einer Datenbank postiert, und die ehrenamtlichen Helfer in jeder Gruppe werden benachrichtigt, daß in der Datenbank eine Frage wartet. Sie können sich einloggen und die Frage beantworten, und der frischgebackene Student erhält die Antwort per E-Mail (die Fragen und Antworten gehen ebenfalls in die Datenbank ein, so daß die nützlichsten oder häufigsten für andere Studenten zur Verfügung stehen).

Die Geschäftsabwicklung mit dem College straffen

Sobald die Zulassung erfolgt und die Studiengebühr entrichtet ist, können sich die Studenten Zugang zu ihren persönlichen Profildateien verschaffen. Die darin gespeicherten Informationen dienen als Grundlage aller Anwendungen, mit denen sie in Berührung kommen, angefangen von der Unterbringung auf dem Campus bis zur Benutzung der Bibliothek, Lastschriften von der Universitätsbuchhandlung, Kursplanung und Rechnungsausstellung. Jeder Student erhält außerdem eine Babson-One-Karte mit digitalisiertem Foto und Magnetstreifen. Dieser »Studentenausweis« ermöglicht ihm den Zugang zu allen physischen

Systemen (Gebäude, Essen in der Mensa, Universitätsbuchhandlung, Bibliothek usw.) Die Karte ist mit dem Profilinformationen des Studenten verknüpft.
Die Studenten sind für die Pflege ihrer Profildaten via Web verantwortlich. Sie können verschiedene Telefonnummern, Post- und E-Mail-Adressen angeben und diejenige kennzeichnen, die sie für die offizielle Kommunikation mit dem College bevorzugen. Sie können außerdem bestimmen, welcher Teil ihres Profils veröffentlicht werden darf, zum Beispiel das digitalisierte Foto (das gleiche wie auf dem Studentenausweis). Außerdem entscheiden sie, ob die Eltern Einsicht in Noten, Telefonrechnungen und Studiengebühren erhalten sollen. Oder welche Adreßinformationen im Campus-Verzeichnis aufgenommen werden sollen usw.
Von derselben Web-Umgebung können sich die Studenten auch ihre Noten und Vorlesungstermine anschauen, für Kurse einschreiben, ihre Rechnungen überprüfen, Skripte anfordern, sich für die Graduierung anmelden (ein Formular ausfüllen, in dem Einzelheiten für die Ausstellung oder Verleihung des Diploms aufgeführt sind, z. B. wie ihr Name ausgesprochen wird usw.). Mit anderen Worten: Die Mehrzahl der bürokratischen Aktivitäten, die das Leben eines Studenten in Streß ausarten lassen, wurden vereinfacht.
Die vielschichtigste Anwendung ist die Einschreibung für die Kurse. Im Herbst 1997 brachte Mickools Team die erste Version heraus. Sie ermöglicht es Studenten, sich Informationen über die Teilnahmevoraussetzungen an den Kursen zu holen und sich für Veranstaltungen ihrer ersten und zweiten Wahl einzuschreiben. Diese erste Version war jedoch keine Echtzeit-Anwendung. Die elektronischen Formulare wurden an die Einschreibungsapplikation weitergeleitet, und sobald hier die Ergebnisse vorlagen, wurden die Studenten via E-Mail benachrichtigt. Oder sie konnten sich einloggen, ihre Stundenpläne einsehen und sich anschauen, welchen Kursen man sie zugeteilt hatte.
Mickool berichtete, daß diese Anwendung auf große Begeisterung stieß. Ein Student aus Venezuela erzählte ihm, wie glücklich er sei, daß er in einem Internet-Café in Caracas sitzen und sich für die Kurse im nächsten Semester einschreiben könne. Das College hat die Einschreibung nach Gruppen gestaffelt und gibt bestimmten Studenten den Vorzug, z. B. älteren Semestern, die kurz vor dem Abschlußexamen stehen, oder solchen, die im vorigen Semester nicht die Kurse ihrer ersten Wahl belegen konnten. Sobald eine neue Gruppe an der Reihe ist, erhält jeder Student, der ihr angehört, eine E-Mail mit einem Link zur Einschreibeseite im Web, die besagt, er sei nun berechtigt, sich einzuschreiben, und die Einschreibefrist werde in zwei Wochen enden.
Die nächste Version der Anwendung, die im Herbst 1998 eingeführt wird, ermöglicht den Studenten eine Echtzeit-Einschreibung. Sie können dann ihre Wahl blitzschnell unter den Kursen treffen, in denen noch Platz ist.

Der Eintritt ins elektronische »Klassenzimmer«

Sobald ein Student für einen Kurs eingeschrieben ist, rollt eine ganze Lawine automatisierter Prozesse an, die ihn auf Babsons elektronischem Campus und im entsprechenden elektronischen Klassenzimmer, das jede »Klasse« hat, registrieren. Seine Profildaten werden automatisch postiert oder vielmehr derjenige Teil, den er für die Veröffentlichung freigegeben hat. Ein Kompendium des Professors, die Liste mit der empfohlenen Lektüre, Vorlesungsplan und Hausaufgaben sind ebenfalls elektronisch abrufbar. In jedem elektronischen Klassenzimmer gibt es ein Diskussionsforum, wo sich Studenten und Professoren zu einem Gedanken- und Meinungsaustausch treffen können.

Hürden bei der Implementierung der neuen Geschäftsprozesse

Es dauerte drei Jahre, bis die miteinander verbundenen Umstrukturierungs- und informationstechologischen Aktivitäten die ersten Früchte trugen. Eine Reihe zunehmend feiner geschliffenen Reihen von Technologieplattformen wurde erprobt und für schlecht befunden (siehe oben). Und es gab einige knifflige Organisationsprobleme, die den Gruppen noch heute zu schaffen machen.

Den Kunden die Pflege der Profildatei überantworten

Das größte Organisationshindernis, dem sich Mickool gegenübersieht, ist die Pflege der Profildatei, die den Studenten überantwortet wurde. Die Restrukturierungsgruppe erkannte von Anfang an, daß die Studenten selbst das Herzstück der neuen Anwendungen waren und folglich am besten dazu geeignet, Namen, Adressen und andere Profilinformationen in der Person-Master-Datenbank auf ihre Richtigkeit zu überprüfen und nötigenfalls zu überarbeiten. Den Teammitgliedern war auch bewußt, daß ein bestimmter Prozentsatz sich nicht die Mühe machen würde, ihre Unterlagen regelmäßig zu aktualisieren. Sie kamen überein, sich nach dem Motto zu richten: Dann eben nicht; wer nicht hören will, muß fühlen. Wenn die Noten oder Rechnungen nicht auftauchten, würde ihnen irgendwann ein Licht aufgehen und die Adresse korrigiert, die Babson für die Kontaktaufnahme benutzte. Das Thema kam bei den Mitarbeiterbesprechungen in den Abteilungen häufig zur Sprache. »Wir haben keine genauen Angaben, weil die Studenten ihre Profildateien nicht pflegen«, hieß es immer wieder. Wenn Mickool darauf hinwies, daß diese Wahl vom College getroffen wurde und daß es wesentlich kostengünstiger sei, eine einzige Quelle für die Daten zu haben, die von den Kunden selbst gepflegt würde, stimmten theoretisch alle überein. Was ihnen nicht gefiel, war die Praxis. Vorher hatte jede Abteilung ein Duplikat der Studentendaten und fühlte sich wohler, was ihre Richtigkeit anging.

Mickool erklärte: »Es ist eine Sache, Leute in die kreative Gestaltung und Ideensammlung für neue Geschäftsprozesse einzubeziehen, aber es steht auf einem ganz anderen Blatt, wenn die neuen Anwendungen nicht mehr wie früher aussehen oder andere Verhaltensweisen erfordern.

Ergebnisse

Nach drei Jahren fortwährender Entwicklung und Verbesserung hat das Babson College Riesenfortschritte bei der Umstrukturierung der meisten Geschäftsprozesse aus der Warte der Studenten gemacht. Von dem Zeitpunkt an, an dem sich ein Interessent um die Zulassung am College bewirbt, bis zur Graduation ist er ein Rad im gut geölten, stark personalisierten elektronischen Supportgetriebe. Diese bedarfsgerechte elektronische Umgebung ist für die große Anzahl der ausländischen Studenten und ihrer Eltern besonders attraktiv. Viele Jahre war das Babson ein Magnet für lateinamerikanische Studenten, die eine betriebswirtschaftliche Ausbildung in den USA anstrebten. Nun können diese Studenten und ehemalige Absolventen leichter mit dem College Verbindung halten, da alle Verwaltungs- und Finanzfunktionen und ein großer Teil der Einrichtungen, die für die akademische Arbeit vorhanden sein müssen, online zugänglich sind.
Da diese Infrastruktur inzwischen installiert ist und viele kulturelle Veränderungen mit sich bringt, hat das Babson einen Wettbewerbsvorsprung vor vielen Konkurrenzinstitutionen. Das Studentenprofil, die ersten gestrafften Geschäftsprozesse und die elektronische Campus-Umgebung sind nur der Auftakt für eine Reihe beeindruckender Angebote, die Babson für alle Interessengruppen schnell, problemlos und mit geringen Zusatzkosten schaffen kann. Dank der bei allen administrativen und akademischen Systemen im Mittelpunkt stehenden Kundendatenbank ist das College in der Lage, Datenredundanz und Fehler in sämtlichen Systemen auszuschließen. Und da die Profildatenpflege durch die Studenten selbst erfolgt, können die Verwaltungskosten niedrig gehalten und die Qualität der Informationen im Lauf der Zeit verbessert werden, sobald den Studenten klar geworden ist, daß sie es sind, die die Kontrolle darüber haben.

Pattys Resümee für das Babson College

Der nächste Schritt sollte für das Babson darin bestehen, alle akademischen und administrativen Prozesse, die sich auf die Studenten auswirken, weiter zu bereinigen. Zweitens sollte das College bei der Pflege der Profildaten ein »Sicherheitsnetz« einbauen. Obwohl die Studenten (oder Ehemaligen, Fakultätsmitglieder usw.) im Idealfall selbst dafür verantwortlich sein sollten, könnte ein Backup in der »Hinterhand« nicht schaden. Für die Einträge in der Person-Master-Datenbank sollten zwei Personen zuständig sein: der Betreffende selbst und jemand, dessen Aufgabe darin besteht, für die Datengenauigkeit zu sorgen. Die zweite Person oder Abteilung könnte als eine Art »Schattenbesitzer« betrachtet werden. Die Überarbeitung durch den tatsächlichen Besitzer würde Vorrang haben. Doch der Schattenbesitzer sollte befugt sein, Aktualisierungen vorzunehmen, wenn sich der eigentliche Besitzer nicht darum bemüht. Diese Lösung des Datenbesitz-Problems, dem sich das Babson gegenübersieht, ist vermutlich realistischer. Ich schlage indessen nicht vor, daß mehrere Abteilungen »Schattenbesitzer« derselben Informationen werden. Damit wäre Babson wieder dort angelangt, wo es einmal war: bei bisweilen widersprüchlichen Datenbeständen, die von den einzelnen Abteilungen gepflegt werden. Die ehemaligen College-Absolventen könnten die Alumni-Profildateien als »Schattenbesitzer« betreuen, die Zulassungsabteilung die Profile der Studenten, die sich um eine Aufnahme am College bewerben, usw. Sobald ein Student angenommen ist, würde die Verantwortung beispielsweise an die Verwaltungsabteilung übergehen, die alle Neulinge unter ihre Fittiche nimmt, usw.

Als nächstes sollte das Babson mit der geplanten Entwicklung kontextabhängiger Geschäftsprozesse für die wichtigsten Interessengruppen fortfahren: Eltern, Ehemalige, Fakultät, Verwaltungspersonal. Heute kann ein Fakultäts- und Verwaltungsangehöriger Zugang zu den Studenten- und Statusinformationen erhalten, indem er sich als Alias einloggt (unter der Voraussetzung, daß er dazu befugt ist). Auf diese Weise kann er sich ein Gesamtbild von den persönlichen Daten eines Studenten machen. Doch ein großer Teil der detaillierten Informationen steckt immer noch in den funktionalen »Ofenrohr«-Systemen fest, die sich in den einzelnen Abteilungen befinden. Im Idealfall sollten diese Informationen auch für andere autorisierte Mitglieder des administrativen und akademischen Personals zugänglich sein, und zwar mit Hilfe derselben webgestützten Point-und-Klick-Schnittstelle, die inzwischen von den Studenten benutzt werden kann.

1998 konzentrierte sich die Gruppe, die sich um die elektronische Ankopplung der ehemaligen College-Absolventen kümmert, auf die Entwicklung von Anwendungen eigens für diese Klientel. Die Alumni sollen in der Lage sein, ihre eigenen Profildateien zu pflegen, Kontakte zu Gruppen mit gleichen Interessen zu knüpfen – z. B. Consulting-Mitarbeitern von Arthur Anderson, Investitionsbanken oder lateinamerikanischen Unternehmern –, in Diskussionsforen einzusteigen und sich über Veranstaltungen am College auf dem laufenden zu halten.

Ich glaube, daß die Eltern ein ebenso wichtiges Element in der Interessengemeinschaft sind. Ich möchte das College anspornen, seine Geschäftsprozesse auch an dieser »Schnittstelle« zu straffen und den Eltern kontextbezogene Informationen und relevante Diskussionsgruppen anzubieten. Die Implementierung der Anwendungen wird jedoch durch den Datenschutz gebremst. Die Studenten haben ihre eigenen Vorstellungen darüber, was ihre Eltern erfahren dürfen. Im ursprünglich entwickelten und getesteten Szenario war eine einzige Fakturieranwendung für Studenten und Eltern geplant: alle Rechnungen – Studiengebühren plus Kosten für Unterkunft, Bibliothek, Universitätsbuchhandlung, Telefon usw. – sollten konsolidiert werden. Die Studenten, die diesen Prototyp beurteilten, beanstandeten jedoch, daß ihre Eltern die einzeln aufgeschlüsselten Telefonrechnungen zu Gesicht bekämen. Folglich fiel diese Anwendung unter den Tisch. In seinem Profil kann der Student ankreuzen, auf welche Informationen seine Eltern Zugriff haben dürfen: Noten, Studien- und Bibliotheksgebühren, Rechnung der Universitätsbuchhandlung, Telefonrechnungen, Vorlesungspläne usw. Ich würde dem Babson empfehlen, auf der Grundlage der Zugriffsgenehmigungen, die im Studentenprofil enthalten sind, die Entwicklung der Applikationen fortzusetzen, um auch den Eltern den Zugang zu bestimmten Informationen und elektronischen Transaktionen zu ermöglichen.

Tips aus der Babson-College-Fallstudie

① Konzentrieren Sie sich auf den Endkunden für Ihr Produkt. Babson richtete sein Augenmerk auf die Studenten, die das Bildungsangebot wahrnehmen.

② Wie Sie bemerkt haben, reicht ein gutes Produkt nicht aus, um den Kunden bei Laune zu halten und Referenzen zu erhalten. Wenn es nicht leicht ist, mit Ihrer Firma Geschäfte abzuwickeln, werden Ihnen die Kunden in Scharen davonlaufen, mögen Ihre Produkte und Dienstleistungen auch noch so brillant sein. Der Präsident des Babson College handelte präventiv: er reagierte umgehend, als er auf die Unzufriedenheit seiner »Kunden« aufmerksam wurde.

③ Überantworten Sie einem funktionsübergreifenden Team die Ermittlung derjenigen Kerngeschäftsprozesse, die eine Bereinigung vertragen könnten. Beziehen Sie Endkunden, Interessengruppen und ein professionelles IT-Team ein. Im Fall Babson arbeiteten Studenten, Vertreter der betroffenen Verwaltungsabteilungen und Fakultäten mit IT-Profis zusammen, die in der Lage waren, die ermittelten Anforderungen in eine Technologiearchitektur umzusetzen.

④ Schaffen Sie eine konsolidierte, zentrale Kundenprofildatenbank; sie sollte als Kernstück aller Systeme und Prozesse dienen, die sich auf die Kunden auswirken.

⑤ Vermeiden Sie zu viele Technologieschichten. Babsons ursprüngliche Idee, »intelligente Agenten« und Arbeitsfluß einzusetzen, war verlockend. Aber das Kartenhaus stürzte ein, als man es auf Add-On-Tools aufzubauen versuchte. Durch Konzentration auf eine einzige Entwicklungsplattform – *Lotus* Domino – für Webdesign und Arbeitsfluß war das Team in der Lage, den Log-Engpaß zu beseitigen und vorwärtszukommen.

⑥ Benutzen Sie das Netz als Infrastruktur, um Kunden und Interessengruppen Zugang zu ihren Profilen und allen Anwendungen und Informationen zu geben, die sie für ihre Interaktionen benötigen.

⑦ Sobald die Geschäftsprozesse für Ihre Endkunden optimiert sind und ständig verbessert werden, konzentrieren Sie sich auf die Bereinigung der Prozesse für die wichtigsten Interessengruppen. Für Babson waren das die College-Angehörigen (Verwaltung und Fakultät) und die ehemaligen Absolventen. Nun sind die Eltern an der Reihe.

⑧ Obwohl die Idee nicht schlecht ist, den Kunden die Verantwortung für die Pflege ihrer eigenen Profildatei zu übertragen, sollte es darüber hinaus auch einen internen »Besitzer« geben, um zu gewährleisten, daß die Informationen richtig und aktuell sind.

Geschäftsprozesse straffen, die sich auf den Endkunden auswirken:

National Science Foundation

www.nsf.gov

Organisationsprofil

Fest entschlossen, den bürokratischen Filz bei der Beantragung und Vergabe von Zuschüssen zu entwirren, schuf die *National Science Foundation* FastLane. FastLane ist eine webgestützte Entwicklungsumgebung, die in Zusammenarbeit mit den wichtigen Interessengruppen der *NSF* entwickelt wurde – den verschiedenen Abteilungen an den Universitäten und Forschungsinstituten, die sich um Forschungsgelder bewerben. Wie sich herausstellte, war es einfacher, die Verwaltungs- und Finanzprozesse zu trimmen als den Arbeitsablauf bei der Formulierung und Vorlage der Anträge. Mehr als 2 Milliarden Dollar kommen jedes Jahr automatisch via FastLane zur Verteilung. Der größte Vorteil besteht für die Wissenschaftler darin, daß der Vergabeprozeß wesentlich transparenter geworden ist. Die Kandidaten, die sich um die Forschungsmittel beworben haben, können sich jederzeit über den Stand der Dinge informieren.

Wichtige Erfolgsfaktoren im Fall »Amazon.com«	
Die richtigen Kunden anvisieren	✓ Kunden zur Selbstbedienung anregen
✓ Die Verantwortung für die Gesamterfahrung des Kunden übernehmen	✓ Kunden bei der Bewältigung ihrer Arbeit unterstützen
✯ Geschäftsprozesse straffen, die sich auf den Kunden auswirken	✯ Serviceleistungen personalisieren
✓ Eine Rundumsicht von der Kundenbeziehung entwickeln	✓ Das Gemeinschaftsgefühl stärken
✯ = Hier detailliert beschrieben	✓ = Hier kurz angesprochen

Die FastLane der National Science Foundation: Die Überholspur durch die bürokratischen Ebenen

Die *National Science Foundation* ist eine unabhängige US-Regierungsbehörde mit einem Budget von mehr als 3 Milliarden Dollar, die als zweckgebundene Zuschüsse für Forschungs- und Bildungsprojekte in den USA verwendet werden. Zu den größten technologischen Durchbrüchen, die der finanziellen Unterstützung der *NSF* zu verdanken sind, gehören Internet, Mosaic-Browser (der beim World Wide Web Geburtshilfe geleistet hat) und *Genentech,* ein aufsteigender Stern auf dem Gebiet der Genforschung.
Eines der größten Probleme für die *NSF* und ihre Kunden besteht darin, daß der alljährliche Entscheidungsprozeß, wer Zuschüsse erhält, fair, unparteiisch, objektiv und für jedermann nachvollziehbar sein sollte, der die Vergabepraktiken unter die Lupe nehmen möchte.

Wer sind die Kunden und Interessengruppen?

Die *NSF*-Kunden sind Abertausende von Wissenschaftlern und Forschern in den USA, die nach Mitteln für die Finanzierung ihrer Projekte Ausschau halten. Schätzungsweise 40 000 bewerben sich jedes Jahr um Zuschüsse. Die Mehrzahl von ihnen arbeitet in Colleges, Universitäten und anderen Institutionen, die weitgehend von diesen Beihilfen abhängig sind, um die Kosten ihrer Forschungsprogramme zu decken. Die Fakultätsvorstände, Professoren, Abteilungs-, Entwicklungs- und Finanzleiter, Universitätspräsidenten und die Angehörigen der Personalabteilungen in diesen Institutionen sind ebenfalls wichtige Interessengruppen im Beschaffungsprozeß.

Da für die meisten Bittsteller eine Menge auf dem Spiel steht, müssen die Anträge in aller Regel einige Filtermechanismen durchlaufen, bevor sie der *NSF* vorgelegt werden. Ein Forscher erstellt die Rohfassung (ein ausgeklügeltes Dokument, das technische Dokumentationen, Budgets, Lebenslauf usw. enthält) und schickt sie an den Leiter seiner Abteilung, der vielleicht Änderungsvorschläge einfügt. Der modifizierte Antrag geht dann an den Lehrstuhlinhaber der Abteilung, der seinerseits Änderungen und Vorschläge einbringt. Schließlich gelangt der Antrag in die administrativen Kanäle der Institution, wo das Zuschußbüro, die Finanzabteilung und die Verwaltungschefs ihren Senf dazugeben. Es gibt kein typisches Muster für den Ablauf. Der Geschäftsprozeß unterscheidet sich von Institution zu Institution.
Die Komplexität dieses Prozesses auf der Kundenseite wird noch dadurch erschwert, daß jeder Beteiligte einen anders gearteten Computer benutzt, der ein anderes Betriebssystem und andere technische Anwendungs-, Textverarbeitungs- und Spreadsheet-Programme hat. Allein die Datenübertragung innerhalb einer Institution kann zu einer zeitraubenden Pflichtübung ausarten, die eine Konvertierung und Umformatierung der Dateien erfordert.
Die größte Hürde bei der Straffung dieser Prozesse sind allerdings die abteilungsspezifischen Arbeitsmuster und Verfahrensweisen, die sich in den Universitäten und Forschungsinstitutionen eingebürgert haben. Der Widerstand angesichts bevorstehender Veränderungen ist in akademischen Kreisen tief verwurzelt; technologiegesteuerte Initiativen brauchen lange, um zu fruchten. Die Umstrukturierung von Geschäftsprozessen ist eine Sisyphusarbeit, die in vielen Universitäten Unterstützung auf allerhöchster Ebene und ein massives, langfristiges Finanzengagement braucht.

Die Geburt des FastLane-Programms

Die Idee, Web-Anwendungen zu entwickeln, um den gesamten Prozeß der Beantragung, Überprüfung und Vergabe von Zuschüssen zu vereinfachen, war das Ergebnis von Projekten und Versuchen, die verschiedenen Aspekte der *NSF*-Arbeit zu straffen. Es begann im Jahr 1990 mit einem von der *NSF* gestarteten Projekt für die Forscher: Es sollte den Kunden – den Wissenschaftlern – bei der Beantragung der Finanzmittel Zeit und Mühe ersparen. Durch eine Lösung der Interaktionsprobleme zwischen den internen Computersystemen der Antragsteller, die bei der Überprüfung und Abänderung der Rohfassungen eingesetzt wurden, ließ sich der Prozeß um einige Monate verkürzen. Die Idee war brillant: Die *NSF* wollte Endkunden – den Forschern – willkürliche Hürden an ihrem Ende des Prozesses aus dem Weg räumen. Bedauerlicherweise war der erste Versuch ein Mißerfolg. Dadurch wurde dem Bewerbungsvorgang nur noch eine weitere komplexe bürokratische Schicht aufgepfropft. Und danach legte man das Vorhaben auf Eis.

1993 unternahm die *NSF* einen zweiten Anlauf und betraute eine neue funktionsübergreifende Gruppe mit der Aufgabe. Diese schlug vor, nicht nur den Bewerbungsprozeß, sondern sämtliche Interaktionsschienen mit Kunden – den Forschern an Universitäten – und allen anderen wichtigen Interessengruppen, zum Beispiel Fakultätsvorständen und Personal aus dem Beschaffungs-, Verwaltungs- und Finanzbereich, unter die Lupe zu nehmen.
Fred Wendling, für die Informationssysteme der *NSF* verantwortlich, nahm seinen erweiterten Auftrag ernst. Er beantragte und erhielt ein Budget von 800 000 Dollar, um eine Reihe gestraffter Geschäftsprozesse zu konzipieren und umzusetzen. Just als er sich im Herbst 1993 für die Arbeit an dem Projekt startklar machte, wurde er auf den ersten Web-Browser aufmerksam. Ein Mittelempfänger der *NSF*, das *National Center for Supercomputing Applications (NCSA)* an der University of Illinois, hatte die erste Version des selbstentwickelten Mosaic-Browsers auf den Markt gebracht. Natürlich wußte Wendling, daß es das Internet gab. Die *NSF* hatte es bereits benutzt, um ihre wissenschaftlich und technisch orientierten Kunden mit Informationen zu versorgen. Doch die Einführung des Mosaic-Browsers mit seiner benutzerfreundlichen graphischen Oberfläche und seinen plattformübergreifenden Hilfefunktionen ließ die Schlußfolgerung zu, das Internet im allgemeinen und das World Wide Web im besonderen könne auch für Normalsterbliche zugänglich sein, die nicht zu den Computerfreaks zählten. Wendling sah eine Möglichkeit, seine eigene Anwendungsreihe mit Hilfe einer einzigen Umgebung zu entwickeln: World Wide Web und Mosaic Browser.

Ein kalkuliertes Risiko, das sich ausgezahlt hat

Damals war das eine sehr riskante Strategie. Erstens war die erhältliche Mosaic-Version noch keine voll ausgereifte Software. Zweitens wurde das Web zu der Zeit kaum genutzt. Viele Leute, die an Universitäten arbeiteten, vor allem im administrativen Bereich, hatten keinen direkten Zugang zum Internet. Deshalb würden nur rund 50 Prozent der *NSF*-Kunden vom Internet und den *NSF*-Anwendungen profitieren. Doch die NSF war gleichwohl bereit, alles auf die Technologie-Karte zu setzen. *NSF*-Chef Neal Lane segnete das Vorhaben ab. Er war zwar der Ansicht, es sei nicht ganz ungefährlich, sich auf Mosaic und Web zu verlassen, aber seine Behörde solle das Risiko eingehen. Daß Lane den Hauptgewinn gezogen hatte, stellte sich heraus, als Marc Andreesen die University of Illinois verließ, *Netscape* gründete und der Web-Industrie auf die Sprünge half.

Interne Interessengruppen in den Entwicklungsprozeß einbeziehen

Die erste Aufgabe von Wendlings FastLane-Team bestand darin, Ende 1993 einen internen FastLane-Prüfungsausschuß zu bilden. Er setzte sich aus Vertretern aller Abteilungen innerhalb der Behörde zusammen. Der Leiter der Finanzsparte, der Leiter der Mittelbeschaffungs- und Vertragssparte, der stellvertretende Direktor der *NSF* und drei Programmanager (die mit der Antragsbearbeitung befaßt sind) arbeiteten aktiv in diesem Ausschuß mit.

»Prüfung« ist ein irreführender Begriff, denn dieser Ausschuß war maßgeblich am Entwurf und an der Entwicklung von FastLane beteiligt. Er identifizierte alle Projekte, die einer Überarbeitung bedurften. Genauer gesagt: Er ermittelte 28 verschiedene Bereiche, die gestrafft werden mußten, und setzte die Prioritäten.

Der »Prüfungsausschuß« tagte alle zwei Wochen. Zwischendrin waren die Angehörigen mit den Einzelheiten der Entwicklungsarbeit beschäftigt. Die Initiativen wurde auf die einzelnen Ausschußmitglieder verteilt. Diese Ausschußmitglieder (und die Mitarbeiter, die sie aus ihrer eigenen Organisation rekrutierten) leisteten als interne Entwickler der *NSF* Pionierarbeit. Sie arbeiteten mit professionellen Programmierern an Prototypen und beim Entwurf der Anwendungen zusammen.

Die Einbindung der Kunden

Anfang 1994 begann das FastLane-Team, den Kunden-Input in den Prozeß einzubeziehen. Sie konnten Entscheidungsträger von sechzehn Universitäten als Mitarbeiter gewinnen, die eine Beratergruppe bildeten. Sie vergewisserten sich, daß die Vertreter großer und kleiner Bildungsinstitutionen repräsentiert waren. Diese Gruppe trifft sich seit Anfang 1994 regelmäßig. Die FastLane-Beratergruppe gewann schon nach kurzer Zeit Prestige und Einfluß. Die derzeitige Leiterin des FastLane-Projekts, Carolyne Miller, berichtet, daß sie bei jeder akademischen Tagung von Leuten angesprochen wird, die gerne in die Gruppe aufgenommen würden. FastLane gilt in akademischen Kreisen als brandaktuelles, ungeduldig erwartetes Projekt.

Interessengruppen setzen Prioritäten und überwachen die Arbeitsfortschritte

Die Beratergruppe der Universitäten nahm sich die Liste der Initiativen vor, die der Überwachungsausschuß der *NSF* erarbeitet hatte, fügte eigene Ideen hinzu, setzte Prioritäten und änderte den Umfang einiger Projekte, die aufgeführt waren. Ein Beispiel: Die *NSF* hatte ein Modul für die Verwaltungsstellen der Universitäten geplant, die Forschungsgelder beantragten. Sie sollten in der Lage sein, sich ein Bild vom Status ihrer eingereichten Anträge zu machen. Die Beratergruppe erhielt von ihnen die Rückmeldung: »Wir möchten uns über den Status *aller* und nicht einzelner Anträge informieren. Wir würden es begrüßen, das gesamte Portefeuille anzuschauen – Zuschüsse, die bereits bewilligt wurden, und solche, über die noch nicht entschieden ist. Und es gibt zahlreiche andere Mitarbeiter in unserer Organisation, die diese Informationen zu Gesicht bekommen möchten und müssen, beispielsweise die Forscher selbst.«

Einer der größten Stolpersteine bei Design und Entwicklung gleich welcher Anwendung ist die Notwendigkeit, Endkunden die Vorteile der neuen Arbeitsweise vor Augen zu führen und sie zu überzeugen. Während die FastLane-Module Gestalt annahmen, installierte Millers Projektgruppe sie im *NSF*-Server und lud die Mitglieder der Beratergruppe ein, sich einzuloggen, sie auszuprobieren und Rückmeldungen zu liefern. Miller war bemüht, Feedback von allen Angehörigen der Beratergruppe zu erhalten. Sie beschrieb den allmählichen Sinneswandel, der stattfand, als sie sich einloggten und die Prototypen der Anwendungen testeten, die sich im Entwicklungsstadium befanden: »Sie erkannten, daß die Informationen, die wir ihnen zur Verfügung stellten wollten, für sie von Vorteil waren. Sie hatten dadurch wesentlich mehr Kontrolle über den gesamten Prozeß und Zugang zu Daten, an die sie bisher nicht herangekommen waren... Sie waren am Schluß richtig stolz, daß sie an der Entwicklung des Systems mitgewirkt hatten.«

Einer Schwierigkeit sah sich die *NSF* schon am Anfang gegenüber: die *wirklichen* Endkunden – die Forscher selbst – zur Teilnahme zu bewegen. Sie interessierten sich leidenschaftlich für ihre Arbeit, aber in aller Regel nur mäßig für eine Verbesserung der übergeordneten Geschäftsprozesse in ihren Institutionen. Die einzigen Rückmeldungen, die beim *NSF* eingingen, stammten von der kleinen Gruppe Kooperationswilliger, die ihre eigenen Anträge elektronisch einreichten. Sie gehören zu den »ersten Nutzern« der Technologie, sind aber nicht repräsentativ für den gesamten Kundenbestand. Die Endkunden ins Boot zu bekommen und sich ihre Mitarbeit an der Umstrukturierung der FastLane-Module zu sichern, hat bei der NSF und ihren institutionellen Interessengruppen hohe Priorität.

Entwicklung der technischen Infrastruktur

FastLane läuft auf einem *Sun* Solaris Server mit einem SQL-Server, einer relationalen Datenbank der Firma *Sybase*. Die *Sybase*-Datenbank ist ihrerseits mit den *NSF*-Mainframe-Computern durch ein Gateway verbunden, das Anfragen an die Großrechneranlage schickt und Zugriffsberechtigungen und Informationen zurückerhält. Die *Sybase*-Datenbank enthält alle Kundeninformationen, die benötigt werden, um die »intelligenten Formulare« der *NSF* auszufüllen. Sie umfaßt auch Tabellen mit den gültigen Universitätscodes und Programmidentifikationszahlen. Jedesmal wenn ein Benutzer um Informationen gebeten wird, erhält er eine Liste mit den gültigen Wahlmöglichkeiten. Dadurch verringert sich der Arbeitsaufwand der *NSF*-Mitarbeiter bei der Fehlersuche beträchtlich.

Der *NSF* sind bei der Verwendung des Browsers und der Programmiertechnologie Grenzen gesetzt. Es ist von entscheidender Bedeutung für den Erfolg des Programms, daß nicht nur die Forscher mit der neuesten und besten Software Zugang zu den Anwendungen haben. Die *NSF*-Zuschüsse gehen nicht nur an die großen, gut betuchten Institutionen wie das *MIT,* sondern auch an kleinere, finanziell minderbemittelte wie das Santa Rosa Community College. Deshalb hält sich die *NSF* an den kleinsten gemeinsamen Nenner, was die Browser angeht. Die FastLane-Anwendungen sind von *Mosaic-, Netscape-* und *Microsoft*-Browsern gleichermaßen zugänglich.

Das FastLane-Entwicklungsteam bestand in den ersten drei Jahren aus sechs Programmierern. Die Anwendungsprogramme wurden in den Programmiersprachen C und Perl geschrieben. Alle bereits vorhandenen Systeme in der *NSF* wurden mit Interfaces ausgestattet: Finanzen, Rechnungswesen, Programmanagement, usw. Alle Web-Anwendungsmodule sind im Formularmodus gehalten. Sie benutzen »intelligente Masken«: Sobald die Maske »weiß«, wer sie ausfüllt, greift sie auf die Datenbank zu und trägt vorab alle Informationen ein, die dort gespeichert sind: Name, Adresse, Titel, Universitätscode usw.

Datensicherheit gewährleisten

Die FastLane-Projektgruppe wußte, daß sie Datensicherheit und Vertraulichkeit der Information gewährleisten mußte, sowohl was die eingereichten und in Bearbeitung befindlichen Anträge als auch die finanziellen Transaktionen anging. Für den Erfolg von FastLane war es von entscheidender Bedeutung, daß sich niemand fälschlicherweise für den Forscher oder Universitätsmitarbeiter ausgeben konnte.

Als das FastLane-Projekt implementiert wurde, gab es keine digitalen Zertifikate. Die *NSF* entschied sich für ein PIN-System und BSafe zum Verschlüsseln der persönlichen Identifikationsnummern. Jede Universität gibt ihre eigenen PINs an diejenigen Personen aus, die Zugriff auf die *NSF*-FastLane-Anwendungsprogramme erhalten sollen. Wenn eine kleine Institution früher noch nicht mit der *NSF* zu tun hatte und keinen Mechanismus für die Ausgabe und Pflege der PINs besitzt, werden sie von der *NSF* direkt ausgegeben.

Die finanziellen Transaktionen werden zweifach geschützt. Erstens sind nur autorisierte Benutzer in der Lage, Mittel anzufordern oder Abschlüsse einzusehen. Zweitens werden alle Zahlungen direkt auf die Bankkonten überwiesen, die von der Universität vorab genannt wurden. Selbst wenn ein Unbefugter imstande wäre, Zuschüsse zu beantragen, würden die Gelder auf den Konten der Universität landen, als *NSF*-Zahlungen gekennzeichnet sein und im Kassenbericht der Universität auftauchen.

Die Straffung der Geschäftsprozesse mit FastLane

Als FastLane 1995 ins Leben gerufen wurde, hatte das Programm sechs verschiedenen Anwendungen, von denen jede einem anderen Geschäftsprozeß entsprach. Die erfolgreichsten und beliebtesten waren diejenigen, die den Prozeß der Mittelvergabe für die einzelnen Interessengruppen der Forschungsinstitutionen transparenter machten (und damit für Zufriedenheit sorgten) und dem Verwaltungspersonal die Interaktionen mit der *NSF* (die Geschäftstätigkeit) erleichterten. Die am schwersten zu optimierende Anwendung (um die Bedürfnisse aller Interessengruppen zu befriedigen) betraf die Beantragung der Forschungszuschüsse.
FastLane hat sowohl geschlossene als auch offen zugängliche Bereiche. Die Datensicherheit aller Transaktionen der Forschungsinstitutionen mit der *NSF* ist gewährleistet. Andere Bereiche – beispielsweise welche Zuschüsse bewilligt wurden und die zusammenfassenden Berichte – sind der breiten Öffentlichkeit zugänglich. Hier einige der Zielsetzungen, die im Rampenlicht standen:

Den Forschern und Prüfern das Leben erleichtern

Die Wissenschaftler und Forscher, die Endkunden des FastLane-Programms sind, wissen es zu schätzen, daß sich alle Aspekte der Antragstellung und Überprüfung im Web implementieren lassen. Sie können nun problemlos auf Informationen über den gesamten Prozeß der Mittelvergabe zugreifen.

① *Den Antragsstatur überprüfen*

Die Forscher – die eigentlichen Endkunden des *NSF* – finden es wunderbar, sich jederzeit über den Status ihrer Anträge informieren zu können. Früher mußten sie nach dem Einreichen bis zu einem halben Jahr warten, bis geklärt war, ob sie Zuschüsse erhielten. Ihr Antrag landete in einer »Black Box« und kam irgendwann als bewilligt oder abgelehnt wieder heraus. Nun zeigt ihnen das Statusmodul auf Anhieb, in welcher Phase des Überprüfungsprozesses sich ihr Antrag gerade befindet. Sie können sehen, daß der Antrag angekommen ist und gespeichert ist, wann er einem bestimmten Programmanager zugeteilt wurde (und erhalten die E-Mail-Adresse des Betreffenden), wann er zur Überprüfung weitergeleitet wird, ob er einem Überprüfungsausschuß vorgelegt werden soll und wenn ja, wann. Obwohl es auch heute noch ein halbes Jahr dauern kann, bevor die Mittel bewilligt werden, kann der Forscher nun den Stand der Dinge verfolgen.

② *Forschungsstatus-Berichte einreichen*

Der Antragsteller muß Jahresberichte und innerhalb von neunzig Tagen nach Beendigung eines Projekts einen Abschlußbericht einreichen. FastLane erleichtert diesen Prozeß erheblich durch eine Reihe von Formularen, die bereits mit den im ursprünglichen Antrag enthaltenen Daten ausgefüllt sind. Der Forscher trägt also nur noch die neuen ein und beantwortet den Online-Fragebogen in Einklang mit den Erfordernissen.

③ *Überprüfung der Anträge*

Die Wissenschaftler und Ingenieure der *NSF*, die alle Anträge auf Herz und Nieren prüfen, schwören ebenfalls auf FastLane. Die Prüfer sind nun in der Lage, online zu arbeiten, und viele ziehen diese Option vor, weil sie Zeit spart. Sie können Kopien der Anträge ausdrucken, um sie sich noch einmal in Hardcopy-Form zu Gemüte zu führen, sie mit Anmerkungen versehen und sie dann durch Ausfüllen eines elektronischen Formulars weiterleiten. Diese Anwendung erfreut sich bei den Prüfern großer Beliebtheit. 1997 wurden mehr als 13 000 Überprüfungen mit Hilfe von FastLane durchgeführt.

Verwaltungs- und Finanzprozesse straffen

Was ist mit den restlichen Interessengruppen, die regelmäßig mit der *NSF* zu tun haben? Was hat FastLane für sie bewirkt? Viel. Der größte Erfolg des Programms ist die Erleichterung der administrativen Bürde, der sich Universitäten bei ihren Interaktionen mit der Regierung gegenübersehen.

① *Elektronische Anforderung der Mittel*

Statt den Bedarf alle zwei Wochen per Post anzumelden, können Universitäten, denen Zuschüsse bewilligt wurden, die Überweisung ihrer zweckgebundenen Mittel nun elektronisch anfordern. Dieses Verfahren hat die Schreibarbeiten auf dem Papier beträchtlich verringert: Beide Seiten erhalten genauere Berichtsdaten auf Projektbasis, und die Zuteilung der Mittel erfolgt schneller. Die Anforderungen werden automatisch an das Buchführungssystem der *NSF* weitergeleitet, wo sie dem Etat entsprechend bewilligt werden. Schon am nächsten Tag werden die Zahlungen direkt vom US-Finanzministerium an die Bankkonten der Forschungsinstitutionen überwiesen. 1997 wurden 80 Prozent aller Mittel elektronisch angefordert.

② *Kassenbericht für die Regierung*

Jede Organisation, die zweckgebundene staatliche Mittel erhält, muß einmal im Quartal einen Kassenbericht bei der Regierung vorlegen. FastLane bietet ein einfaches Formular, das die Finanzabteilungen für diese Berichterstattung nutzen können. Das Programm stellt eine Liste aller bewilligten Zuschüsse zusammen, und es müssen nur noch die Summen eingetragen werden, die von jedem Zuschuß ausgegeben wurden.

③ *Administrative Berichte*

Buchstäblich alle Anfragen und Benachrichtigungen, die Forscher oder Verwaltungsstellen früher telefonisch oder durch Ausfüllen von Papierformularen erledigen mußten, erfolgen jetzt einfach auf Mausklick. FastLane hat Online-Formulare für fast alle Themen erstellt, die im Laufe eines Forschungsprojekts auftreten: unbezahlter und bezahlter Urlaub, Änderungen in der Projektmethodologie usw. Jetzt können Forscher und Verwaltungspersonal schnell und leicht online gehen, das Antragsformular öffnen, ausfüllen und abschicken, und sie erhalten binnen Stunden, maximal nach wenigen Tagen, die Genehmigung. Solche Transaktionen, die im administrativen Alltag gang und gäbe sind, lassen sich nun für beide Seiten schnell und mühelos abwickeln.

Der Öffentlichkeit Informationen zur Verfügung stellen

① *Überprüfung der Mittelvergabe*

Die am meisten genutzte FastLane-Anwendung ist das Mittelvergabe-Modul der *NSF.* Jeder kann sich, egal wo in der Welt, anschauen, was für Zuschüsse die *NSF* bewilligt hat. Sie lassen sich auf verschiedene Weise durchsuchen: nach neuen *NSF*-Programmen, Institutionen, US-Bundesstaaten oder durch Benutzung einer Volltext-Datenbank.

② *Informationen für Antragsteller*

An zweiter Stelle auf der Beliebtheitsskala stehen Listen mit allen Kategorien und Programmen, die bezuschußt werden, und die Termine für die Antragsannahme.

③ *Nominierung der Wissenschaftler*

Es gibt des weiteren ein FastLane-Modul, das jeder nutzen kann, um einen Wissenschaftler für den National Medal of Science Award zu nominieren. Diese prestigeträchtige Auszeichnung erhalten Kandidaten, die einen herausragenden, wissenschaftlichen Beitrag geleistet haben.

Straffen der Antragsbearbeitung

FastLane macht den Prozeß der Antragsbearbeitung relativ schmerzlos. Alle Beteiligten haben eine Paßwort, das ihnen den Zugang zu Informationen und die Möglichkeit bietet, sie zu ändern und einzugeben (beispielsweise kann nur die Verwaltungsstelle der Forschungsabteilung berechtigt sein, den endgültigen Antrag zu stellen). Aber Anträge auf Zuschüsse sind trotzdem komplexe Dokumente, die Vorleistungen von den unterschiedlichsten Interessengruppen in unterschiedlichster Form erfordern. Die technische Dokumentation muß beispielsweise als PDF (Portables-Datenformat)-Datei vorliegen. Damit soll sichergestellt werden, daß der wissenschaftliche Teil des Antrags so erhalten bleibt wie in dem Moment, als der Forscher ihn gestellt hat, Wort für Wort und Zeile für Zeile. Alle Vorbereitungen und Überprüfungen des wissenschaftlichen Teils finden also offline statt. Erst wenn der gesamte Antrag »druckreif« ist, wird er in die FastLane geladen (oft von einem Verwaltungsangestellten und nicht vom Forscher selbst). Der Budgetteil des Antrags wiederum hat die Form eines Excel-Spreadsheets, das der Forscher, der Abteilungsleiter und der Leiter des Finanzbereichs hin- und herreichen können, so oft wie nötig, um einen Konsens zu erzielen. Bei anderen Aspekten des Antrags reicht es aus, die Online-Formulare auszufüllen. Sobald die Daten eingegeben wurden – beispielsweise Namen und Kontaktinformationen des Forschungsteams –, erscheinen sie in allen nachfolgenden Formularen wieder an den entsprechenden Stellen.

Ergebnisse

Anfang 1995 wurde FastLane überwiegend von den sechzehn beratenden Institutionen benutzt, die gebeten worden waren, die ursprünglichen Funktionen zu testen und zu beurteilen. Im Herbst war das Programm sowohl für die sechzehn Institutionen als auch für die Prüfer nutzbar (die Zugriff auf die Anträge und die Möglichkeit hatten, ihre Kommentare elektronisch abzugeben). Ende 1995 wendeten mehr als hundert Universitäten und Forschungsinstitutionen FastLane an, aber nur zwei Anträge waren elektronisch eingereicht worden. Am Ende des Geschäftsjahres 1997 war die Anzahl der Benutzer auf 52 000 aus 580 Institutionen angestiegen; 3 000 Anträge (von insgesamt 35 000) und 13 000 Antragsüberprüfungen (von insgesamt 100 000) waren elektronisch übermittelt worden. Im Geschäftsjahr 1997 waren 80 Prozent der *NSF*-Zuschüsse in Höhe von mehr als 3 Milliarden Dollar elektronisch verteilt worden.

FastLane hat das Leben für die *NSF*-Kunden und Interessengruppen merklich erleichtert. Der Antragsstellungs- und Bearbeitungsprozeß versickert nicht mehr in der »Black Box«, sondern ist völlig transparent worden. Alle, die ein berechtigtes Interesse haben, etwas über den Stand der Dinge zu erfahren, erhalten unmittelbar Zugang zu diesen Informationen. Verwaltungs- und Finanzprozesse, die früher im Labyrinth der Schreibarbeiten und Verzögerungen steckenblieben, werden nun schnell und reibungslos über die Bühne gebracht. Und immer mehr Anträge werden elektronisch eingereicht und überprüft, so daß sich die Forscher und Prüfer zunehmend Zeit und Mühe sparen.

Pattys Resümee für die National Science Foundation

Alle Anwendungen, die menschliche Arbeitsmethoden so drastisch verändern wie FastLane in Universitätsabteilungen, erfordern eine Menge Überzeugungsarbeit und Übung. Carolyn Miller und ihr Team haben sich große Mühe gegeben, ihre Kunden immer wieder zu kontaktieren und aufzuklären. Aber Miller ist sich auch der Tatsache bewußt, daß ihre Mannschaft nie in der Lage sein wird, alle Nutzer von FastLane zu schulen und mit Rat und Tat zu unterstützen. Deshalb ist sie begeistert von den vielen Initiativen, die inzwischen wie Pilze aus dem Boden schießen und Basisarbeit leisten. »FastWest« ist beispielsweise eine FastLane-Benutzergruppe an der Westküste der USA. Die Mitglieder treffen sich in regelmäßigen Abständen zu einem Erfahrungsaustausch und korrespondieren per E-Mail, wenn es Fragen oder Probleme gibt. Der nächste Schritt wäre, daß die *NSF* diese User-Gruppen direkt auf der FastLane-Website unterstützt, ihnen eigene Seiten für Fragen und Antworten zur Verfügung stellt, so daß andere ebenfalls von diesem Forum profitieren. Die *NSF* könnte noch mehr tun, um eine Gemeinschaft aufzubauen, die ihre Kunden unterstützt.

Natürlich ist die *NSF* nur eine von vielen Quellen, aus der Bildungsinstitutionen Zuschüsse beziehen. Sie arbeitet eng mit anderen Regierungsbehörden zusammen, um zu gewährleisten, daß alle an einem Strang ziehen und den gemeinsamen Kunden das Leben erleichtern. Gemeinsam entwickeln sie Standards und tauschen Informationen aus, damit nicht zwei Behörden an derselben Anwendung arbeiten.

Der nächste logische Schritt bestünde darin, daß sich diese Behörden zusammenschließen (und eine Beratergruppe aus Kunden und Interessengruppen dazunehmen), um ein konsolidiertes Rahmenwerk für die Beantragung, Bearbeitung und Überwachung der Anträge auf Forschungszuschüsse zu entwickeln. Das sollte jedoch keine konsolidierte einzelne Anwendung sein, denn die Arbeitsabläufe sind in jeder Institution anders, wie wir gesehen haben. Dieses Rahmenwerk könnte aus einer Reihe spezifischer Geschäftsobjekte und Geschäftsregeln bestehen, die sich auf das interne Computernetz in jedem College übertragen lassen. Dann könnte jede Institution das Verhalten dieser Objekte und die Regeln des Arbeitsablaufs anpassen, die es für verschiedene Prozesse oder Behörden nutzen möchte. Dieses Rahmenwerk für den Mittelvergabeprozeß könnte von allen Beteiligten fortlaufend überarbeitet und verbessert werden.

Tips aus der *National-Science-Foundation*-Fallstudie

① Wenn man Geschäftsprozesse in einer Business-to-Business-Umgebung strafft, entdeckt man vielleicht wie die *NSF*, daß das Frontend des Prozesses – derjenige Teil, in den Endkunden und ihre Interessengruppen eingebunden sind – ebenfalls rationalisierungsbedürftig ist.

② Die *NSF* bezog einen repräsentativen Querschnitt der Interessengruppen aus den verschiedenen Institutionen in den Prozeßumbau ein. Damit gelang es ihr, viele abteilungsübergreifende Prozesse zu bereinigen, weil sie den Angehörigen der verschiedenen Abteilungen den Informationsaustausch und den Zugang zum Gesamtbild der fortlaufenden Arbeit zu erleichtern.

③ Da der eigentliche Endkunde – der Forscher – von der Umstrukturierung ausgeschlossen blieb, muß die *NSF* noch einiges an Arbeit leisten, damit es den Wissenschaftlern wirklich leicht fällt, ihre Anträge elektronisch zu erstellen, zu bearbeiten und voller Zuversicht einzureichen.

④ Durch die frühzeitige Einbindung eines repräsentativen Querschnitts interner Interessengruppen in den Restrukturierungsprozeß war die *NSF* in der Lage, ihre Arbeitsweise erheblich zu verändern und viele Schritte auszuklammern. Beispielsweise lassen sich finanzielle Transaktionen, die früher alle zwei Wochen durch mehrere Abteilungen und Computersysteme geschleust wurden, bevor die Zahlungen erfolgten, nun elektronisch abwickeln und mit den bewilligten Zuschüssen vergleichen; die Beträge werden ebenfalls elektronisch eingereicht.

⑤ Eine der eindrucksvollsten Leistungen ist die Fähigkeit der *NSF*, ein Gemeinschaftsgefühl rund um die FastLane-Anwendung zu schaffen. Die Mitarbeiter in den Institutionen, die in allen Teilen der USA via FastLane Kontakt halten, treffen sich von Angesicht zu Angesicht und in Online-Foren. Sie tauschen Tips und Ratschläge aus, wie man die Anwendung optimal nutzt und interne Organisationsbarrieren überwindet, die einen Erfolg verhindern.

⑥ Die FastLane der *NSF* hat eine Reihe von Geschäftsprozessen, die von Geheimniskrämerei umgeben und schwierig waren, in gestraffte elektronische Formen und Geschäftsvorfälle verwandelt, die für alle Beteiligten und Zugangsberechtigten über Organisations- und Abteilungsgrenzen hinweg sichtbar sind.

⑦ Die Entscheidung der *NSF*, Internet und Web als Entwicklungsplattform zu benutzen, ist aus heutiger Sicht naheliegend, doch 1993 war das ein kühner Schachzug. Wie sich gezeigt hat, machte er sich bezahlt. Fazit: Nur wenn man einen siebten Sinn dafür hat, wie sich fehlerbehaftete technische Standards in Zukunft entwickeln, sollte man solche Wetten abschließen.

Geschäftsprozesse straffen:

Lektionen

Einer der interessantesten Aspekte an diesen beiden Fallbeispielen ist die große Anzahl der Interessengruppen, die in die Geschäftsprozesse einbezogen sind. Im Babson College waren zwar die Studenten die primäre Zielgruppe, aber zu den Betroffenen gehörten auch Verwaltungsabteilungen, Fakultäten, ehemalige College-Absolventen und Eltern. In der *National Science Foundation* waren zwar die Forscher die primäre Zielgruppe, aber zu den Betroffenen gehörten nicht nur alle Abteilungen innerhalb der *NSF* (sowohl im Programmanagement als auch auf der Verwaltungsseite), sondern auch eine große Anzahl von Abteilungen in den Institutionen, unter deren Schirmherrschaft die Forscher standen. Fazit: Man sollte sämtliche Interessengruppen von Anfang an in das Projekt einbeziehen, wenn man die Geschäftsprozesse erfolgreich umstrukturieren will.

Der Einsatz funktionsübergreifender Entwicklungsteams

Sowohl dem Babson als auch der *NSF* gelang es hervorragend, die Interessengruppen in jeden Schritt des Entwicklungsprozesses einzubinden. Es handelte sich wohlgemerkt nicht um »Patentlösungen«, die aus dem Ärmel geschüttelt wurden: Es dauerte fast zwei Jahre, bis das Projekt erste Früchte trug. Zu den Teams gehörten Vertreter der verschiedenen Abteilungen, deren Arbeitsverfahren bereinigt werden sollten. In beiden Fällen waren sowohl »Praktiker« als auch »Theoretiker« in den Projektgruppen vertreten. Und in beiden Fällen war auch die IT-Gruppe repräsentiert. Da die Informationstechnologen von Anfang an in die Restrukturierung der Geschäftsprozesse einbezogen und unverzichtbarer Teil des Entwicklungsteams waren, konnten sie die Bedürfnisse, die sich schrittweise herauskristallisierten, in Systemanforderungen und Architekturoptionen übersetzen.

Fortlaufende Prototyp-Entwicklung

Beide Gruppen entwickelten Geschäftsprozeß-Szenarien, die dann in ein vorläufiges Programm einflossen, so daß die Mitglieder diese Prototyp-Anwendungen sehen, berühren und Informationen mit ihnen austauschen konnten. Die IT-Experten erleichterten diese Aktivitäten. Statt den Entwicklern den Ball »aufs Geratewohl« zuzuwerfen, konnten die Teammitglieder alles, was sie im Zusammenhang gehört hatten, in elektronische Bausteine und Prozeßabläufe übersetzen. In beiden Fällen waren die Angehörigen der Zielgruppe – die Endkunden und Interessengruppen – wiederholt aufgefordert worden, die Prototypen auszuprobieren und Rückmeldungen zu liefern. Es ist für den Endkunden oft leichter, sich bildlich vorzustellen, wie ein neuer, gestraffter Prozeß seine Arbeitsverfahren beeinflussen wird, wenn er ihn berühren, spüren und Informationen mit ihm austauschen kann.

Das Web als Entwicklungsplattform benutzen

Die *National Science Foundation* rechnete sich von Anfang an aus, daß das Web die richtige Plattform für eine Anwendung war, die über zahlreiche Organisationsgrenzen hinweg Akzeptanz finden mußte. Die Babson-Gruppe brauchte länger für diese Erkenntnis, teilweise deshalb, weil sie bereits hinlänglich Gebrauch von *Lotus* Notes machte. Babson hatte Glück, weil sich der »Migrationsplan« von *IBM/Lotus* – der Wechsel von Notes zu seiner webbasierten Entsprechung Domino – leicht vollziehen ließ. Der Vorteil, das Netz für die Restrukturierung von Geschäftsprozessen zu nutzen, liegt darin, daß Design,

Entwicklung von Prototypen und Reaktionen schnell erfolgen. Die Arbeit in »Webzeit« ist ideal für die Neuentwicklung von Prozessen, die immer feiner geschliffen werden. Ein weiterer Vorteil ist die Tatsache, daß sich das Web sehr schnell zu einer allgegenwärtigen Plattform entwickelt. Deshalb kann man die unterschiedlichsten Interessengruppen einbeziehen, ohne von ihnen eine Veränderung der bestehenden technologischen Infrastruktur zu verlangen.

Endkunden anspornen, eine aktive Rolle zu übernehmen

Beide Organisationen hatten Schwierigkeiten, die Endkunden so aktiv in die Umstrukturierungsmaßnahmen einzubeziehen, wie sie es gerne gehabt hätten. Im Fall Babson engagierte sich zwar ein großer Teil der Studenten bei der Entwicklungsarbeit, aber die gesamte Studentenschaft konnte nur schwer motiviert werden, die Verantwortung für die Aktualität und Genauigkeit ihrer Profildatei zu übernehmen. Im Fall *NSF* gehörte keiner der eigentlichen Antragsteller, die Forscher, dem ursprünglichen Design-Team an, und Rückmeldungen von ihnen zu erhalten erwies sich als problematisch. Die *NSF* versucht es jetzt mit Zuckerbrot und Peitsche: einige Zuschüsse kann man nur noch elektronisch, via Fast-Lane-Modul, beantragen. Im Laufe der Zeit wird sich der Prozentsatz der Nutzer erhöhen. Dann wird nur noch denen gegeben werden, die elektronisch darum bitten.

Obwohl das Ziel darin besteht, beim Endkunden zu beginnen und sich rückwärts durch den Prozeß zu arbeiten, nimmt dieser oft nur zögernd an dem Spiel teil. Zeit, Geduld und Anreizsysteme werden erforderlich sein, um Ihre Endkunden ins Netz zu locken. Wahrscheinlich gelingt das nur, wenn die Belohnung groß genug ist. Im Fall *National Semiconductor* hat offenbar der sofortige Zugriff auf die Informationen, die Entwicklungsingenieure für ihre Arbeit brauchen, diese Endkunden mobilisiert. Babson und die *NSF* müssen noch einiges an Arbeit leisten, bis ihre Endkunden bereit sind, ihr Verhalten zu ändern. Im Fall Babson könnte die Echtzeit-Kurseinschreibung den Anstoß dazu geben. Wenn man sich nicht für die Kurse einschreiben kann, ohne die Profile auf den neuesten Stand zu bringen, wird die Datei zumindest einmal im Semester aktualisiert. Im Fall *NSF* könnte es lange dauern, bis die elektronische Antragstellung und Überprüfung ein Muß für die Mittelvergabe ist und die Endkunden online bringt.

Erfolgsfaktor 4:

Eine 360-Grad-Vision Ihrer Kundenbeziehung

Um im elektronischen Handel erfolgreich zu sein, muß jeder, der mit dem Kunden in Berührung kommt, in der Lage sein, das Gesamtbild der Unternehmensbeziehung dieses Kunden – via Rundumblick – zu überblicken. Viele Unternehmen haben in jüngster Zeit Initiativen zum Beziehungsmanagement gestartet. Wenn Sie solche Anstrengungen jedoch näher betrachten, werden Sie gewöhnlich feststellen, daß hier nur ein oder zwei Aspekte der Unternehmensbeziehung des Kunden betrachtet werden. Beispielsweise rationalisieren und automatisieren Unternehmen üblicherweise die Vertriebsfunktionen. Oder sie richten ihre Aufmerksamkeit auf Help-Desk-Prozesse. Gelegentlich wird eine einsichtsvolle Organisation beide Prozesse sowie die ihnen zugrundeliegenden Systeme und Daten vielleicht auch kombinieren. In diesem Fall kann ein Mitarbeiter im Vertrieb auf eine offene Servicefrage seitens des umworbenen Kunden aufmerksam werden, oder ein Kundendienstmitarbeiter könnte wissen, wie wertvoll gerade dieser Kunde für das Unternehmen ist.

Doch geht auch das noch nicht weit genug. Es gibt eine gewisse Anzahl von Kundeninteraktionen, denen Vertriebsleute oder Kundendienstmitarbeiter nicht begegnen. Wen ruft ein Kunde mit Fragen zur Rechnung beispielsweise an, wenn eine Lieferung nicht stattgefunden hat, oder wenn er eine Idee für ein neues Produkt oder eine wünschenswerte Produkteigenschaft hat?

Ein Beispiel: Ich habe die Entwicklung von *Microsofts* Kundendatenbank-Strategie bereits früher erwähnt. Lassen Sie uns nun einen Blick darauf werfen, wie man diesen Rundumzugang dort jedem beibringt, der mit *Microsofts* Firmenkundenkonten arbeitet. Heute stellt *Microsoft* für jeden seiner großen Unternehmenskunden einen eigenen Satz von Web-Seiten zur Verfügung. Dort vereinigt *Microsoft* alles, was man über das jeweilige Kundenkonto weiß, und zwar nicht nur im Zusammenhang mit Software, installierten Systemen und Bestellverhalten, sondern auch hinsichtlich der Wettbewerbssituation (falls der Kunde Lösungen anderer Anbieter erwägen sollte), möglichen strategischen und taktischen

Vorgehensweisen, die der Kunde anzuwenden erwägt, und der minutengenauen Service-Einträge des Kunden.

Während der Kunden-Account-Manager diese Kunden-Website »unter seine Fittiche nimmt«, konsultieren Schlüsselfunktionsträger wie Bill Gates oder Steve Ballmer diese Datenbank, bevor sie mit irgendeinem Kunden in Kontakt treten. Hauptberatungspartnern wird – im Tausch gegen die Eingabe ihrer eigenen Notizen über den betreffenden Kunden in die Website – eventuell Zugang zu diesen Informationen gewährt (wovon beide Seiten profitieren). Der Vorteil für die Kunden ist der, daß sie sich von »ein und derselben Firma *Microsoft*« bedient fühlen, obgleich es in jedem Monat möglicherweise Hunderte unterschiedlicher Interaktionen mit dem Unternehmen gibt.

Der Unternehmenskunde und sein Team haben ebenfalls Zugang zu dieser individuell angepaßten Website. Sie können ihre eigenen Kontaktprofile ebenso einsehen und verändern, wie sie die Einträge über die Infrastruktur ihres Informationssystems aktualisieren und Unterstützung erbitten können. Diese kundenzentrierte Website ist der Ort, an dem Schlüsselfunktionsträger im Team des Kunden den Lieferstatus bestellter Produkte überprüfen und technische Unterstützung anfordern können, wo sie den Bearbeitungsstand einer Service-Anfrage checken oder wo sie Hintergrundinformationen zu neuen Produkten erfragen können. Sie ist das Fenster des Kunden in seiner Beziehung zu *Microsoft*.

Woran sollten Sie bei der Planung ihrer eigenen »kundenzentrierten« Strategie denken? Damit Sie wahrhaft eine 360-Grad-Vision der Beziehung zu Ihren Kunden haben, werden Sie versuchen,

- dem Kunden einschrittige Bezugsmöglichkeiten zur Verfügung zu stellen;
- alles, was Ihr Unternehmen über den Kunden weiß, in Erinnerung zu behalten;
- sicherzustellen, daß jeder im Unternehmen Zugang zum gesamten Kundenbild hat;
- eine zugrundeliegende technische Infrastruktur einzuführen, die einen Rundumblick bietet.

Stellen Sie dem Kunden einschrittige Bezugsmöglichkeiten zur Verfügung

Wir sind als Verbraucher und als Geschäftsleute allesamt zu beschäftigt, um unseren Weg durch die Abteilungen, Unterabteilungen und Schaltstellen Ihres Unternehmens auszukundschaften. Als Kunden werden wir zunehmend von Organisationen angezogen, die uns einschrittige Bezugsmöglichkeiten anbieten. In der Vergangenheit leisteten dies die meisten Unternehmen dadurch, daß sie Kundenbetreuer beschäftigten, die für alle Bedürfnisse des Kunden Sorge trugen. Im E-Commerce bedeutet einschrittiger Bezug, daß der Kunde, egal ob mit oder ohne Hilfe einer Person, über Ihre gesamte Produktlinie Informationen abrufen, Transaktionen durchführen und Dienstleistungen anfordern können muß.

Einschrittiger Bezug ersetzt nicht die Notwendigkeit persönlicher Beziehungen zu unseren bevorzugten Vertriebsleuten, Kundenbetreuern oder Service-Technikern. Aber er reduziert die Verzögerung, auf die wir als Kunden treffen, wenn wir ein Geschäft einfach nur schnell und effizient abwickeln wollen.

Wie Sie an der folgenden Fallstudie erkennen werden, hat *Wells Fargo* seine Informationssysteme umgestaltet, um dem Kunden einschrittigen Bezug über die Angebote für Privatkunden hinaus zu ermöglichen. Kunden können Transaktionen nahtlos über alle *Wells-Fargo*-Produkte und -Dienste hinweg durchführen. Das ist großartig. Wenn ich jedoch sowohl Privatkunde als auch der Inhaber eines kleinen Unternehmens bin, das mit *Wells Fargo* Bankgeschäfte macht, werden diese beiden Beziehungen von den Informationssystemen der Bank nicht explizit miteinander verbunden. Idealerweise sollte dies so sein. Als Kunde möchte ich, daß *Wells Fargo* weiß, daß zwei gesonderte Geschäftsbeziehungen zu mir bestehen und daß jede beliebige Unzufriedenheit mit der Art und Weise, wie ich als Privatkunde behandelt werde, meine geschäftliche Bankbeziehung beeinflussen könnte.

Bell Atlantic hat seine Produkte, Kunden und Märkte ebenso in Privat- und Geschäftskundenbereiche eingeteilt. Laut Gary Weisenborn, dem früheren Vizepräsidenten für Informationssysteme, versucht das Unternehmen dennoch einen Weg zu finden, um die Haushalte in der Kundendatenbank mit den Inhabern kleiner Unternehmen oder den Hauptkunden zu verknüpfen. »Wir wollen sowohl in Unternehmen als auch in Haushalten wissen, wer der Kunde ist, und erfahren, wenn es sich um ein und dieselbe Person handelt.«

Telekommunikationsanbieter und Finanzdienstleister sind führend in dem Bereich, Kunden mit der Fähigkeit zur Erledigung vielfacher Transaktionen über Produktlinien hinweg zu versehen. Telefonfirmen begreifen, daß der Kunde mit einer einzigen Interaktion zu Hause eine Telefonverbindung herstellen, Internet-Dienste anmelden und Mobilfunk-Dienstleistungen beziehen können sollte. Banken begreifen, daß ein Kunde während einer einzigen Online-Sitzung Gelder von seinem Giro- auf sein Währungskonto übertragen, Rechnungen bezahlen und in einen Kapitalanlagefonds investieren möchte.

Eine solche produktlinienübergreifende Transparenz zu implementieren, kann eine ziemliche Herausforderung darstellen, und zwar sowohl in technischer als auch organisatorischer Hinsicht. Wer »besitzt« in Ihrem Unternehmen den Kunden, der vielfältige Dienstleistungen über Produktlinien hinweg bezieht? Werden diese Mitarbeiter gewillt sein, »ihre« Kundeninformationen einsehen zu lassen? Was ist, wenn irgend jemand Kundeninformationen hinzufügen oder verändern möchte? Wie ändern Sie Ihre Bonus- und Provisionsstruktur, so daß der

Kunde dieselbe Service-Qualität bekommt, ganz gleich, mit wem er in Kontakt tritt?
Kundenbedürfnisse hören mit dem Einkauf bei unterschiedlichen Abteilungen oder Unterabteilungen Ihres Unternehmens nicht auf. Kunden müssen auch mit unterschiedlichen Funktionsgruppen innerhalb der Organisation interagieren können. Z. B. könnte ich eine Störung meines Telefonanschlusses melden, das Angebot von Voice-Mail-Dienstleistungen erfragen und einen Punkt auf meiner letzten Telefonrechnung vor der Zahlung klären wollen. Jede dieser Anfragen berührt eine völlig andere Dienstleistungseinheit innerhalb Ihres Unternehmens. Wie werden Sie es mir ermöglichen, meine Geschäfte innerhalb einer einzigen Interaktion abzuwickeln?

»Erinnern« Sie alles, was Ihr Unternehmen über den Kunden weiß

Was braucht es noch, um dem Kunden das Gefühl zu vermitteln, daß Sie die Geschäftsbeziehung mit ihm schätzen? Vom Standpunkt des Kunden aus ist es das wichtigste, daß Ihr Unternehmen über eine einzige, umfassende Sichtweise auf alle Abläufe und Interaktionen verfügt, die er mit Ihrem Unternehmen getätigt hat. Nichts stößt einen Kunden mehr ab, als den Anbieter an frühere Kommunikationsbeziehungen erinnern zu müssen. Und für den Kunden ist Ihre Organisation eine Einheit. Wenn der Vertrieb etwas weiß, erwartet der Kunde vom Kundendienst, daß dieser es ebenfalls weiß. Sie werden besser nicht versuchen, einem Kunden das Neueste und Beste verkaufen, das Sie im Angebot haben, wenn er sich am Tag vorher telefonisch beschwert hat, daß die aktuelle Produktversion bei ihm das Stromnetz abgeschossen hat!
Wie gehen Unternehmen dieses Thema an? Sie tun es, indem sie alle Informationen über das Kundenkonto und die Beziehungen zu einem Kunden an einem einzigen, leicht zugänglichen Ort zusammenfassen. Ob Sie einer Beschwerde nachgehen, die Zahlung einer Rechnung bearbeiten, einen Abschluß in Höhe von mehreren Millionen Dollar tätigen oder eine Lieferung verfolgen, um festzustellen, ob sie termingerecht und in gutem Zustand eintraf – diese Interaktion muß in einen allgemeinen, wohlorganisierten Bestand einfließen, auf den von allen zugegriffen werden kann, die mit dem Kunden möglicherweise zu tun haben.
Die Zusammenfassung von Informationen ist jedoch nicht ausreichend. Unternehmen müssen zudem Geschäftspraktiken pflegen, die die gemeinsame Nutzung von Informationen unterstützen und bestärken. Jedes dieser Systeme – Kundenbetreuung, Help Desks, Vertrieb usw. – wird von unterschiedlichen Gruppen innerhalb der Organisation gemanagt und betreut. Es bestehen nicht nur technologische Herausforderungen im Umfeld der Integration von Daten aus unterschiedlichen Systemen, sondern auch Fragen des Besitzes. Eine techni-

sche Infrastruktur zu haben, die Informationen allen betroffenen Mitarbeitern zur Verfügung stellt, funktioniert nicht, wenn das Unternehmen nicht auch Methoden und Prozesse in die Praxis umsetzt, die die Angestellten für die Nutzung der gemeinsamen Informationen belohnt. Und dies ist nicht immer leicht, insbesondere in vertriebsorientierten Organisationen, die üblicherweise nach Gebieten strukturiert sind. Oder in denen Wettbewerb eher belohnt wurde als Kooperation.

Hier ein Beispiel aus der Gesundheitsfürsorge: *Health Alliance Plan* ist die größte Organisation für Gesundheitsvorsorge in Michigan mit 540 000 Mitgliedern. Das Mitgliedschaftssystem des Unternehmens enthält detaillierte Einträge über jedes im Laufe der Zeit versicherte Individuum. In der Datenbank wird jedes Familienmitglied als gesonderter Kunde geführt. Die gesamte Korrespondenz wird digitalisiert und steht den Kundenbetreuern sofort zur Verfügung, so daß sie Kundenanfragen zu Anträgen, Zahlungen und Leistungen per Telefon beantworten können. Jede Inanspruchnahme eines Anbieters oder einer Apotheke wird ebenfalls in einer eigenen Datenbank protokolliert, zusammen mit dem Ergebnis der Behandlung. Sowohl die Kunden als auch ihre Organisation haben zu den Informationen in diesen Systemen über Telefon, integrierte Sprachbeantwortungssysteme, E-Mail, Fax und jüngst über sichere Internet-Verbindung Zugang.

Stellen Sie sicher, daß jeder im Unternehmen Zugang zum gesamten Kundenbild hat

Während es für die Kunden wichtig ist, über einschrittige Bezugsmöglichkeiten zu verfügen und zu spüren, daß jeder, mit dem sie in Kontakt treten, weiß, wer sie sind und was sie brauchen, ist es für Ihre Angestellten und Ihre Hauptgeschäftspartner nicht weniger wichtig, zum vollständigen Kundenbild Zugang zu haben. Wie oben bereits erwähnt, ist dies für eine Organisation nicht immer einfach und bequem. Die Idee des offenen Zugangs zur Information ängstigt viele Manager und Verantwortliche auf mittlerer Ebene. Sie spüren instinktiv, daß Angestellten und Partnern Kundeninformationen nur auf der Basis des »unbedingt Notwendigen« überlassen werden sollten. Dennoch begreifen Vorstandsvorsitzende den Wert des Wissens über die Kunden für das reibungslose Funktionieren einer Organisation.

Ich erinnere mich daran, wie ich einem Finanzdirektor zur wundervollen Kundenrentabilitätsdatenbank gratulierte, über die seine Bank verfügte. Ich wunderte mich jedoch, weshalb auf sie nur von zweihundert Leuten innerhalb der Bank zugegriffen wurde. Wäre es nicht für jeden nützlich zu wissen, wie ertragreich der einzelne Kunde ist und wie das Rentabilitätsbild verbessert werden könnte? Er erschrak vor dieser Aussicht, daß Vertriebsleute, Kontenbetreuer oder Kun-

denberater Zugang zu allen Informationen haben sollten. Er fürchtete, daß einer von ihnen weggehen und das Wissen mitnehmen könnte.
Ungefähr zwei Wochen später brachte ich bei einem Treffen mit dem Vorstandsvorsitzenden die Sache zur Sprache und fragte nach seiner Meinung. Es stellte sich heraus, daß er frustriert darüber war, daß so wenige Leute in der Bank Zugang zu diesen wertvollen Informationen hätten. Er wollte, daß jeder sie so schnell wie möglich bekäme. Was ist jedoch mit der Sicherheit der Informationen?, fragte ich ihn. Er antwortete, daß die Richtlinien der Bank zur Geheimhaltung und Sicherheit der Informationen im Bewußtsein der Angestellten fest verwurzelt seien. Er meinte, daß sie bessere Informationen über die Kundenrentabilität haben sollten, um ihre täglichen Prioritäten zu setzen und Entscheidungen daran zu orientieren.

Beispiel: Norwest Bank Minnesota's Twin Cities Banking Group

Die *Norwest Bank Minnesota's Twin Cities Banking Group* schlug diesen Weg in den späten achtziger Jahren ein, indem sie ein Management-System für die Kundenbeziehungen entwickelte und einsetzte. Die *Twin Cities Banking Group* befaßt sich sowohl mit dem Geschäfts- als auch mit dem Privatkundengeschäft in der Region der Doppelstadt Minneapolis und St. Paul. Sie verfügt über zwölf Milliarden Dollar Aktivvermögen und ist mit Abstand die größte Geschäftseinheit im Raum Norwest. Von 1988 an bildete die *Twin Cities Banking Group* die Speerspitze einer Initiative, die sich auf das Beziehungsmanagement mit den Geschäftskunden konzentrierte. All die unterschiedlichen Produktgruppen-Manager, Kontenverantwortlichen und Vertriebs- und Dienstleistungsmitarbeiter, die irgendeinen Kontakt mit Kunden haben, ebenso wie die Schalterangestellten, Kreditbearbeiter und Kreditverantwortlichen, teilen eine gemeinsame Kundendatenbank. In dieser Datenbank bemessen sie die Rentabilität der Beziehung zu jedem Geschäftskunden, jeden Kontakt, den der Kunde mit irgend jemandem aus der Bank gehabt hat, und den Status all seiner Konten und Bankgeschäftsbeziehungen. Das Gehalt der Angestellten basiert – teilweise – auf der Rentabilität der Konten, an denen sie als Team arbeiten. Die Ergebnisse für *Norwest* waren spektakulär. Als man 1988 mit der Initiative begann, stammten 60 Prozent der *Twin-Cities-Banking*-Erträge aus eingenommenen Zinsen, und 40 Prozent waren das Ergebnis ertragreicherer gebührenbasierten Dienstleistungen. Nach vier Jahren hatte sich das Verhältnis umgekehrt: Im Jahre 1992 stammten 60 Prozent der *Twin-Cities-Banking*-Erträge aus ertragreicheren, gebührenbasierten Geschäften. Und der gebührenbasierte Geschäftsbereich wuchs weiter um annähernd verdoppelte Steigerungsraten jährlich! Die Rentabilität der Bank als Ganzem verbesserte sich, als sich der Gebrauch des Kundenbeziehungssystems über die gesamte Bank verbreitete.

Führen Sie eine zugrundeliegende technische Infrastruktur ein, die einen Rundumblick bietet

Was ist daran beteiligt, wenn Sie beginnen, solche Systeme aufzubauen? In den folgenden Fallstudien werden Sie eine Reihe von Schritten entdecken, die zwei Unternehmen – *Bell Atlantic* und *Wells Fargo* – unternommen haben, um sich dem Ziel eines Rundumblicks auf die Kunden zu nähern. Die haarigsten Punkte drehen sich üblicherweise darum, wie Kundeninformationen gegenwärtig gespeichert und wie sie über Produktlinien, Funktionen und Zuständigkeitsbereiche hinweg abrufbar sind. Die meisten Organisationen beginnen nicht am Nullpunkt. Bei uns allen existieren Informationssysteme, von denen die meisten nach Produktlinien- oder Abteilungsfunktionen organisiert sind.

Abbildung 5

Nicht-integrierte Informationen und Anwendungen

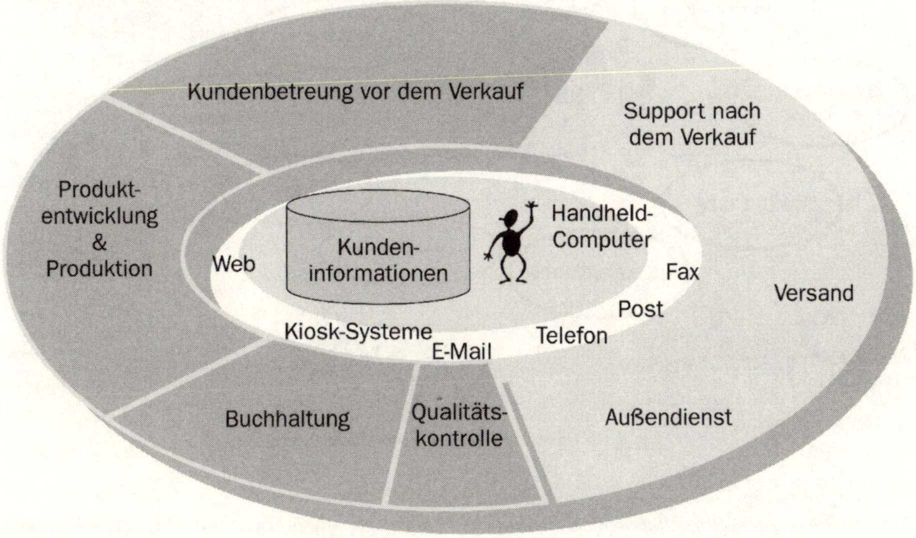

Das Problem, dem die meisten Unternehmen gegenüberstehen: Es gibt vielfältige Informationssysteme in unterschiedlichen Abteilungen und Unterabteilungen, von denen jedes irgendeinen Teil der Informationen über die Beziehung des Kunden zum Unternehmen enthält.

Gestalten Sie die Systeme so um, daß der Kunde im Zentrum steht

Zuerst und zuvörderst müssen Sie mit dem Kunden im Kernbereich Ihres Systems beginnen. Sie sind vielleicht in der glücklichen Lage, bereits über eine gute, robuste Kundendatenbank zu verfügen, auf der Sie aufbauen können. Sie werden vielleicht genauso wie *Community Playthings* entdecken, daß die Ansprechpartner in Ihrer Datenbank tatsächlich nicht Ihre wirklichen Kunden sind. Ihre Direktvertriebsdatenbank enthielt eine Liste von Schulen und Tagesstätten, und ihr Buchhaltungssystem verfügte über Informationen über die Leute, die die Rechnungen bezahlten. Doch das Unternehmen hatte keinerlei Informationen über die Leute, die seine Ausrüstung tatsächlich auswählten! Oder es könnte Sie wie bei *Bell Atlantic* drei oder vier Jahre kosten, Ihr Kundeninformationssystem von der Zentrierung auf Produktlinien auf Kundenorientierung umzugestalten.

Abbildung 6

Integrierte Anwendungen, Informationen und Verbindungen

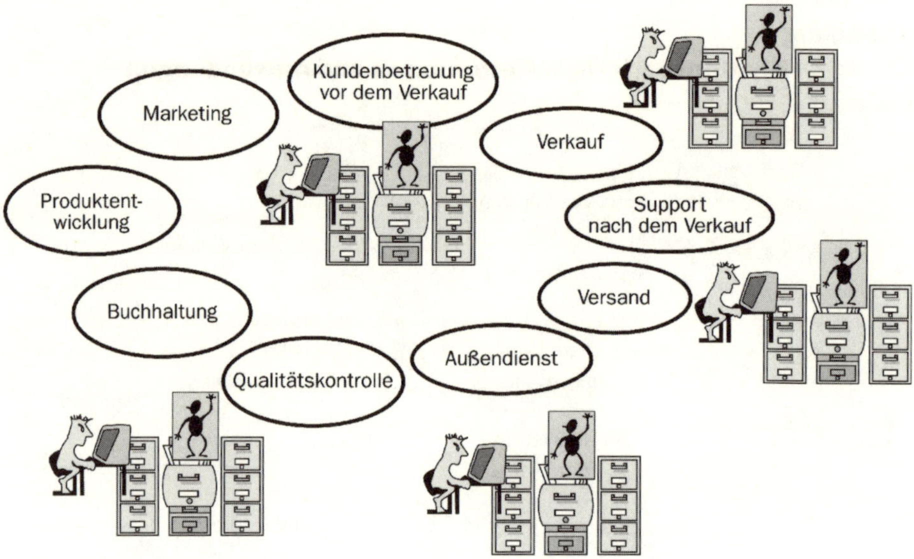

Die konzeptionelle Lösung sieht so aus: Zusammengefaßte Kundeninformation bildet den Kern des Informationssystems im Unternehmen. Kunden können auf diese Informationen zugreifen und Transaktionen durchführen, indem sie alle möglichen Kanäle verwenden: Telefon, Fax, E-Mail, World Wide Web, Kiosksysteme oder von Angesicht zu Angesicht. Die Angestellten in allen Abteilungen, die mit dem Kunden in Berührung treten, haben ebenfalls Zugriff auf eine Übersicht der Beziehung des Kunden zum Unternehmen.

Gestalten Sie Ihre Geschäftsabläufe von außen nach innen um

Um den einschrittigen Bezug über verschiedene Produkte und Funktionen hinweg anbieten zu können, werden Sie Ihre Kerngeschäftsabläufe von der Kundenperspektive aus umgestalten müssen (eher von außen nach innen, als von innen nach außen). Sodann werden Sie wahrscheinlich automatisierte Arbeitsabläufe und Vermittlungsformen benötigen, um Kunden oder Kundendienstverantwortliche in die Lage zu versetzen, Transaktionen wirklich durchzuführen, auf Rechnungen zwecks Zahlung zuzugreifen und diese zu bestätigen sowie neue Dienstleistungen zu beschaffen. *Bell Atlantic* und *Wells Fargo* begannen ihre Initiativen, indem sie ihre Geschäftsabläufe für den Kunden, der mit dem Unternehmen telefonisch in Kontakt trat, stromlinienförmiger machten. In jedem dieser Fälle erforderte die Straffung des Kundengeschäfts eine ziemliche Menge »Klempnerei«, bis alle Anwendungen und Datenbanken miteinander verbunden waren, derer es zur Bedienung des Kunden bedurfte. *Wells Fargo* war von beiden Unternehmen das erste, das den Kunden unter Verwendung derselben Geschäftsabläufe und derselben Infrastruktur, die für die Call Center eingerichtet worden war, die Möglichkeit bot, sowohl über das Web als auch über Telefon mit dem Unternehmen in Kontakt zu treten.

Erzeugen Sie einen Speicher für jeden Kundenvorgang, seinen Verlauf und seine Rentabilität

Um allen in Ihrem Unternehmen ein akkurates Bild Ihrer Geschäftskontakte mit jedem einzelnen Kunden zu vermitteln, werden Sie alle Hauptgeschäftsvorgänge aus dem System, in dem sie stattfinden, herausziehen und solche Vorgänge an einer allgemeinen Lagerstätte für Kundendaten veröffentlichen müssen, und zwar zusammen mit jeder beliebigen Information, über die sie hinsichtlich der Rentabilität und der Geschichte des jeweiligen Kundenkontos verfügen. Im Falle von *Bell Atlantic* werden gesonderte Datenlager zur Sammlung von Informationen über die Rentabilität des Kunden und Anrufsmuster verwandt. Diese Datenlager werden dann von Marketing-Spezialisten durchforstet, damit das Unternehmen auf neue Ziel-Marketing-Möglichkeiten aufmerksam gemacht werden kann.

Verändern Sie Ihre Unternehmenskultur hin zur Teilhabe an Kundeninformationen

Am wichtigsten wird es sein, daß Sie die Einstellung zur Teilhabe und zum Beitrag an kundenbezüglicher Information verändern. Vergangen sind die Tage, da Verkaufsrepräsentanten oder Agenten ihre Kunden »besessen« haben. Damit ein Unternehmen in der heutigen Wettbewerbssituation rentabel sein kann, muß jeder die Kundenbeziehungen besitzen.

Bell Atlantic

www.bellatlantic.com

Organisationsprofil

Als man die Notwendigkeit erkannte, angesichts des neuen Wettbewerbs vorzüglichen Kundenservice zu bieten, faßte *Bell Atlantic* seine Kundeninformationen zusammen, erstellte Kundenprofile, legte Geschäftsregeln fest und straffte alle seine Geschäftsabläufe mit Kundenkontakt. Das Ergebnis ist, daß das Kundendienst- und Verkaufspersonal von *Bell Atlantic* nun über einen Rundumblick auf die unterschiedlichen Interaktionen verfügt, die den Kunden betreffen. Und das Unternehmen hat jetzt eine Infrastruktur eingeführt, die den Kunden einschrittigen Bezug ermöglicht, gleichgültig, ob sie mit einem Verkauf- oder Kundendienstrepräsentanten sprechen, integrierte Voice-Response-Systeme verwenden oder über das Web in Kontakt treten.

Wichtige Erfolgsfaktoren im Fall »Bell Atlantic«	
✓ Die richtigen Kunden anvisieren	✓ Kunden zur Selbstbedienung anregen
✓ Die Verantwortung für die Gesamterfahrung des Kunden übernehmen	Kunden bei der Bewältigung ihrer Arbeit unterstützen
✓ Geschäftsprozesse straffen, die sich auf den Kunden auswirken	✓ Serviceleistungen personalisieren
✭ Eine Rundumsicht von der Kundenbeziehung entwickeln	Das Gemeinschaftsgefühl stärken
✭ = Hier detailliert beschrieben	✓ = Hier kurz angesprochen

Bell Atlantic setzt den Kunden an die erste Stelle

In den frühen neunziger Jahren genoß *Bell Atlantic* noch ein Monopol im Bereich der lokalen Telefonvermittlung für 16 Millionen Kunden in der mittleren Atlantikregion der Vereinigten Staaten. Das Unternehmen hatte keine echte Konkurrenz und verfügte zudem über eine garantierte Gewinnspanne bei seinen Leistungen. Doch als der Wettbewerb Mitte der neunziger Jahre erst einmal freigesetzt war, hatte *Bell Atlantic* zur Verteidigung seines Gebietes und zur Aufrechterhaltung seiner Gewinnspannen gegenüber Ferngesprächanbietern, Kabelunternehmen und Mobilfunkanbietern zu kämpfen. Als es 1991 den heißen Atem der Konkurrenz im Nacken spürte, entschieden sich die Führungskräfte des Telekommunikationsunternehmens dafür, ihre Aufmerksamkeit auf die Verbesserung der Erfahrungen zu richten, die die Kunden mit ihm machten. Wenn man die Kundenzufriedenheit aufrechterhalten könnte, so überlegte man, würden sie auch nicht wechseln wollen, wenn ihnen Alternativen geboten werden.

Problem: Schwierigkeiten beim Bestellen oder Verändern des Service

Bruce Gordon war die verantwortliche Führungskraft für 6 500 Telefonserviceberater, die für *Bell Atlantic* sowohl an Endkunden als auch an kleine Unternehmen Telekommunikationsleistungen verkauften. Als Veteran mit dreiundzwanzig Dienstjahren im alten *Bell*-System war Gordon mit dem quälenden Prozeß leidvoll vertraut, dessen es bei telefonischen Kundenbestellungen bedurfte. Der Prozeß benötigte häufig bis zu 45 Minuten. Er umfaßte das Nachschlagen von Produkten, Codes und Preisen sowie ihrer jeweiligen Verfügbarkeit in Aktenordnern, die Prüfung der Kundeninformationen in mehreren unterschiedlichen Computersystemen und die Überprüfung der Kreditwürdigkeit des Kunden bei einem externen Dienstleister.

Dieser Bestelleingangsprozeß war nicht nur langwierig, er war auch fehleranfällig. Mehr als einmal rief der Kunde später mit der Beschwerde zurück, daß eine Dienstleistung oder ein Produkt nicht korrekt geliefert worden war. Unzufriedene Kunden waren Hauptziel für jeden Wettbewerber, der konkurrenzfähige Preise und besseren Service bieten konnte.

Ein stromlinienförmiger Entwurf der Vertriebs- und Bestellprozesse

Um dieses kritische Kundenzufriedenheitsproblem anzugehen, gab Gorden zur Unterstützung seiner Telefonserviceberater im Jahre 1991 ein neues System bei *Bell Atlantics* Informationssystemzulieferer in Auftrag. Die Hauptziele des Systems bestanden darin, den Zeitaufwand zu verringern, den die Kunden am Telefon aufbieten mußten, und die Fehler bei den Bestelleingängen zu minimieren. Gorden begriff zudem, daß die Serviceberater dann, wenn der Bestelleingang stromlinienförmig gemacht werden könnte, ihre Aufmerksamkeit auf Überkreuz-Verkäufe und Zusatzverkäufe weiterer Produkte und Dienstleistungen richten könnten und damit die Rentabilität jedes Kunden erhöhten. Das System, auf den Namen *SalesService Negotiation System (SSNS)* getauft, wurde die Plattform, auf der *Bell Atlantics* zukünftige E-Business-Initiativen basieren sollten. Das *SSNS*-Projekt begann mit einer vollständigen Neugestaltung des Vertriebs- und Service-Prozesses durch ein dafür zuständiges Team, zu dem Serviceberater gehörten, die täglich den ganzen Tag mit den Kunden am Telefon verbrachten.

Anhaltspunkte zur Kundensituation gewinnen

Das Entwurfsteam bemerkte, daß es zu Beginn des Kundengesprächs galt, so viele »Anhaltspunkte« wie möglich zu den Umständen des Kunden zu gewinnen, woraus sich ein Kundenprofil erzeugen ließe. Sie legten eine Anzahl von Fakten über den Kunden fest, die die Serviceberater möglicherweise erschließen könnten: Ein schreiendes Baby im Hintergrund könnte kleine Kinder im Haushalt bedeuten, laute Rockmusik wiese darauf hin, daß dort Teenager lebten usw. Darüber hinaus könnten die Serviceberater während des Gesprächs weitere relevante Informationen zutage fördern, z. B. ob die Großeltern im Hause lebten oder, falls der Kunde von zu Hause aus ein Gewerbe betriebe, ob er Internet-Zugang benötigte, einen Anrufbeantworter besäße usw. Das Entwurfsteam sah vor, daß die *SSNS*-Benutzeroberfläche über eine Möglichkeit verfügen sollte, solche Anhaltspunkte auf dem Bildschirm erscheinen zu lassen, wo sie von den Telefonserviceberatern leicht abgefragt werden könnten, wenn der Kunde Informationen freiwillig gab oder der Serviceberater sie dem Gesagten entnahm. Auf diese Weise müßte der Verkäufer einfach nur auf die Schaltfläche »Kleine Kinder« klicken, wenn er im Hintergrund »Mama, Mama« rufen hörte.

Der Gebrauch von Geschäftsregeln als Auslöser von Verkaufs-/Bestellprozessen

Eine grundsätzliche Entscheidung hinsichtlich der Architektur des Informationssystems war mit dem Entschluß gefallen, diesen Lösungsweg zu wählen. Das Entwurfsteam begriff rasch, daß man eine Reihe unterschiedlicher Szenarien entwickeln könnte, die abhängig von der Situation des Kunden zum Einsatz kämen. Wenn der Kunde beispielsweise Teenager im Hause hätte, könnte der Serviceberater aufgefordert werden, den *Call-Waiting-Service* von *Bell Atlantic* anzubieten oder eine zweite Telefonleitung vorzuschlagen. Die Technologen des Entwurfsteam begriffen, daß sie Geschäftsregeln verwenden könnten, um eine *»Wenn Teenager im Haus sind, zweite Telefonleitung anbieten«*-Logik in jeder dieser Situationen greifen zu lassen. Solche Geschäftsregeln könnten von der Marketing-Abteilung oder den Produkt-Managern leicht verändert werden. Und weil sie getrennt von Rest des Computersystems unterhalten würden, bedeutete eine Änderung einer Geschäftsregel nicht gleich eine Neuprogrammierung der Anwendungslogik.

Nachdem das Entwurfsteam einmal auf die Geschäftsregeln gestoßen war, bemerkte man, wie nützlich sie für die Lösung einer Anzahl weiterer kniffliger

Probleme sein könnte. Beispielsweise gibt es unterschiedliche Regelungen, die bestimmen, wie Telefondienstleistungen in unterschiedlichen US-Staaten verkauft werden können. Zudem sind gewisse Produkte nur an bestimmten Orten verfügbar, abhängig von der Infrastruktur, über die *Bell Atlantic* dort verfügt. Das Entwurfsteam beschloß, daß alle Verfügbarkeitstabellen ebenfalls in eine geschäftsregelorientierte Maschine geladen werden sollten: *»Wenn der Kunde zu Region A gehört, können wir folgende Produkte anbieten.«* Diese grundlegende Architekturentscheidung bot *Bell Atlantic* ein hohes Maß an Flexibilität, weil Regeln auf Preis-, Gebühren, Produktkonfigurations- und sogar auf Kreditwürdigkeitsbasis möglich wurden.

Die Systemumstellung auf SalesService Negotiation Systems

Das ursprüngliche *SSNS*-System wurde binnen zwei Jahren entwickelt und ab 1993 verteilt. Die Systemumstellung als solche stellte Gary Weisenborn zufolge, der kurz vor der Umstellung als Vizepräsident für Informationssysteme zu *Bell Atlantic* gekommen und dort für das Geschäftssystem verantwortlich war, eine große Herausforderung dar. Sein Team hatte Server, Arbeitsstationen, Netzwerke und Software für 6700 Berater in 51 lokalen Service-Centern und 18 Small-Business-Centern zu installieren.

Der Umgang mit kulturellen und organisatorischen Punkten

Aus der Perspektive der Umgestaltung eines Geschäftsprozesses hatten die härtesten Herausforderungen mit rechtlichen und regulativen Punkten zu tun. Die meisten der Team-Mitglieder, die langjährige *Bell-Atlantic*-Angestellte waren, wollten die Annahmen nicht ändern, die der Art und Weise zugrunde lagen, wie die Dinge in der Vergangenheit gemacht wurden. Sie nahmen sogar an, daß viele dieser Entscheidungen gesetzlich vorgegeben gewesen seien. Es bedurfte Außenseitern wie Majid Naderkhani, *Bell Atlantics* CIO, solche Vermutungen anzugehen und das Entwurfsteam dazu zu bewegen, einen bahnbrechenden Prozeßentwurf auszuarbeiten, statt einfach nur das zu wiederholen, was in der Vergangenheit gemacht worden war.

Nach Weisenborn waren die größten Schwierigkeiten bei der Systemumstellung nicht technischer Natur (obwohl es natürlich ein paar Problemchen gab); der härteste Teil war die Überwindung des Widerstands der kampfgestählten Serviceberater. Diese Leute waren stolz auf ihr Wissen um all die obskuren Codes, die die Backend-Systeme von *Bell Atlantic* benötigten. Einen Großteil der Befriedigung ihrer Arbeit bezogen sie daraus, sich als Experten beim angemessenen Gebrauch der esoterischen und schwierig zu lernenden Befehle zu fühlen. Jetzt konnten neue Berater, die von der Straße kamen, viel schneller für den Gebrauch des Systems trainiert werden. Der andere Punkt war der, daß die meisten der Angestellten, trotz ihrer Arbeitsplatzbeschreibung, niemals wirklich dazu aufgefordert worden waren, etwas aktiv zu verkaufen. Sie hatten Bestellungen angenommen und ausgeführt, indem sie Informationen in diese komplexen Systeme eingaben. Nun war die Bestellung vereinfacht und durch die Notwendigkeit ganz anderer Talente ersetzt worden: beratendem Zuhören und aktivem Überkreuz- und Zusatzverkaufen. Obwohl Training geboten wurde, sprang ein Teil der Belegschaft ab oder hatte Schwierigkeiten bei der Umstellung.

Ein stromlinienförmiger Entwurf von Lieferung und Service

Ende 1993 bestand die nächste größere Anstrengung zur Umgestaltung der Systeme, die *Bell Atlantic* unternahm, in einem neuen integrierten System namens *LiveWire.* In *LiveWire* gab es zwei wichtige Komponenten zur Behandlung von Netzwerkproblemen. Die erste, *Ready-to-Serve*-Anwendung genannt, war dafür ausgelegt, Telefondienste für die Kunden binnen Minuten nach ihrem Anruf zu schalten oder zu ändern. Die zweite Anwendung war ein Wartungssystem, das Servicemitarbeiter dazu befähigte, Serviceprobleme rasch zu diagnostizieren und zu beheben, indem es den Status jedes Problems verfolgte, bis es gelöst war.

LiveWires Ready-to-Serve-Fähigkeiten wurden dann direkt in *SSNS* integriert, so daß der Service-Berater nicht nur eine neue Bestellung entgegennehmen konnte, sondern auch neue Telefonnummern unmittelbar zuweisen und überprüfen, ob der Service an der Service-Adresse des Kunden (zu Hause oder geschäftlich) eingeschaltet werden konnte. *LiveWire* hat mit seiner zentralisierten Lagerung der Telefonnummern und seiner Service-Adressendatenbank das Angebot von Dienstleistungen verbessert.

Der Übergang von Telefonverbindungen zu Kunden: Der Aufbau der Kundendatenbank

Wie bei allen Telefongesellschaften waren *Bell Atlantics* Informationssysteme um die Telefon- (oder Zugangs-) Verbindungen und die dazu jeweils angebotenen Dienstleistungen herum geschaltet. Die gespeicherten Einträge für jede Zugangsverbindung umfaßten ihre physische Lokalisierung – die exakte Lokalisierung, an der ein Service-Mitarbeiter das Ende der Verbindung in den Räumlichkeiten des Kunden verorten könnte – und eine Rechnungsadresse. Der »Kunde« war wahrscheinlich, doch nicht notwendigerweise, die Person, die jeden Monat die Rechnung bezahlte.

Um die *SSNS*-Anstrengung zu unterstützen, brachte der für Informationstechnologie zuständige Stab bei *Bell Atlantic* deshalb ein enormes Kundendatenbankprojekt auf den Weg. Es bedurfte mehrerer Jahre, die Informationen von mehr als 20 Millionen Telefon- und Mobilfunkanschlüssen in 16 Millionen Haushalten und Geschäftsniederlassungen zu übertragen und diese Einträge mit den Profilen der Personen zu verknüpfen, die für die Bestellung von Dienstleistungen und die Zahlung der Rechnungen verantwortlich sind. Doch als die Kundendatenbank einmal vollständig war, wurde sie zum Herzstück aller um sie herum gruppierten Verkaufs-, Service-, Lieferungs- und Bezahlungsanwendungen.

Die Neugestaltung der Rechnungsausstellung

Die Rechnungsausstellung war für Bruce Gordon ein weiteres heißes Eisen. Weder seine Geschäfts- noch seine Privatkunden waren mit der Anzahl der Rechnungen, die sie für unterschiedliche Dienstleistungen erhielten, sowie den Formaten dieser Rechnungen zufrieden.

Das Ziel war es, den Kunden eine einzige, übersichtliche Rechnung für alle in Anspruch genommenen Dienstleistungen zu bieten, was lokale Festnetzverbindungen und Mobilfunk, Pager- und Internet-Dienste einschließt. Als Übergangslösung entschied sich *Bell Atlantic* dafür, dieses Erfordernis nach außen an *International Billing Services* zu vergeben, einem Unternehmen, das sich auf Rechnungszusammenführung spezialisiert hat. *Bell Atlantic* führte die zusammengefaßte Rechnungsausstellung zunächst für eine gezielt ausgewählte Gruppe von Hauptkunden ein. Diese Kunden erhalten nun attraktiv aussehende Rechnungen, die die unterschiedlichen Dienstleistungen zusammenziehen, die monatliche Gesamtsumme errechnen und die geeigneten Preisnachlässe einbeziehen.

Mit dieser kosmetischen Lösung für die barocke Infrastruktur der Rechnungsausstellung war Naderkhani jedoch nicht zufrieden: Er ging eine gänzliche Neugestaltung des Rechnungslegungssystems an, wobei er sich zunächst auf *Bell Atlantics* größte Geschäftskunden konzentrierte, da dort die komplexesten Notwendigkeiten und Bedürfnisse bestanden. Traditionellerweise wurden Rechnungslegungssysteme im Telefonbereich um besondere geographische Regionen, Produktgruppen (beispielsweise Festnetz oder Mobilfunk) oder Netzwerkarchitekturen herum entworfen. Statt dessen gründet das umfassende, neue Rechnungslegungsprogramm auf Kunden und auf ihren Konten. Produkte können flexibel zusammengestellt werden. Erstmals wird *Bell Atlantic* in der Lage sein, Konten- und Rechnungsinformationen in jeder beliebigen Weise zusammenzustellen, die für den Kunden am sinnvollsten ist. Unter Verwendung des *expressTrack*-Rechnungssystems werden Geschäftskunden fähig sein, ihre Rechnungen nach Abteilungen, Produktlinien oder nach geographischen Gesichtspunkten zu organisieren. Privatkunden werden zwischen den Möglichkeiten wählen können, alle Dienstleistungen auf einer einzigen Rechnung zu kombinieren oder private und geschäftliche Verbindungen z. B. auf zwei gesonderten Rechnungen zu trennen.

Gebündelte Dienstleistungen auf dem Weg zum Kunden

Im Juli 1997 eröffnete *Bell Atlantic* ein nagelneues Call Center, besetzt mit dreihundert hochtrainierten Telefon-Marketing-Profis, das den Verkauf gebündelter Dienstleistungen auf den Weg bringen sollte. Ende 1996, Anfang 1997 hatte Gary Weisenborns Gruppe unter Verwendung der neuen zusammengefaßten Kundendatenbank ein enormes Kundendaten-Center entworfen und eingerichtet. Dieses übernahm Informationen zu den Kundenprofilen aus der Kundendatenbank, kombinierte sie mit den Einträgen der Verbindungsdaten der Kunden und versetzte die Marketing-Leute von *Bell Atlantic* in die Lage, die Daten zur Aussonderung solch vielversprechender Gebrauchsmuster zu durchmustern, die potentiell gute Kandidaten für besondere Dienstleistungsbündel kenntlich machen würden.

Entwicklung der technischen Infrastruktur

Im Jahre 1991 unternahm *Bell Atlantics* Informationssystemgruppe *(BAIS)* einen mächtigen Schritt hin zu einem TCP/IP-basierten Basis-Netzwerk, einer Technologie, die bis dahin nicht einmal ins Blickfeld der meisten Leute gerückt war. Die nächste architektonische Entscheidung, die *BAIS* traf, war gleichermaßen der Zeit voraus. Statt *SSNS* so zu gestalten, daß es auf vernetzten PCs abläuft, beschloß *Bell Atlantic*, ein dreistufiges UNIX-basiertes System zu entwerfen und einzurichten. Man wählte *Sun*-Sparc-Server für die Basis- und Mittelstufe und entschied sich für den Gebrauch von X-Windows-Terminals für die Arbeitsstationen der Serviceberater. Dabei handelte es sich nicht nur um eine weniger teure Architektur, die es einzurichten galt, da X-Terminals halb soviel wie PCs kosten, sondern sie wäre auch viel preiswerter zu warten. Software-Aktualisierungen können zentral auf den Server geladen werden, statt auf Tausenden von PCs jedesmal neu installiert werden zu müssen, wenn eine neue Software-Version ausgeliefert würde.

Die nächste innovative Architekturentscheidung war der Entschluß, im Design der *SSNS*-Anwendung eine auf Geschäftsregeln basierende Maschine zu verwenden. Durch die Trennung der Geschäftsregeln vom Rest der Programmlogik sonderte *BAIS* die Teile der Anwendung, die beständiger Veränderung und Anpassung unterliegen würden, in einer Umgebung aus, die leicht zu verändert und zu warten ist.

Die technischen Details

BAIS wählte das ART/IM-regelbasierte Wissensystem. Die Produktdatenbanken, die für die *SSNS*-Anwendung verwendet wurden, wurden in Sybase implementiert. Die Kernkundendatenbank ist in einer DB2 in den beiden großrechnergestützten Datencentern von *Bell Atlantic* beherbergt. Die Software für die

Mittelstufe, die für die ursprüngliche Anwendungsintegration gewählt wurde, war Peerlogic PIPES.

Die ursprüngliche *SSNS*-Anwendung wurde in C geschrieben. In späteren Versionen ging *BAIS* zu C++ über, war aber in der Lage, viele der ursprünglichen Software-Module wiederzuverwenden. Ab 1997 verwendete *BAIS* Java, um Web-basierte Versionen der Software an Händler und Partner zu liefern, die *Bell-Atlantic*-Produkte auf dem Markt für kleinere Unternehmen verkaufen.

In jedem regionalen Kundenservicecenter richtete *BAIS* symmetrische Multiprozessor-Server von *Sun* ein, die die Datenbanken mit der regionalen Produktkonfiguration, die Regelmaschine für die Region sowie die Anwendungslogik beherbergen. Server und Arbeitsstationen wurden in Ethernet-LANs unter Verwendung von 180 *Sun*-Netzwerk-Servern verbunden, die wiederum miteinander durch ein TCP/IP-Wide-Area-Netzwerk verbunden wurden. Die Informationen über die Kundenprofile, die von den Serviceberatern kamen, wurden zuerst in eine Sybase-Datenbank eingegeben und dann über *Bell Atlantics* Hochgeschwindigkeits-Wide-Area-Netzwerk in die DB2-Kundendatenbank hochgeladen.

Die größte Anstrengung: Die Errichtung einer Kundendatenbank

Der bei weitem größte und zeitaufwendigste Teil dieser zusammenhängenden Initiativen war der Übergang zur Kundendatenbank. Es kostete das Unternehmen vier Jahre, die Informationen in eine zusammengefaßte Kundendatenbank zu übertragen, die für Haushalte nach Kunden und für kleine und große Geschäftskunden nach Geschäftsbereichen organisiert war. Die Informationen wurden bereinigt, umgeformt und in eine große DB2-Datenbank übertragen, die auf einem *IBM*-Großrechner gespeichert war. Wie Sie sich vorstellen können, war eine Menge menschlicher Anstrengung vonnöten, um bei jedem Schritt im Zuge dieser Zusammenfassung Überprüfungsanrufe zu tätigen und die Informationen zu verifizieren. Doch im Jahre 1995 hatte *Bell Atlantic* 16 Millionen Kunden in einer zentral verwalteten DB2-Datenbank identifiziert und aktualisiert, von der eine Sicherungskopie in einem zweiten Datencenter lag.

Die Entwicklung der dreistufigen Architektur

Wie früher schon erwähnt, wurde das ursprüngliche *SSNS*-System unter Verwendung von Unix-Servern mit X-Terminals als »schlanken« Clients entworfen. Die Geschäftsregeln wurden in einer gesonderten Regelmaschine beherbergt. Produktinformationen wurden in regionalen Datenbanken gespeichert, während Kundeninformationen zentral verwaltet wurden. Mit der Zeit hat sich *SSNS* zum Verwender von schlanken PCs statt X-Terminals als Clients hin entwickelt. Viele der übergreifenden Produktinformationen werden auf einem zentralen Web-Server gespeichert. Die Berater legen Lesezeichen auf die Bereiche der Wissensbasis, auf die sie häufig zurückkommen. Das nächste komplexe System zur Kundenpflege und zum Bestelleingang wurde zur Unterstützung von *Bell Atlantics*

Direktvertriebsoperationen im Rahmen des *expressTRAK*-Projekts entwickelt. Dieses System wurde unter Verwendung objektorientierter Programmierung auf Windows NT-Client- und Server-Plattformen implementiert. Der integrierte Rechnungslegungsteil von *expressTRAK* ist eine »eingekaufte« Lösung, die von einer Reihe von Zulieferern stammt. Einmal vollendet und eingeführt, wird er fünf überkommene Rechnungslegungssysteme in einen übergeordneten Prozeß zusammenführen. Seine Flexibilität bei der Rechnungsausstellung für eine Vielfalt von Produkten verdankt sich dem regelbasierten Ansatz.

Die Einführung von E-Commerce: Der Kunde soll sich selbst bedienen

Der nächste Schritt bestand darin, die Kunden schrittweise zu befähigen, sich mittels automatisierter Technologien selbst zu bedienen. Zuerst gestaltete *Bell Atlantic* sein integriertes Sprachbeantwortungssystem so um, daß es den Kunden gestattete, Service-Probleme zu melden, Telefonanschlüsse zu bestellen, die Zahlung ihrer Rechnungen zu überprüfen und aktuelle Preis- und Dienstleistungsangebote zu bekommen – alles über ein tonwahlbasiertes Tastentelefon. Ende 1998 ist das integrierte Sprachbeantwortungssystem in *SSNS* integriert. Jetzt ist es an jedem beliebigen Punkt des Vorgangs möglich, daß – falls ein Kunde verwirrt wird und die Null für die Übergabe des Gesprächs an einen Serviceberater drückt – der Anruf an einen Telefonmarketingspezialisten übergeben wird, der die Einträge des Anrufers auf dem Bildschirm vor sich sieht und der genau weiß, wie weit der Anrufer im interaktiven Telefondialog gekommen ist.

Die zweite Initiative in Richtung E-Commerce wurde im Web für eine bestimmte Zielgruppe von Kunden implementiert: für College-Studenten. Jedes Jahr im September und Mai rufen Tausende von College-Studenten die Telefongesellschaft an, um das Telefon an- oder abzumelden. Gary Weisenborn berichtet, daß es einfach gewesen sei, eine Website zu entwerfen, die die Studenten Telefondienstleistungen an- oder abmelden ließ. Die ursprüngliche Implementierung nahm neue Bestellungen und Abmeldungen auf. Wenn diese Bestellungen über das Internet einmal angekommen waren, wurden sie in *Bell Atlantics* Bestelleingangssystem manuell übertragen. Die Anwendung für Studenten lief über zwei Jahre und senkte bei *Bell Atlantic* die Kosten für die Bedienung dieser Kunden und schwächte saisonale Höhepunkte in den Kundenservicecentern ab.

Doch baute das Unternehmen auf den Erfahrungen mit den Studentenkundenkonten auf, um dadurch die Dienstleistungen zu erweitern, die es allen Privatkunden über das Web anbietet. Ende 1998 hatte das Unternehmen eine robustere Möglichkeit für das Web entwickelt. Diese zweite Generation des Bestelleingangssystems im Web klinkt sich direkt in das stromlinienförmig gebaute System von *Bell Atlantic* ein, überprüft die Konteninformationen des Kunden sowie seinem Kontostand und macht Dienstleistungen abrufbar. So wird jeder Privatkunde, der einen neuen Telefonanschluß einrichten, neue Dienstleistungen bestellen oder seine Rechnung prüfen, zahlen oder korrigieren möchte, in der Lage sein, dies über das Web zu tun.

Bell Atlantic fusioniert mit NYNEX

Im August 1997 fusionierte *Bell Atlantic* mit *NYNEX*, der regionalen Telekommunikationsgesellschaft, die die nordöstliche Region der Vereinigten Staaten bediente. Mit vereinten Kräften decken die Gebiete der beiden Unternehmen nun die dichtbesiedelten zwei Drittel des Ostens der Vereinigten Staaten ab, mit zusammen ungefähr 30 Millionen Kunden.

Während die Top-Führungskräfte beider Unternehmen um Regularien rangen, verglichen die Informationstechnologien beider Unternehmen ihre Systeme. Eine System-Sondergruppe, die sich aus Verantwortlichen beider Unternehmen zusammensetzte, erkannte, daß *Bell Atlantics* kundenorientierte Systeme – die Kundendatenbank, die *LiveWire*-Anwendung, das neue Rechnungslegungssystem sowie das Vertriebs- und Service-System – weiter entwickelt und breiter eingerichtet waren als die Systeme von *NYNEX*.

Als früherer *NYNEX*-Kunde stieß ich einen Seufzer der Erleichterung aus, als ich hörte, daß *Bell Atlantic* den Vorzug erhalten würde, die Systeme zu entwerfen, die mich und mein Unternehmen bedienen würden. Ich freue mich auf den Tag, an dem ich nicht mehr neun getrennte Rechnungen für die Telefonanschlüsse meiner Familie erhalten werde! Und ich bin gespannt, welche besonderen Angebote mich aufgrund der Telekommunikationsmuster meiner Familie erreichen werden.

Die eine Schattenseite der *Bell Atlantic/NYNEX*-Fusion ist die, daß *Bell Atlantic/ NYNEX* sprichwörtlich alle Hände voll damit zu tun haben wird, den Übergang und die Integration der Systeme zu vollziehen. Obwohl *Bell Atlantic* einen Vorsprung vor der Konkurrenz im Zusammenhang mit der Begründung E-Commerce hat, könnten deshalb andere vielleicht in der Lage sein, mit der Zeit aufzuholen, bevor die Führungskräfte von *Bell Atlantic* die Zeit finden, über die nächsten Schritte in Sachen E-Commerce nachzudenken. Den Anforderungen des Telekom-Gesetzes von 1996 zu entsprechen und in den Markt für Ferngespräche einzutreten, sind gegenwärtig die Hauptprioritäten des *Bell-Atlantic*-Managements. Im August 1998 machte *Bell Atlantic* eine zweite große Fusion bekannt, diesmal mit *GTE*. Was mich an der *GTE*-Erwerbung interessiert, ist, das *GTE* die erste große US-Telekommunikationsgesellschaft gewesen ist, die ihre kundenorientierten Geschäftsprozesse mittels einer geschäftsregelorientierten Vorgehensweise umgestaltete. Insofern teilen *Bell Atlantic* und *GTE* eine gemeinsame Sicht der E-Business-Architektur.

Ergebnisse

Bell Atlantic bedient ungefähr ein Viertel des gesamten US-Telekommunikationsmarktes mit nahezu 40 Millionen Anschlüssen und einem Drittel der 500 wichtigsten Unternehmenszentralen des Landes. Im September 1997 verfügten *Bell Atlantics* Privatkunden über 25,1 Millionen Telefonanschlüsse. Während der ersten drei Jahre des Betriebs erhöhte *SSNS* die Einkommen der *Bell-Atlantic*-Privatkundenserviceberater pro Stunde um 84 Prozent und senkte die Bestelleingangsfehler um 98 Prozent. Die Ausbildungszeit für neue Verkaufsrepräsentanten wurde um 66 Prozent reduziert, und die Kosten für die Verteilung von Produkt- und Ausbildungsinformationen fielen gegen Null. Weisenborn schätzt, daß *Bell Atlantic* im Jahre 1999 124 Millionen Dollar in *SSNS* investiert und annähernde 567 Millionen Dollar gespart haben wird. Und dies rechnet nicht einmal die Einsparungen durch die Selbstbedienung der Kunden ein.

Pattys Resümee für Bell Atlantic

Es ist ziemlich klar, daß *Bell Atlantic* nun die Kunden von *NYNEX* – und bald auch die von *GTE* – in seine enorme Kundendatenbank und Kundendaten-Warehouses einfügen muß. Das Unternehmen muß das *LiveWire*-System, das neue Rechnungslegungssystem und die nächste Generation von *SSNS* nach Norden über das frühere *NYNEX*-Gebiet ausdehnen. Gary Weisenborn zufolge wird dieser Prozeß wahrscheinlich weitere vier oder fünf Jahre benötigen.
In der Zwischenzeit würde ich jedoch empfehlen, daß *Bell Atlantic* damit fortfährt, all diejenigen Anwendungen stromlinienförmig zu machen und zu kombinieren, die mit den Kunden in Berührung kommen. Das Unternehmen muß noch nachdrücklicher bei der Nutzung des Webs werden, um die Kunden zu befähigen, sich selbst zu bedienen. Ich kann kein wirkliches Hindernis sehen, das dagegen spräche, all die Funktionalität, die die Vertriebs- und Servicerepräsentanten genießen, dem Kunden direkt über das Internet zur Verfügung zu stellen. *Bell Atlantic* hat das Web effektiv zur Erschließung anderer Märkte, etwa des Großhandelsmarktes, genutzt, hinkt aber damit hinterher, das Web zu verwenden, um es Privatkunden zu erleichtern, damit Geschäfte zu machen.

Tips aus der *Bell-Atlantic*-Fallstudie

① Gestalten Sie den Prozeß, durch den die Kunden Informationen über Produkte und Dienstleistungen erhalten, stromlinienförmig. Entscheiden Sie, was die Kunden möchten, stellen Sie ein wertvolles Angebot zusammen und vervollständigen Sie den Bestellprozeß (einschließlich Prüfung der Kreditwürdigkeit und Kontenführung).

② Beginnen Sie damit, all die Informationen zusammenzutragen, die das Service- und Vertriebspersonal benötigt, um Bestellungen entgegenzunehmen, Produkte und Dienstleistungen zusammenzustellen, Zusatzdienste anzubieten und den Vertriebs-, Bestell- und Dienstleistungsprozeß zu komplettieren.

③ Erstellen Sie für jeden Kunden ein Kundenprofil auf der Basis dessen, was Sie bereits wissen (d. h. irgendwo im System haben). Ergänzen Sie das Kundenprofil bei jedem Kontakt mit dem Kunden.

④ Legen Sie eine Reihe leicht veränderbarer »Wenn-dann«-Geschäftsregeln für das Marketing, die Preisbildung sowie die Produktzusammenstellung fest, die mit den Kundenprofilen und Produktinformationen abgeglichen werden können. Dadurch können neue Angebote vorgeschlagen, vorgegebene Auswahlmöglichkeiten beschränkt und/oder passende Prozesse für den jeweiligen Kundentyp ausgelöst werden.

⑤ Legen Sie alle Kundeninformationen in einer globalen Kundendatenbank zusammen, in der sie auf eine für das Unternehmen bedeutsame Weise organisiert sind. Lassen Sie alle anderen Anwendungen die erforderlichen Informationen aus dieser zentralen Lagerstätte beziehen.

⑥ Fassen Sie alle Produkt- und Marketing-Informationen in einer leicht abfragbaren Wissensbasis im Web zusammen. Organisieren Sie diese Informationen im Hinblick auf Entscheidungsbildung und Problemlösung.

⑦ Wenn Sie die erste Schicht der kundenseitigen Anwendungen einmal stromlinienförmig gestaltet haben – Marketing, Vertrieb, Bestelleingang –, fahren Sie auf der nächsten Ebene fort – Dienstleistungs- bzw. Produktauslieferung, Reparatur und Rechnungslegung. Fassen Sie alle diese Anwendungen in einer integrierten, modularen Architektur zusammen, die mit der Zeit fortentwikkelt werden kann. Halten Sie die Kundeninformationen im Mittelpunkt des Systems. Gewähren Sie den Angestellten Zugang zu allen Informationen über jeden Kunden.

⑧ Lassen Sie die Kunden über tonwahlbasierte Tastentelefone, über das Web oder ähnliches sich selbst bedienen, indem Sie ihnen Zugang zu stromlinienförmigen Versionen derselben Prozesse und Informationen bieten, die Ihre Verkaufsrepräsentanten verwenden.

⑨ Gestalten Sie Ihr Rechnungslegungssystem so um, daß die Kunden ihre Rechnungen gemäß ihren Bedürfnissen anpassen können.

Eine 360-Grad-Vision der Kundenbeziehung:

Wells Fargo

www.wellsfargo.com

Organisationsprofil

Zunächst war *Wells Fargo* darauf bedacht, die Hauptkunden besser zu bedienen, und zog alle Kundeninformationen und Anwendungen zusammen, so daß die Verkaufs- und Service-Repräsentanten einschrittigen Bezug bei allen Bankdienstleistungen- oder -transaktionen bieten konnten. Dann nutzte *Wells Fargo* diese Infrastruktur bald zum Angebot des einschrittigen Bezugs für alle Kunden über das Web. Die Online-Banking-Serviceleistungen von *Wells Fargo* sind der am schnellsten wachsende Teil des Geschäfts.

Wichtige Erfolgsfaktoren im Fall »Wells Fargo«	
✓ Die richtigen Kunden anvisieren	✓ Kunden zur Selbstbedienung anregen
✓ Die Verantwortung für die Gesamterfahrung des Kunden übernehmen	Kunden bei der Bewältigung ihrer Arbeit unterstützen
✭ Geschäftsprozesse straffen, die sich auf den Kunden auswirken	✓ Serviceleistungen personalisieren
✭ Eine Rundumsicht von der Kundenbeziehung entwickeln	✓ Das Gemeinschaftsgefühl stärken
✭ = Hier detailliert beschrieben	✓ = Hier kurz angesprochen

Wells Fargo konzentriert sich auf Komfort

Wells Fargo, in San Francisco beheimatet, rühmt sich einer Spitzenstellung in Sachen Kundenservice. *Wells Fargos* Beiname lautet »Komfort«. 1988 war *Wells Fargo* eine der ersten Banken, die ihren Kunden Rund-um-die-Uhr-Telefon-Banking bot. Im September 1989 führte *Wells* einen garantierten *Binnen-fünf-Minuten*-Service an seinen Zweigstellen ein (wenn die Wartezeit länger als fünf Minuten währte, erhielt der Kunde fünf Dollar!).

Als Teil seiner Konzentration auf Komfort setzt *Wells Fargo* auch auf einschrittigen Bezug. Im Jahre 1990 führte *Wells Fargo* Supermarktfilialen ein. Ende 1997 befand sich beinahe die Hälfte der 1918 personalbesetzten Filialen in Supermärkten oder anderen Geschäften. Im Oktober 1997 vereinte *Wells Fargo* seine Kräfte mit der *Starbucks Coffee Company*, um Komfort und einschrittigen Bezug in einer Mischung von Dienstleistungen unter einem Dach anzubieten. Als erste ihrer Art in der Bankenbranche präsentieren diese Einzelhandelszentren *Wells Fargo* und *Starbucks* sowie ein Spektrum weiterer Einzelhandelsangebote wie Postämter, Copy Shops, Cafés und chemische Reinigungen. Für *Wells Fargo* ist dieser Schritt schlüssig im Rahmen der verfolgten Strategie, die Kunden mit mehr Zugangspunkten für ihre Bankgeschäfte zu versorgen und an diesen Orten zudem mehr Dienstleistungen anzubieten. Seit 1991 bieten alle *Wells-Fargo*-Geldautomaten Anleitungen in Blindenschrift, und seit 1993 waren die Kunden in der Lage, auf ihre *Wells-Fargo*-Investment-Konten über Geldautomaten oder Tonwahl-Telefone zuzugreifen oder darüber ihre Rechnungen zu bezahlen. 1994 begann *Wells Fargo* an seinen Geldautomaten Briefmarken auszugeben. Online-Banking bot man seit 1989 und Internet-Banking seit Mai 1995 an. *Wells Fargo* ist heute einer der Spitzenreiter beim Internet-Banking. Lassen Sie uns einen Blick darauf werfen, wie man dahin gelangte.

Erster Schritt: Der Entwurf eines Kundenbeziehungssystems

1993 suchte Dudley Nigg, der der *Wells-Fargo*-Investment-Gruppe vorstand, nach einer Lösung für ein Kundendienstproblem. Er wollte Produkte und Dienstleistungen entwerfen, die Beziehungen zu *Wells Fargos* wichtigsten Kunden herstellen und pflegen würden, obwohl es für die Leute, die diese Kunden am Telefon bedienten, keine Möglichkeit gab, sich ein Bild von der Gesamtbeziehung des Kunden zur Bank zu machen. Alle Kundenkonten waren nach Kontonummern organisiert. Und eine jede wurde in einem gesonderten System betreut. Giro- und Sparkonten wurden in einem System verwaltet. Anlagefonds in einem anderen, Aktienkonten wiederum woanders. Jedesmal wenn ein Kunde anrief und Geld überweisen oder seine Kontostände abfragen wollte, mußte der Kundendienstbetreuer den Kunden deshalb nach seinen Kontennummern fragen und auf eine Vielzahl von Systemen zugreifen, um die Anfrage zu bearbeiten. Dies raubte den Kunden zuviel ihrer wertvollen Zeit. Offenkundig mußte es einen besseren Weg geben!

Gesucht: Ein Pilotprojekt zum Test neuer Informationstechnologien

Es war mehr Glück als Verstand, daß ungefähr zur selben Zeit eine Gruppe von Technologen der Bank nach einem Pilotprojekt suchte. Im Frühjahr 1993 hatte ein kleines Team aus *Wells-Fargo*-Managern für Technologie und Wirtschaft einen aufschlußreichen Workshop besucht, bei dem der bekannte Technologie-Guru John Donovan zu Gast war. Sie hatten erfahren, wie sie die neuesten Techniken (schnelle Anwendungsentwicklung) und Technologien (dreistufige Architektur) zur sehr raschen Entwicklung von Anwendungen nutzen konnten. Sie suchten nach einem Projekt, das sie zum Test dieser neuen Konzepte verwenden könnten. Eric Castain bot an, den Entwurf und die Implementierung eines integrierten Kundenbeziehungssystems in Angriff zu nehmen – ein System, das Kundeninformationen aus einer Vielzahl unterschiedlicher Anwendungen zusammenbringen sollte, so daß ein einziger Kundendienstbetreuer einem Kunden bei den gewünschten Transaktionen behilflich sein konnte. Im Oktober hatte Castain ein Team zusammengestellt, das mit der Entwurfs- und Implementierungsarbeit für das erste Pilotprojekt zu *Wells Fargos* neuem Kundenbeziehungssystem beginnen sollte.

Das Team entschied sich dafür, sich zuerst auf die wichtigen Kunden aus Niggs Bereich zu konzentrieren, da sie eine bedeutende Untermenge der Privatkunden der Bank ausmachten. Diese Kunden verfügten typischerweise über mehrere Konten und eine Vielzahl unterschiedlicher Beziehungen zu *Wells Fargo.* Sie wollten wie Kunden, nicht wie Kontonummern behandelt werden. Und die Betreuer, die dieses Kundensegment bedienten, waren die höchstrangigen in den Call Centern. Sie würden wahrscheinlich die Veränderungen in ihrem Arbeitsprozeß begrüßen und gewillt sein, zum Entwurf einer integrierten Lösung beizutragen.

Ein in Rekordzeit abgeschlossenes Pilotprojekt

Die Pilotphase des Kundenbeziehungssystems wurde in nur etwas mehr als drei Monaten entwickelt und eingerichtet! Nun konnte der Kundendienstbetreuer die Sozialversicherungsnummer des Kunden eingeben und alle Informationen über jedes Kundenkonto einsehen, die in Echtzeit aus einer Vielzahl von Systemen und Anwendungen zusammengetragen wurden. Und vom selben PC aus konnte der Kundendienstbetreuer für jedes dieser Konten Transaktionen direkt in das geeignete System eingeben. Die Bestätigung, daß die Transaktion erfolgreich abgeschlossen worden war, erschien auf dem Bildschirm des Betreuers – eine gewaltige Verbesserung gegenüber dem alten Prozeß.
Das neue Kundenbeziehungssystem erblickte am 27. Dezember 1993 vor zwanzig Betreuern in der *Wells-Fargo*-Niederlassung in Concord, Kalifornien (25 Meilen östlich von San Francisco) das Licht der Welt. Zum ersten Mal konnten die Kundendienstbetreuer den Kunden auf einfache Weise bei der Durchführung von Transaktionen behilflich sein, und dies hinsichtlich der meisten Konten ihrer Geschäftsbereiche. Die Betreuer waren über das verbesserte System derart erfreut, daß sie nach San Francisco fuhren, die Entwickler zum Essen einluden und ihnen einen Preis verliehen.
Da nun das technische Team von *Wells Fargo* wußte, wie die Backend-Systeme zu integrieren sind, damit alle Kundenkonten von einem einzigen Punkt aus eingesehen werden können und zugänglich sind, war es in der Lage, eine interaktive Sprachbeantwortungseinheit als zusätzlichen Kanal hinzuzufügen, den die Kunden zum Zugriff auf ihre Konteninformationen benutzen können.

Zweiter Schritt: Zusätzliche Grundlagenarbeit

Im Jahre 1993 förderte die Bank zusätzliche Initiativen, die sich für eine rasche Implementierung einer Internet-Strategie im kommenden Jahr als entscheidend erwiesen. Erstens übernahm man das Internet-Protokoll TCP/IP für das neue bankweite Netzwerk. Zweitens installierte man die erste Firewall als Teil der Banksicherheit bei externer E-Mail. So waren alle Grundpfeiler für webbasiertes Banking errichtet: Auf Kundenkonten konnte systematisch auf einer Beziehungsbasis zugegriffen werden, das Netzwerk war auf der Grundlage von Internet-Protokollen entworfen und die erste Firewall war in Funktion.

Dritter Schritt: Die Errichtung einer Website als neuer Kanal

Im Jahre 1989 hatte *Wells Fargo* dem Bedürfnis seiner Kunden nach erhöhtem Komfort dadurch entgegen zukommen versucht, daß man ihnen Zugang zu ihren Konten sowohl über proprietäre *Wells-Fargo*-Software als auch über den Online-Dienst von *Prodigy* bot. Dennoch hatten sich sechs Jahre später nur 20 00 *Wells-Fargo*-Kunden für die Nutzung dieser Dienste entschieden. In der Zwischenzeit waren Anwender-Software-Pakete wie *Quicken* von *Intuit* und *Money* von *Microsoft* zu populären Möglichkeiten geworden, mittels derer die Kunden ihre Geldgeschäfte abwickeln konnten.

1994, als Dudley Nigg zum verantwortlichen Vizepräsidenten für Direktvertrieb bei *Wells Fargo* geworden war, wußte er, daß bei den *Wells-Fargo*-Kunden eine gewaltige Veränderung im Gange war. Erstens hatten PCs in Privathaushalten explosionsartig Einzug gehalten. Zweitens stiegen mehr und mehr Kunden auf Dienste wie *America Online* oder das World Wide Web um. Drittens benutzten mehr und mehr Kunden den komfortablen automatisierten Telefon-Banking-Service des Unternehmens. Nigg begriff, daß die Kunden den Komfort von jederzeitigen, überall möglichen Bankgeschäften wünschten und daß sie in zunehmendem Maße bereit waren, für diesen Komfort Technologie zu verwenden.

Um den Stein ins Rollen zu bringen, begann die Bank, den PC als E-Commerce-Lösung zu erkunden. Es wurde ein Team gebildet, das eine neue PC-basierte Client/Server-Lösung erstellen sollte, und zwar unter Verwendung der Technologie, die im Kundenbeziehungssystem benutzt wurde. Dieses Team wurde vom Vizepräsidenten des Unternehmens Bill Finkelstein angeführt, der früher *Corporate Systems Planning* vorstand. In seiner vorhergehenden Position hatte sich Finkelstein *CommerceNet* angeschlossen, um die jüngsten Forschungen über E-Commerce nutzen zu können. In seiner neuen Position entwickelte er eine einfache interne Informations-Website zum Test der Untiefen des Internets und zum Zwecke der Schulung der Mitarbeiter. Bald griff die Website-Idee um sich. *Wells Fargos* Corporate-Communications-Gruppe übernahm im Laufe des Jahres 1994 die Verantwortung für die Informations-Site, die sie der Öffentlichkeit am 12. Dezember übergab und die sie zur Stärkung des Markenzeichens der Bank sowie als Fenster zur bunten Geschichte von *Wells Fargo* verwendete – *Wells Fargo* begann als Postkutschenunternehmen, das Post, Passagiere und Gold transportierte.

Im März 1995 hatte Nigg beschlossen, daß *Wells Fargo* Online-Banking über das Internet anbieten sollte. Er fragte Finkelstein, wie lange es dauern würde, eine Internet-basierte Banking-Lösung zu entwickeln. »Wir können die Grundlagen – die Möglichkeit des Kontenzugriffs für die Kunden – in etwa einem Monat haben«, lautete die Antwort. Das war die Antwort, auf die Nigg gewartet hatte. Tatsächlich dauerte es zwei Monate, bis die Website fertig war. Am 18. März 1995 wurde *Wells Fargo* zu einer der ersten Banken der Welt, die ihre Türen im Internet öffneten.

Weil Castains Team bereits eine Infrastruktur für integrierte Anwendungen für die Call Center entworfen hatte, war es für Finkelsteins sechsköpfiges Team relativ einfach, eine Website als Internet-Banking-Lösung bereitzustellen. Es gab jedoch eine Reihe problematischer Punkte. Finkelstein erinnert sich, daß die meisten damit zu tun hatten, wie die Kundeninformationen im neuen Medium angezeigt werden sollten. Es war unbedingt geboten, daß der Kunde stets dieselben Zahlen erhielte, gleichgültig, ob er über das Internet käme, einen Geldautomaten abfragte, ein Tonwahl-Telefon benutzte oder über *Prodigy* bzw. Direktwahlverbindung hereinkäme. Die Teammitglieder testeten die Software deshalb mithilfe ihrer eigenen Bankkonten. Erst als sie sicher waren, daß die Kunden exakt dieselben Informationen über ihre Konten angezeigt bekämen, egal, wie sie aufs System zugriffen, konnte es live losgehen.

Die Kunden strömen ins Netz

Als das Internet-Banking auf den Weg gebracht war, verreiste Castain in einen wohlverdienten Urlaub. Er erwartete, daß am ersten Tag etwa zehn Leute anrufen und sich für das Online-Banking einschreiben würden, und vielleicht hundert innerhalb der ersten Woche. Als er das Büro zur Überprüfung anrief, wurde ihm mitgeteilt, daß sich bereits am ersten Tag mehr als 1 500 Leute für das Online-Banking registrieren lassen hatten! Und der Andrang blieb groß. Glücklicherweise war *Wells Fargo* weitsichtig genug gewesen, die Website so leistungsstark zu konstruieren, daß sie diesen Datenstrom aufnehmen konnte. So konnte Eric seinen Urlaub zu Ende führen.

Die Registrierung der Kunden

Welches Verfahren benutzte *Wells Fargo* zur Registrierung der Kunden für das Online-Banking? Man bat die Kunden, eine gebührenfreie Nummer anzurufen und die Anmeldungsinformationen durchzugeben. Das Verfahren war arbeitsintensiv und zeitraubend. Heute hat sich alles geändert. Kunden können sich online, ohne Telefonanruf, einschreiben und ihr Kennwort auswählen. Sie können mit dem Online-Banking und der Zahlung von Rechnungen sofort beginnen.

Die Behandlung von Sicherheitsfragen

Wie gab *Wells Fargo* den Kunden das Gefühl der Sicherheit? 1994 war die Verschlüsselung, die *Netscape* in seinen Browsern bot, nicht sehr sicher, weshalb *Wells Fargo* anfangs deshalb mit *Netscape* zusammenarbeitete, damit sicherge-

stellt würde, daß diese Browser Banking-geeignete Features enthielten. Am wichtigsten war es, daß die Bank mit *Netscape* zusammenarbeitete, um sicher zu sein, daß keine persönliche Konteninformation auf der Festplatte verbliebe, nachdem eine Online-Banking-Sitzung beendet war. Als *Microsoft* später den *Internet Explorer* herausbrachte, arbeitete *Wells Fargo* auch mit *Microsoft* zusammen, damit sichergestellt wäre, daß die geeigneten Sicherheits- und Privatheitsmaßnahmen auch in diesen neuen Browsern enthalten wären.
Weitere Sicherheits-Features? Alle Kundeninformationen, die über das Internet übertragen werden, sind verschlüsselt – 40-Bit-Verschlüsselung wird zur Abfrage des Kontostandes, der Kontenentwicklung sowie zur Übertragung von Geldern zwischen den Konten eines Kunden benötigt. Die Bank wartete bis Juli 1996, bevor man mit externen Überweisungen begann, damit die stringentere 128-Bit-Verschlüsselung benutzt werden konnte. Eine Banking-Sitzung wird durch den Gebrauch eines persönlichen Kennwortes in Gang gesetzt, welches der Kunde gewählt hat. Und die Banking-Sitzung eines Kunden »überschreitet die Zeit« nach zehn Minuten ohne Aktivität, um die Privatheit in dem Falle zu wahren, daß der Kunde den Computer während einer aktiven Sitzung am Bildschirm verlassen hat. Es gibt auch einige Schutzmaßnahmen hinter der Szene. Die Bank glaubt, daß sie einige der stärksten Firewall-Technologien der Branche verwendet, und sie überwacht das System auf jede ungewöhnliche Aktivität.
Und falls dies nicht genug sein sollte, einen Kunden zum Online-Banking zu überreden, verspricht die Bank ihren Kunden, daß sie niemals einen betrügerischen Verlust erleiden werden, nur weil sie ihre Bankgeschäfte über das Web verrichten. Die Bank glaubt, daß Internet-Banking bei *Wells Fargo* ebenso sicher ist wie Telefon-Banking, ein Geldautomat oder die Abwicklung in der Zweigstelle, und sie steht hinter der Integrität des Online-Bankings ebensosehr wie hinter all ihren anderen Kanälen.

Die Entwicklung der funktionalen Website

In den achtzehn Monaten zwischen dem ursprünglichen Pilotprojekt zum Kundenbeziehungssystem und dessen voller Betriebsfähigkeit hatte *Wells Fargo* noch sehr viel mehr darüber in Erfahrung gebracht, wie die Backend-Anwendungen am besten im Sinne maximaler Leistung zu verknüpfen seien. Im Februar 1996 hatte das Entwickler-Team von *Wells Fargo* die Infrastruktur so überarbeitet, daß das Online-Banking-Team in der Lage war, den Kunden die Möglichkeit zu bieten, Transaktionen über das Web durchzuführen. Die Kunden konnten Gelder von einem Konto zum anderen transferieren und ihre Kreditkartenabrechnungen bezahlen. Innerhalb weniger Monate ergänzte *Wells Fargo* noch weitere Kontentypen, z. B. Hypotheken und Kreditrahmen. Später im Jahr, als *Netscape* und *Microsoft* besser geschützte Browser mit 128-Bit-Verschlüsselung anboten, führte *Wells* das Online-Zahlungswesen ein; die Kunden können die Zahlung all ihrer Rechnungen von ihrem Bankkonto terminieren: sowohl Einzelzahlungen

als auch Daueraufträge. Die Kunden können diesen Service zur Zahlung an jedermann verwenden – an ihren Vermieter, ihre Telefongesellschaft, ihren Babysitter oder ihre Freunde –, nicht bloß an eine beschränkte Anzahl zugelassener Zahlungsempfänger. *Wells Fargo* bot noch weiteren Komfort, wie z. B. die Möglichkeit zur Nutzung von Finanzplanern und zur Online-Konteneröffnung, zur Bestellung von Reiseschecks, Barschecks und ausländischen Währungen, zur Adressenänderung und zur Bestellung von Scheckformularen. Seit ihrer Einführung 1995 hat die Bank ständig an der Aktualisierung und Verbesserung der Site gearbeitet, wobei regelmäßig neue Funktionen hinzugefügt wurden.
Mitte 1997 verkündete *Wells Fargo*, daß auch Kunden, die WebTV und *Nokia9000*-Mobiltelefone verwendeten, ebenfalls sichere Internet-Banking-Transaktionen durchführen könnten. Das Unternehmen hatte mit beiden Firmen zum Test ihrer Implementierung der *Secure-Sockets-Layer*-Sicherheit *(SSL)* eng zusammengearbeitet.
1998 bot *Wells* seinen Online-Kunden die Möglichkeit an, einen Kreditrahmen auf der Grundlage des Werts ihrer Häuser zu beantragen und eine Bestätigung innerhalb von Sekunden, nicht Tagen, zu bekommen! Diese Möglichkeit war so beliebt, daß die Anzahl der Kreditrahmengeschäfte, die über *Wells* Web Site abgeschlossen wurden, in den ersten drei Monaten den Abschlüssen von 200 Zweigstellen entsprach.

Automatische Rechnungspräsentation: Eine strategische Waffe

Wenn Sie Ihre Rechnungen elektronisch bezahlen und dabei Software-Pakete wie *Quicken* oder *Money* verwenden oder Ihre Bank ermächtigen, einem autorisierten Zahlungsempfänger direkt den Einzug von Ihrem Konto zu gestatten, wird tatsächlich sehr wenig Information zwischen dem Händler und dem Kunden auf elektronischem Wege ausgetauscht. Als Kunde erhalten Sie die detaillierte Aufstellung Ihrer Telefon- oder Stromrechnung immer noch in Papierform, obwohl Sie die Telefongesellschaft oder das Elektrizitätswerk vielleicht ermächtigt haben, Ihr Konto monatlich zu belasten.
Dudley Nigg ahnt, daß der nächste Schritt beim Online-Banking die Rechnungspräsentation sein wird. Er ahnt, daß Rechnungspräsentation sowohl den Kunden als auch den Rechnungsausstellern erheblich mehr Komfort und Befriedigung bieten wird. *Wells Fargo* startete 1998 ein Pilotprojekt zur Rechnungspräsentation. Es funktioniert so: Ein Rechnungsaussteller stellt eine Beziehung mit einer Abrechnungsgesellschaft wie *CheckFree* oder *MSFDC* her. Die Abrechnungsgesellschaft stellt dann die Verbindung zur Bank her. Wenn sich ein Kunde zu einer Online-Banking-Sitzung einwählt, erhält er die Anzeige, daß Rechnungen auf ihn warten. Der Kunde öffnet dann seine Rechnungen und kann die detaillierten

Transaktionsinformationen einsehen (sowie eventuelle Mitteilungen und zusätzliche Marketing-Materialien, die der Rechnungsaussteller senden möchte). Die Rechnung ist mit dem Logo des Rechnungsausstellers versehen, als käme sie direkt von dort. Wenn die Bank des Kunden mit einer Mehrzahl von unterschiedlichen Abrechnungsgesellschaften verbunden ist, erhält der Kunde die meisten seiner Rechnungen nahtlos während seiner Online-Sitzung, unabhängig davon, um welche Abrechnungsgesellschaft es sich handelt.

Nigg glaubt, daß Rechnungspräsentation den Kunden das Optimum an Komfort bietet. Sie finden ihre Rechnungen an einem Ort vor, erhalten alle benötigten Rechnungsinformationen online und können innerhalb derselben Banking-Sitzung die Zahlung aller oder eines Teils der Rechnungen veranlassen, die Zahlung ihren Wünschen entsprechend terminieren und dem Rechnungsaussteller eine E-Mail schicken, falls sie Fragen zu ihrer Rechnung haben. Kein Öffnen von Briefumschlägen mehr, kein Ausfüllen von Schecks, keine Gedanken an Zahlungsfristen und keine Beachtung der Geschäftszeiten, wenn ein Kundenservicebetreuer wegen einer Frage angesprochen werden muß. Der Wert? Der Kunde erhält und bezahlt die Rechnungen auf die bequemste und effektivste Weise. Und die Kosten für den Rechnungsaussteller für die Erstellung und den Versand der Rechnungen, den Zahlungseingang und den Kundendienst sind bei elektronischer Rechnungspräsentation und Zahlung wesentlich geringer als bei Transaktionen in Papierform.

Entwicklung der technischen Infrastruktur

Im Jahre 1993, als Castains Gruppe das erste Kundenbeziehungssystem (CRS) in Angriff nahm, wußte man dort, daß man irgendeine Art von »Middleware« benötigen würde, die die PCs, die von den Kundenservicerepräsentanten benutzt wurden, direkt mit all den Anwendungen verbände, die die unterschiedlichen Kundenkonten bedienten. Man entschied sich für *Object Broker* von *Digital* und arbeitete mit den Beratern von *Digital* ebenso wie mit Beratern der *Cushing Group* als Mentoren dieses ersten Projekts zusammen. Diese Vorgehensweise funktionierte gut. Und die Technologie ließ sie nicht im Stich. Fünf Jahre später ist *Wells Fargo* mit der eingeschlagenen Richtung immer noch sehr glücklich.

Wie funktioniert »Middleware« auf der Basis verteilter Objekte? Im wesentlichen treffen Sie die Entscheidung, welche Dienste Sie von jeder Anwendung anfordern wollen (z. B. »Geld auf ein Konto transferieren« oder »Ein Konto belasten«): Dann schreiben Sie die Programme, die diese Dienste von den Backend-Anwendungen anfordern. Die Middleware agiert wie ein Makler, indem sie die Anforderungen der Frontend-Anwendungen für die Backend-Datenquellen und -Server übersetzt. Jede Anwendung könnte auf einer unterschiedlichen Plattform laufen oder in einer anderen Programmiersprache geschrieben sein, doch die Schnittstelle, die die Objektanforderungen makelt, befähigt sie, Dienstanforderungen entgegenzunehmen und diese zu beantworten. Indem Sie diese mittlere Software-Schicht (Middleware) zum Makeln von Dienstanforderungen verwenden, machen Sie es viel einfacher, sowohl die Backend-Systeme als auch die Frontend-Benutzeroberflächen zu verändern, ohne jede Menge Code neuschreiben zu müssen. Während der letzten fünf Jahre hat *Wells Fargo* die Vorteile der Flexibilität dieser Vorgehensweise zur Handhabung der Auswirkungen von Veränderungen in jeder der drei Schichten genutzt. Zur selben Zeit hatte man die Gelegenheit, die Art und Weise beträchtlich zu verfeinern, auf die *Wells Fargos* Geschäftsaktivitäten für die Computersysteme beschrieben werden, indem man das Objektmodell der Geschäftsaktivitäten fortwährend verbesserte.

Als das *Wells-Fargo*-Team die erste Gruppe von verteilten Objektanwendungen für CRS und die erste Benutzeroberfläche für das Web schrieb, waren ihm die Konzepte objektorientierter Programmierung noch neu. Wie sich herausstellte, hatte man mit Hilfe der Mentoren und Berater einen ziemlich guten ersten Schritt zur Definition der Hauptgeschäftsobjekte der Bank (Kunden, Konten, Produkte) unternommen. Als man die Infrastruktur jedoch so erweitert hatte, daß eine Menge unterschiedlicher Systeme miteinander verknüpft waren, begriff man, daß es Zeit war, zurückzugehen und den Entwurf von Grund auf neu zu durchdenken.

So begann das *Wells-Fargo*-Team 1995 mit einem Neuansatz zur Gestaltung der geschäftlichen Vorgehensweise. Man entdeckte, daß jedes der Systeme eine unterschiedliche Interpretation solcher Grundkonzepte wie »Kunde«, »Kontostand«, »Kontenprofil« und »Überweisung« zugrunde legte. Jedes System verwendete einen anderen Satz impliziter Regeln, die diese Grundkonzepte definierten. Technologen-Teams arbeiteten zusammen mit Teams aus Wirtschaftsleuten, um jeden der Schlüsselbegriffe des Geschäfts neu zu durchdenken: Was meinen wir wirklich mit »Konto«? Ist die Definition im Falle eines FDIC-abgesicherten Kontos dieselbe wie bei einem unabgesicherten Investment-Konto? Wenn wir Gelder von einem Konto auf ein anderes transferieren, welches sind dann die Regeln, die eingehalten werden müssen, damit die Überweisung gültig ist? Dies sind die Arten von Fragen, die man neu durchgehen und beantworten mußte. Als man dies tat, verfeinerte man das konzeptuelle Modell (Geschäftsobjekt), das für den Entwurf neuer Anwendungen und Dienste Verwendung finden sollte. Unter Verwendung dieses verfeinerten Objektmodells wurde ein Team von Entwicklern angeheuert, das das CRS verbessern sollte. Ende 1996 wurde das ursprüngliche CRS durch ein gänzlich neues Frontend-System ersetzt, das als *Customer-Information-View-System (CIV)* bekannt ist. Diese zweite Generation einer Call-Center-Umgebung bot einige Verbesserungen. Erstens war es das Ziel, all die unterschiedlichen Terminal-Benutzeroberflächen jedes der verschiedenen Backend-Systeme, die die Betreuer gegenwärtig nutzten, schließlich zu ersetzen. Diese füllten nun einfach Formulare aus, die auf den Bildschirmen aufklappten. Diese Formulare verifizierten zunächst die Informationen und sandten sie sodann unter Verwendung einer neuen Version der ursprünglichen Middleware zum Makeln von Objektanforderungen in Echtzeit an die passenden Backend-Systeme. Zweitens wurde die Benutzeroberfläche viel stromlinienförmiger gemacht. Statt graphische Symbole zu verwenden, konnten die Betreuer rasch unterschiedliche Kontentypen aktivieren. Schließlich wurde das *CIV*-System für Hochleistung optimiert, so daß 1 500 Kundenbetreuer gleichzeitig bei hervorragender Reaktionszeit Kunden bedienen konnten.

Zur selben Zeit fuhr ein gesondertes Entwicklungs-Team damit fort, die *Wells-Fargo*-Website zu entwickeln und instandzuhalten. Eine weitere Gruppe war für die Transaktionsschnittstelle zu *Quicken* und *Money* verantwortlich. Und noch eine weitere Gruppe entwickelte das interaktive Sprachbeantwortungssystem. All diese Initiativen hingen von demselben zugrundeliegenden Objektmodell und denselben Diensten ab, die von Castains Team fortwährend verbessert und erweitert wurden.

Die Entscheidung, die *Wells Fargo* 1993 zugunsten einer dreischichtigen Architektur unter Verwendung der *Object-Broker-Middleware* traf, war wahrscheinlich eine der klügsten technischen Investitionen, die das Unternehmen getätigt hat (neben der Entscheidung von 1992, alle Systeme mittels TCP/IP, dem Standard-Internet-Protokoll, zu vernetzen). Die ständige Fortentwicklung dieser Architektur sowie das Engagement dafür hat die Bank befähigt, ihre kundenorientierten Geschäftsprozesse fortwährend zu straffen und zu verbessern. Obwohl die Benutzeroberflächen und Client-seitigen Anwendungen für das Web recht unterschiedlich sind, beruhen das interaktive Sprachbeantwortungssystem und das Call-Center-System auf demselben gemeinsamen Satz von Diensten. Deshalb wird den Kunden ein konsistenter Satz von Optionen geboten, mit vorhersagbaren Ergebnissen unabhängig davon, wie sie sich zufälligerweise für den Kontakt mit der Bank entscheiden.

Ein weiterer Vorteil, den *Wells Fargo* aus den Investitionen in fortgeschrittene Middleware-Technologie ziehen wird, ist die Möglichkeit, andere Banking-Systeme auf einfache Weise zu integrieren. Dies wird nützlich sein, wenn das Unternehmen die Fusion mit *Norwest* zum Abschluß gebracht hat. Niggs Team erwartet, daß man in der Lage sein wird, alle Banking-Systeme von *Norwest* mit *Wells Fargos* Online- und Telefon-Banking-System zu verbinden, sobald die endgültige Fusion Ende 1998 genehmigt ist.

Strategische Folgeschritte: Die Kunden von Kreditkarten zu Smart Cards führen

Wells Fargo ist – zusammen mit *Chase Manhattan, NBD First Chicago, AT&T, Citibank* und anderen – einer der Hauptinvestoren in *Mondex U. S. A.*, einem Unternehmen, das angetreten ist, wertspeichernde Smart Cards für vielfältige

Anwendungen zu entwickeln und zu verteilen. Was ist der geschäftliche Antrieb hinter Smart Cards? Sie bereiten dem Händler weniger Kosten, bieten dem Kunden größeren Komfort und stellen eine Plattform dar, auf der die Bank strategische Geschäftspartnerschaften eingehen kann.

Wie funktioniert die *Mondex*-Karte? Anders als eine gewöhnliche Karte für den Geldautomaten, kann sie zur Bereitstellung einer Reihe von Diensten programmiert werden. Beispielsweise könnte Ihre *Mondex*-Karte Ihre digitale Unterschrift enthalten. Kombiniert mit Ihrer PIN-Nummer oder irgendeiner anderen Form der Autorisierung (wie einem Fingerabdruck oder einem Netzhaut-Scan) könnte Ihre digitale Unterschrift dazu verwendet werden, absolut sichere Transaktionen über das Internet auszuführen. Sie könnten auf derselben Karte auch Geldwert speichern. So könnten Sie sie für Telefongespräche, für Bus- oder U-Bahnfahrten oder den Kauf einer Zeitung verwenden. Und Sie könnten sie einsetzen, um Bonusprogramme nachzuhalten. Sie könnten die Kontonummer Ihres Vielfliegerprogramms und die gutgeschriebenen Meilen ebenso speichern wie die elektronischen Ticket-Informationen für Ihren nächsten Flug.

Smart Cards erhöhen die Sicherheit und reduzieren die Transaktionskosten

Wells Fargo glaubt, daß die *Mondex*-Smart-Card wegen der relativ geringen Kosten für die Verarbeitung einer Transaktion erfolgreich sein wird, wenn man die Kosten bei Verwendung der *Mondex*-Technologie mit den durchschnittlich ein bis drei Prozent an Transaktionsgebühren vergleicht, die bei Händlern anfallen, wenn ihr Kunde eine Kreditkarte verwendet. Woher diese Kostendifferenz? Wenn ein Kunde dem Händler eine Kredit- oder eine Scheckkarte vorlegt, muß die Information auf der Karte über ein Netzwerk an ein zentrales Verarbeitungssystem übertragen werden, das feststellt, ob der Kunde über ein gültiges Konto verfügt und, im Falle der Scheckkarte, ob das Konto genügend Deckung für die Transaktion aufweist. Ist die Transaktion einmal abgeschlossen, findet ein zweiter Schritt statt, der das Kundenkonto tatsächlich belastet. All diese Zeit der Netzwerkübertragung und Verarbeitung kostet die Bank und den Händler Geld. Wenn der Händler Geld jedoch direkt von der Karte des Kunden auf seine eigene Karte übertragen kann, besteht keine Notwendigkeit zur Übertragung von Informationen über das Netzwerk oder zur Verarbeitung der Transaktion auf einem teuren Computer.

Mondex ist als Zahlungsmechanismus für Internet-Transaktionen ebenfalls gut geeignet. Weil die Verarbeitungskosten so gering sind, werden Online-Händler in der Lage sein, Erträge aus der Lieferung von Forschungsergebnissen, Musik, Information, Spiel und anderen niedrigpreisigen Artikeln zu erzielen, die ansonsten aufgrund der hohen Verarbeitungskosten für Kreditkartentransaktionen nur auf unwirtschaftliche Weise zu berechnen wären. Vieles in diesem Preisbereich wird heute umsonst abgegeben.

Dudley Nigg sieht die Möglichkeit, die mehrfach verwendbare *Mondex*-Smart-Card als weitere Plattform zu verwenden, auf der Geschäftsbeziehungen erzeugt werden können, die dem Kunden Vorteile bringen, während sich der Bewußtseins- und Marktanteil der Bank erhöht.

Eine Ziel-Site werden

Wann wird eine aktionsbasierte Site zu einer Ziel-Site? Im Jahre 1998 gab es im Internet eine Menge Fusions- und Übernahmeaktivität, als Portale – *Yahoo!, Lycos* und *Excite* – darum rangen, Ziel-Sites zu werden. Portale sind Websites, durch die Sie *hindurch*gehen, um *woanders*hin zu gelangen. Normalerweise stellen sie die Suchmaschine zur Verfügung, mit deren Hilfe Sie Ihren Weg zur Ziel-Site finden. Ziel-Sites, wie *America Online*, sind Orte, die Sie aufsuchen und an denen Sie sich herumtreiben. Sie bieten alle Dienste, die Sie an einem bestimmten Ort benötigen. Die meisten der heutigen Portale bemühen sich darum, Ziel-Sites zu werden. Warum? Weil Werbekunden mehr zahlen, wenn sie wissen, daß die Kunden eine Weile bleiben und nicht gleich weiterziehen.

Diese Tor- und Ziel-Sites in einem werden mit aufgabenbasierten Sites wie *Wells Fargo, Travelocity* und anderen, die Sie zwecks Durchführung bestimmter Aufgaben aufsuchen – Zahlung von Rechnungen, Buchbestellungen für Ihre nächste Reise –, in Konkurrenz treten. Während Sie sich dort aufhalten, wird Ihnen die Gelegenheit zur Erledigung weiterer zeitsparender Aufgaben geboten werden. Beispielsweise bot *Wells Fargo* seinen Online-Banking-Kunden auf Grund einer Partnerschaft mit *Flowers USA* Anfang Mai die Möglichkeit, Blumen für den Muttertag zu bestellen. Viele *Wells-Fargo*-Kunden nutzten den Vorteil dieses zeitsparenden Angebots. Tatsächlich war die Maßnahme so erfolgreich, daß sie die Muttertagsumsätze von *Flowers USA* um 200 Prozent steigerte!

Dudley Nigg sieht eine große Chance zur Fortsetzung der komfortorientierten Tradition für *Wells Fargo* darin, den Online-Banking-Kunden unterstützende, zeitsparende Dienstleistungen anzubieten. Das Schwierige daran ist, herauszufinden, welche weiteren Dienstleistungen die Kunden während des Bankings schätzen. In der physischen Welt positioniert *Wells* seine Zweigstellen in Supermärkten und Drugstores. In der virtuellen Welt ist es unwahrscheinlich, daß ein Kunde, der online Rechnungen bezahlen möchte, beim Einloggen in die Banking-Site seinen Einkaufszettel in der Hand hält! Andererseits könnten kontextbezogene Angebote wie Blumen zum Muttertag, Süßigkeiten zum Valentinstag oder das Angebot eines Kreditrahmens, wenn das Bankkonto überzogen und Ihre Kreditkarte ausgeschöpft ist, allesamt sehr willkommen sein.

Eine Gemeinschaft rund um die Bankdienstleistungen

Dudley Nigg ist überzeugt davon, daß seine Kunden nunmehr für den nächsten Schritt im Zuge der Festigung der Beziehungen reif sind. *Wells Fargo* wird mit der Wertsteigerung seiner Website durch die Bildung einer Interessengemeinschaft fortfahren. Da alle Besucher der *Wells-Fargo*-Internet-Website etwas gemeinsam haben – ein Interesse an der Verwaltung ihres Geldes –, meint Nigg, daß *Wells Fargo* durch die Bereitstellung von weiteren Informationen und Dienstleistungen zu Finanzplanung, Geld-Management und Investitionen mit der Bildung einer Art von Gemeinschaft beginnen kann. Nigg könnte Partnerschaften mit einer Reihe von Geschäftspartnern eingehen, deren Spektrum von Finanzinformationsdiensten bis zu Steuerberatern, von Versicherungsgesellschaften bis zu Buchhändlern wie *Amazon.com* reicht. Jeder Partner könnte Wert beisteuern, indem er der *Wells-Fargo*-Gemeinschaft Informationen und Dienstleistungen anbietet. Die Kunden von *Wells Fargo* würden aus der größeren Vielfalt der zur Verfügung stehenden Angebote, dem erweiterten einschrittigen Bezug und vielleicht auch aus der Möglichkeit, sowohl mit den Dienstleistungsanbietern als auch miteinander zu interagieren, Nutzen ziehen.

Die erste Voraussetzung für die Gemeinschaftsbildung besteht darin, mit den Kunden eine vertrauensvolle Beziehung zu haben. *Wells Fargo* spürt, daß man den ersten Schritt bereits genommen hat. Die zweite Voraussetzung besteht darin, Informationen und Dienstleistungen anzubieten, die diese Personen anspricht, sie einbezieht und sie wiederkommen läßt. *Wells Fargo* hat mit diesem Prozeß mit seinen Online-Banking- und Rechnungszahlungsdiensten begonnen. 1998 hat man bereits eine Erweiterung um Finanzplanungsdienste und -werkzeuge erlebt. Doch es sollte noch mehr möglich sein. Ein weiterer Schritt auf dem Wege der Gemeinschaftsbildung könnte der sein, es den Kunden zu ermöglichen, miteinander zu interagieren, einander Fragen zu beantworten und gemeinsame Belange zu behandeln. Die Zeit wird zeigen, ob die Leute gewillt sind, auf dieselbe Weise eine Gemeinschaft um die Online-Banking-Dienste herum zu bilden, wie sie es genießen, Nachbarn in der physischen Zweigstelle der Bank zu treffen.

Was ich an Niggs Vision mag, ist seine Überzeugung, daß *Wells Fargo* über das Angebot von Dienstleistungen wird nachdenken müssen, die mit den bankeigenen Angeboten in Konkurrenz stehen, und zwar hinsichtlich Investitionen, Kreditkarten und anderen damit zusammenhängenden Produkten und Dienstleistungen wie Kfz- und Lebensversicherungen. Er weiß, daß seine Kunden einschrittigen Bezug schätzen und daß es wahrscheinlicher ist, daß sie ihre Loyalität einem Finanzdienstleister geben, der sie nicht nur hereinzulocken versucht, sondern ihnen Wahlmöglichkeiten bietet.

Ergebnisse

Eine der Hauptstrategien von *Wells Fargo* besteht darin, die Kosten des ausgedehnten Zweigstellennetzwerks dadurch zu reduzieren, daß man es um kleinere, komfortablere Bankschalter in Supermärkten und anderen Geschäftshäusern erweitert. »Warum soll man den Kunden zweimal anhalten lassen?« räsonnieren die komfortbedachten Führungskräfte. Wenn der Kunde in den Supermarkt geht, um seine Alltagsdinge zu kaufen, oder zu *Starbucks*, um eine Tasse Kaffee zu trinken, dann sollte seine Bank auch dort sein. Diese neuen, komfortablen Servicestellen reichen vom einfachen Geldautomaten bis zur kleinen Zweigstelle mit komplettem Service. Aber sei teilen die Immobilienkosten mit ihren Partnern – *Safeway, Vons, Albergson's, Kmart, Starbucks* und anderen Organisationen des Einzelhandels.

Zusätzlich zur gemeinsamen Ansiedlung zusammen mit Einzelhandelsverkaufsstellen bietet *Wells Fargo* den Kunden Telefon-Banking und das Internet. Dies ist ein Gewinn sowohl für den Kunden als auch für die Bank. Die Kunden genießen den Komfort der Erledigung von Bankgeschäften zu jeder gewünschten Zeit von zu Hause oder vom Büro aus. Und die Bank hat eine niedrigere Kostenstruktur, wenn die Kunden ihre Geschäfte über Telefon oder Internet ausführen.

Online-Banking bringt Schwung

Erinnern Sie sich daran, daß *Wells Fargo* den Kunden 1989 Online-Banking zunächst unter Verwendung eigener PC-Software anbot: In den sechs Jahren von 1989 bis 1995 nutzten insgesamt 20 000 Kunden diese Möglichkeit. Doch im Jahre 1995, als *Wells Fargo* eine bequemere Form des Online-Banking über das Internet anbot, brachen die Dämme. Ende 1996 hatte *Wells Fargo* über 300 000 Online-Banking-Kunden. Während 170 000 Kunden das Internet direkt nutzten, loggte sich der Rest in den *Wells-Fargo*-Konten über *Quicken* oder *Microsoft Money* ein. Im zweiten Vierteljahr des Jahres 1998 hatte *Wells* mehr als 470 000 Online-Banking-Kunden.

Online-Banking-Kunden sind einträglicher

Nigg schätzt, daß es *Wells Fargo* einen Dollar kostet, einen Telefon-Banking-Kunden zu bedienen, und ungefähr die Hälfte im Falle eines Online-Banking-Kunden. Signifikanter als die Kostenersparnisse sind jedoch die erhöhten Erträge, die sich der Ökonomie der Kundentreue (wie in *Schritt 5: Kundentreue pflegen* diskutiert) verdanken. Sie werden sich daran erinnern, daß gemäß Frederick Reichelds Modell treue Kunden ertragreicher sind, weil gilt:

- Je länger Sie sie behalten, desto mehr verdienen Sie.
- Es kostet Sie weniger, sie zu bedienen.
- Ihre Kunden investieren mehr in Ihre Produkte.

- Sie erwerben Zusatzartikel.
- Sie sprechen Empfehlungen aus.

Die Erfahrung von *Wells Fargo* mit den Online-Banking-Kunden illustrieren Reichelds Prinzipien augenfällig:

① Online-Kunden weisen eine um 50 Prozent niedrigere Verlustrate auf als Bankkunden insgesamt. Weshalb? Eine Theorie besagt, daß Kunden dann, wenn sie umziehen, die Bank wechseln. Mit Online-Banking müssen die Kunden die Bank nicht wechseln, wenn sie umziehen. Eine andere besagt, daß es dann, wenn Kunden ihre Beziehung online einmal gefestigt haben, unwahrscheinlicher ist, daß sie den Komfort der Erledigung von Bankgeschäften online für den Wechsel zu einer neuen Institution aufgeben wollen. Und eine dritte Theorie, die für Kunden gilt, die online ihre Rechnungen bezahlen, besagt, daß die Mühe, eine solche Beziehung neu einzurichten (was die erneute Eingabe aller Händler, ihrer Adressen sowie ihrer Bankverbindungen erforderlich machen würde), einen triftigen Hinderungsgrund für den Umzug des Kontos zu einer neuen Institution darstellt.

② *Wells Fargos* Durchschnittskosten pro Kunde nehmen beständig ab. Dudley Nigg zufolge sinken bei *Wells Fargo* die Kosten für die Geschäftsbeziehung mit dem entsprechenden Kunden jedesmal, wenn die Bank neue Funktionen hinzufügt, die die Kunden selbst erledigen können.

③ Online-Banking-Kunden stehen mit der Bank enger in Kontakt. Nach Nigg ist dies nicht überraschend. »Die Kunden schätzen es, wenn sie in der Lage sind, alles auf einen Blick zu überschauen. Die Kunden möchten es sich natürlich so einfach wie möglich machen.«

④ Online-Kunden nutzen mehr *Wells-Fargo*-Produkte als der durchschnittliche Bankkunde. Wenn sie einmal zur Zahlung von Rechnungen oder zur Prüfung des Kontostandes auf die Website kommen, tendieren sie dazu, selbständig weitere Produkte zu erkunden, sich darüber kundig zu machen und sie in Anspruch zu nehmen.

⑤ *Wells Fargos* Online-Banking-Kunden sprechen mit ihren Freunden. Diejenigen, die die Empfehlung erhalten haben, kommen zur Website der Bank, schauen sie sich an und werden selbst Kunden.

Pattys Resümee für Wells Fargo

Was ich an der *Wells-Fargo*-Geschichte mag, ist die vorbildliche Nutzung einer Investition in Backend-Integration, um die Kunden über eine Reihe von Kanälen zu erreichen: Call Center, interaktive Sprachbeantwortung und das Web.

Was mir auf der *Wells-Fargo*-Website zu fehlen schien, war jedoch (bis Mitte 1998) die Möglichkeit, mein Geld wirklich zu verwalten. Obwohl ich meine

Rechnungen bezahlen, meine Konten einsehen und Überweisungen tätigen konnte, konnte ich meine Ausgaben nicht kategorisieren und tatsächliche und budgetierte Ausgaben vergleichen, wenn ich die Daten nicht in *Microsoft Money* oder *Quicken* herunterlud. Der Grund, weshalb sich viele Leute für PC-Geld-Management-Pakete wie *Quicken* und *Money* entscheiden, ist der, daß es ihnen diese Pakete ermöglichen, all ihre Ausgaben auf die gewünschte Weise zu kategorisieren und dadurch besser kontrollieren zu können, wie und wo sie ihr Geld ausgeben. Sollte eine Online-Banking-Lösung diese Funktionalität nicht ebenfalls bieten? Warum sollte ich ein Software-Paket von dritter Seite benötigen? Warum kann mir *Wells Fargo* dieselben Möglichkeiten nicht auf der Website anbieten? Gewiß, wenn ich bereits auf *Quicken* eingeschworen bin, werde ich dies nicht ändern. Aber wenn ich kein treuer *Quicken*-Anwender bin, werde ich es wahrscheinlich schätzen, die Vorteile des Geld-Managements nutzen zu können, ohne ein gesondertes Software-Programm laden und erlernen zu müssen.

Ich bin davon überzeugt, daß *Wells Fargo* auf dem richtigen Weg dahin ist, den Kunden vollständigen einschrittigen Bezug bei ihren Finanzmanagementbedürfnissen zu bieten. Das innovative Vorgehen beim elektronischen Zahlungsverkehr ist ein wichtiger Schritt in dieser Richtung. Als nächstes muß die Bank Kunden ihre Zahlungen kategorisieren, Familienbudgets erstellen und andere Formen der Finanzplanung online durchführen lassen. Außerdem sollte mich *Wells Fargo* meinen gesamten Aktienbestand und meine Versicherungen ebenfalls auf der Website verwalten lassen, wobei der Wert meines Aktienbestands täglich aktualisiert werden sollte. Die Welt der Finanzdienstleistungen wird in den nächsten Jahren einer der umkämpftesten Märkte werden, und einschrittiger Bezug wird wahrscheinlich der entscheidende Brückenkopf in diesem Kampfe sein.

Schließlich muß ich von der *Wells-Fargo*-Site aus nahtlos Interaktionen mit anderen Finanzinstitutionen durchführen können. Ich möchte in der Lage sein, Geld von meinem *Wells-Fargo*-Konto auf Konten bei anderen Geldinstituten zu überweisen und diese Überweisungen auf dieselbe Weise zu planen, wie ich die Zahlungen meiner Rechnungen plane.

Tips aus der *Wells-Fargo*-Fallstudie

① Legen Sie die Grundlagen: Stellen Sie sicher, daß Ihr Unternehmen über eine Internet-Infrastruktur verfügt. Aktualisieren Sie Richtlinien zur Informationssicherheit sowie die Implementierung in Ihrem Unternehmen, damit Sie aktuelle Internet-Technologien und -Verhaltensweisen einbeziehen können.

② Konzentrieren Sie sich auf Komfort für Ihre Endkunden.

③ Zielen Sie zuerst auf Ihre einträglichsten Kunden.

④ Mit Hilfe von Middleware können Sie Informationen über Kundenkonten in

Echtzeit zusammenziehen; Sie müssen keine zentrale Kundendatenbank erstellen, in der alles abgelegt wird.

⑤ Verwenden Sie dieselbe Middleware-Infrastruktur zur Unterstützung Ihrer Call Center, Ihres interaktiven Sprachbeantwortungssystems sowie aller anderen Geräte, die die Kunden zur Interaktion mit Ihnen verwenden – im Falle von *Wells Fargo* zählen dazu Geldautomaten, PC-Software-Pakete wie *Quicken* und andere Online-Dienste wie *Prodigy* und *AOL*.

⑥ Stellen Sie sicher, daß die Auskünfte und Informationen, die die Kunden erhalten, identisch sind, gleichgültig, welche Interaktionskanäle sie verwenden.

⑦ Lassen Sie Ihre Vision nicht durch gegenwärtige technologische Möglichkeiten beschränken. Als *Wells Fargo* automatisierten Zahlungsverkehr über das Web, Geldautomaten und interaktive Sprachbeantwortung einmal implementiert hatte, hörte Dudley Nigg damit nicht auf, sondern fuhr damit fort, seinen Traum vom Angebot der Rechnungspräsentation für die Kunden zu verfolgen.

⑧ Wenn Sie es den Kunden erst einmal leicht gemacht haben, sich selbst mit Informationen und Transaktionen zu versorgen, werden sie Zusatzprodukte erwerben.

⑨ Bieten Sie erst Informationen, dann Transaktionen. Danach sollten Sie eine Umgebung für einschrittigen Bezug entwickeln; beziehen Sie relevante Dienstleistungen und Angebote von dritter Seite, selbst von Konkurrenten, mit ein.

Eine 360-Grad-Vision Ihrer Kundenbeziehung:

Lektionen

Wie wir an den beiden sehr unterschiedlichen Vorgehensweisen von *Bell Atlantic* und *Wells Fargo* gesehen haben, gibt es viele verschiedene Arten, an den Speck zu gelangen! Im wesentlichen versuchen Sie, alle Informationen über die Kunden über Produktlinien, Konten und Funktionen hinweg zusammenzuziehen und sie den Leuten in Ihrem Unternehmen, die mit den Kunden in Kontakt kommen, sowie den Kunden selbst verfügbar zu machen. Sie tun dies, indem Sie all ihre Kundenprofilinformationen, Kontendetails und den bisherigen Verlauf der Geschäftsbeziehung zusammenfassen und diese Informationen in leicht greifbarer Form zur Verfügung stellen. Sie müssen alle Informationen vielleicht zunächst in einer Kundendatenbank zusammentragen und dann die Echtzeit-Details »on the fly«, also im Zuge des aktuellen Geschäftsverlaufs, ergänzen. Oder Sie könnten einfach alles dann, wenn es der Kundenbetreuer oder der Kunde selbst benötigt, dynamisch zusammenstellen. In beiden Fällen bedeutet dies eine größere Aufgabe der Systemintegration, die nicht leicht zu bewältigen ist, wie Sie an der Zeit und dem Geld ersehen können, das sowohl *Bell Atlantic* als auch *Wells Fargo* investiert haben. Wenn Sie andererseits noch nicht mit solchen größeren Systemintegrationsaufgaben und Umgestaltungsaufgaben begonnen haben, liegen Sie bereits hoffnungslos zurück. Ein neuer Konkurrent, der mit einem kundenzentrierten System von Null beginnt, könnte Sie von der Platte putzen. Oder ein alter Konkurrent, der sich mit diesem Problem schon seit Jahren herumschlägt, könnte Sie vom Markt verdrängen.

Konzentrieren Sie sich auf Geschäftsobjekte, Geschäftsvorgänge und Geschäftsregeln

Beachten Sie, daß die technischen und betriebswirtschaftlichen Teams in den beiden unterschiedlichen Unternehmen (auf zwei verschiedenen Seiten des Landes, in zwei verschiedenen Branchen) dieselben fundamental zugrundeliegenden Architekturprinzipien gewählt haben. Um solche großen, komplexen und hochintegrierten Systeme zu erstellen, hielten es beide für sinnvoll, von einer Gruppe von Geschäftsobjekten auszugehen: Kunden, Konten und Haushalten. Beide verwendeten das Konzept der Geschäftsvorgänge zur Planung von Interaktionen, die quer durch die Systeme benötigt werden. Im Falle von *Wells Fargo* könnte »Eine Summe vom Giro- auf das Sparkonto überweisen« ein Geschäftsvorgang sein. Solche Vorgänge werden in eine Folge von Transaktionen übersetzt (Girokonto belasten: auf Sparkonto gutschreiben). Im Falle von *Bell Atlantic* könnte »Ein neues Konto eröffnen« ein Geschäftsvorgang sein. Dieser würde eine Folge von Aktionen auslösen, die über eine Vielfalt von Systemen hinweg stattfinden müßten (die Kundendatenbank auf Duplikate überprüfen; einen Neukundeneintrag erzeugen; Kreditwürdigkeit prüfen usw.). *Bell Atlantic* verwendete Geschäftsregeln explizit (durch die Option für eine Geschäftsregelmaschine) im Entwurf seines ursprünglichen *SSNS*-Systems. *Wells Fargo* benutzte sie implizit innerhalb seines Geschäftsobjektmodells. Beide Unternehmen optierten dafür, ihre Systeme unter Verwendung objektorientierter Entwurfstechniken zu entwickeln. Als diese Systeme mit der Zeit weiterentwickelt wurden, war der Nutzen, daß es relativ einfach war, neue Funktionen und Dienste zu erstellen, ohne ganze Systeme neuzuschreiben.

Integrieren Sie zuerst die Informationen für Ihre Call Center

Sowohl *Wells Fargo* als auch *Bell Atlantic* konzentrierten sich auf die Integration all ihrer Backend-Anwendungen und Informationen, wobei sie diese Informationen zusammenzogen und sie zuerst den Kundenserviceberatern verfügbar machten. Dies ist kein schlechter erster Schritt. Kundenserviceberater sind gewöhnlich in der Lage, besser mit den »Schwachstellen« zwischen den Systemen umzugehen, als es Ihre Endkunden sehen sollten. Vielleicht halten Sie es ja für besonders leicht und kosteneffektiv, eine solche Rundblick-Infrastruktur zuerst für Ihre Vertriebs- und Service-Mitarbeiter zu erstellen und erst dann zur Kundenselbstbedienung voranzuschreiten. Wenn Sie dies jedoch so machen, werden Sie die Call Center nicht als den Endpunkt Ihrer Gestaltungsbemühungen betrachten wollen. Statt dessen werden Sie sie als einen Schritt auf einem Weg ansehen, der zu einer vollständigen 360-Grad-Vorgehensweise führt und dabei mehrfache Kundendienstfunktionen unterstützt sowie schließlich auch mehrere Kanäle der Interaktion.

Erstellen Sie die Schnittstellen für die Kundenselbstbedienung im selben Integrationsrahmen

Sobald Sie diese integrierte Infrastruktur eingerichtet haben, wird es viel einfacher, eine Menge unterschiedlicher Interaktionskanäle zu entwickeln und/oder sich an diese anzuschließen. *Wells Fargo* fügte ein integriertes Sprachbeantwortungssystem (IVR), Geldautomaten, direkten Web-Zugang sowie Zugang über PC-Finanzverwaltungs-Software-Pakete hinzu. *Bell Atlantic* ergänzte IVR und Web-Zugang. Doch beachten Sie, daß Sie, wenn Sie Ihren Integrationsrahmen um diese unterschiedlichen Selbstbedienungskanäle erweitern, nachhaltige Aufmerksamkeit auf die Erfahrung des Endkunden richten müssen. Erinnern Sie sich an die Arbeit, die *Wells Fargo* leisten mußte, um sicherzustellen, daß die Kunden zur selben Tageszeit exakt dieselben Informationen über jedes Konto erhielten, gleichgültig, welchen Interaktionskanal sie verwendeten.

Verwenden Sie das Internet als Infrastruktur

Es gibt noch eine weitere interessante Ähnlichkeit zwischen beiden Unternehmen. Sie nutzten früher das Internet als firmeninternes Rückgrat für Wide-Area-Netzwerke. Beide Unternehmen hatten hohe Investitionen in andere Netzwerke getätigt, doch in den frühen neunziger Jahren waren beide vorausschauend genug, um ihre internen Netzwerke auf die Spitze der Protokolle aufzusetzen, die weithin für globale Netzwerke Verwendung finden sollten. Beide Unternehmen begannen auch damit, ihre Wissensbasen der Produktinformationen ins Web zu übertragen, so daß die Angestellten leicht auf Produkt-, Marketing- sowie technische Informationen zugreifen konnten. Dies machte es sehr viel einfacher, Endkunden und Hauptgeschäftspartnern Zugang zu diesen Informationen zu gewähren, entweder indem man ihnen gestattet, sich einzuwählen und sie abzurufen, oder indem man ihnen diese Informationen für ihre eigenen internen Netzwerke zur Verfügung stellt (Intranets).

Wenn Sie in die Fußstapfen dieser Unternehmen treten wollten, würden Sie das

Internet als Ihr firmeninternes Netzwerkrückgrat verwenden wollen. Sie würden alle Ihre kundenbezogenen Informationen in Anwendungen zusammenziehen, auf die von einer Vielfalt von Angestelltengruppen – Vertrieb, Kundendienst, Logistik –, die Ihren Kunden per Telefon oder von Angesicht zu Angesicht in Berührung kommen, auf einfache Weise zugegriffen werden kann. Sie würden alle Produkt-, Preis- und Technikinformationen, die die Leute benötigen, in Web-Seiten zusammentragen, in denen es sich leicht navigieren läßt. Und Sie würden dieselbe Backend-Infrastruktur nutzen, um Möglichkeiten der Selbstbedienung via Web, Tonwahltelefon sowie über Kiosksysteme für Ihre Endkunden und Geschäftspartner zu gestalten.

Erfolgsfaktor 5:

Kunden sich selbst bedienen lassen

Die heutigen Kunden bewerten Ihre Zeit höher als alles andere. Sie wollen ihre Geschäfte zu den Zeiten erledigen, die ihnen am besten passen. Ihre Kunden wollen mehr als eine gute Website. Sie wollen ein nahtloses Web mit interaktiven Anwendungen, über die sie die gewünschten Informationen erhalten, Transaktionen ausführen, den Status von Dingen prüfen, Fragen stellen und Informationen erhalten können, die relevant für ihre besondere Situation sind. Sie wollen diese Funktionen mehr oder weniger beliebig per Telefon, Fax, E-Mail oder das Web nutzen können. Und wenn dies erforderlich ist, wünschen Sie, daß eine Person in den Prozeß integriert ist.

Kunden sich selbst bedienen zu lassen, ist jedoch nicht immer einfach. Hier ein Beispiel dafür, was schief gehen kann.

Die *US-Social Security Administration (SSA)* versichert mehr als 142 Millionen Arbeiter und deren Familien mit einer Sozialversicherung. Die Versicherung hat ihren Dienst am Bürger jahrelang durch den Versand von gedruckten Informationen versehen, die per Post zu den Versicherungsnehmern kamen, oder indem Informationen zu Anfragen bei den 1300 Generalagenturen der Versicherung oder per Telefon erfragt und dann an diejenigen versendet wurden, die die Anfragen gestellt hatten. Seit 1987 bietet *SSA* Kontoauszüge für die persönlichen Einnahmen und geschätzten Sozialversicherungsleistungen (Personal Earnings and Benefit Estimate Statements, kurz PEBESs) per Post an. Diese Kontoauszüge bieten jährliche Auflistungen Ihrer Social-Security- und Medicare-Bezüge, der gezahlten Steuern, einem Schätzwert für Ihre Rente mit unterschiedlichem Alter – 62, 65 und 70 – und Informationen, die für die Finanzplanung nützlich sind. Wie Sie sich vorstellen können, ist die Herstellung dieser Auflistungen ein arbeitsintensiver Prozeß. Für jede Anfrage wird ein Computerprogramm ausgeführt, eine Liste der Versicherungsleistungen erzeugt und ausgedruckt und per Post verschickt. 1996 produzierte *SSA* mehr als 3, 4 Millionen dieser für Kunden erzeugten Berichte.

Wenn man den Kunden nun anböte, sich diese Informationen selbst über das

Web zu holen und ihnen die Möglichkeit zu geben, »Was-wäre-wenn«-Situationen online durchzuspielen – könnten scheinbar alle profitieren. So testete die Agentur im Frühjahr 1997 heimlich eine sichere Web-Anwendung, mit der die Bürger ihre Befragungen online durchführen konnten. Die ersten Resultate waren positiv. Diejenigen, die die Website versuchsweise benutzten, waren erstaunt und erfreut darüber, wie leicht es war, die Formulare auszufüllen und das Ergebnis sofort zurückzuerhalten. Aber gerade, als *SSA* die öffentliche Bekanntmachung dieses neuen Dienstes vorbereitete, erhielt ein Zeitungsreporter Wind von der Sache und veröffentlichte einen Hetzartikel in *USA Today*. Er behauptete, daß jeder, der über die Sozialversicherungsnummer und einige weitere Bits von Informationen verfügte, Zugriff auf das System habe und das Einkommen, den Lebenslauf als Angestellter, den Arbeitgeber, die private Anschrift und vieles mehr über eine Person erfahren könne. Dies rief einen Sturm der Entrüstung hervor. In Wirklichkeit waren die Informationen für die Nutzungsberechtigung nicht leicht zu bekommen, und die einzige Information, die online bereitgestellt wurde, war die der Sozialleistungen – keine Gehälter, kein Lebenslauf, keine Adreßinformationen oder ähnliches. Dennoch war der Schaden nun angerichtet. Die *SSA* stoppte das Projekt und startete eine Road Show durch das ganze Land, um Rückmeldungen zu sammeln und die Öffentlichkeit zu informieren. Eine überarbeitete Version des Angebots wurde ungefähr zwölf Monate später fertiggestellt – die Kunden konnten sich ebenfalls online anmelden, sie erhielten jedoch einen privaten Zugriffscode per E-Mail zugeschickt. Dies schien die Bedenken der Kritiker zu zerstreuen.

Die Geschichte von *SSA* ist ein gutes Beispiel dafür, was auch mit den besten Absichten schiefgehen kann. John Sabo, ein leitender Manager im »Office of Programs and Policy« von *SSA* sagt, daß er bei dieser Sache gelernt habe, daß das Unternehmen die Bedenken aller Anteilseigner verstehen müsse. Wenn er die Sache noch einmal von vorn beginnen müßte, würde er etwas anders machen, und zwar würde er von Anfang an die Verfechter des Datenschutzes in das Design der Anwendung einbeziehen. Wenn Sie Personen in den Planungsprozeß integrieren können, die bedingt durch ihre Informationen und Kenntnisse Bedenken haben, und Sie einen guten Ausgleich für die häufig in Konflikt stehenden Ansichten finden können, ersparen Sie sich auf lange Sicht sehr viel Ärger!

Solche Geschichten von Selbstbedienungsprojekten für Kunden gibt es im Überfluß. Die von *Charles Schwab* ist eine davon. Seit März 1996, als *Schwab* seine Internet-basierte interaktive Vertriebs-Site startete, die Kunden und ihren Finanzberatern Zugriff auf ihre Konten, Marktdaten, Finanzplanungs- und Portfolio-Management-Programme sowie Funktionen für den Aktienhandel bot, ging sein Online-Brokerage-Geschäft ab wie eine Rakete. Mitte 1998 konnten sich *Schwabs* Online-Dienste 1,2 Millionen aktiver Kunden mit mehr als 80 Milliarden US-Dollar Anlagekapital rühmen. Das sind zwei Drittel der geschätzten

120 Milliarden US-Dollar, die die gesamte Electronic-Brokerage-Industrie umsetzt! *Schwab* bietet seinen Kunden seinen transparenten Zugriff auf ihre Konteninformationen und die Möglichkeit, Handel zu treiben. Sie können hierzu frei zwischen einem automatischen Sprachbearbeitungssystem, Gesprächen mit Firmenvertretern, einem Finanzplaner, der *Schwabs* Backend-Dienste nutzt oder dem Zugriff auf *Schwabs* Dienste über das Web oder *AOL* wählen.
Welches sind nun die wichtigen Punkte, die Sie berücksichtigen sollten, wenn Sie Selbstbedienungslösungen für Kunden entwerfen?

- Bieten Sie Kunden die Möglichkeit, den Status von Bestellungen zu prüfen, Rechnungen zu bezahlen oder anzupassen und auf Dienste zuzugreifen.
- Bieten Sie Kunden die Möglichkeit der Interaktion über verschiedene Medien.
- Bieten Sie Kunden die Möglichkeit, ihre eigenen Produkte zusammenzustellen.
- Bieten Sie Kunden die Möglichkeit, den Status von Bestellungen zu prüfen, Rechnungen zu bezahlen oder anzupassen und auf Dienste zuzugreifen.

Lassen Sie Kunden selbst online nach Informationen suchen und Transaktionen durchführen

Einer der ersten Fehler, den die meisten Firmen machen, wenn Sie sich ans Internet heranwagen, ist, anzunehmen, daß sie ihre Produkte nicht online verkaufen können. In zahllosen Websites finden Sie riesige Mengen von Produktinformationen – häufig genug auch tatsächlich Informationen, die Kunden bei einer Kaufentscheidung helfen können. Anstatt jedoch das Geschäft online abzuschließen, bietet die Website eine Telefonnummer, die angerufen werden muß oder eine Liste von Läden oder Fachhändlern, über die die Produkte bezogen werden können. Das verdirbt unglaublich die Laune! Der Kunde hat gerade ziemlich viel Zeit investiert, um sich über Ihr Produkt zu informieren und möchte nun kaufen. Warum ihn nun also stoppen und von seinem Vorhaben abbringen? Oh, ich habe zahlreiche Ausreden gehört wie »Unsere Produkte sind zu komplex, um sie über das Web zu verkaufen«. »Unsere Produkte sind zu hochpreisig. Ein Buch für 25 US-Dollar zu verkaufen, ist eine Sache, aber wir verkaufen Produkte für 50 000 US-Dollar!« »Wir verkaufen nicht direkt; wir verkaufen über Fachhändler; wir wollen die Fachhändler nicht außen vor lassen.« Meiner Erfahrung nach spricht keiner dieser Gründe dafür – weder allein noch in Kombination –, Kunden die Möglichkeit zu verwehren, Informationen über Produkte herauszufinden und die Produkte online zu kaufen – oder den Kunden zumindest die Möglichkeit zu bieten, dem Pfad so lange zu folgen, wie *sie* es wünschen. *Cisco Systems* und *Dell Computer* sind gute Gegenbeispiele für die ersten beiden Einwände. Beide Firmen verkaufen Produkte mit einem Wert von mehreren Zehntausend (im Fall von *Dell*) und mehreren Hunderttausend US-Dollar (im Fall von *Cisco*) direkt über ihre Websites. Beide Firmen bieten Produkte an, deren korrekte Konfiguration sehr komplex ist. Beide bieten jedoch automatisierte Konfigurationsprogramme an, über die ihre Kunden ihre eigenen Systeme zusammenstellen können. Der dritte Einwand – die Angst, die Handelspartner zu verärgern, indem Kunden die Möglichkeit geboten wird, direkt zu kaufen – stimmt einfach nicht. Sie können z. B. Ihren Kunden die Möglichkeit bieten, sich direkt auf Ihrer Website zu informieren, Produkte zu konfigurieren und zu kaufen. Wenn Sie die Fachhändler mit einbeziehen wollen, können Sie diese die Produkte konfigurieren und an die Kunden ausliefern lassen. Oder Sie liefern die Ware selbst aus und bieten den Händlern Gutschriften für den Verkauf in ihrem Gebiet; und/oder Sie überlassen den Fachhändlern die Nachfolgeinstallation, die Wartung und den Support. Dies ist das Modell, das *Hewlett-Packard* und andere nun anfangen zu nutzen. Einer der erstaunlichsten Vorteile davon, Kunden die Möglichkeit zu bieten, nicht nur Informationen zu suchen, sondern Produkte auch online zu konfigurieren, zu bestellen und zu bezahlen, ist, daß die Kunden nun eine echte Einkaufsumgebung haben, bei der alles an einem Platz ist, und Sie müssen keine Verkäufer mit einbeziehen. *Amazon.com* arbeitet auf diese Weise. Kunden können die virtuellen Lager durchstöbern oder nach bestimmten Büchern suchen und werden dann durch ein umfassendes und trotzdem leicht zu bedienendes Bestellsystem geführt. Dies ist dem traditionellen Buchhandelsmodell sehr ähnlich, bei dem die meisten Leute sich selbst bedienen und erst, nachdem sie ihre Wahl getroffen haben, zur Kasse laufen, um zu bezahlen. Aber bei hochpreisigen Waren wie den Computern von *Dell* ist es etwas Neues, wenn Kunden sich online selbst bedienen. In der Vergangenheit mußten Verkäufer am Telefon die Kunden häufig durch alle Konfigurationsoptionen führen und erklären, was spezifische Komponenten tun, welche Preispakete es gibt und wie Wartungsvereinbarungen funktionieren. Heutzutage können Online-Kunden diese Informationen in der Website sorgfältig durchlesen und informierte Kaufentscheidungen treffen, ohne die Zeit eines Televerkäufers zu beanspruchen. Selbstverständlich sollte eine echte Person verfügbar sein, wenn ein Kunde eine Frage hat oder auf einen Haken stößt. Die Kosten für den Verkauf sinken jedoch beträchtlich, wenn der Kunde den Kauf selbst durchführen kann.

Selbstbedienungs-Websites werden die Norm. Und sie fordern nicht immer vom Kunden, daß er direkt mit dem Anbieter zu tun hat. *Charles Schwab* ist ganz offensichtlich ein Zwischenhändler, der sich selbst dadurch auszeichnet, daß er Selbstbedienungskunden den Kauf an einer Stelle ermöglicht. *American Express* ist ein weiteres großartiges Beispiel. Als größtes Reisebüro der Welt hat *American Express* eine Menge zu verlieren, wenn Kunden beginnen, ihre eigenen Reservierungen im Web über neue Zwischenhändler wie *Travelocity* vornehmen, die ohne Makler arbeiten, oder über das Web direkt mit Fluggesellschaften,

Hotels oder Anbietern von Mietwagen verhandeln. 1997 startete *American Express* das Angebot *American Express Interactive*, ein umfassendes Web-Angebot, das speziell auf große Firmenkunden abzielt. Jedes Firmenkonto spezifiziert eine Reihe von Geschäftsregeln, die die Reiserichtlinien der Firma für verschiedene Gruppen von Angestellten beschreiben: wer erster Klasse fliegen darf, bei welchen Reiseanbietern die Firma Firmenrabatt genießt, was mit Vielfliegermeilen der Angestellten passiert usw. Diese Reiseregeln werden mit dem Kundenprofil kombiniert, das jeder Angestellte selbst erstellt. Angestellte können den Dienst nutzen und ihre eigenen Reisen über das Web buchen. Bei Bedarf können sie ihren Firmenbetreuer von *AmEx* anrufen, der dieselben Informationen vor sich hat und die nötigen Veränderungen vornehmen kann. Der Reiseplan erscheint im Online-Kalender des Kunden, und die Informationen über die Reiseausgaben fließen direkt in den Arbeitsablauf der Reisekosten-Erstattung ein.

Lassen Sie Kunden selbst den Status von Bestellungen prüfen, Rechnungen bezahlen oder anpassen und auf Dienste zugreifen

Immer wieder waren Anbieter im Web erstaunt über die Popularität vieler einfacher Kundendienstanwendungen. Michael Dell kommentierte in seiner Grundsatzrede auf der *Comdex* im Herbst 1997, daß Web-basierter Service und Support zu den erfolgreichsten Anwendungen des E-Commerce gehören. Dies wird von der Presse jedoch häufig nicht berücksichtigt. Mehr als 20 000 *Dell*-Kunden prüfen jede Woche den Status ihrer Bestellungen im Internet! Jede dieser Selbstbedienungsanfragen spart *Dell* acht US-Dollar! Die Gesamtersparnis läßt sich leicht ausrechnen. Ziemlich beeindruckend, nicht wahr? Und *Dells* Website bietet 80 000 Seiten detaillierter Service- und Supportinformationen sowie Hunderte detaillierter Problembehebungs-Szenarios. Diese Informationen werden auch von *Dells* technischen Support-Ingenieuren benutzt, wenn sie mit Kunden am Telefon sprechen. Viele Kunden sind glücklich darüber, diese Szenarios selbst durchlaufen zu können, um ihre Probleme zu diagnostizieren und möglicherweise beheben zu können, anstatt einen Service-Techniker anrufen zu müssen. Ein großer Teil der Zeit von Mitarbeitern im Kundendienst wird damit verschwendet, daß sie sich dieselben Beschwerden immer wieder anhören müssen. Und normalerweise sieht die Lösung für jeden Kunden gleich aus. Bei *AT&T* z. B. bestreiten Kunden häufig, jemals eine teure 900-Nummer angerufen zu haben (»Ehrlich, ich habe noch nie die *Flirt-Line* angerufen!«).
Um die Bearbeitung dieser Art von Beschwerden zu beschleunigen, hat *AT&T* einige Standardgeschäftsregeln aufgestellt. Wenn ein Kunde z. B. noch niemals

zuvor eine 900-Nummer angerufen hat und in seinem Haushalt keine Teenager leben, wird die Gebühr von der Rechnung genommen. Wenn der Kunde jedoch regelmäßig Anrufe von 900-Nummern auf seiner Rechnung hat, bisher jeden Monat anrief, um diese Gebühren anzufechten und abstreitet, etwas über diese Anrufe zu wissen, oder wenn es im Haushalt andere Personen gibt, die diese Anrufe getätigt haben könnten, wird die Berichtigung nicht automatisch vorgenommen. Es werden weitere Befragungen durchgeführt. Nachdem diese Geschäftsregeln einmal eingerichtet waren, war es ziemlich leicht, diese Regeln auch bei Kunden anzuwenden, die sich dafür entscheiden, ihre Rechnungen über das Web zu prüfen und zu bezahlen oder ein Selbstbedienungs-Sprachbearbeitungssystem anzurufen, um eine Gebühr auf ihrer Rechnung anzufechten. Das System verarbeitet automatisch Versuche, die Rechnung anzupassen, indem es diese mit den Geschäftsregeln vergleicht. Wenn auf die Gebühren verzichtet wird, wird der Kunde sofort benachrichtigt. Falls nicht, wird der Kunde ebenfalls benachrichtigt, und kann dazu übergehen, mit einem Firmenvertreter zu sprechen.

Lassen Sie Kunden die Kommunikationsmedien frei wählen

Nicht alle Kunden können oder wollen jedoch ins Internet. Und Sie müssen Kunden die Möglichkeit bieten, mit ihnen in der Art und Weise zu kommunizieren, die sie wünschen, auch wenn dies bedeutet, daß sie mit einem Menschen sprechen müssen! Nichts ist ärgerlicher, als an ein integriertes Sprachbearbeitungssystem zu geraten, das weder fragt, noch die Fragen beantwortet und keinen Mechanismus enthält, um den Anrufer mit einer echten Person zu verbinden!

Sie müssen auch dafür sorgen, daß bei allen Medien dasselbe Niveau des Informationszugriffs vorliegt: per Telefon, E-Mail, Sprachbearbeitungssystem, Web oder über schriftliche Korrespondenz.

Heutzutage verfügen die meisten Organisationen, die sich dem Vertrieb widmen, über eine Art von Sprachbearbeitungssystem oder Call-Center-Technologie. Und viele Organisationen haben die Prozesse, mit denen Sie Kunden gegenübertreten, für das Web überarbeitet – wie z. B. den Vertrieb und den Kundendienst. Nun machen einige dieser Firmen den nächsten logischen Schritt, und experimentieren mit fest integrierten Web- und Call-Center-Lösungen.

Dies funktioniert so, daß ein Kunde mit dem Bestellprozeß in der Website startet. Wenn er oder sie eine Frage hat oder etwas möchte, das keiner Standardoption entspricht, kann er auf eine Schaltfläche klicken, die entweder einen Anruf zu einem Call Center startet oder eine Anforderung sendet, daß der Kunde angerufen werden muß (auf einer separaten Telefonleitung, falls der Kunde über zwei Leitungen verfügt). Alle Informationen, die bis zu diesem Zeitpunkt im Web gesammelt wurden, stehen der Person im Call Center sofort zur Verfügung. Die Technologie, die dies so leicht und nahtlos macht, ist nun für den Einsatz in den besten Websites bereit. Tatsächlich bieten sowohl *AT&T* als auch *MCI* Ihren Call-Center-Kunden diese Möglichkeit der Web-Integration. *Hewlett-Packard* nutzt diese Funktion für seine US-Kunden, die gerne mehr Informationen über *HPs* High-End-Systeme hätten. Auf den Web-Seiten, die diese Angebote beschreiben, gibt es eine »Call-me-now«-Schaltfläche. Der Kunde drückt die Schaltfläche und gibt die Rufnummer ein, die der Kundendienstmitarbeiter anrufen soll (eine zweite Telefonleitung, ein Handy oder je nach genutztem Telefondienst dieselbe Leitung, über die er bereits auf das Web zugreift). Die Anrufanforderung wird zu einem der 24-Stunden-Kundeninformationscenter von *HPs* geleitet, und der Kunde erhält innerhalb weniger Sekunden einen Anruf von einem Mitarbeiter, der weiß, wonach der Kunde in der Web-Seite sucht und alle Fragen beantworten kann, die der Kunde vielleicht haben mag. Es ist jedoch von größter Wichtigkeit, daß alle Informationen von jedem Medium in den anderen Medien widergespiegelt werden. *American Airlines* bietet seinen Kunden die Möglichkeit, Reservierungen online über eine PC-Software-Anwendung oder über die Website von *American Airlines* vorzunehmen. Das ist gut. Leider sind die beiden Umgebungen noch nicht miteinander verbunden, obwohl die Reservierungen in dasselbe System einfließen. Wenn Sie also eine Reservierung über den PC vornehmen und dann später die Website prüfen, wird die Reservierung nicht aufgeführt. Das gleiche passiert, wenn Sie im Web beginnen – die PC-Software weiß nichts über die Reservierung.

Eine meiner Kolleginnen war ganz außerordentlich erfreut über die telefonische Bezahlung von Gebühren für Falschparken. Die *City of Boston Parking Commission* bietet Falschparkern mit einer gültigen Kreditkarte wie viele ähnliche Regierungsbehörden die Möglichkeit, Strafzettel per Telefon zu bezahlen. Das war es jedoch nicht, was sie so beeindruckt hatte. Was sie so zufrieden machte, war, daß sie verschiedene Strafzettel anfechten und nur für eine Ordnungswidrigkeit bezahlen wollte. Sie bezahlte den einen Strafzettel, und die Nachricht am Telefon erklärte ihr sehr genau, wie sie die anderen Strafzettel anfechten könne und bot Optionen, per Tastendruck die am häufigsten angefochtenen Verletzungen von Parkvorschriften zu bearbeiten (wie z. B. kaputte Parkuhren, nicht sichtbare Halteverbotsschilder etc.). Es ergab sich, daß ihre »Knöllchen« nicht zu den gängigen Arten gehörten, aber sie wurde aufgefordert, eine Zahl für »Alles andere« zu drücken und gelangte sofort zu einer Person – die handeln konnte. An keiner Stelle mußte sie sich fragen, was als nächstes zu tun sei. An keiner Stelle war sie versucht, aufzugeben. Die nahtlose Interaktion zwischen einem gut gestalteten integrierten Sprachbearbeitungssystem und dem Kundendienstmitarbeiter hinter den Kulissen leistete das, was sie benötigte.

Bieten Sie Kunden die Möglichkeit, ihre eigenen Produkte zusammenzustellen

In den zwei folgenden Fallstudien werden Sie feststellen, daß Kunden in der Lage sind, ihre eigenen individualisierten Produkte über die Website zu erzeugen. Dies ist die Endform der »Selbstbedienung«. Wie die Erfahrungen von *Dell Computer* und *iPrint* zeigen, ist es in der Tat wesentlich wirtschaftlicher, Kunden ihre angepaßten Produkte über das Web »selbst rollen zu lassen«, als dies jede andere Form der Zusammenstellung wäre.

Es gibt zwei beliebte Arten, Produkte im Internet selbst zusammenzustellen. Bei einer dreht sich alles um reine Informationsprodukte wie *The Wall Street Journal Interactive Edition*. Im Falle des interaktiven *Journals* können Kunden das elektronisch erhaltene Produkt zusammenstellen, indem sie die Spalten und Themen aussuchen, die sie am meisten interessieren. Die zweite Art von »Do-it-yourself«-Anpassung beinhaltet das Design und die Herstellung physischer Produkte, die bestellt werden können. Sowohl *iPrint* als auch *Dell* bieten ihren Kunden die Möglichkeit, ihre eigenen physischen Produkte im Web zu gestalten. Wie Sie sich vorstellen können, handelt es sich bei keiner dieser beiden Funktionen um eine, die sich an bestehende Massenproduktionsprozesse »anheften« läßt. Um Kunden die Möglichkeit zu bieten, ihre eigenen physischen Produkte zu gestalten, benötigen Sie robuste Konfigurationsmaschinen und On-Demand-Herstellung, die das effiziente Design und die Produktion der Produkte zulassen. Wenn diese Prozesse und Werkzeuge jedoch einmal installiert sind, ist das Web bezüglich der Wirtschaftlichkeit der Zustellung von Autodesign-Funktionen nicht zu schlagen.

Kunden sich selbst bedienen lassen

Dell Computer

www.dell.com

Organisationsprofil

Die E-Commerce-Site von *Dell*, www.Dell.com, ist so erfolgreich, genau weil sie das bestehende Geschäftsmodell von *Dell* widerspiegelt: direkt an den Endkunden verkaufen; Systeme nur dann bauen, wenn die Bestellung eingeht; das Inventar auf einem Minimum reduzieren. Aber *Dell.com* erweitert dieses Direktgeschäftsmodell, indem es *Dell* die Möglichkeit bietet, das Marketing, den Vertrieb, den Bestellungseingang, den Kundendienst und Support in das interne Netzwerk der Kunden einzubetten. *Dell* kann nun nicht nur mit dem Einkauf einer Firma oder den leitenden IT-Angestellten interagieren, sondern mit jedem der Tausenden von Angestellten, die die Computer von *Dell* benutzen.

Wichtige Erfolgsfaktoren im Fall »Dell Computer«	
✓ Die richtigen Kunden anvisieren	✯ Kunden zur Selbstbedienung anregen
✓ Die Verantwortung für die Gesamterfahrung des Kunden übernehmen	✓ Kunden bei der Bewältigung ihrer Arbeit unterstützen
✯ Geschäftsprozesse straffen, die sich auf den Kunden auswirken	✓ Serviceleistungen personalisieren
✓ Eine Rundumsicht von der Kundenbeziehung entwickeln	Das Gemeinschaftsgefühl stärken
✯ = Hier detailliert beschrieben	✓ = Hier kurz angesprochen

Dell OnLine: Beziehungen über Selbstbedienung erhalten

Lange bevor das Internet existierte, hatte Michael Dell, der Gründer von *Dell Computer*, als er *IBM*-kompatible PCs im Schlafraum seines Colleges zusammenbaute, die Idee, Computer direkt an den Endkunden zu verkaufen. Er wollte die Myriade von Vertriebskanälen umgehen, die in der PC-Industrie üblich waren – Kanäle, die nach seiner Meinung häufig Kosten produzierten, ohne zusätzlichen Wert zu bringen. Bis auf einen relativ kurzen Einfall in den Händler- und Vertriebskanal hat *Dell* sein Hauptaugenmerk auf Direktmarketing, Direktverkäufe und direkten Support von Endkunden gelegt.
Diese direkte Beziehung zum Kunden hat *Dell* dazu befähigt, in zwölf Jahren zu einem 13,6-Milliarden-Dollar-Unternehmen zu werden. 1996 war *Dell* der drittgrößte PC-Hersteller der Welt. *Dells* Gewinne haben sich häufig den Vorhersagen der Wall Street widersetzt, und der Service und Support des Unternehmens haben seine Kunden begeistert. Aber trotz des phänomenalen Wachstums ist *Dell* schlank geblieben. Mit 17 800 Angestellten liegt das Pro-Kopf-Einkommen von *Dell* bei sage und schreibe 764 945 US-Dollar! Wie kommt die Firma mit diesem Wachstum klar? Über enge Partnerschaften mit Zulieferern, Spediteuren und Dienstleistungsfirmen, von denen jeder genau weiß, was mit *Dells* Kunden vor sich geht. Michael Dell erklärte, wie wichtig die Kundenbeziehungen für sein Geschäftsmodell sind, in einem Interview mit dem Harvard Business Review, das im Februar 1998 veröffentlicht wurde: »Es ist eine Beziehung zum Kunden erforderlich. Und das erzeugt wertvolle Informationen, die es uns wiederum erlauben, unsere Beziehungen mit Zulieferern und Kunden in das richtige Verhältnis zu setzen. Verbinden Sie diese Information mit Technologie, so erhalten Sie eine Infrastruktur, mit der sich die funda-

mentalen Geschäftsmodelle der wichtigsten globalen Aktiengesellschaften revolutionieren lassen.«[5]

Dells Management-Team erkannte sehr früh, daß E-Commerce im Web eine Möglichkeit bieten würde, das Direktverkaufsmodell zu erweitern, da Kunden zu geringeren Kosten direkter erreicht und ihnen mehr Service geboten werden konnte. Zu dieser Zeit errichtete die Firma *Dell Online*, eine Abteilung, die sich der Entwicklung einer Strategie und der Implementierung von *Dells* Internet-Aktivitäten widmete, zu denen auch E-Commerce und Online-Support gehörten. Der Erfolg dieser Bemühungen war meßbar, mit Verkäufen über die Website *dell.com* in Höhe von 66 Millionen Dollar pro Tag Mitte 1998. Gleichbedeutend sind die Kostenersparnisse, die die Site für *Dell* gebracht hat, weil die Zeitdauer, die mit Kunden am Telefon verbracht werden muß, reduziert wurde, ohne dadurch das bereitgestellte Service-Niveau zu reduzieren.

Einsatz von Computern im Computerverkauf

Michael Dell erkannte schon sehr früh, daß er durch die Integration seines Bestellungs- und Herstellungssystems Computer innerhalb von ein paar Tagen zusammenbauen und ausliefern könnte, wobei der Lagerbestand nahe Null gehalten wird und der höchste Gewinn aus einer Industrie mit einem starken Preiskampf gezogen werden kann. Er erkannte auch sehr schnell, daß die sich rasch verändernde Technologie in der PC-Industrie bedeutete, daß jeder Computer auf Lager potentiell an dem Tag veraltet war, an dem er hergestellt wurde. Wenn er Computer nicht zusammenbaute, bevor sie bestellt wurden, konnte er das Risiko minimieren, veraltete Computer »auf Halde« zu haben. *Dell* erklärt: »In unserer Industrie erzeugen Sie echten Wert, wenn Sie die Leute dazu kriegen, darüber nachzudenken, wie schnell sich die Hardware bewegt. Warum? Wenn ich Waren elf Tage im Lager habe und mein Konkurrent 80, wird ein *Intel*-Prozessor mit einem neuen 450-MHz-Chip herauskommen. Das bedeutet, daß ich damit 69 Tage früher am Markt bin.«[6]

Dell erhält Bestellungen immer direkt vom Endkunden (nicht über Vertriebspartner) und fertigt die Computer auf Verlangen. Um diese Direktvertriebsaktivitäten zu unterstützen, hat die Firma sehr stark investiert, um Kunden mit Produktinformationen zu beliefern, so daß diese eine informierte Entscheidung über das treffen können, was sie kaufen sollen. Und obwohl *Dell* mit Dienstleistungsunternehmen zusammenarbeitet, die für Service und Reparatur zur Verfügung stehen, war der Telefon-Support zentral für die Unterstützung von Kunden bei

---

5 Joan Magretta, »The Power of Virtual Integration: An Interview with Dell Computer's Michael Dell«, *Harvard Business Review*, März-April 1998, S. 73f.

6 Ebd., S. 76.

der Behebung von Systemfehlern. Dies hat den Aufbau einer extensiven Infrastruktur erfordert, um die Support-Ingenieure mit Informationen über die letzten Käufe von Kunden zu unterstützen, die Anrufe von Kunden entgegennehmen. Zusätzlich haben sie Zugriff auf eine umfassende Wissensbasis bekannter Probleme und Problemlösungen für Produkte von *Dell* und die Hard- und Software anderer Hersteller, sowie die Prozesse und Systeme, um Rücksendungen, Austausche und Zustellungen von Kleinteilen. Diese gesamte Infrastruktur – Kundendatenbanken, Produktinformationen und die Help-Desk-Wissensbasen – waren vorhanden, bevor *Dell* beschloß, den Handel im Internet zu eröffnen.

Die Evolution von Dells Internet-basiertem E-Commerce-Kanal

Wie bei den meisten Firmen waren auch *Dells* erste Schritte ins Internet taktischer Natur, ausgehend vom Kunden-Support. Kundenanfragen bei einem Techniker von *Dell* resultierten häufig in Empfehlungen, daß der Kunden einen neuen Treiber oder ein Software-Update erhalten müsse. Die Kunden hatten die Option, sich das Update auf Diskette teuer und langsam schicken zu lassen, oder sich die Software selbst herunterzuladen. Downloads waren ursprünglich auf einer Bulletin-Board-Site von *Dell* in *Compuserve* verfügbar. Ende der 80er Jahre eröffnete *Dell* eine FTP-Site als Mechanismus zur Distribution von Software-Updates. Die FTP-Site wurde sehr beliebt und bot *Dell* eine der ersten Lektionen über die potentiellen Kosteneinsparungen, die das Internet bieten könnte. Und in der Tat konnten einige Kunden sich sogar ein Patch herunterladen, während sie mit einem Techniker von *Dell* am Telefon sprachen, der sie dann durch die Installation und Konfiguration des Updates leiten konnte. Dies ermöglichte es dem Techniker, festzustellen, ob das Update oder Patch das Problem des Kunden löste. Daraufhin erhielt *Dell* sehr hohe Bewertungen bei der Kundenzufriedenheit nicht nur bezüglich der Produkte, sondern auch bezüglich des Kunden-Supports, wie auch viele Umfragen gezeigt haben.

Die Entstehung von Dells Website

Anfang 1995 startete *Dell* seine Website als Mittel, Marketing- und Support-Informationen für Produkte einer Gruppe von versierten Kunden zur Verfügung zu stellen, die das Web schon früh angenommen hatten. Diese Site wurde von ein paar Leuten gestaltet und gewartet, die die Initiative ergriffen hatten. Sie verwendeten die Informationen, die für die Call-Center-Aktivitäten von *Dells* Vertrieb und Support benutzt wurden, und kodierten sie für den Zugriff im Internet.

Dells Bemühungen im Web weiteten sich sehr schnell aus, als die Popularität des Web ein beträchtliches Kundeninteresse erzeugte. Als die Kunden in Scharen zu

Dells Website strömten, fügten verschiedene Gruppen aus dem Marketing und dem technischen Support immer mehr Produktbeschreibungen und Informationen hinzu, um bei den Anforderungen der Kunden auf dem laufenden zu bleiben. Die Kunden wiederum begannen, sich bei den Informationen, die sie benötigten, um Kaufentscheidungen zu treffen und ihre Computerprobleme zu lösen, selbst zu bedienen.

Im Oktober 1995 fügte *Dell* die erste interaktive Anwendung zur Website hinzu – einen Generator für Kostenvoranschläge. Als Werkzeug zur Unterstützung des Supports ließ diese formularbasierte Anwendung Kunden PCs konfigurieren, indem diese aus einer Gruppe von Optionen ausgewählten (Prozessortyp, Speichermenge, Größe der Festplatte usw.) und einen Kostenvoranschlag erhielten. Die Kunden konnten Komponenten hinzufügen oder wegnehmen und sehen, wie dies den Preis des Systems beeinflußte. Die Kunden liebten diese Funktion. Sie stürmten die Site und begannen, nach dem nächsten Schritt zu fragen: der Online-Bestellung. Anfang 1996 war der Kundenauftrag klar: *Dell* mußte sich ernsthaft darüber Gedanken machen, wie Kunden die Möglichkeit der Konfiguration und Bestellung von PCs über das Web geboten werden konnte. Scott Eckert, ein leitender Marketing-Manager, und John Hatchett, ein Mitglied des technischen Personals von *Dell*, fingen an, Informationen über ein Online-Konfigurationssystem zu sammeln und zu entwerfen. Es sollte sich direkt in die Order- und Herstellungssysteme von *Dell* einfügen lassen.

Einrichtung einer zentralen E-Commerce-Gruppe

Der nächste Schritt schien logisch: Kunden die Möglichkeit bieten, ihre Computer direkt über die Website zu bestellen. Doch dazu mußten wesentliche organisatorischen Hürden überwunden werden. Wie Sie sehen, ist *Dell* keine homogene Firma; sie ist in verschiedene, weitgehend autonome Geschäftseinheiten unterteilt, die nach Zielmärkten organisiert sind. Zu diesen Zielmärkten gehören Bundesbehörden, Kunden, kleine Firmen, Großfirmen, mittlere Unternehmen, Staats- und lokale Behörden und das Bildungswesen. In einer Quasi-Matrix-Organisation arbeitet die Herstellung und R&D mit jeder Geschäftseinheit an der Produktdefinition und Herstellung. Die Geschäftseinheiten beschreiben die Produktanforderungen für ihre Märkte der R&D-Organisation, die für die Entwicklung der Produkte verantwortlich ist, um diese Anforderungen zu erfüllen. Die Herstellung hat an diesem Prozeß direkt teil, um sicherzustellen, daß die Produkte rechtzeitig und wirtschaftlich gefertigt werden. Jede der Geschäftseinheiten hat ihre eigene Verantwortung für Gewinn und Verlust, ihre eigene Vertriebsorganisation und ihre eigene Marketing-Organisation. Es gibt auch eine organisatorische Komponente, die den Geschäftseinheiten eine geographische Struktur auferlegt und so sicherstellt, daß spezifische Anforderungen und Ziele für jede geographische Region erfüllt werden. Die Produktgruppe ist eine Unternehmenseinheit. Die Fertigungsanlagen sind global verteilt. Ein großer Teil der frühen Website-Entwicklungen von *Dell* wurde in Bruchstücken von den Marketing-Gruppen innerhalb jeder Geschäftseinheit erzeugt und gewartet.

Anfang 1996 beschloß das Firmenmanagement von *Dell*, daß es sehr wichtig für Internet-Aktivitäten in der Organisation wäre, von einer zentralen Organisation koordiniert zu werden. Das Management hatte das Gefühl, daß sich durch die Zentralisierung der Internet-Entwicklungsaktivitäten *Dells* Standards für Leistung, Verfügbarkeit und Qualität besser aufrechterhalten ließen. Wenn verschiedene Geschäftseinheiten die Möglichkeit gehabt hätten, sich bei ihren eigenen Bemühungen zu engagieren, wäre durchaus wahrscheinlich eine Inkonsistenz über die verschiedenen Sektoren in einem oder mehr Bereichen entstanden. Dies hätte auf mehr als nur Graphiken und das Design einen Einfluß gehabt; die verschiedenen Organisationen hätten vielleicht eigene Geschäftsprozesse und sogar Kundenprofile entwickelt. Ein konsistentes Markenbild zu erhalten, war einer der wichtigsten Ziele von *Dells* Modell, und die hohen Standards im Web aufrechtzuerhalten ist ein Teil dieser Tradition.

Als eine zentralisierte Organisation zur Koordination und Richtungsweisung für *Dells* Internet-Aktivitäten erstmals in Betracht gezogen wurde, gab es aus den verschiedenen Geschäftsbereichen einigen Widerstand. Das Interesse am Internet war in den meisten Geschäftseinheiten sehr hoch, und die Zentralisierungsfunktionen wurden als mögliche Bedrohung der Freiheit und Flexibilität betrachtet, an die die Geschäftseinheiten gewohnt waren. Es gab ein echtes Risiko, daß die verschiedenen Gruppen mit ihren Internet-Aktivitäten in unterschiedliche Richtungen liefen, mit unterschiedlichen Zielen, Designs und Modellen für die Präsenz im Internet.

Trotz des Widerstands in der Organisation wurde *Dell Online* als neue Gruppe von *Dell* im Juli 1996 gegründet, als Teil einer strategischen Entscheidung, um die Investitionen der Firma in das Internet signifikant zu erhöhen. Eckert wurde zum Direktor von *Dell Online* ernannt. Die Gründung von *Dell Online* war eine in einer kurzen Liste von Firmeninitiativen, die vom Topmanagement kamen. Internationale Marktforschung und Interviews zahlreicher Kunden hatten gezeigt, daß das Internet eine potentielle Quelle für beträchtliches Wachstum sein könnte, und zwar was die Verkaufszahlen für das Geschäft und was die Kunden betraf. Ein Teil der Investitionen ins Internet bestand darin, die verfügbaren Technologien auszuwerten und zu überlegen, wie sie sich in die Marketing-Bemühungen von *Dell* integrieren ließen. Das Web wurde als hocheffizientes Kommunikationsmedium betrachtet, das eine signifikante Rolle bei der Ausweitung der direkten Kundenbeziehungen spielen würde, auf denen *Dell* sein Geschäft aufbaute. Gleichzeitig war der Umzug ins Web keine Revolution für *Dell*, sondern eher eine logische Erweiterung des Kundenmodells und der bereits fortgeschrittenen Internetnutzung für Service und Support.

Eckerts Aufgabe bestand darin, die fundamentalen Elemente des erfolgreichen *Dell*-Modells zu nehmen – die Verwaltung einer Eins-zu-eins-Beziehung, direkte Verkäufe und Support auf hoher Ebene – und auf das Internet zu übertragen und zu verfeinern. Der Hauptunterschied bestand darin, daß die Online-Kunden sich selbst bedienen würden anstatt mit einem liebenswürdigen, gut ausgebildeten Telefonvertriebsmitarbeiter oder einem Telefon-Support-Ingenieur zu interagieren. Das bedeutete, daß die Systeme einfach, leicht verständlich und unproblematisch sein mußten.

Dell Online ist nicht Kernbestandteil der Informationstechnologie-Organisation bei *Dell.* Die Firma wurde außerhalb von IT als separate Geschäftsgruppe gegründet. Diese neue Organisation wurde für die weltweite Koordination der Internet-Strategie und der Ausführung in der gesamten Firma verantwortlich gemacht. Im Frühjahr 1997 arbeiteten zweiunddreißig Personen in der Organisation, von denen die Hälfte Geschäfts- und Marketing-Profis waren. Die andere Hälfte bestand aus Technologie-Mitarbeitern, die mit dem Aufbau der Anwendungen befaßt waren. Die Organisation beherbergt ihre eigenen Server und unterhält ihre eigenen Operationen. Sie betrachtet jedoch die Operation der Website nicht als technologische, sondern als Geschäftsfunktion.

Die Evolution von Dells E-Commerce-Funktionen

Von 1995 bis heute hat *Dell* seine Website kontinuierlich verbessert und verfeinert. Es gibt zwei Faktoren, die *Dells* Geschäfte im Web so erfolgreich gemacht haben. Der erste ist die Tatsache, daß *Dells* ursprüngliches Geschäftsmodell von 1984 sich so ausgezeichnet ins Web übertragen läßt. Der zweite Faktor ist, daß die Firma so unnachgiebig alle Möglichkeiten verfolgt, die Kauf- und Supporterfahrungen für ihren profitablen Zielmarkt zu verbessern: Firmen – und informierte Kunden.

Konfiguration und Bestellung

Für viele Käufer, die zum ersten Mal kaufen, besteht der Kern der Site aus den Konfigurations-, Kostenvoranschlags- und Bestellungsfunktionen. *Dells* Website bleibt weiterhin Maßstab für die Industrie in diesem Bereich. Kunden können schnell und leicht vom Durchstöbern von Produktmarketing- und technischen Informationen über verschiedene Computermodelle zur Konfiguration und den Preissystemen gelangen (Laptops, Desktops, Workstations und/oder Server), um elektronisch eine Bestellung aufzugeben oder den Status der Bestellung zu prüfen.

Viele Kunden suchen im Web nach Informationen und konfigurieren ihr System, geben ihre Bestellung aber per Telefon auf. Warum? Häufig deshalb, weil sie eine letzte Frage haben oder vielleicht, weil sie die Sicherheit haben wollen, mit jemandem zu sprechen. Aber Eckert berichtete, daß *Dell* in Erfahrung bringen konnte, daß telefonische Geschäftsabschlüsse wesentlich müheloser sind, wenn die Kunden sich nach Besuch der Website melden. Obwohl viele Website-Kunden noch immer einen Anruf tätigen, um den Kauf zu besiegeln, ist die Wahrscheinlichkeit, daß sie kaufen, 1,5 Mal höher als beim durchschnittlichen Anrufer. Als Ergebnis sind die Stückzahlen für Vertriebsmitarbeiter, die Web-Anrufe behandelten, im Vergleich zu denjenigen Vertriebsmitarbeitern gestiegen, die nur Telefonanrufe bearbeiteten.

Online auf den Status der Bestellung zugreifen

Dell hat für den technischen Support über Telefon schon immer einen 24-Stunden-Dienst angeboten. 1995 ergänzte ihn die Firma, indem sie den Kunden einen direkten Zugriff über das Web auf alle Informationen bot, die in *Dells* eigener Datenbank für den technischen Support enthalten waren, so daß Kunden viele ihrer Probleme selber diagnostizieren und lösen konnten. 1997 führte *Dell* eine wesentlich schnellere und effizientere Form von Selbstbedienung über das Web ein. Jeder Computer, den *Dell* ausliefert, wird mit einer Service-Nummer versehen. Wird diese Nummer in der Website eingegeben, wird der Kunde durch eine Online-Sitzung zur Problembehebung geführt, die auf die besondere Machart und das Computermodell des Kunden abgestimmt ist. Dies ist in der Tat dasselbe Diagnose- und Problembehebungsprogramm, das auch die Mitarbeiter von *Dells* technischem Support über das Telefon durchlaufen würden, aber die Kunden können es selbst nutzen. Wenn ein Kunde trotzdem noch Unterstützung benötigt, gibt er seine Service-Nummer über ein Tastentelefon ein, und der Techniker ist in der Lage, das Szenario aufzurufen, in dem der Kunde gerade steckte, und ihm von dort aus weiterzuhelfen.

Globalisierung

Im März 1997 startete *Dell* eine europäische Site mit siebzehn länderspezifischen Homepages; ein großer Teil der Informationen (Sprachen und Preisinformationen) wurde angepaßt. Ende 1997 startete *Dell* eine E-Commerce-Site in Asien. Im ersten Quartal 1998 hatte *Dell* vierundsechzig länderspezifische Websites.

***Kundenspezifische Websites:* Dell Premier Pages Service**

1997 startete *Dell* eine Funktion namens *My Dell.* Alle Kunden konnten eine benutzerdefinierte Web-Seite für sich selbst auf *Dells* Site erzeugen. Sie konnten die Informationen personalisieren, die auf dieser Seite erscheinen sollten. Wenn Sie sich z. B. nur für Laptops interessieren, erhalten Sie nur Informationen, die sich auf Laptops beziehen. Oder wenn Sie ein Investor in einer Firma (oder ein Großkunde) sind und Produktankündigungen und Markterweiterungen verfolgen wollen, können Sie es so arrangieren, daß Sie die neuesten Pressemitteilungen und Informationen für Investoren auf ihrer *My-Dell*-Seite sehen. *My Dell* wurde sehr schnell durch *Premier Pages* ersetzt.

Große Firmenkunden sind lebenswichtig für *Dell*, und durch die Benutzung des Webs entdeckte man, daß die Firma viele Dienste bereitstellen kann, die die Beziehungen dieser Kunden zu *Dell* verbessern können. *Dell* bietet sowohl für Groß- als auch für Kunden mit geringen Umsätzen vollständig an den Kunden angepaßte, kennwortgeschützte Websites, die *Premier Pages*, die den Einkauf über eine Extranet-Anwendung bieten, auf die die Kunden über ihr eigenes Intranet zugreifen können. Am Ende von *Dells* zweitem Quartal im Geschäftsjahr 1999 hatte die Firma weltweit mehr als 5 000 *Premier-Pages*-Websites eingerichtet.
Die *Premier-Pages*-Website jeder Firma bietet eine Vielzahl von Online-Diensten, die von der Bestellung vordefinierter Konfigurationen, die im voraus mit *Dell* ausgehandelt wurden, bis zu aktuellen Kontaktinformationen für das Konteam von *Dell* reichen. *Premier-Pages*-Sites bieten auch Zugriff auf individuelle Kataloge mit Preisangeboten, die auf den kontenspezifischen Kaufvereinbarungen für ein bestimmtes Volumen mit *Dell* basieren. *Premier-Pages*-Sites stellen auch ein Kundenfenster in *Dells* Online-Dienst bereit und geben Auskunft über die Einkäufe. Michael Dell ist selbst sehr begeistert von *Premier Pages*. »Einer unserer Kunden erlaubt seinen 50 000 Angestellten z. B., Produkte online anzuschauen und auszuwählen. Sie benutzen ihre *Premier Pages* als interaktiven Katalog für alle Konfigurationen, die die Firma genehmigt. Angestellte können dann den PC zusammenstellen und bestellen, den sie sich wünschen. Sie sind glücklich darüber, eine gewisse Wahlmöglichkeit zu haben, und *Dell* und die Kunden sind beide glücklich darüber, Papier und Zeit für den Vertrieb einzusparen, die normalerweise mit Firmeneinkäufen verbunden sind. Das ermöglicht es unseren Vertriebsmitarbeitern, eine eher beratende Rolle zu spielen.« Über die *Premier-Pages*-Sites kann *Dell* auch multinationalen Kunden besseren Service für Angestellte in den internationalen Organisationen bieten. Michael Dell bemerkt, daß 40 Prozent von *Dells* multinationalen Kunden die *Premier Pages* nutzen, um es Angestellten in Übersee zu erleichtern, ihre Computer zu bestellen und zu warten. *Dells* Kunden mögen *Premier Pages*, weil dieser Dienst ihnen Geld erspart. Ein Kunde erzählte Michael Dell, daß er sein Beschaffungspersonal dank der für den Kunden angepaßten *Premier Pages*, in die die Verkaufsbedingungen für seine Firma integriert waren, von sechzehn auf vier Personen reduzieren konnte. Ein weiterer Geschäftsführer berichtete, daß seine Firma dank der Benutzung von *Dells Premier Pages* für die Diagnose und Problembehebung 2 Millionen US-Dollar pro Jahr an Support-Kosten einsparen konnte.

Entwicklung der technischen Infrastruktur

Dell Online läuft auf mehreren Server-Farmen, die aus gespiegelten *Dell*-Poweredge-Servern (was sonst!) bestehen. Diese Server stellen Webinhalte, geschäftliche und nicht-geschäftliche Anwendungen und Backend-SQL-Datenbanken bereit. Hinter den Produktions-Server-Farmen sitzen Test-, Prototyp- und Entwicklungs-Server. Die gesamte Site wird nachts von einer robusten Gruppe von Datensicherungsgeräten gespeichert. Die Frontend-Web-Server der Site speichern statische Web-Seiten und werden über gespiegelte Kopien aller Daten beliefert. Diese Server sind das Tor zu anderen Anwendungen und Daten hinter den Web-Servern. Sie sind alle identisch mit *Microsoft* Windows NT 4.0 konfiguriert und mit dem Option Pack, d. h. *Microsoft* Internet Information Server (IIS) 4.0, Active Server Pages und SQL 6.5 ausgestattet.

Dell verwendet viele Funktionen von *Microsofts* Site Server 3.0, Commerce Edition, inklusive Site Analyst und Usage Analyst, Search Server, Push Server, Personalization and Membership System und Commerce Server. *Dells* Kernkonfiguration ist NT 4.0 mit dem Option Pack, d. h. IIS 4.0, Active Server Pages und SQL 6.5. Eine Schicht von Anwendungs-Servern beinhaltet *Dells* Online-Warenhaus, das mehr als 6 Millionen US-Dollar pro Tag in Systemverkäufen über seine E-Commerce-Anwendungen umsetzt. Eine weitere Schicht beinhaltet die Service- und Support-Anwendungen und die *Premier-Pages*-Anwendungen, die für *Dells* Firmenkunden gedacht sind. Alle diese Anwendungsgeschichten haben eine Schnittstelle zu mehreren Datenbank-Servern, was *Dell* die Bereitstellung dynamischer Web-Seiten ermöglicht. Der ursprüngliche Konfigurator von *Dell* wurde mit *NeXTs* WebObjects als Frontend für ein bestehendes, auf Tandem basierendes Konfigurationssystem erstellt.

Konfigurationsinformationen und Preise werden auf den Legacy-Systemen gespeichert. Die Schnittstelle zwischen WebObjects und den Legacy-Systemen von *Dell* benutzte Netweave als Integrationsschicht. Der Bestellprozeß auf der Site war auch Teil der WebObjects/Legacy-Anwendung. *Dell* ersetzte die WebObjects-Konfigurations-Engine jedoch durch eine COM-basierte (COM = Custom Component Object Model) Anwendung. Das Ergebnis ist eine selbstgezogene Komponente, die sich voll in die anderen *Microsoft*-Site-Server-Anwendungen integriert. Michael Dunn, der leitende Manager der Operationen und Technologie für *Dell Online* berichtet, daß es sehr schwierig war, Entwickler zu finden, die Erfahrung mit WebObjects hatten, während es erheblich einfacher ist, Entwickler heranzuziehen und zu halten, die Erfahrung in der Entwicklung für die *Microsoft*-Umgebung haben.

Den Inhalt und die Software-Entwicklung entwerfen

Dell folgt strengen Entwicklungs- und Phasenprozeduren, um den Kerninhalt und die Anwendungen auf der Site zu verändern. Eine erweiterte Autorengemeinschaft beteiligt sich aktiv an der Entwicklung der täglichen Veröffentlichungen. Alle Internet-Autoren von *Dell* entwickeln entweder HTML-Seiten oder Anwendungen auf zahlreichen Servern. Einige nutzen die ASP-Anwendungsentwicklung (ASP = Active Server Pages) über InterDev, während andere auf Visual Basic zurückgreifen, um kundenspezifische Komponenten zu entwickeln, und auf JavaScript, um weitergehende Funktionen in HTML einzubauen. Die Verwaltung der Inhalte wird über *Microsoft Visual Source Safe (VSS)* behandelt. Der verbesserte neue Inhalt wird dann auf *Dells* zahlreichen Servern und globalen Server-Farmen über Content Deployment Services (CDS) verteilt.

Die Site hosten und verwalten

Es ist eine echte Herausforderung, eine Site zu verwalten, die ein derartiges Volumen an Datenverkehr wie bei *Dell Online* zu bewältigen hat. Was als »Multihoming« der Website bezeichnet wird, macht *Dell*, indem die Firma mit mehreren Internet-Dienstanbietern zusammenarbeitet, die zu verschiedenen Datencentern führen. Diese enthalten mehrere Systeme, die die Site 24-Stunden an sieben Tagen die Woche überwachen. Router, Firewalls, Systeme zur Entdeckung von Eindringlingen, DNS-Server, Cisco-Distributed-Director-Einheiten für den Lastenausgleich, schnelle Ethernet-Switches, und Software für die Anwendungsüberwachung und Warnung.

Systeme für Service und Support

Die Systeme für Service und Support basieren zum Teil auf den Anruftrackingsystemen von *Edify Corporation* und werden zum Teil intern mit kommerziellen Werkzeugen entwickelt. Die Rohdaten für Produktinformationen und den technischen Support werden nun im HTML-Format produziert und gewartet. *Edify* wird für alle Aufzeichnungen von Support-Anrufen benutzt. Diese Systeme wurden in die Website von *Dell* integriert, wo immer es möglich war.

Ergebnisse

Im ersten Quartal 1998 erhielt die Website von *Dell* pro Woche durchschnittlich 1,5 Millionen Besuche von Kunden, davon nutzt ein Drittel den *Dell*-Konfigurator. Die daraus resultierenden Einnahmen beliefen sich im zweiten Quartal 1998 auf 6 Millionen US-Dollar in Computerverkäufen und Peripheriegeräten pro Tag über die Website. Die Einnahmen über die Site sind schneller gewachsen als die Anzahl der Besucher der Site und spiegeln einen steigenden Prozentsatz an Besuchern wider, die zu Käufern werden. Obwohl es wahr ist, daß ein Teil der Kunden, die über die Website bestellen, auch über das Telefon bestellt hätte, haben Kundenbefragungen darauf hindeutet, daß fast ein Drittel der Kunden, die Computer in der Website von *Dell* kaufen, ihre Käufe ansonsten anderweitig getätigt hätten. Die Qualität der Site spiegelt sich in der Feststellung wider, daß 80 Prozent der befragten Online-Käufer in Zukunft noch einmal online bei *Dell* kaufen würden. Gleich bedeutsam ist die Tatsache, daß die Systeme, die über die Website bestellt werden, im allgemeinen einen höheren Preis haben als im Durchschnitt über das Telefon verkauft werden. Es scheint so, als ob wir als Kun-

den dazu neigen, uns das Bessere zu kaufen, wenn wir uns selbst bedienen können. Wir benötigen keine Verkäufer, die uns mehr Speicher oder eine lederne Tragetasche empfehlen. In der Tat neigen viele von uns dazu, mehr zu kaufen, wenn niemand Druck auf uns ausübt, mehr zu kaufen.
Die Website scheint das Volumen der Telefonanrufe bei *Dell* nicht reduziert zu haben. Dies läßt sich jedoch schwer abschätzen, weil die Firma jährlich um ca. 40 bis 50 Prozent gewachsen ist, einem Anstieg des Gesamtvolumens, der einen Wechsel vom Telefon zum Web verhüllen könnte.

Pattys Resümee für Dell

Der Wettbewerb bedrückt *Dell* schwer. *Compaq Computer* hat vor kurzem seine Geschäftsprozesse auf Vordermann gebracht, so daß die Firma 1998 in der Lage sein wird, ebenfalls auf Bestellung zu produzieren. *Gateway 2000* hat lange dasselbe Direktvertriebsmodell verfolgt wie *Dell*, und *Gateway* bietet eine einfach zu bedienende Website, über die Kunden ihre Computer online konfigurieren und kaufen können. *Compaq* verfolgt sowohl den High-End-Firmenkundenmarkt als auch den Low-End-Massenkonsumentenmarkt. *Dell* hat versucht, in die Handelsketten einzubrechen, sich aber hastig zurückgezogen, als die Firma entdeckte, daß sie dieses Geschäft nicht profitabel aufrechterhalten könne. Aber jetzt, mit über 2 Milliarden US-Dollar pro Jahr von Kunden, die über das Web kaufen, hat *Dell* eine neue Produktmarketing-Abteilung eingerichtet, um sich auf die Kunden zu konzentrieren.
Dell ist ganz bestimmt auf dem richtigen Weg, um ein hoch profitables Geschäft mit hohem Wachstum aufrechtzuerhalten. Dies ist ein Geschäft, das durch das Wissen um die Kunden bestimmt ist. Bis jetzt hat *Dell* gegenüber den Konkurrenten die Führung, da *Dell* über die umfassendste Kundeninformationsbasis verfügt. Und anders als viele seiner Konkurrenten kann *Dell* genauso wirtschaftlich an kleine wie an große Firmen verkaufen. Wie kann *Dell* nun also auf das starke Fundament aufbauen, das die Firma im Markt hat? Die Firma muß ihre Strategie im Beziehungsmanagement weiter verfolgen, indem sie das Konzept der *Premier Pages* von den Großkunden auch auf die kleinsten Firmen überträgt. Kleine Firmen wünschen dieselbe Art von Transparenz im Umgang mit *Dell* wie große Aktiengesellschaften. Sie haben vielleicht nicht dieselbe Kaufkraft, und sie stellen vielleicht nicht so große Anforderungen an Hersteller, was die Nachfrage für spezielle Software und Peripherie-Konfigurationen betrifft. Aber sie haben denselben Bedarf für konsistente, pflegeleichte Computersysteme, die sie kostengünstig einkaufen. Wie große Aktiengesellschaften benötigen auch kleine Firmen Hilfe bei der Verwaltung ihrer Computerwerte. Sich bei den verschiedenen Modellen und Konfigurationen von Computern auf dem laufenden zu halten, ist nicht das, womit Geschäftsleute ihre Zeit verbringen wollen. Und die Wahr-

scheinlichkeit, daß kleine Firmen exquisiten und kostenwirksamen technischen Support benötigen, ist sogar höher als bei großen Firmen, weil sie vermutlich kein technisches Personal im Haus haben. Mein Rezept für *Dell* lautet also, daß die Firma weiterhin ihr Augenmerk auf den Geschäftsmarkt legen, aber die Reichweite auf die kleinsten Firmen weltweit ausdehnen muß. Über den Verkaufskanal Internet zur Vermarktung, zum Verkauf und zum Support von diesen Kleinfirmenkunden kann *Dell* eine Konzession aufbauen, die schwer zu schlagen sein wird. Die Funktion des technischen Supports läßt sich mit Abstand am schwierigsten ausweiten und aufrechterhalten. Die Infrastruktur einzurichten, um Fragen zu beantworten und Problemlösungen bei einer Endbenutzerbasis von über 10 Millionen und mehr zu bieten, ist keine Herausforderung mittlerer Größenordnung. Obwohl es Firmenstandard ist, E-Mail-Anfragen von Kunden zum technischen Support innerhalb von achtundvierzig Stunden zu beantworten, habe ich persönlich schon E-Mails gesendet, die länger unbeantwortet blieben. Die Firma hat ganz klar noch etwas Arbeit vor sich, um die Möglichkeiten, interaktive technische Support-E-Mails zu behandeln, abzustützen. Anders als bei einem Call Center, in dem sich das Volumen der Anrufe steuern läßt, ist dies beim Volumen eingehender E-Mail-Nachrichten nicht möglich. *Dell* muß ganz klar in wesentlich bessere Ausstattung und in das automatische Routing und die Behandlung von Fragen zum technischen Support investieren.
Außerdem könnte *Dell* dadurch, daß die Firma weiterhin ihre Informationen zu Kundenprofilen aufbaut, wartet und kontinuierlich verbessert, die Wettbewerber schlagen, indem die Firma genau analysiert, welcher Art die Mehrheit ihrer über 10 Millionen Kunden sind. Denken Sie daran, daß beim Verkauf von Computern an technisches Personal, Einkäufer oder Abteilungsleiter automatisch auch jeder Endbenutzer, der den Computer tatsächlich benutzt, *Dells* Kunde ist. Wenn *Dell* das Web insbesondere für Kauf-, Help-Desk- und Support-Funktionen nutzt, kann die Firma enge Beziehungen zu den Endbenutzern der Computer innerhalb großer wie auch kleiner Firmen zementieren. Wenn diese Endverbraucher dann zu anderen Firmen wechseln, nehmen sie ihre Kundenloyalität mit in ihrem neuen Job.

Tips aus der *Dell*-Computer-Fallstudie

① Erkennen Sie, daß Sie wertvolle Informationen erhalten, wenn Sie eine direkte Beziehung zu jedem Ihrer Endverbraucher aufbauen, die Sie verwenden können, um Ihre Geschäfte besser zu führen. Wenn Sie das Web nutzen, um diese Beziehungen zu unterstützen, können Sie die Anzahl von Endkunden exponentiell erhöhen, die Sie erreichen und von denen Sie lernen.

② Stellen Sie sicher, daß Ihre Website gut in Ihre telefongestützten Verkäufe, das Bestellwesen und die Servicefunktionen integriert ist. Die Kunden sollten in der Lage sein, eine Interaktion im Web zu starten, um dann dazu übergehen zu können, am Telefon mit jemandem zu sprechen, ohne noch einmal von vorn zu beginnen. Wenn ein Kunde eine größere Bestellung im Web aufgibt, sollte die Bestellung sowohl im Web als auch über das Telefon bestätigt werden.

③ Beachten Sie, daß Kunden über das Web relativ teure Produkte konfigurieren und kaufen werden, wenn Sie es ihnen nur leicht genug machen.

④ Bieten Sie den Kunden Zugriff auf alle Informationen zur Problembehebung und zum technischen Support, über die auch ihre eigenen Mitarbeiter des technischen Supports verfügen. Ihre Kunden werden es Ihnen danken, und Sie sparen eine Menge Servicezeit.

⑤ Bieten Sie Kunden Zugriff auf Informationen über den Status ihrer Bestellungen und die Auflösung ihrer Serviceanrufe.

⑥ Gestalten Sie Ihre Website so, daß die Kunden einen Teil davon in ihre eigenen Intranets übernehmen, in ihre internen Prozesse integrieren und für ihre eigenen Angestellten maßschneidern können, genau so, wie *Dell* es mit *Premier Pages* macht. Das verringert nicht nur die Kosten für Kunden, mit Ihnen Geschäfte zu machen, sondern bindet sie auch länger als loyale Kunden und erhöht Ihre Reichweite, so daß Sie anfangen werden, direkte Beziehungen zu den Angestellten der Firmen aufzubauen – Ihren echten Endkunden.

Kunden sich selbst bedienen lassen

iPrint

www.iprint.com

Organisationsprofil

iPrint ist ein gutes Beispiel dafür, wie der Handel mit Waren – der Ausdruck von Visitenkarten und kleineren Mengen von Briefpapier – transformiert werden kann, indem das Augenmerk auf die Erfahrung der Endkunden gelenkt wird. *iPrint* entdeckte, daß es den Leuten sehr wichtig ist, wie ihre Visitenkarten und ihr Briefpapier aussehen, aber die meisten Leute sind keine ausgebildeten Graphikdesigner. Die Kunden benötigten eine Möglichkeit, Design in professioneller Qualität zu erstellen und zu betrachten, bevor gedruckt wurde. Durch die Entwicklung eines Web-gestützten Druckdienstes und der Bereitstellung ihrer Dienste und Software über zahlreiche Kanäle hofft *iPrint*, zum »CheckFree des Schnelldrucks« zu werden – der Firma, die die Komplexität hinter den Kulissen behandelt, so daß kommerzielle Druckereien ihre Endkunden besser bedienen können.

Wichtige Erfolgsfaktoren im Fall »iPrint«	
Die richtigen Kunden anvisieren	✯ Kunden zur Selbstbedienung anregen
Die Verantwortung für die Gesamterfahrung des Kunden übernehmen	Kunden bei der Bewältigung ihrer Arbeit unterstützen
✓ Geschäftsprozesse straffen, die sich auf den Kunden auswirken	✯ Serviceleistungen personalisieren
Eine Rundumsicht von der Kundenbeziehung entwickeln	Das Gemeinschaftsgefühl stärken
✯ = Hier detailliert beschrieben	✓ = Hier kurz angesprochen

iPrint: Geschäftsleuten die Möglichkeit bieten, Drucksachen in Profiqualität zu erstellen

Royal P. Farros ist ein unverbesserlicher Unternehmer mit einem tiefgreifenden Verständnis für eine spezialisierte Nische: den Prozessen der Druckvorstufe. In anderen Worten: Er kennt alle Schritte, die bei einer kommerziellen Druckerei erforderlich sind, um Wörter und Graphiken aufs Papier zu bringen. Zuerst ein paar Worte zu seinem Hintergrund; dann wollen wir darüber sprechen, wie er das Internet nutzt, um ein neues Geschäftsmodell zu entwickeln, in dem die Kunden sich selbst bedienen.

Farros erste Firma war *T/Maker*. Die Firma führte ClickArt (die ersten elektronischen Cliparts), WriteNow und PFS: First Publisher ein. Die Kunden waren Graphikdesigner, die Computer benutzten, um Dokumente mit professionellem Aussehen zu erstellen. Als *T/Maker* von *Deluxe* übernommen wurde, der viertgrößten kommerziellen Druckerei der USA, baute Farros das Electronic-Direct-Geschäft der Firma auf und leitete es. Sein Team entwickelte elektronische Druck-Kiosksysteme für *Staples*, einem großen Discounter für Bürobedarf. Hier traf Farros auf eine neue Art von Kunden: Geschäftsleute, die Visitenkarten und Briefpapier mit professionellem Aussehen wünschten, aber nichts über Schriftarten, Punktgrößen, Laufweiten und dergleichen esoterischen Dingen wissen wollten, aus denen das Typographiegeschäft besteht. Diese Geschäftskunden hatten weder Ahnung von Typographie, noch verfügten sie über besondere Computerkenntnisse. Deshalb benutzte das Kiosksystem eine Touch-Screen-Oberfläche, die einem normalen Geldautomaten nachempfunden war. Die Kunden mußten nichts über Dropdown-Menüs oder Drag-&-Drop-Funktionen herausfinden. Die Kioske waren sehr erfolgreich. Erst mußten die Kunden das »Aussehen«, das sie für ihre Visitenkarten wünschten, aus einem Buch mit Beispielen auswählen und am Bildschirm die erforderlichen Informationen in eine Maske eintragen. Es gab keine Möglichkeit, die Ergebnisse vorher zu betrachten. Über die Kioskoberfläche konnten die Kunden ihre Daten eingeben, das Aussehen wählen, Anpassungen vornehmen, die Karten betrachten, ein Exemplar ausdrucken und die Bestellung aufgeben. Die Fehlerrate bei diesen speziellen Druckaufträgen fiel von kostspieligen 16 auf nur noch 1 Prozent! Die Kiosksysteme wurden in 425 Läden im ganzen Land aufgestellt.

Die Einführung der Self-Service-Druckerei im Internet

Farros verließ *Deluxe* 1995, und mit dem Segen von *Deluxe* versammelte er ein Team von Mitarbeitern um sich, mit denen er bereits bei *T/Maker* und *Deluxe* zusammengearbeitet hatte, um den nächsten Schritt zu wagen: kommerzielle Druckdienste allen über das Internet zugänglich zu machen. *iPrint* öffnete seine Tore im Dezember 1996 und bezeichnete sich selbst als erste »Discount-Druckerei und Cyber-Briefpapier-Shop der Zukunft«. Farros hatte einen Deal mit *Business Cards Tomorrow (BCT)* unterzeichnet, dem größten Druckereigroßhändler der USA. *BCT* war eine der ersten kommerziellen Druckereien, die Kurierzustellungen im ganzen Land anboten. Die Kombination aus schneller Umsetzung und Großhandelspreisen war genau das, wonach Farros gesucht hatte. Später nahm *iPrint* Beziehungen zu anderen kommerziellen Druckereien auf – für Grußkarten, *Post-it*-Notizzettel, Tassen, T-Shirts und andere Spezialartikel.

Kommerzielle Druckaufträge gestalten

Wenn Sie sich bei *iPrint.com* anmelden, betreten Sie das *iPrint*-»Warenhaus«. Hier können Sie eine Vielzahl von Druckerzeugnissen gestalten, prüfen und bestellen: Visitenkarten, Briefpapier, Etiketten, *Post-it*-Notizzettel, Grußkarten etc. Sie können auch kostenlos »Cyber-Briefpapier« erzeugen, mit dem Sie z. B. Ihre E-Mail-Nachrichten gestalten oder elektronische Visitenkarten, die Sie als Signatur anhängen. Es ist sehr einfach, die einzelnen Elemente auszuwählen und zu gestalten. Sie wählen einfach die Art von Element, die Sie benutzen wollen, wählen die Größe und bestimmen dann aus einer Reihe von Designvorschlägen den passendsten. Dann geben sie die Informationen ein, die auf der Visitenkarte oder dem Briefpapier enthalten sein sollen. Innerhalb weniger Sekunden sehen Sie das »fertig gesetzte« Teil im Bildschirm. Sie können unterschiedliche Schriftarten wählen, die Schriftgröße ändern und Grafiken aus einer Anzahl von Clipart-Graphiken auswählen oder Ihr eigenes Logo importieren, und alles über eine einfache Oberfläche mit Schaltknöpfen. Sie müssen weder auf Elemente zeigen, klicken oder diese herumschieben, noch müssen Sie Menüs öffnen und Optionen auswählen oder etwas über Typographie wissen.

Wenn Sie einmal mit dem Aussehen Ihres Elements zufrieden sind, können Sie die Druckfarbe und den Papiertyp wählen und ihre Bestellung unter Benutzung Ihrer Kreditkarte abschließen. Ihr Druckauftrag wird innerhalb der genannten Zeit eintreffen (normalerweise innerhalb von zwei Tagen oder etwa länger, falls es sich um einen Zwei- oder Dreifarbdruckauftrag handelt). *iPrints* Druckpreise sind beträchtlich niedriger als die der meisten herkömmlichen Druckereien, insbesondere bei sehr kleinen Aufträgen.
Das Ungewöhnliche an *iPrint* ist, wie trügerisch einfach alles geht. Als jemand, der sich sein ganzes Leben mit kommerziellem Satz und Druck beschäftigt hat, kann ich die ganze Komplexität hinter den Kulissen einschätzen, die erforderlich ist, um es Laien zu ermöglichen, Druckerzeugnisse mit einer so hohen Qualität zu produzieren, auf die sie stolz sein können.

Kundendienst

Farros ist zu Recht stolz auf den Kundendienst, der in der Site von *iPrint* geboten wird. Erstens hat die Firma gute Arbeit bei der Bereitstellung von Informationen über den Druckauftrag bei jedem Schritt im Prozeß geleistet. Sie werden per E-Mail benachrichtigt, wenn die Bestellung eingegangen ist und wenn sie gedruckt und ausgeliefert wird (und wenn Ihre Kreditkarte belastet wird). Zu jedem Zeitpunkt können Sie die Website besuchen und den Status Ihrer Bestellung einsehen. Wenn Ihre Bestellung einmal ausgeliefert ist, können Sie den Verlauf zu Ihnen nach Hause oder zu Ihrem Büro über *UPS* verfolgen. Zweitens enthält die Website nützliche FAQs (Frequently Asked Questions) und Antworten. Und schließlich können Sie auch spezielle Fragen über E-Mail, Telefon oder Fax stellen. Ihre Druckaufträge werden für Sie online aufbewahrt. Wenn Sie also erneut bestellen oder Änderungen an einem bereits bestellten Element vornehmen wollen, brauchen Sie sich nur anzumelden, die von *iPrint* bereitgestellte Kennung einzugeben und loszulegen. *iPrint* bewahrt Ihre Druckaufträge mindestens zwei Jahre online für Sie auf.

Entwicklung der technischen Infrastruktur

Es gibt zahlreiche Elemente in der Technologie, die *iPrint* entwickeln mußte, die ziemlich komplex und deshalb schwierig nachzuahmen sind. Als erstes und wichtigstes wäre hier die Benutzeroberfläche mit den Schaltknöpfen zu nennen, die mit DTP-Funktionen verknüpft ist, und die sich in den letzten fünf Jahren entwickelt hat. *iPrints* Software für die Kunden enthält eine leistungsfähige DTP- und Bildbearbeitungs-Engine, die die exakte Stellung jeder Textzeile berechnet. Die Engine erzeugt eine narrensichere Druckdatei im portablen EPS-Format, die elektronisch zur Druckerei übertragen wird.
Der zweite Bereich der Komplexität war die Entwicklung einer »Warenkorb«-Funktion. Anders als die meisten Online-Bestellungs- und Katalogsysteme, bei

denen die Kunden ein Element mit einem festen Preis wählen und die Farbe und Anzahl angeben, sind die Variablen, die im Falle von Druckaufträgen involviert sind, wesentlich komplexer. Für jede Bestellung gibt es zahlreiche Attribute und Optionen: die Druckfarbe, das Papiergewicht, die Rabatte bei einer bestimmten Anzahl usw. Deshalb mußte *iPrint* eine Bestellanwendung entwerfen, die mit mehreren Variablen arbeitet und auf Beschränkungen fußt. *iPrint* benutzte eine SQL-Server-Datenbankanwendung, die mehrere Zehntausend Preistabellen unterstützen kann. Dies hat sich als nützlich erwiesen, weil die Firma mit verschiedenen Handelspartnern arbeitet, die alle ihre eigenen Preis- und Rabattstrukturen entwickeln wollen.

Für die Abwicklung eines sicheren Zahlungsverkehrs benutzt *iPrint* eine Kombination aus *netscapes* Enterprise Server, der Software SyberCash zur Verarbeitung von Kreditkarteninformationen und den Handelsbankfunktionen von *Wells Fargo*. Farros berichtet jedoch, daß es nicht nur eine Frage des Zusammenfügens war, alles zum Laufen zu kriegen. Es dauerte ungefähr drei Monate, um alle Probleme auszubügeln. Der Rettungsanker war laut Farros, daß die Entwickler eine ziemlich vollständige Diagnostik implementiert hatten, mit der sie in der Lage waren, Inkonsistenzen in den Schnittstellen zwischen den verschiedenen Systemen zu verfolgen und zu beheben.

Um Skalierbarkeit zu erhalten, begann *iPrint* im Mai 1997, seine Windows-NT 4.0-Server zu clustern. Dadurch konnte die Firma zusätzliche Webserver hinzufügen, um die Leistungsfähigkeit zu erhalten, als der Datenverkehr in der Site zunahm. Farros gibt noch einen weiteren Tip: Die Firma hat ihren gesamten Code neu geschrieben, so daß alle Module im Speicher bleiben. Ein NT-Server führt alle diese speicherresidenten Module aus. Es ist nicht wünschenswert, wenn jedesmal eine neue ausführbare Datei gestartet werden muß, wenn ein Remoterbenutzer beginnt, diese neue Funktion zu benutzen. Das verlangsamt die Dinge zu sehr.

Das Geschäftsmodell von iPrint

Wie bei vielen Internet-Händlern ist die Website von *iPrint* nur die Spitze des Eisbergs von Farros' Geschäftsmodell. Die Website ist ein Beweis für das Konzept. Dort wird *iPrints* Software im Umgang mit den härtesten Kunden entwikkelt und verbessert. Die Firma hat jedoch auch viele andere Kanäle, über die sie ihre Software und Dienste vertreibt. *iPrint* plant, das Internet zu nutzen, um zum weltgrößten Lieferanten von Schnelldrucksachen zu werden. Der gemeinsame Nenner aller dieser Kanäle ist, das Endkunden ihr eigenes Produkt gestalten und der Rest hinter den Kulissen ausgeführt wird. Aber die Kunden kennen den Stand ihrer Bestellung immer genau. Hier nun einige der Vertriebskanäle von *iPrint*:

① *Direkt an den Kunden*

iPrint zielt auf Kunden ab, die wissen, wie man einen Geldautomaten benutzt, aber sich nicht in der Lage fühlen, die heutigen graphischen Benutzeroberflächen mit Pulldown-Menüs, Ziehen, Klicken und Doppelklicken zu benutzen. Die Firma heißt auch Kunden willkommen, die sich mit Computern auskennen und einfach nur die schnellste, komfortabelste Möglichkeit suchen, professionelle Druckerzeugnisse zu entwerfen und zu bestellen. Die Firma konzentriert sich auf personalisierte und kundenspezifische Produkte. Heutzutage sind dies Druckerzeugnisse wie Briefpapier, Visitenkarten, Etiketten oder *Post-it*-Notizzettel. Es werden aber bald auch Geschäftsformulare wie Schecks, Bestellformulare, Rechnungsvordrucke oder sogar Anzeigen für spezielle Elemente sein.

② *Digitale Fotografie*

iPrint beabsichtigt, sich darauf zu spezialisieren, High-Tech-Endverbrauchern eine einfache Möglichkeit zu bieten, ihre Fotos, die sie mit digitalen Kameras gemacht haben, in professionelle Druckerzeugnisse zu konvertieren, wie z. B. Kalender, T-Shirts, Mouse-Pads, Tassen usw. *Intels* digitale Kameras unterstützen z. B. *iPrints* Dienste. Und *iPrint* steht in Verhandlungen mit *OfficeMax* und *Office Depot*, die digitale Kamera-Pakete verkaufen, um Kunden für deren spezielle Druckbedürfnisse auf die Site von *iPrint* zu locken.

③ *Firmenkunden*

Aber das Direktgeschäft mit dem Endkunden ist nur einer der Vertriebskanäle mit *iPrint*. Die Firma zielt über Direktverkäufe auch auf Firmenkunden ab. Einer der ersten großen Firmenkunden von *iPrint* war der *Internal Revenue Service (IRS)*. Alle 2,1 Millionen Regierungsangestellte inklusive der Arbeiter bei IRS müssen ihre eigenen Visitenkarten kaufen. Aber die Karten von IRS müssen bezüglich des verwendeten Logo, der Schriftart und der Plazierung der Information gleich sein. *iPrint* richtete also eine Website für IRS ein. Die Angestellten können sich anmelden, ihre eigenen Visitenkarten nach der von IRS geprüften Vorlage erstellen, ihre persönliche Kreditkartennummer angeben und die Bestellung abschließen. *Rockwell International* ist ein weiterer Firmenkunde von *iPrint*. Die Personalabteilung bei *Rockwell* wollte den Prozeß der Ausstellung von Visitenkarten so steuern, daß neue Mitarbeiter oder Mitarbeiter, die befördert wurden und einen neuen Titel erhielten, online gehen und einen neuen Satz Visitenkarten bestellen können.

④ *Druckereien*

Ein weiterer wichtiger Vertriebskanal von *iPrint*, der erfolgreich ist, sind die kommerziellen Druckereien selbst. Anstatt sie zu umgehen oder mit ihnen zu konkurrieren möchte Farros sie zu Geschäftspartnern machen. Eine Druckerei, die z. B. bereits eng mit verschiedenen großen Firmenkunden zusammenarbeitet, kann die Software von *iPrint* lizenzieren und im Intranet jedes Firmenkunden installieren. Die Angestellten der Firma sind dann in der Lage, Visitenkarten, Briefpapier und Geschäftsformulare mit dem Standarddesign und Firmenlogo der Firma gemäß der Geschäftsregeln zu entwerfen und zu bestellen, die von der Firma festgelegt werden können. Eine typische Geschäftsregel wäre z. B.: »Sie können erst drei Monate nach Ihrer letzten Bestellung von 500 Visitenkarten neue Visitenkarten bestellen.«

⑤ *Schnelldruckereien*

Eine weitere Kategorie von kommerziellen Druckereien, die Farros als Partner umworben hat, sind die »Schnelldruckereien«, die Einzelpersonen und Firmen im ganzen Land beliefern. Farros sieht in diesem Markt die Möglichkeit, die Idee mit den Selbstbedienungskiosken wieder aufzunehmen. Diesmal wird es sich bei den Kiosken aber nicht um teure, schwer zu wartende PCs handeln, sondern um preisgünstige, problemlose Netzwerk-PCs. Laufkunden können den Kiosk im Laden nutzen, um ihre Bestellungen zu gestalten und aufzugeben. Das Personal im Haus kann dasselbe Terminal nutzen, um Berichte zu erzeugen, mit *iPrint* zu interagieren und auf das restliche Internet zuzugreifen. Kunden mit Zugriff aufs Web von zu Hause aus können ihre Bestellungen gestalten und zu einer lokalen Schnelldruckerei senden. *Sir Speedy*, die weltweit größte Kette von Schnelldruckereien ist Lizenznehmer von *iPrint*. *CopyMax* unterhält eine Online-Druckerei namens *PrintLink*. Dies ist eine lizenzierte Version der *iPrint*-Software.

⑥ *Spezialdienste*

Farros' Vorstellungskraft kennt keine Grenzen. Er umwirbt *Mail Boxes Etc.*, eine Kette mit 3 400 Niederlassungen weltweit, um Druckdienste für Visitenkarten und Briefpapier in deren Paket- und Briefversanddienste aufzunehmen. Er spricht mit einer japanischen Firma über die Bereitstellung von gedruckten *»Kitty-Phone«*-Karten für Mädchen, die ein *»Kitty Phone«* benutzen – ein ziemlich beliebtes Handy unter japanischen Mädchen – damit die Mädchen ihre Telefonnummern untereinander austauschen können. Die Liste läßt sich beliebig fortsetzen.

iPrint erwartet, 50 Prozent seiner Einnahmen aus Partnerschaften mit Druckereien und Schnelldruckereien und die anderen 50 Prozent der Einnahmen aus der Kombination von Direktkunden- und Firmenkundengeschäften zu erzeugen.

Ergebnisse

Die Website von *iPrint* hat zahlreiche Preise für ihre Bedienerfreundlichkeit gewonnen. Die Einnahmen und die Zugriffe auf die Site wachsen monatlich um ca. 25 Prozent. Obwohl das 30-Personen-Unternehmen 1997 nicht profitabel war, konnte Farros nach zwölf Monaten Geschäftstätigkeit erfolgreich 3,3 Millionen US-Dollar Kapital von *Intel*, IT Ventures und einer Handvoll hochprofitabler Industrieinvestoren gewinnen. 1988 wuchs *iPrint* mit einer Drei-Punkte-Strategie weiter, die bisher funktioniert hatte: Den Endverbraucher direkt über das Internet ansprechen, Verträge mit Firmenkunden und Partnerschaften mit Druckereien abschließen, damit diese ihre Kunden besser bedienen können.
Am wichtigsten ist jedoch, daß die Kunden die leichte Handhabung und die Dienste lieben, die sie von der Site erhalten. Hier sind einige Beispiele:

Subject: I love iPrint & want to tell the world!!

Hi,
Ich bin ein Kunde, der außer sich vor Glück ist. Bisher habe ich mindestens 2 000 US-Dollar für das Design, die Druckkosten und meine Arbeitszeit investiert, um Visitenkarten und Briefpapier von ungefähr derselben Qualität zu erhalten.

Diane H.

Sehr geehrte Damen und Herren,

dies ist eine absolut erstaunliche Website. Ich habe jahrelang Visitenkarten bei lokalen Druckereien bestellt, aber ich war nie zufrieden, weil ich mir das Endprodukt nie genau vorstellen konnte. Ich wollte diesen Mittwoch eine Bestellung aufgeben, habe aber vorher gefragt, ob es für iPrint möglich sei, festzustellen, welche Größe meine Graphik haben solle, damit die Visitenkarten optimal aussehen. Ich bedanke mich im voraus für die Beantwortung dieser Frage und den phantastischen Service. Sie können am Mittwoch nach meiner Bestellung schauen.

Atty. Rod M., Wisconsin

Follow-up-Message

Sehr geehrte Damen und Herren,

ich habe vor kurzem eine Bestellung für Visitenkarten bei Ihnen aufgegeben. Ich habe die Visitenkarten diese Woche erhalten. Das hat mich »aus den Socken gehauen«! Der Service war prompt und individuell, und das Produkt erste Klasse. Sie werden mich zu Ihren ständigen Kunden zählen können. Ich werde sehr wahrscheinlich in naher Zukunft Briefpapier und Briefumschläge bestellen. Bitte setzen Sie mich auf die Liste und lassen Sie mich wissen, wenn Sie Etiketten und Scheckformulare anbieten. Noch einmal vielen Dank für alles.

Atty. Rod. M., Wisconsin

Die Visitenkarten für Amida Press sind angekommen, und wir waren mit dem Ergebnis unserer Online-Bestellung bei iPrint sehr zufrieden. Die Karten sind wesentlich hübscher als in der Version, die wir am Computerbildschirm ausgewählt haben, und sie haben eine sehr gute Qualität. Wir sind sehr stolz darauf, diese Visitenkarten im Rahmen unserer Geschäftstätigkeit benutzen zu dürfen. Herzlichen Dank für die Bereitstellung eines solch wertvollen Dienstes und solch wertvoller Produkte für das Online-Geschäft. Ihre persönliche und prompte Aufmerksamkeit überbietet das, was man normalerweise in Druckereien erhält, bei weitem ... und ich mußte noch nicht einmal mein Büro verlassen!

Ann M.

Pattys Resümee für iPrint

Farros neue Firma erlebt einen großartigen Start. *iPrint* muß drei wichtige nächste Schritte unternehmen. Als erstes muß sich die kleine Firma auf Skalierbarkeit konzentrieren. Heutzutage verarbeitet die Firma mehrere hundert Bestellungen pro Tag. Wenn sich Farros Vertriebsstrategie auszahlt, werden es sehr bald mehrere hunderttausend Bestellungen pro Tag sein. Das Problem ist nicht, wie man eine Website skalieren kann, sondern wie sich die Backend-Prozesse bei der Kommunikation mit den Großhandelsdruckereien stromlinienförmiger gestalten lassen. Zur Zeit informieren die Druckereien, mit denen *iPrint* zusammenarbeitet, nicht automatisch per E-Mail, wenn der Druckauftrag ausgeführt oder ausgeliefert wird, obwohl *iPrint* seine Kundenbestellungen sofort über E-Mail bestätigt und die Kunden die Lieferung per *UPS* nachverfolgen können. Ein

Großteil dieser Kommunikation mit den Druckereien wird per Telefon erledigt. In Zukunft wird *iPrint* straffere Arbeitsabläufe vom Endverbraucher über die Drukkereien bis zu den Zustellfirmen benötigen. *UPS*, die Auslieferungsfirma, entwikkelt eine auf Geschäftsereignissen basierende Infrastruktur, die es allen Logistikpartnern erlauben wird, die Prozesse innerhalb und zwischen Organisationen zu verfolgen. Ich denke, daß *iPrint* sich diesen Bemühungen anschließen sollte.
Als nächstes muß *iPrint* die Design-Bibliotheken erweitern. 1998 plante die Firma, mehrere hundert private und geschäftliche Visitenkarten, Geschäftsschecks, Geschäftsformulare, Briefbögen und Memo-Blöcke anzubieten. Für jede Art von Produkt bietet *iPrint* momentan zwei Dutzend Ausgangsdesigns zur Auswahl. Das ist zu wenig. Im Idealfall sollte die Firma erheblich mehr Entwürfe bei Weltklasse-Designern in Auftrag geben. Die Kunden fragen bereits nach einer erheblich größeren Auswahl von Clipart-Elementen. Auch das ist eine einfache Frage von Gestaltungsaufträgen. Sie könnten auf der Basis von Tantiemen vergeben werden. *IPrint* könnte Tantiemen bezahlen, wenn die Elemente tatsächlich benutzt werden. Schließlich muß *iPrint* eine erheblich größere Auswahl an Schriftarten inklusive vieler »Markennamen« anbieten. Und *iPrint* muß es Kunden erleichtern, ihnen bereits existierende Designs zukommen zu lassen, die reproduziert werden sollen. Selbstverständlich haben die meisten Firmen schon ihr eigenes Logo und viele Firmen haben bereits Standard-Designs. Heutzutage ist es relativ leicht, ein bestehendes Logo in elektronischer Form zu nehmen und es in Visitenkarten oder Briefpapier zu integrieren, das über die Site von *iPrint* gestaltet wird. Aber es ist nicht so leicht, ein gesamtes Design genau nachzumachen, das bereits besteht (weil Sie mit einer von *iPrints* Standardvorlagen beginnen müssen). Der nächste Schritt würde darin bestehen, Kunden die Möglichkeit zu bieten, eine gedruckte Version des Designs an *iPrint* zu senden, das nachgemacht werden soll. Das würde auf Seiten von *iPrint* einige Arbeit in der Druckvorstufe erforderlich machen, aber dies ist etwas, das *iPrint* leicht an ein lokales Unternehmen auslagern könnte, und es ist ein Service, für den die Kunden gewohnt sind, zu bezahlen. Der Vorteil für den Kunden wäre die Möglichkeit auch für kleine Unternehmen, elektronische Versionen des Firmendesigns von *iPrint* speichern und warten zu lassen, so daß sie bei Bedarf neues Briefpapier, Visitenkarten, Formulare etc. bestellen können.

Tips aus der *iPrint*-Fallstudie

① Benutzen Sie eine einfache, Web-basierte Infrastruktur und einen Satz Webgestützter Anwendungsdienste, um Endverbraucher über mehrere Vertriebskanäle zu erreichen.

② Wenn Sie auf Endverbraucher als Kunden abzielen und das, was diese Kunden benötigen, als Design-Center für Ihre Angebote nutzen, werden Sie bei einer

Funktionalität landen, die für alle leicht zu benutzen ist, egal, ob es sich um Experten oder Anfänger handelt. Dies ist ein besonders erfolgreicher Ansatz, wenn Ihr Dienst etwas ist, das Leute nicht so häufig nutzen. Weil die meisten von uns nur ein- oder zweimal im Jahr Visitenkarten benötigen, ist es sehr unwahrscheinlich, daß wir darin ein Expertentum entwickeln.

③ Beachten Sie bei der Entwicklung eines Angebots, in dem der Bestellprozeß viele Beschränkungsfunktionen beinhaltet, daß Sie ein ausgefeilteres Bestellsystem kaufen oder erstellen müssen, als die typische »Warenkorb«-Funktionalität, die in dem meisten Websites verwendet wird.

④ Wenn Sie einen Dienst anbieten, der für Geschäftsleute wertvoll sein könnte, sollten Sie überlegen, ob es Sinn macht, eine Intranet-Version Ihres Angebots zu entwickeln – etwas, das die Firmen hinter ihre Firewalls nehmen und ihren Angestellten anbieten können. Genau das haben *National Semiconductor, iPrint* und *Dell Computer* getan.

⑤ Beachten Sie, daß im Internet Kooperation gilt. Farros scheint vielleicht mit Ihrer lokalen Druckerei zu konkurrieren, aber eigentlich umwirbt er die Druckerei als Partner.

Kunden sich selbst bedienen lassen

Lektionen

Es steht außer Frage, daß Kunden sich heute selbst 24 Stunden lang und 365 Tage im Jahr mit Informationen, Transaktionen und Statusinformationen versorgen wollen. Warum werden Web-gestützte Systeme für diesen Zweck mindestens so beliebt wie automatische Telefonsysteme? Erstens sind Websites weniger starr als IVR-Systeme (IVR = Interactive Voice Response). Sie zwingen Sie nicht in einen Satz von Optionen hinein, der Ihre Bedürfnisse nur eventuell trifft. Zweitens können Websites wesentlich mehr Informationen bieten, die Ihnen bei der Entscheidungsfindung oder der Beantwortung einer Frage behilflich sein können. Die Alternative istnatürlich, ein 24-Stunden-Call-Center mit gut ausgebildetem Personal auszustatten, das alle Informationen über Ihre Kunden und Produkte bereit hat. Dies ist eine teure Lösung. Und die meisten Firmen, die in Call Center investiert haben, investieren auch in Websites. Warum? Weil viele Kunden nicht mit einer Person interagieren wollen, insbesondere dann, wenn sie nach Informationen suchen und noch nicht für eine Kaufentscheidung bereit sind. Die beste Kombination ist die, bei der sich die Kunden im Web selbst bedienen können, aber per Knopfdruck zu einer Person am Telefon gelangen können. *Dell* hat dies noch nicht ganz erreicht, aber ich rechne damit, daß *dell.com* eine der ersten Websites sein wird, die diese integrierte Funktionlität anbieten wird.

Endkunden werden ihre eigenen Produkte gestalten

Beachten Sie, daß die beiden Beispiele, die in diesem Kapitel ausgeführt wurden – *Dell* und *iPrint* –, beide auf Geschäftsmodellen aufbauen, die für die direkte Interaktion mit ihren Endkunden bestimmt sind. In beiden Fällen gestalten Endkunden ihre eigenen Angebote, und diese werden »nach Bestellung zusammengebaut«. Darüber hinaus haben beide Firmen ihre Webangebote so gestaltet, daß sie in die Intranets großer Firmen integriert und an die Spezialbedingungen der Firmen angepaßt werden können. Die Angestellten der Firmen – die eigentlichen Endkunden – können aus den verfügbaren Optionen auswählen, ihre eigenen Produkte zusammenstellen, Bestellungen aufgeben und Lieferungen annehmen, während das entsprechende Firmenkonto belastet wird.

Voraussetzung: Eine Engine für Konfigurationsregeln

Damit Kunden ihre eigenen Computer zusammenstellen oder Visitenkarten gestalten können, haben die Firmen *Dell* und *iPrint* hochentwickelte Konfigurations-Engines entwickelt. Wie Royal Farro erklärt, scheint die Gestaltung von Visitenkarten ziemlich einfach zu sein, aber es gibt buchstäblich Tausende von Kombinationen und Permutationen von Tinte, Papierart und Farbe, wobei jede ihre eigenen Verästelungen bezüglich der Bearbeitungszeit und des Preises haben. Die Konfiguration von Computern ist auch nicht einfach. Es stehen so viele Optionen zur Auswahl. In beiden Fällen wird ein Ansatz mit Geschäftsregeln benutzt, um die Auswahl zu beschränken, die Kunden zur Verfügung steht. Und große Datenbanken mit Auswahlmöglichkeiten und Regeln müssen konstant aktuell gehalten werden. Der Vorteil dieses Ansatzes ist, daß Kunden ihre eigene Zeit aufwenden, um mit den Konfigurationen zu experimentieren. Sie müssen kein kostspieliges Vertriebspersonal beschäftigen, das die Kunden durch die Option führt. Dies ist in vielen Fällen die ideale Zuteilung von Ressourcen. Sicher gibt es Kunden, die es lieber hätten, wenn Sie Ihnen sagen, was sie benötigen (und beide Firmen bieten dies mit voreingestellten Optionen und Spezialangeboten), aber der größte Teil der Kunden möchte seine eigenen Produkte gestalten.

Profit: Überschwemmen Sie Ihre Kunden (und Partner) mit Kundeninformationen

Dell ist nur eine von vielen Firmen, die Vorteile entdeckt und genutzt haben, direkt mit Endkunden in Verbindung zu treten. Die Firma benutzt die Informationen, die sie von diesen Kunden über »Was-wäre-wenn«-Sitzungen und tatsächliche Bestellungen erhält, um die Inventarverwaltung und die Nachfolgeprozesse zu informieren. *Dells* Zulieferer wissen genau, welche Bestellungen pro Tag eingehen. Sie müssen das nicht erraten. Indem die Firma ihr Inventar auf einem Minimum hält und die Bestelldaten der Kunden an die Zulieferer in Echtzeit übermittelt, hat *Dell* die günstigste Kostenstruktur ihrer Industrie vorzuweisen.

Ein weiterer Vorteil, den *Dell* nutzt, ist die große Menge an Informationen, die die Firma über ihre Kunden hat und die Fähigkeit, den Markt aufzuteilen und die Bemühungen des Produktmarketings zu konzentrieren. Vor zwei Jahren hatte *Dell* noch keine Konsumentenproduktlinie. Heute gibt es eine Konsumentenabteilung. Warum? Weil *Dell* festgestellt hat, daß die Anzahl der PCs, die von Endkunden über die Website gekauft wurden, zunahm. Denken Sie daran, je mehr Sie Ihre Kunden selbst tun lassen, desto wahrscheinlicher werden Sie erfahren, was die Kunden wünschen und von Ihnen in Zukunft benötigen werden. Ihre Aufgabe ist es, Kunden die Selbstbedienung so leicht wie möglich zu machen und die Bestellungen dann möglichst einwandfrei auszuführen. Sie werden mit der Loyalität von Kunden, Empfehlungen und Gewinnen belohnt werden.

Erfolgsfaktor 6:

Kunden bei der Bewältigung ihrer Arbeit unterstützen

Business-to-Business-Internet-Handel boomt! Ich schätze, daß 1998 Einnahmen in Höhe von mindestens 310 Milliarden US-Dollar im E-Commerce zwischen Betrieben zu erwarten sind. Aber das sind nur die Bestellungen, die direkt im Web aufgegeben werden. Die ca. 100 Milliarden US-Dollar Einnahmen über telefonische oder Fax-Bestellungen, denen eine Recherche im Web vorausging, sind nicht mitgerechnet. Es wurden auch nicht die Milliarden von Dollar gezählt, die eingespart werden können, indem ein gewisser Prozentsatz von Kunden, die nach Informationen suchen, vom Call Center weg (wo Kunden pro Anruf durchschnittlich 10 US-Dollar Kosten verursachen) und hin zum Web gelenkt wird (wo sie durchschnittliche Kosten von 0,50 US-Dollar verursachen).

Der Handel zwischen Firmen ist der Markt mit dem schnellsten Wachstum im heutigen E-Commerce und verspricht, dies auch weiterhin zu sein. Aber wie kann Ihre Firma etwas von dieser Goldgrube abschöpfen? Wenn Ihre Kunden Geschäftsleute sind, die Ihr Produkt oder Ihren Dienst für ihren Job nutzen, müssen Sie mehr tun, als es ihnen zu erleichtern, an Informationen zu gelangen, Bestellungen aufzugeben, den Status von Bestellungen überprüfbar zu machen und Hilfe zu bieten. Dies sind alles nur Voraussetzungen. Um gegenüber Geschäftskunden zu gewinnen, müssen Sie genau herausfinden, wo Ihr Produkt in den Geschäftsalltag des Kunden hineinpaßt (oder die Nacht!), wie dieser Ihr Produkt benutzen muß und wie Sie ihm die Benutzung erleichtern können. In den Fallstudien, die folgen, werden Sie sehen, wie *Boeing* es seinen kommerziellen Kunden von Fluggesellschaften erleichtert, ihr Ersatzteilinventar zu verwalten und die Teile zu beschaffen, die die Fluggesellschaften für ihre Flugzeuge benötigen. Und Sie werden sehen, wie *PhotoDisc* es Graphik-Designern leicht macht, die Fotos auszuwählen und zu erwerben, die sie für die Druck- und Medienprojekte ihrer Kunden benötigen. In beiden Fällen bieten die angebotenen Dienste eine Erweiterung und Verbesserung der Art und Weise, in der der Kunde bisher seine Arbeit verrichtet hat.

Hier nun ein paar Kernzutaten, bei denen Sie sicherstellen müssen, daß Sie sie richtig behandeln, wenn Sie Geschäftskunden haben:

- Entwickeln Sie ein tiefgreifendes Verständnis dafür, wie die Kunden ihre Arbeit verrichten.
- Verfeinern Sie Ihre Geschäftsprozesse ständig, um Ihren Kunden ihre Arbeit zu erleichtern.
- Bieten Sie Ihren Kunden direkten Zugriff auf Ihre Waren.
- Bieten Sie Ihren Kunden das Rüstzeug und die Hilfsmittel, die sie benötigen, um ihre Kaufentscheidungen zu treffen.
- Bereiten Sie Rechnungen so vor, wie Kunden sie benötigen.
- Machen Sie es Ihren Kunden leicht, ihre Kunden zu befriedigen.

Selbstverständlich versuchen Sie eigentlich nur, Ihr Geschäft zu einer Erweiterung der Geschäfte Ihrer Kunden zu machen. Die Punkte, die hier aufgeführt werden, sind eigentlich nur das Minimum. Die Firmen, die sich in diesem Bereich in den nächsten fünf Jahren auszeichnen werden, werden elektronisch so mit Ihren Kunden verwoben sein, daß es sehr schwierig sein wird, zu sagen, wo die eine Firma aufhört und die andere beginnt. Diese Art von Geschäftsmodell ohne Grenzen werden im einundzwanzigsten Jahrhundert die meisten Firmen nutzen. Wenn Ihre Firma nicht in der Lage ist, diese Prinzipien umzusetzen, werden Sie sehr bald ausgeschlossen sein!

Entwickeln Sie ein tiefgreifendes Verständnis dafür, wie Ihre Kunden arbeiten

Eine der ersten Fallstudien in diesem Buch, diejenige über *National Semiconductor,* war ein großartiges Beispiel für die Einfühlung in die Arbeitsweise des Kunden. Einer der ersten Schritte, die das Team von Phil Gibson unternahm, bestand darin, die Kunden, auf die sie abzielten, zu befragen. In der Umfrage wurden Kunden Schritt für Schritt befragt, wie sie entscheiden, welche Chips beschafft werden sollten. Gibson und seine Leute entdeckten, daß die meisten Designer mit einer Feldstudie begannen – sie untersuchten die Funktionen der Produkte, die aktuell angeboten wurden. Dazu verließen Sie sich auf das Material, das sie bereits von den Hauptzulieferern erhalten hatten. Die meisten sagten, sie begännen mit den Aktenordnern voller Listen, die sie in ihren Regalen hatten. Ein paar benutzten Kataloge auf CD-ROM. Viele von ihnen sagten, daß sie anschließend die Außendienstmitarbeiter der Hersteller kontaktierten, um sicherzustellen, daß sie das neueste Informationsmaterial hatten, und ein paar sagten, sie würden im Web nach Produktaktualisierungen suchen. Diese Informationen zeigten *National Semi,* wo sie beginnen sollten: Sie mußten es den Design-Ingenieuren erleichtern, die aktuellsten Informationen über ihre Produkte zu erhalten, ohne daß die Ingenieure Loseblattsammlungen in ihren Regalen auf dem neuesten Stand halten oder das Telefon zur Hand nehmen und einen Außendienstmitarbeiter anrufen mußten. Die Tatsache, daß ein paar Kunden bereits im Web nachschauten, wies sie in die richtige Richtung. Als nächstes entdeckten sie, daß die Ingenieure auch auf der Basis der Parameter suchen wollten: geringe Spannung, ein bestimmter Preispunkt, eine bestimmte Funktion oder eine minimale Uhrgeschwindigkeit. Etwas zu finden, das alle Kriterien erfüllte, war zeitaufwendig, wenn ein Kunde sich durch alle Kataloge blättern mußte. So durchkämmte *National Semi* das Land nach einer parametrischen Suchmaschine, die sie in ihrer Website einsetzen konnten. Die Firma fand eine, aber sie mußte umgeschrieben werden (in Java), um ihren Job zu erfüllen.

Dann stellten sie fest, daß die Ingenieure als nächstes die Informationen und Werkzeuge benötigten, um die Chips für ihre Projekte auszuwerten: detaillierte technische Spezifikationen, Software-Simulationen, die sie gegen ihre eigenen Daten laufen lassen konnten, und Proben für die Chips, die sie in ihren Labors testen konnten. So sorgte *National Semi* dafür, daß die Ingenieure sich detaillierte Datentabellen und Software-Simulationen leicht herunterladen und Beispiel-Chips mit einem einzigen Mausklick bestellen konnten.

Verfeinern Sie Ihre Geschäftsprozesse kontinuierlich, um Ihren Kunden die Arbeit zu erleichtern

Wenn Sie die Geschäftsprozesse Ihrer Kunden einmal verstehen, müssen Sie Ihre Prozesse neu gestalten, um sie an die Art und Weise anzupassen, in der Ihre Kunden arbeiten wollen. Während Sie dies tun, werden Sie neue Wege finden, um Zeit und Geld zu sparen. *Boeing* gestaltete ihre Informationssysteme neu, um Kunden Zugriff auf Informationen zum Ersatzteilinventar zu bieten. Die Kunden sollten sehen können, welche Teile auf Lager waren und wieviel diese kosteten. Die Kunden liebten diese Funktionalität, weil sie ihnen dabei half, vorauszuplanen. Aber sie benötigten weitere Informationen: Wo wurde das Teil gelagert? Dies machte einen Unterschied für Kunden, die Anlagen und Flugzeuge reparieren mußten, die auf der ganzen Welt verstreut waren. Deshalb notierte *Boeing* den Standort jedes Teils im Lager.

National Semiconductor verfeinert ihre Web-basierten Systeme kontinuierlich, um Schritte im Such- und Bestellprozeß abzukürzen. Als die Firma ihre Website 1995 startete, benötigten die Kunden in der Regel acht Klicks, um zur Site zu gelangen, zu finden, was sie benötigten und die Site wieder zu verlassen. Mitte 1997 lag der Durchschnitt bei 2,5 Mausklicks. *National Semi* beobachtet, was die Kunden in der Site tun, und ist kontinuierlich darum bemüht, den Interaktionsprozeß anzupassen, um es den Kunden zu erleichtern und ihre Arbeit zu beschleunigen. Aber *National Semi* bietet ihre Website-Design-Ingenieuren nicht nur über das externe Internet an. *Tektronix,* einer von *National Semis* größten Kunden, mochte die Site so sehr, daß sie die Site zum Bestandteil ihres eigenen internen Systems machen wollten. So belieferte *National Semi Tektronix* mit einer Intranet-Version der Site. Diese Site läuft innerhalb der Firewalls von *Tektronix* und ist an die Art von Chips angepaßt, die *Tektronix* für seine Produkte benötigt.

Bieten Sie Kunden direkten Zugriff auf Ihre Ware

Eine der tiefgreifendsten Veränderungen, die durch E-Commerce in Gang gebracht wird, ist es, Kunden die Möglichkeit zu bieten, elektronisch auf Ihre Ware zuzugreifen. Kunden, die unter großem Zeitdruck stehen, sind nicht damit zufriedenzustellen, etwas über Preise und Funktionen zu erfahren. Sie wollen wissen, über was Sie verfügen und wie schnell sie es haben können. Wir sehen diesen Trend bei E-Commerce zwischen Geschäften und zwischen Geschäften und Endkunden. Und dies wird zum Hauptunterscheidungsmerkmal im Wettbewerb. An einer früheren Stelle haben wir ein Profil von *American Airlines* behandelt und die gesamte Arbeit beschrieben, die beim Design der Website geleistet wurde. Im Januar 1997 begannen die Konkurrenten von *American Airlines* jedoch, eine Funktion anzubieten, die *American* noch nicht hatte: Die Möglichkeit, Sitzplätze aus einem Diagramm auszuwählen, die im Flugzeug noch verfügbar waren. Nun mußte *American* versuchen, das aufzuholen. Die Firma wußte, daß die Kunden nicht damit zufrieden waren, nur die Flugpläne und Preise zu sehen und ihre Tickets elektronisch zu buchen. Sie wollten ihre Sitzplätze aus dem verfügbaren Angebot auswählen.

Wie wir bereits erwähnt haben, behandelt die Fallstudie von *Boeing,* die Sie in Kürze lesen werden, dieses Thema. In etwas anderer Weise gilt das auch für die Fallstudie von *PhotoDisc,* die sich daran anschließt. *PhotoDiscs* Inventar besteht aus einer Datenbank digitalisierter Fotografien. Anders als Ersatzteile bei Flugzeugen oder Sitzplätze in Flugzeugen ist dieses Inventar niemals erschöpft. Um jedoch die Fotografien auszuwählen, die die Anforderungen am besten erfüllen, benötigen Kunden Möglichkeiten, um die Datenbank der Fotografien zu betrachten und sie auf alle möglichen Weisen zu durchsuchen (nach Thema, Farbe, Stimmung, Design usw.).

Hier nun ein weiteres analoges Beispiel, das unsere Definition von »Inventar« etwas erweitert. *A&a Printers* ist eine kleine Druckerei in Palo Alto, Kalifornien. 1996 entwickelte *A&a* eine ziemlich erstaunliche Website (www.aaprint.com) für ihre Kunden. Die Kunden konnten die Werkzeuge in der Site nutzen, um ihre Arbeit zu erledigen: Sie konnten Kostenvoranschläge für Druckaufträge unterschiedlicher Größe mit unterschiedlichen Papiervorräten erhalten oder einen

Schätzwert für die Breite einer Bindung für eine 200-Seiten-Broschüre, die auf 25-Pfund-Papier gedruckt würde, so daß sie die richtige Schriftgröße für den Rücken auswählen konnten. Aber eines der beliebtesten Merkmale der Site war die Möglichkeit, die Verfügbarkeit verschiedener Druckmaschinen einzusehen, über die die Firma verfügte. Sie konnten auf eine große Offset-Druckmaschine schauen und in einem Kalender prüfen, ob die gewünschte Druckzeit verfügbar wäre oder nicht. Freie Kapazitäten wurden grün, Belegungszeiten rot dargestellt. Sie konnten vorausschauend planen, wann Ihr nächster Druckauftrag beim Drucker eingehen mußte, da sie wußten, welche Druckzeiten verfügbar waren. Als ich dem Besitzer zu dieser Funktion ein Kompliment machte, lachte er und erklärte, daß hinter der Anwendung mehr steckte, als ich sehen konnte. Er sagte, daß die Kunden alle unterschiedliche Vorgehensweisen hatten, wenn es darum ging, die Endabgabetermine einzuhalten. Einige riefen dienstags an, um zu sagen, daß ihr Druckauftrag am Donnerstag fertig sei, aber er war nie vor dem darauffolgenden Montag fertig. Andere waren in ihren Abschätzungen immer genau. So, erklärte er, sieht jeder Kunde, der sich anmeldet, eine andere Version des Verfügbarkeitskalenders der Druckmaschine. Die Kunden, die genaue Abschätzungen abgeben, sehen den echten Zeitplan. Die Kunden, deren Abschätzungen immer drei Tage danebenliegen, sehen einen »präparierten« Zeitplan, um sie zu veranlassen, ihre Arbeit schneller fertigzukriegen!

Geben Sie Ihren Kunden das Rüstzeug und die Hilfsmittel, die sie benötigen, um Kaufentscheidungen zu treffen

Die folgende Fallstudie von *PhotoDisc* bietet ein ausgezeichnetes Beispiel für die Art von Werkzeugen, die Sie eventuell benötigen, um es den Kunden zu erleichtern, Ihre Produkte zu verkaufen. Bill Heston, Senior-Vizepräsident für Geschäftsentwicklung, erkannte, daß die Graphik-Designer, die digitale Fotos von seiner Firma kauften, nicht in einem Vakuum arbeiteten. Sie mußten den Rest Ihres Teams und ihre Kunden davon überzeugen, daß die Bilder, die sie aussuchten, die passenden für den aktuellen Auftrag seien. So entwickelte Hestons Team eine Möglichkeit für die Designer, ihre bevorzugten Fotos auszuwählen, mit Anmerkungen zu versehen, die anderen Teammitglieder dazu einzuladen, ihre Wahl zu kommentieren, eine eigene Wahl zu treffen, einen Konsens zu finden und dann ihre Kunden auf die Website von *PhotoDisc* einzuladen, um die entscheidende Stimme abzugeben.
Und noch ein weiteres Beispiel. *Cisco Systems* entdeckte, daß ihre Kunden Probleme beim Kauf hatten, weil die Produkte so komplex waren. Es war für die Kunden schwierig, die Konfiguration zu finden, die sie benötigten, um eine genaue Preisangabe zu erhalten. Also investierte die Firma in eine neue Software – eine Konfigurationsmaschine – und gab in diese alle Konfigurationsbeschrän-

kungen für die einzelnen Produkte ein (z. B. dieser Router muß mit einer von diesen beiden Netzwerkkarten und dieser Software kombiniert werden). Dann bot *Cisco* ihren Kunden die Möglichkeit, ihre Produkte direkt in der Website zu konfigurieren. Auf diese Weise konnten die Kunden mit verschiedenen Konfigurationen und Preispunkten experimentieren, aber sie würden immer bei einem System anlangen, das funktioniert.

Und nicht zu vergessen *National Semiconductor,* die ihren Kunden die Möglichkeit bieten, Software-Simulationen herunterzuladen, Muster-Chips zu bestellen und mit den Produkt-Designern direkt per E-Mail zu interagieren, um sich alle technischen Fragen beantworten zu lassen, die trotz der technischen Dokumentationen noch offenblieben.

Bereiten Sie Rechnungen so auf, wie die Kunden sie benötigen

Ganz offen gesagt: Die meisten Firmen denken nicht genug über Rechnungen nach, wenn sie an E-Commerce-Anwendungen denken. Bei E-Commerce zwischen Geschäften und Kunden geht der Trend hin zum Kauf per Kreditkarte, am besten gleich kombiniert mit dem Händler. In der Welt des E-Commerce zwischen Geschäften spielt die Rechnungsausstellung eine große Rolle bei der Entscheidung, mit wem weiterhin Geschäfte gemacht werden. Wenn die Rechnungen nicht genau sind oder nicht so aufgebaut sind, daß sich die Kosten zuordnen lassen, macht dies zuviel Arbeit, und die Geschäfte werden künftig mit einer anderen Firma gemacht. Telefongesellschaften hatten sich bei ihren Rechnungsausstellungssystemen der größten Herausforderung zu stellen. Wie wir gesehen haben, hat *Bell Atlantic* sich zunächst auf ihre Großkunden konzentriert, als das Rechnungsausstellungssystem umgestellt wurde. Warum? Weil dies die Kunden sind, die ihre Telefonrechnungen an geographische Verhältnisse, Produktlinien oder Abteilungen anpassen müssen. Jede Firma möchte ihre Rechnung auf eine etwas unterschiedliche Weise haben.

PhotoDisc entdeckte, daß die großen Firmenkunden – Werbeagenturen mit einer Anzahl verschiedener Kundenprojekte – ihre Rechnungen aufgeteilt nach Projekten benötigten. Dann entdeckte die Firma, daß Ein-Mann-Design-Studios dieselben Bedürfnisse hatten. Sie kauften eventuell drei Fotos mit einer Kreditkartentransaktion, aber sie mußten diese Fotos drei unterschiedlichen Kunden in Rechnung stellen, und sie benötigten ihre Rechnung so, daß die verschiedenen Projektnamen daraus hervorgingen, damit sie sie getrennt halten konnten.

Machen Sie es Ihren Kunden leicht, deren Kunden zufriedenzustellen

Und ganz zum Schluß versuchen Sie, die Arbeit Ihrer Kunden so anzupassen, daß diese die Bedürfnisse ihrer eigenen Kunden so leicht wie möglich erfüllen können. Bei Design-Ingenieuren geht es darum, innovative neue Produkte zu entwerfen, die kostengünstig in der Herstellung und schneller als die Produkte aller anderen Anbieter zu produzieren sind. Deshalb gilt, je schneller ein Chip-Designer, wie z. B. *National Semi,* Vorabinformationen in den potentiellen Markt einfließen lassen kann, desto schneller können die Ingenieure ihre Anwendungen mit diesen Chips entwickeln. Eine weitere Art, in der *National Semi* diesen Prozeß beschleunigt, ist eine rationellere Beschaffung der Muster-Chips, die die Designer benötigen, um ihre Prototypen für Markttests herzustellen. Typischerweise wollen sie diese kleinen Mengen von Chips mit Produktionsqualität innerhalb von vierundzwanzig oder achtundvierzig Stunden kaufen, so daß sie die Prototypen zusammensetzen und damit eine Feldstudie machen können, um eine Rückmeldung von den Kunden zu erhalten. Indem *National Semi* ihre Lieferanten für geringe Volumina direkt in die Website zum Kauf leitete, konnte sie diese Markttestphasen rationalisieren.

Im Falle von *PhotoDisc* ist jeder Schritt des Auswahlprozesses mit dem Endkunden im Blick gestaltet: kostenlose Fotos mit einer geringen Auflösung, die als Muster für den Druck benutzt und den Kunden gezeigt werden können, die als »Schaukasten« an die Stelle gesetzt werden, an dem Endkunden die gewählten Fotos gezeigt werden können. Sogar tantiemenfreie Lizenzbestimmungen wurden angeboten, so daß die Kunden sich nicht darum zu kümmern brauchen, wie viele Exemplare sie drucken werden oder ob die Broschüre international vertrieben werden wird. Wenn ein Kunde ein Foto von *PhotoDisc* lizenziert, kann er dieses nach Belieben benutzen.

Ingram Micro, der weltweit größte Großhändler für Computer, Software und Peripheriegeräte, investierte sehr viel Geld in die Kodierung und Organisation aller Informationen, die ein Käufer über jedes der 50 000 Produkte wissen muß, die *Ingram Micro* verkauft. *Ingram Micros* Partner – die Firmen, die Computer und Software über Läden, Kataloge und Systemintegratoren an Endkunden weiterverkaufen, können ihren Kunden nun die an die Bedürfnisse der Benutzer angepaßten elektronischen Kataloge im Web anbieten, indem sie die Information maßschneidern, die *Ingram Micro* ihnen bereitstellt.

Johnson & Higgins/Marsh & McLennan, der weltweit größte Versicherungsmakler für Firmen, verband seine Kunden elektronisch mit allen relevanten Versicherern, die nun die Angebotsanfragen von Kunden elektronisch erhalten und darauf auch elektronisch antworten können. Dies verringert den Zeitbedarf für die Aushandlung dieser umfassenden und komplexen Versicherungsverträge enorm. Dadurch, daß *J&H* es seinen Firmenkunden erheblich erleichtert hat, ihre Arbeit

zu verrichten, hat die Firma ihre Rolle als geschätzter Mittelsmann im Prozeß gesichert.
Lassen Sie uns nun genauer hinter die Kulissen blicken, um zu erfahren, was es für *Boeing* und *PhotoDisc* bedeutete, ihren Kunden die Arbeit zu erleichtern.

Kunden bei der Bewältigung ihrer Arbeit unterstützen

Boeing

www.boeing.com

Organisationsprofil

Die Kunden für *Boeings* Ersatzteile sind Betriebsleiter der weltweit größten Fluggesellschaften. Sie benötigen auf die Minute genaue Informationen über die Verfügbarkeit, den Standort und den aktuellen Preis der Ersatzteile, die Sie für die Reparatur und Wartung der Flugzeuge benötigen. *Boeing* entwikkelte eine Web-Oberfläche für das bereits bestehende Ersatzteilinventar und das EDI-System. Innerhalb weniger Monate strömten die Kunden zur Website, um Anfragen zu stellen, Informationen zu erhalten und Bestellungen aufzugeben. Der Call-Center- und Fax-Verkehr ist gleichgeblieben, während der Verkehr und die Bestellungen über die Website weiterhin exponentiell wachsen. Diese Anwendung war so erfolgreich, daß *Boeing* nun mehr als fünfzig Anwendungen mit speziell für Kunden gestalteten Oberflächen in dem neuen Netzwerk der *Boeing*-Partner, *Boeing Partners' Network,* verteilt.

Wichtige Erfolgsfaktoren im Fall »Boeing«	
✓ Die richtigen Kunden anvisieren	✯ Kunden zur Selbstbedienung anregen
✓ Die Verantwortung für die Gesamterfahrung des Kunden übernehmen	✯ Kunden bei der Bewältigung ihrer Arbeit unterstützen
✓ Geschäftsprozesse straffen, die sich auf den Kunden auswirken	✓ Serviceleistungen personalisieren
Eine Rundumsicht von der Kundenbeziehung entwickeln	Das Gemeinschaftsgefühl stärken
✯ = Hier detailliert beschrieben	✓ = Hier kurz angesprochen

Boeing läßt Kunden Ersatzteile über das Web ordern

Der Markt für kommerzielle Flugzeuge wächst sprunghaft! *Boeings* strategische Planer erwarten, daß der Luftverkehr in den nächsten zehn Jahren weltweit um 70 Prozent wachsen wird. Um diesen Anforderungen gewachsen zu sein, wird von den Fluggesellschaften erwartet, daß sie ihre Flottengröße signifikant ausweiten. Innerhalb der nächsten zwanzig Jahre erwartet *Boeing,* daß weltweit 12 000 neue kommerzielle Flugzeuge gebaut werden. Ungefähr 850 Milliarden US-Dollar werden investiert werden, um bestehende Flotten zu vergrößern, und 250 Milliarden US-Dollar, um veraltete Flugzeuge auszutauschen. Und natürlich hofft *Boeing,* einen guten Marktanteil zu erhalten. (Die Firma produziert momentan mehr als 60 Prozent aller kommerziellebn Düsenflugzeuge weltweit). *Boeings* Management versteht es, daß es mehr erfordert, einen Markanteil in einer wachsenden Industrie zu erhalten, als die Produktion auszuweiten. Es bedeutet auch, die bestehenden Kunden zufrieden zu halten, so daß sie weiterhin kaufen.
Boeings Management würde aber ungern die Anzahl der Mitarbeiter für dieses voraussichtlich neue Geschäft proportional erhöhen. Die Firma möchte Informationstechnologie einsetzen, um die Kosten gering zu halten, während sie das Volumen ausweiten und die Qualität beibehalten und sogar erhöhen kann. Somit wurde jeder in der *Commercial Airplane Group* bei *Boeing* damit konfrontiert, daß mehr Arbeit mit derselben Anzahl von Leuten verrichtet werden muß. Tom DiMarco, leitender Manager in der Kundendienstabteilung von *Boeings Commercial Airplane Group* nahm dieses Statut ernst, als er Anfang 1996 eine neue Initiative gründete. Darce Lamb, der Vizepräsident von *Boeings* Airline-Logistics-Support-Unternehmen wollte den Prozeß verbessern, indem *Boeings* Kunden Ersatzteile kaufen. Lamb und DiMarco begriffen beide, daß die Kunden immer mehr Ersatzteile benötigen würden, je stärker die Flotten anwuchsen und je mehr Flugzeuge produziert wurden. DiMarco bildete ein Projektteam mit Mitarbeitern aus der Gruppe der Informationssysteme, die von Cloyd Summers geleitet wurde, und forderte von ihnen, neue Wege zu finden, um mit den Ersatzteilkunden von *Boeing* elektronisch zu kommunizieren. Das Team erforschte verschiedene Lösungen und empfahl einige realisierbare Optionen, von denen eine das Internet war. Lamb prüfte die Empfehlung, und das Projekt wurde auf den Weg gebracht.

Ersatzteile: Ein kritisches Geschäft

Der Handel mit Ersatzteilen für Flugzeuge ist eine Mammutindustrie. Wenn ein Flugzeug am Boden einen Leerlauf hat, kostet dies die Fluggesellschaft zwischen 5 000 US-Dollar und 7 000 US-Dollar pro Stunde! Deshalb müssen Wartungsar-

beiten und ungeplante Reparaturen so schnell und effizient wie möglich durchgeführt werden. Eine Fluggesellschaft möchte nicht unnötig lange warten müssen, bis ein benötigtes Ersatzteil aus dem Ausland eingeflogen wird. Deshalb muß der Betriebsleiter sein Ersatzteilinventar sorgfältig verwalten, um sicherzustellen, daß sich alle an dem Ort befinden, an dem sie benötigt werden. Wenn sich unerwartete Zwischenfälle ereignen, zählt der Betriebsleiter darauf, daß sein Ersatzteillieferant (*Boeing* oder eine dritte Partei) die Teile in seinem Inventar im nächstgelegenen Lager hat und sie ihm so schnell wie möglich liefern kann.
Boeing hat zwar einen großen Marktanteil am Geschäft mit Ersatzteilen für ihre Flugzeuge, es gibt aber auch Konkurrenten. *Boeing* würde es natürlich bevorzugen, wenn ihre Kunden die Ersatzteile direkt bei *Boeing* kaufen würden, und zwar nicht nur aus finanziellen Gründen, sondern auch, weil *Boeing* die Qualität der eigenen Teile garantieren kann und deshalb weiß, daß die strukturelle Integrität des Flugzeugs nicht gefährdet wird. Somit gibt es drei Gründe dafür, warum der Handel mit Ersatzteilen für *Boeing* strategischer Natur ist:

① Die Kunden benötigen einen schnellen und leichten Zugriff auf die Ersatzteile von *Boeing,* um zufriedene Kunden zu bleiben. (Die Kunden ordern vielleicht alle fünf Jahre ein Flugzeug; Sie bestellen aber jede Woche Ersatzteile.)
② Der Handel mit Ersatzteilen bietet eine fortlaufende Einnahmequelle für die Firma.
③ *Boeing* würde es bevorzugen, wenn die Kunden auch ihre Ersatzteile bei *Boeing* kaufen würden, um eine konsistente Qualität und Sicherheit gewährleisten zu können.

Selbstverständlich wird nicht jedes Teil, das in ein Flugzeug von *Boeing* eingebaut wird, auch von *Boeing* hergestellt. Die Motoren stammen z. B. von *Pratt & Whitney, General Electric* und *Rolls-Royce. Boeing* hat mehr als 2 000 verschiedene Ersatzteillieferanten. Aber jedes Teil wurde von *Boeing* spezifiziert und erhält eine Ersatzteilnummer. Die Kunden können sich dafür entscheiden, die Ersatzteile direkt bei ihrem eigentlichen Hersteller zu kaufen, aber dafür müssen sie überzeugt sein, daß sie das korrekte Teil für Ihr Flugzeug erhalten. Und *Boeing* unterhält elektronische Verbindungen mit allen Lieferanten, so daß das Ersatzteillager automatisch wieder aufgefüllt wird.

Ersatzteile erwerben

In der Vergangenheit war die Bestellung von Ersatzteilen bei *Boeing* ein etwas lästiger Prozeß. Zuerst mußten die Kunden die Ersatzteilnummer und die Beschreibung für das benötigte Teil aus bereitgestellten Ordnern (oder CD-ROMs) heraussuchen. Dann mußten Sie das Ersatzteil-Call-Center der Firma anrufen, um den genauen Preis zu ermitteln, herauszufinden, ob das Teil erhältlich war und wie lange es dauern würde, um das Teil an den Ort zu bekommen, an dem es für eine Reparatur benötigt wurde. Dann mußten sie die Bestellung aufgeben. Sie konnten dies telefonisch erledigen. Häufig legten sie jedoch, nachdem sie die benötigten Informationen erhalten hatten, den Hörer auf und füllten die nötigen Formulare aus, um die Bestellung aufzugeben. Die Bestellung faxten sie dann. *Boeings* Ersatzteil-Call-Center ist sieben Tage pro Woche, rund um die Uhr erreichbar mit einem Zusatzangebot während Hauptreisezeiten, wie z. B. während der Weihnachtsferien.

Einige von *Boeings* größten Kunden (z. B. *United* oder *Air Nippon*) haben andere Mechanismen, um ihre Bestellungen aufzugeben. Nachdem sie die Verfügbarkeit, den Standort und den Preis für die benötigten Teile ermittelt haben, bestellen sie ihre Teile über eine EDI-Verbindung (Electronic-Data-Interchange-Verbindung) zu *Boeing.* Manchmal treten aber Tipp- oder Formatierungsfehler auf, wegen der die Bestellungen zurückgewiesen werden. Und nur 70 der 700 Fluggesellschaften, die bei *Boeing* Kunden sind, haben eine EDI-Verbindung zu *Boeing.*

Das größte Problem mit diesen auf Call Centern basierenden Vereinbarungen war, daß auch die Call-Center-Operationen hätten wachsen sollen, als die Geschäfte von *Boeing* wuchsen. DiMarco wünschte einen Ansatz, der sich besser skalieren läßt. Sowohl er als auch Summers dachten, daß das Internet eine wichtige Rolle spielen könnte. Obwohl nur 10 Prozent der Airline-Kunden von *Boeing* momentan eine elektronische Verbindung für ihre Geschäfte nutzten, würden in naher Zukunft alle diese Kunden vermutlich eine Verbindung zum Internet und einen Zugriff über Webbrowser haben.

Den Bestellprozeß für Ersatzteile rationalisieren

Als sich das Projektteam traf, um die Anforderungen für eine neue rationalisierte Ersatzteilanwendung zu diskutieren, wurden einige Anforderungen ermittelt:

① Die durchgehende Bereitstellung eines Kundendienstes an sieben Tagen die Woche rund um die Uhr und an 365 Tagen im Jahr (ohne zusätzliches Personal).

② Unterstützung aller Geschäftsprozesse, die das Personal der Call Center momentan durchführt (die Ersatzteilnummer und die Beschreibung überprüfen, das Inventar und den Standort der Ersatzteile prüfen, korrekte Preisinformationen bereitstellen, Bestellungen entgegennehmen usw.).

③ Kunden die Möglichkeit bieten, ad hoc Preise und Standorte für Ersatzteile zu erfragen.

④ Neuen Kunden die Möglichkeit bieten, sich beim elektronischen Kundendienst selbst zu bedienen.

⑤ Kunden die Möglichkeit bieten, auf das bestehende Mainframe-System zugreifen zu können, ohne Änderungen an bestehenden Anwendungen vornehmen zu müssen; insbesondere sollte es keine Beeinflussung des bestehenden Mainframe-Ersatztteilinventars und des EDI-Systems geben.
⑥ Und schließlich natürlich auch die Sicherheit.

Lamb legte auch eine Vision für die neue Ersatzteilanwendung dar: »Unser Ziel ist es, so schnell zu reagieren, daß die Kunden unser Inventar als ihr eigenes virtuelles Inventar betrachten können.«
DiMarco und Summers übernahmen die architektonische Verantwortung für die Zusammenstellung der Komponenten und drückten das Projekt durch die verschiedenen internen Abteilungen bei *Boeing.* Sie beschlossen, nicht in das aktuelle Backend-Ersatzteilinventar, die Bestellung und Datenbankanwendungen einzugreifen, sondern den Kunden Zugriff auf diese Informationen über das Web zu bieten. Für den Start des Projektes benötigten sie neun Monate.
Die ursprüngliche Website PART von *Boeing* wurde im Oktober 1996 ins Leben gerufen. *Boeings* Kunden konnten sich über die Call-Center-Hotline registrieren und dann, nachdem sie die Instruktionen für die Anmeldung erhalten hatten (es handelt sich um eine sichere Site, die nur für die registrierten Kunden zur Verfügung steht), mit ihrem Webbrowser online gehen und folgende Dinge tun:

- Aktuelle Informationen über Ersatzteile betrachten, wie z. B. Preise, Verfügbarkeit, Standort und Austauschbarkeit (welche Teile sich durch andere ersetzen lassen).
- Eine neue Bestellung aufgeben, aktive Bestellungen ändern, den Status von Bestellungen prüfen inklusive der Funktion, mehrere Bestellungen durch die Eingabe von Auswahlkriterien gleichzeitig zu betrachten, wie z. B. »Alle offenen Bestellungen«.
- Kostenvoranschläge anfordern oder bestehende Kostenvoranschläge betrachten.
- Über die Bereiche »Help« und »FAQs« (FAQ = Frequently Asked Questions) Antworten auf Fragen erhalten.

Was DiMarco am Erfolg der Anwendung erstaunte, war die sofortige Akzeptanz. Innerhalb von drei Monaten benutzten 125 von 700 Airline-Kunden *Boeings* Website regelmäßig, und die Kunden nutzten die Website ungefähr fünfzehn Mal pro Woche. »Wenn man dies mit der Nutzung von EDI vergleicht – siebzig Firmen in achtzehn Jahren –, ist das wirklich phänomenal!«
Eine weitere Überraschung war die Art von Aktivitäten, die in der Site stattfanden. In einer typischen Nacht Anfang 1997 verzeichnete die Site ungefähr 800 Besuche und ca. 40 Bestellungen. Diese Rate von Anfragen zu Bestellungen war wesentlich höher als bei den Call Centers. Was also taten die Kunden? »Sie stell-

ten Nachforschungen an«, erklärte DiMarco. »Sie schauten nach, welche Ersatzteile verfügbar waren und wieviel diese kosteten.« Dies hilft beim Planungsprozeß für Inventar. Wenn die Kunden wissen, daß *Boeing* ein bestimmtes Produkt auf Lager hat, beschließen sie vielleicht, es nicht sofort zu bestellen, sondern zu warten, bis sie es wirklich benötigen. Die meisten Kunden würden nicht daran denken, *Boeings* Call Center anzurufen, um etwas über die Verfügbarkeit eines Ersatzteils zu erfahren, das sie nicht direkt bestellen wollten. Aber sie prüften dies in der Website.

Es war also nicht so überraschend, daß eine der ersten Funktionen, nach der die Kunden fragten, die war, sehen zu können, wo die Ersatzteile gelagert wurden. »Wenn Sie in Australien sitzen, ist es beruhigend, zu wissen, daß das Teil, das Sie vielleicht bald benötigen werden, in einem Lager in Singapur, und nicht in Seattle liegt«, erklärte DiMarco. Und sehr zur Freude von Lamb begannen die Kunden, *Boeings* Ersatzteilinventar als Erweiterung ihres eigenen zu betrachten.

Entwicklung der technischen Infrastruktur

Das erste, was das Projektteam tat, war, sich auf den Inhalt der Website zu konzentrieren. Was würde benötigt werden, um Lambs Anforderungen zu erfüllen, Kunden dieselbe Funktionalität zu bieten, die sie hatten, wenn sie anriefen? Und welche Zusatzinformationen konnten in einer Web-gestützten Umgebung leicht bereitgestellt werden? Das Team beschloß, sich auf dieselbe Funktionalität zu konzentrieren, die auch beim existierenden EDI-Mechanismus geboten wurde.

Die zweite architektonische Übung, die das Projektteam unternahm, war die Entscheidung, welche Web-Plattformen benutzt werden sollten. Sie entscheiden sich, die Gestaltung Browser-unabhängig zu halten, SSL-Sicherheit (SSL = Secure Socket Layer) auf seiten des Browsers zu nutzen, sich auf die Inventar- und Bestellungsanwendungen zu konzentrieren, HTML als Datenformat zu nutzen und *Netscape* als Webserver-Software. Es sollte außerdem ein Zugriff über das Internet und über die prorietären, geleasten Leitungen der Fluggesellschaften geboten werden.

Das Design der Website konzentrierte sich darauf, den Kunden Zugriff auf die eigentlichen Informationen zum Ersatzteilinventar zu bieten. Aber zuvor mußte sich *Boeing* um das Thema Sicherheit kümmern. Es mußte z. B. ausgeschlossen werden, daß eine Fluggesellschaft Informationen betrachten kann, die für eine Konkurrenzgesellschaft bestimmt waren. *TWA* hat andere Zahlungs- und Lieferbedingungen ausgehandelt als *United*, und die beiden Fluggesellschaften nutzen vielleicht nicht dieselben Flugzeugtypen. Deshalb band das Projektteam die Webanwendung in einen zweistufigen Sicherheitserkennungsprozeß ein. Die erste Ebene der Authentifizierung bietet den Kunden Zugriff auf die sichere Ersatzteil-Website von *Boeing*. Die zweite Ebene bietet jedem Kunden die korrekten Zugriffsberechtigungen für die Datenbank, die die Preise für Ersatzteile, Informationen über die Austauschbarkeit von Produkten, die diese Firma einsetzen kann, das Inventar und den Standort der Ersatzteile enthält.

Das Projektteam entwarf eine eigene Middleware-Schicht, um die Informationen, die die Kunden in die webbasierten Formulare eingaben, durch das auf *IBM*-Mainframes basierende Inventar- und Bestellsystem von *Boeing* zu senden. Als Folge davon bietet das Web eine einfache formularbasierte Oberfläche (mit Überprüfung der Eingaben und Fehlerüberprüfung) für *Boeings* bereits bestehende EDI-Systeme.

Als verschiedene Gruppen begannen, andere Webanwendungen für Kunden zu erstellen, konnte William Barker, der Manager für Informationssysteme für die Kundendienstabteilung von *Boeings Commercial Airplane Group* die Architektur erweitern, die für die Ersatzteilanwendungen entwickelt wurde. Er erweiterte sie so, daß sie eine umgekehrte Proxy-Firewall enthielt, um als Eintrittspunkt für alle Kunden zu dienen – egal, ob kommerziell, militärisch oder von seiten der Raumfahrt. Wenn sich die Kunden bei der Website anmelden, erhalten sie eine einfache Liste aller Websites und Anwendungen, für die sie Zugriffsberechtigungen haben. Es sind keine weiteren Anmeldungen erforderlich. Barker mag diesen Ansatz. Er ist sicher und in seiner Einfachheit elegant, und die Kunden müssen sich nicht unterschiedliche Anmeldeinformationen für jede einzelne Anwendung merken.

Ergebnisse

Ende 1997 benutzten 334 von *Boeings* Kunden die webgestützte Ersatzteilanwendung, und weitere 50 hatten sich dafür registriert. Im ersten Jahr bediente die Ersatzteil-Website von *Boeing* Firmen in achtunddreißig Staaten und einundvierzig Ländern und behandelte 460 000 Anfragen. Ebenso bedeutend ist, daß Lamb in der Lage war, die Anzahl der Mitarbeiter der Call Center auf dem gleichen Stand zu halten. In der Tat konnte *Boeing* sogar während der Hauptreisezeiten 1996 und 1997 Überstunden im Call Center vermeiden. Die Kunden waren sehr begeistert von der Leichtigkeit, mit der sie nun mit *Boeing* interagieren und die Informationen erhalten konnten, die sie benötigten, um ihr Inventar zu planen und Ersatzteile zu kaufen. Somit tätigten Ende 1997 fast die Hälfte aller 700 kommerziellen Fluggesellschaften, die zu den Kunden von *Boeing* zählten, ihre Geschäfte mit *Boeing* über das Web. Eine große Anzahl von Zulieferern und Partnern nutzte diesen Dienst ebenfalls. Die Anzahl entspricht DiMarcos Erwartungen. »Einige unserer Kunden sind relativ kleine Firmen in unterentwickelten Ländern. Es wird eine Weile dauern, bevor sie das Web routinemäßig für die Abwicklung ihrer Geschäfte mit *Boeing* nutzen werden. Aber wir sind dafür bereit, wenn auch sie in der Lage sein werden.«

Vielleicht noch beeindruckender als die Ersatzteilanwendung von *Boeing* ist der Katalysator, den diese Anwendung für die Art und Weise bildete, in der *Boeing* nun die Geschäfte mit Kunden abwickelt. Die Ersatzteilanwendung wurde zum Brennpunkt für andere Web-Anwendungen mit einer Benutzeroberfläche für Kunden. *Boeing* hat nun für sein neues Web-basiertes *Boeing Partners' Network* mehr als fünfundneunzig Web-Anwendungen für Kunden geplant. Zehn dieser Anwendungen laufen bereits seit Ende 1997. *Boeing* ergänzt monatlich ungefähr fünf neue Anwendungen. Sie umfassen alles mögliche, wie z. B. Werkzeuge zum Tracking des Inventars von Zulieferen, neue Produktfreigaben und Informationen zu Produktaktualisierungen, ein Ersatzteilaustauschprogramm, bei dem Kunden ein Teil mieten und es dann zurückgeben und gegen ein neues austauschen können, eine Anwendung namens WindTemps, die Flugzeiten zwischen zwei Punkten auf der Welt auf der gewählten Flughöhe berechnet, ein Online-Trainingsprogramm für ein Konsortium von japanischen Firmen usw. Die Tore stehen offen, und *Boeing* ist dabei, Zugriff auf 4000 weitere Zulieferer in einer kostengünstigen und benutzerfreundlichen Umgebung im sicheren *Boeing Partners' Network* zu bieten.

Pattys Resümee für Boeing

Der nächste Schritt, der für *Boeings* Ersatzteil-Website ansteht, ist die weitere Rationalisierung des Prozesses. Ohne von den Kunden kommerzieller Fluggesellschaften zu fordern, in die Technologie EDI zu investieren, kann *Boeing* jedem Kunden mehr EDI-äquivalente Funktionen zur Verfügung stellen. Die Kunden sollten z. B. in der Lage sein, über das Web Daueraufträge für bestimmte Teile aufzugeben, Verbindung zu ihren eigenen Ersatzteillagern aufzunehmen und Geschäftsregeln zu programmieren, um den automatischen Start von Geschäftsprozessen zu steuern. Ein Beispiel dafür wäre der Befehl: »Immer wenn weniger als fünf dieser Teile vorhanden sind, sollen fünf weitere bestellt werden.« Unter Vorgabe der Richtung, in die Technologiestandards gehen, wäre es am sinnvollsten, wenn die Benutzeroberflächen mit XML (Extensible Mark-up Language) geschrieben würden und *Boeing* XML-Tags für alle Ersatzteilbeschreibungen in die Datenbank aufnehmen würde. *Boeing* kann die Datenbank dann erheblich besser mit denen von Zulieferern verknüpfen, so daß eine Bestellung, die bei *Boeing* eingeht, von der Site eines Zulieferers ausgeliefert werden könnte. Wenn dies einmal eingerichtet ist, hat der Kunde einen transparenten, nahtlosen Blick auf die gesamte Wertkette.

Tips aus der *Boeing*-Fallstudie

① EDI (Electronic Data Interchange) ist eine Möglichkeit, Beziehungen mit Handelspartnern oder Kunden aufzubauen, die einen großen Overhead beinhaltet. Es ist wesentlich besser, Kunden die Möglichkeit zu bieten, Informationen elektronisch über eine einfache, formularbasierte Oberfläche im Web zu beschaffen. *Boeing* konnte innerhalb von achtzehn Jahren nur 70 der Großkunden davon überzeugen, EDI-Verbindungen zu nutzen. Innerhalb von zwölf Monaten erhielt *Boeing* jedoch elektronische Bestellungen von 334 Firmen über das Internet.

② Die Kunden benötigen erheblich mehr als nur die Möglichkeit, zu bestellen. Sie müssen in der Lage sein, mit Ihrem Inventar, der Preispolitik und der Verfügbarkeit eigene Planspiele durchzuführen, um ihre Geschäftsprozesse zu optimieren. Sie müssen Kunden Zugriff auf alle Informationen bieten, die sie benötigen, um effektive Entscheidungen zu treffen.

③ Die Zahlungs- und Lieferbedingungen aller Kunden unterscheiden sich. Somit muß die Ansicht, die jeder Kunde auf Ihre Inventarinformationen hat, die Preispolitik und die Lieferungs- und Serviceverträge mit Ihrer Firma widerspiegeln. Das bedeutet, daß Sie einen Ansatz nutzen müssen, der auf Regeln basiert, und daß sie in der Lage sein müssen, bestimmte Ansichten von Daten, die für die einzelnen Konten relevant sind, dynamisch zu erzeugen.

④ Beachten Sie, daß *Boeing* nicht bei der Ersatzteilbestellung aufhörte. *Boeing* nutzt dieselbe Sicherheits- und Web-Infrastruktur, um alle Kunden in deren internen Systemen zu begrüßen. Und die Kunden müssen sich nur ein Kennwort für alle Interaktionen mit den unterschiedlichen Anwendungen und Abteilungen von *Boeing* merken. Wenn die Kunden sich einmal einer Authentifizierung unterzogen haben, sehen sie eine dynamisch erzeugte Web-Seite, auf der ihnen mitgeteilt wird, auf welche Anwendungen und Informationen sie Zugriff haben.

⑤ Wenn die Kunden sich einmal direkt bei Ihren Inventarsystemen angemeldet haben, müssen Sie sicherstellen, daß Sie diese Verbindung zu Ihren Zulieferern fortsetzen können. Wie DiMarco hervorhebt, müssen Sie kein Inventar von Zulieferern lagern, sondern Ihren Kunden die Möglichkeit bieten, über Sie zu bestellen und die Auslieferung dann den Zulieferern überlassen.

Kunden bei der Bewältigung ihrer Arbeit unterstützen

PhotoDisc

www.photodisc.com

Organisationsprofil

PhotoDiscs Kunden sind professionelle Graphik-Designer, die einen schnellen, preiswerten Zugriff auf Fotografien und Bilder in professioneller Qualität benötigen, die sie für ihre Design-Projekte benötigen. *PhotoDisc* war Pionier für ein neues Geschäftsmodell, um der Gemeinschaft der Graphik-Designern publikationsfähige Fotografien zur Verfügung zu stellen: Die Kunden bezahlen eine geringe einmalige Lizenzgebühr, die Ihnen virtuell unbegrenzte Bildnutzungsrechte bietet. Design-Profis aus Werbeagenturen, von Zeitschriften und den Marketing-Abteilungen in Firmen nutzen die digitale Bibliothek von *PhotoDisc,* wählen die gewünschten Fotos aus, erwerben sie und laden sie elektronisch herunter. Das vielleicht Wichtigste aber ist, daß *PhotoDiscs* Website den Verkehr der Kunden mit ihren eigenen Kunden unterstützt – gemeinsam in organisationsübergreifenden Teams. Alle Personen, die gemeinsam an einem Projekt arbeiten, können einen »Schaukasten« auf der Site von *PhotoDisc* nutzen, um ihre Bildauswahl für jedes Projekt zu treffen.

Wichtige Erfolgsfaktoren im Fall »PhotoDisc«	
✓ Die richtigen Kunden anvisieren	✓ Kunden zur Selbstbedienung anregen
✓ Die Verantwortung für die Gesamterfahrung des Kunden übernehmen	✯ Kunden bei der Bewältigung ihrer Arbeit unterstützen
✓ Geschäftsprozesse straffen, die sich auf den Kunden auswirken	✓ Serviceleistungen personalisieren
Eine Rundumsicht von der Kundenbeziehung entwickeln	Das Gemeinschaftsgefühl stärken
✯ = Hier detailliert beschrieben	✓ = Hier kurz angesprochen

PhotoDisc unterstützt die Kunden, bei deren Kunden gut dazustehen

Das in Seattle ansässige Unternehmen *PhotoDisc* wurde 1991 mit einer klaren Mission gegründet: ein tantiemenfreies Lager für Fotografien zu vermarkten und zu vertreiben. Als einer der Entwickler von *Muzak* – der Hintergrundmusik, die in Kaufhäusern und Aufzügen zu hören ist – hatte der Vorstandsvorsitzende Mark Torrance sehr viel Erfahrung mit der Musikindustrie, mit Lizenzgebühren und vom Umgang mit geistigem Eigentum. Nun wollte er eine Firma aufbauen, die sich auf den Vertrieb von Multimedia-Informationen direkt an PCs spezialisierte – einer Industrie, die vor dem Durchbruch stand. Anstatt jedoch auf den Massenmarkt abzuzielen, überzeugte ihn sein Kollege Tom Hughes davon, daß die Branche der Graphik-Designer der ideale Zielmarkt wäre.
Hughes arbeitete seit mehr als zwanzig Jahren im Publikationsbereich in solch unterschiedlichen Jobs wie Produktionsmanager, Fotograf, Dunkelkammertechniker und Verleger von mehreren Zeitschriften und Magazinen. Zu den

schwierigsten und zeitaufwendigsten Aufgaben, mit denen Profis im Graphikbereich konfrontiert waren, gehörte es nach Hughes, Fotografien zu beschaffen und zu lizenzieren. Mit der Technologie, Fotografien in den hochauflösenden Formaten zu scannen und zu digitalisieren, die für professionelle Veröffentlichungen benötigt wurden, und der Möglichkeit, diese digitalisierten Bilder kostengünstig auf erschwinglichen CD-ROMs zu vertreiben, hatten Hughes und Torrance das Gefühl, daß die Voraussetzungen für eine profitable Nische vorhanden seien.

»Reibungsfreien« Handel entwickeln

Anfang der 90er Jahre kam zwar eine Handvoll von CD-ROMs mit Clipart und Fotografien auf den Markt, diese waren jedoch für den Heim- und geschäftlichen Benutzer von Computern gedacht. Was Graphik-Profis wirklich benötigten, waren Fotografien mit einer hohen Qualität, die in Magazinen, Firmenbroschüren und in der Werbung benutzt werden konnten. Die traditionelle Weise, solche Fotos zu erhalten, war, sie bei einer Agentur zu erwerben, die die Arbeit von professionellen Fotografen repräsentiert. Die Agenturen hatten sehr strenge Lizenzbestimmungen: Die Fotografien wurden normalerweise für eine einmalige Benutzung lizenziert, und die Kosten beliefen sich auf 100 Us-Dollar bis 10 000 US-Dollar abhängig von der Bekanntheit des Fotografen, der Nachfrage für ein Foto und der Auflagenhöhe (Hunderte oder mehrere hunderttausend Exemplare). Und die Bildagenturen haben sehr strenge Beschränkungen für Bildmanipulationen. Die Fotos dürfen zwar in der Größe verändert werden, es dürfen aber keine Ausschnitte benutzt oder digitale Manipulationen, wie z. B. Farbzuweisungen oder Hervorhebungen, vorgenommen oder Elemente entfernt werden. So beschlossen Hughes und Torrance, das gesamte Geschäftsmodell der Bildarchivbranche herauszufordern. Sie würden digitale Fotografien mit professioneller Qualität zu erschwinglichen Preisen (20 US-Dollar bis 200 US-Dollar) lizenzieren und die unbegrenzte Nutzung erlauben, wobei keine Beschränkungen für digitale Manipulationen bestehen sollten. Sie wollten die Unterschiede für die Tantiemen, die an professionelle Fotografen bezahlt werden mußten, über das Volumen wettmachen.

Der andere Bereich, der für Graphik-Designer Reibung verursachte, war es, die benötigten Bilder überhaupt zu finden. Normalerweise rief ein Designer eines oder mehrere Bildarchive an und beschrieb am Telefon das Konzept des gesuchten Bildes mit so vielen Details wie möglich (Thema, Farbe, Stimmung usw.). Der Verkäufer am Telefon holte dann 35-Millimeter-Dias aus den Ordnern der Firma, arrangierte sie auf einem Leuchttisch und rief den Kunden zurück, um ihm die Fotos zu beschreiben. Wenn eines davon die Bedürfnisse des Kunden zu erfüllen schien, konnte er sich einen Farbabzug oder das Dia zur Ansicht per Kurier oder

Expreßpost schicken lassen. Dieser Prozeß würde dann sooft und mit so vielen Agenturen wie nötig wiederholt werden, um eine Auswahl zu treffen. Hughes wußte, daß sehr viel Zeit und Ärger aus dem Prozeß herausgenommen werden könnte, wenn Kunden eine Fotobibliothek elektronisch durchsuchen und bei der Suche dieselben Schlüsselbegriffe nutzen könnten wie in einem Gespräch mit einer Bildagentur.

Die Entwicklung der ersten Produkte

PhotoDisc brachte 1991 den ersten Satz digitalisierter Fotografien auf Disketten auf den Markt. Den Disketten lag ein Katalog bei, der die Bilder zeigte, so daß die Kunden das gewünschte finden und die korrekte Diskette laden konnten. Die Firma brachte im Januar 1992 ihre erste CD-ROM auf den Markt. Diese enthielt 400 professionell gescannte und farbechte Fotografien und kostete 300 US-Dollar. Die CD-ROM ließ sich nach Schlüsselbegriffen durchsuchen, so daß die Designer nach Themen recherchieren konnten. Innovative Graphik-Designer erfuhren schnell von dieser neuen Fundgrube für tantiemenfreie Fotografien in professioneller Qualität, und die Nachfrage für die Produkte von *PhotoDisc* stieg. Das neue Geschäftsmodell funktionierte! Sehr bald boten immer mehr Fotografen *PhotoDisc* ihre Arbeiten an, weil sie von dem Geschäftsmodell fasziniert waren, bei dem sie den Besitz und das Copyright an ihren Fotografien behalten könnten, während sie Tantiemen auf der Basis der Anzahl von Fotos erhielten, die sie auf jeder CD-ROM hatten.

Ins Bewußtsein der Kunden gelangen

Als Profi im Publikationsbereich wußte Tom Hughes, inzwischen *PhotoDiscs* Präsident, sehr viel über die Bedürfnisse von Designern. Aber er und sein Team hörten ständig auf die Fragen, die ihnen gestellt wurden, und das Feedback, das sie erhielten. Die Zielkunden der Firma saßen in Design-Studios, Werbeagenturen, Verlagen sowie Marketing- und Kommunikationsabteilungen von Firmen. Als erstes mußten sie die Bilder finden, die eine bestimmte Nachricht transportieren oder mit einem bestimmten Thema verknüpft sind. *PhotoDisc* entsprach diesem Bedarf mit der Organisation der Bilder in »Sammlungen«: Geschäftswelt und Industrie, Wissenschaft und Technologie, Natur, Kunst usw. Dann erleichterte *PhotoDisc* die Suche. Designer konnten entweder die Vierfarb-Kataloge durchblättern oder eine CD-ROM in ihren Computer stecken und nach Schlüsselbegriffen suchen (»Mann und Computer«, »Frau mit Kind« usw.).
Aber was wäre, wenn der Designer noch nicht wußte, welches von mehreren Bildern seinem Kunden gefallen würde? Die Firma bot Kunden und Interessenten

ein kostenloses »Starter Kit« an. Dieses enthielt Vierfarbkataloge, die alle verfügbaren Bilder enthielten, ein paar Muster für hochauflösende Fotografien und einen kompletten Satz kostenloser Bilder mit geringer Auflösung auf CD-ROMs, die die Designer in ihren »Rohentwürfen« nutzen konnten – Designmuster, die sie ihren Kunden geben konnten. Die Bereitstellung von »Rohentwürfen« (»Comping«) ist ein wichtiger Schritt im Graphik-Design-Prozeß. Es ist sehr schwierig, zu veranschaulichen, wie alles – Bilder, Typografie und Layout – in seiner Endform aussehen wird, ohne einen Vorabdruck zu machen. Designer produzieren diese »Rohentwürfe« normalerweise von Hand ober benutzen DTP-Programme und drucken die Seiten auf Druckern mit geringer oder mittlerer Auflösung aus. Alle Designer, die Zugriff auf einen Farbdrucker hatten, konnten nun ein Bild des vorgeschlagenen Fotos mit geringer Auflösung in ihren Entwürfen ausdrucken.
Wenn der Designer (und seine Kunden) einmal die bestimmte Fotografie gewählt hatte, die er in einem Druckerzeugnis nutzen wollte, konnte er die gebührenfreie Nummer von *PhotoDisc* anrufen und sich die CD-ROM mit dem hochauflösenden Bild per Kurier zusenden lassen. *PhotoDisc* versprach, Bestellungen bis 18.00 Uhr Ortszeit anzunehmen und eine Zustellung am nächsten Tag zu gewährleisten. Wenn der Designer die CD-ROM erhielt, hatte er natürlich nicht nur das eine Foto, das er für diesen bestimmten Auftrag benötigte, sondern ca. zweihundert weitere hochauflösende Bilder, die er vielleicht für seinen nächsten Auftrag gebrauchen könnte, ohne daß er dafür extra bezahlen mußte! Die einmalige Lizenzgebühr erlaubte es dem Kunden, das Foto beliebig zu benutzen, d. h. jederzeit und in jedem gewünschten Medium.

Das Web weckte neue Herausforderungen und Möglichkeiten

1994 begannen die Spitzenkunden von *PhotoDisc,* neue Anforderungen zu stellen. Einige von ihnen begannen, sich mit dem Design von Homepages für das Web zu befassen. Und sie wollten, daß *PhotoDisc* »mitzog«. Ihre Anfragen reichten von »Warum haben Sie keine Website und hinterlegen Ihren Katalog online?« bis zu »Wir wollen nicht über Nacht warten müssen, bis wir neue CD-ROMs erhalten; warum können wir die digitalen Bilder nicht direkt über das Internet auf unsere Computer herunterladen?« Bill Heston, *PhotoDiscs* Vizepräsident für Geschäftsentwicklung, nahm diese Anfragen ernst. Im Januar 1995 begann Heston, Nachforschungen darüber anzustellen, was benötigt würde, um mit den Kunden elektronisch zu interagieren und riesige digitale Bilder über das Internet zu liefern. Er suchte bei Clement Mok Rat, einem bekannten Graphik-Designer, der im Web Pionierarbeit leistete. Heston lernte sehr viel über das Internet und entwickelte einen Geschäftsplan, um eine Website einzurichten, über die die CD-ROMs verkauft werden könnten (sein erster Plan). Er krempelte seine Ärmel hoch, verpflichtete einen unerschrockenen jungen Unix-Berater und begann, das Design der ersten Website der Firma zu überwachen. Die Site wurde im Juni 1995 ins Leben gerufen. »Es war eine ziemlich gute Site«, berichtet Heston moderat. »Die Leute konnten nach Kategorien suchen, sie enthielt PDF-Versionen der Bilder (PDF = Postscript Display Format), die die Designer online durchsuchen konnten, sie beinhaltete Diskussionsforen, und die Benutzer konnten die Zusendung eines Katalogs anfordern.«

Heston wußte nicht genau, was von der Website zu erwarten wäre, aber er wurde durch die Rückmeldung von Kunden und potentiellen Kunden ermutigt. Innerhalb der ersten Wochen erhielt die Firma vier bis fünf Kataloganforderungen pro Tag über die Site und verkaufte pro Tag mindestens eine CD-ROM an jemanden, der seine Nachforschungen auf der Website begonnen hatte. Es war nun an der Zeit, den nächsten Schritt zu tun: den Kunden die Möglichkeit bieten, Bilder direkt von der Website zu kaufen und herunterzuladen.

Den Kunden die Selbstbedienung über Internet erleichtern

Im Juli 1995 schrieb Heston eine Spezifikation für die Website der nächsten Generation, und er begann, sich nach Firmen umzusehen, die die Software bereitstellen konnten, die *PhotoDisc* verwenden konnte. Die Spezifikation enthielt die Funktion, Bilder nach Schlüsselbegriffen zu suchen (dieselbe Art von Suchfunktionen, die *PhotoDisc* bereits auf den CD-ROMs anbot), Bilder in Daumennagelgröße zu betrachten, sie in einen Warenkorb zu legen und, nachdem die Bezahlung vorgenommen wurde, die Bilder elektronisch von der Site herunterzuladen. Heston wollte Kunden und potentiellen Kunden außerdem die Möglichkeit bieten, Bilder mit geringer Auflösung auszuwählen und herunterzuladen, die sie für ihre Rohentwürfe nutzen konnten, indem sich die Kunden oder potentiellen Kunden bei der Site registrierten.

Er fand zwei Firmen, die die Art von Technologie-Plattformen anzubieten schienen, mit denen sich diese Aufgabe erledigen ließ. Eine war die Multimedia-Datenbank *Illustra* von *Informix.* Die andere war eine vollständige E-Commerce-Plattform von einer Firma namens *Connect, Inc. Connect* hatte eine Demo-Site für eine Musikfirma erstellt, aber noch keine Möglichkeit entwickelt, die großen digitalen Dateien über das Internet herunterzuladen.

Heston hatte geplant, ungefähr 150 000 US-Dollar in die Entwicklung der E-Commerce-Website der nächsten Generation zu investieren. Aber er wollte, daß die Website im September lief – d. h. in weniger als drei Monaten! Er war ganz offensichtlich sehr überzeugend, weil er es schaffte, einen sehr günstigen Handel mit *Connect* abzuschließen. Er überzeugte das Managementteam von *Connect* davon, daß die Site ein Beispiel für den elektronischen Handel von Firmen mit Firmen darstellen könne, und daß sie die Site im Herbst bei den *Seybold*-Seminaren für die Electronic-Publishing-Industrie vorstellen dürften, die in San Francisco in der dritten Septemberwoche stattfinden sollten. Gemäß Heston willigte *Connect* in die Idee ein, und »warf einen Haufen Programmierer in das Projekt«. Selbstverständlich wurde die neue »Ausprobieren-und-Kaufen«-Version der Website auf dem *Seybold*-Seminar in San Francisco im September 1995 enthüllt. Die Kunden konnten Bilder über Schlüsselbegriffe suchen, Fotos in Daumennagelgröße betrachten, Bilder in einen Warenkorb legen und entweder kostenlos Bilder mit einer geringen Auflösung herunterladen oder, wenn sie über eine Kreditkarte oder ein Firmenkonto bei *PhotoDisc* verfügten, die hochauflösenden Bilder direkt herunterladen.

Die neue Site war in der Gemeinschaft ein großer Hit. Der Datenverkehr wuchs beträchtlich. Heston berichtet, daß die Firma in diesem Herbst eine ernüchternde Lektion gelernt hatte. Es gab um Thanksgiving herum ein Hardware-Problem – einer der Festplatten-Controller ging kaputt –, und die Site war für ein paar Tage nicht zu erreichen. »Junge, Junge, das haben wir aber von unseren Kunden zu hören bekommen«, berichtet Heston. »Bis zu diesem Zeitpunkt hatten wir keine Vorstellung davon, wie kritisch unsere Website für die Einhaltung enger Abgabetermine bei Aufträgen unserer Kunden geworden war.«

Produkte über das Web vermarkten und verkaufen

PhotoDisc verkauft und liefert ihre Produkte seit September 1995 über das Web. Der sichere Kauf über Kreditkarte wird jedoch erst seit Februar 1996 angeboten. Zuvor mußten die Kunden anrufen, und es mußte ein Konto für Ihre Firma eingerichtet werden. Es erfolgte dann entweder eine monatliche Rechnungsausstellung (bei großen Firmenkunden) oder die Kunden stellten ihre Kreditkartennummern zur Verfügung, die dann bei jeder Bestellung belastet wurden. Sobald der Kauf über Kreditkarte gut funktionierte, startete *PhotoDisc* die erste große Marketing-Kampagne, in der die Website herausgestellt wurde. »Das war das erste Mal, daß die gesamte Firma den Marketing-Schwerpunkt auf das Web verlegte«, berichtete Heston. »Das Angebot bestand darin, daß die Kunden spezielle Versionen der Website besuchen, Fragebogen ausfüllen, die gewünschten Bilder wählen und diese kostenlos herunterladen konnten. Wir nutzten Direkt-Mailings, Anzeigen in Print-Erzeugnissen, E-Mail, PR – das gesamte Repertoire. Für eine kleine Firma funktionierte das ziemlich gut.« In der Tat funktionierte es so gut, daß der Datenverkehr den Server von *PhotoDisc* in die Knie zwang. Die Firma kaufte schnell einen neue Hardware, um den zusätzlichen Datenverkehr zu verkraften.

Kundenprofile erstellen

Wie Sie sich vielleicht bereits gedacht haben, bestand eine der ersten Aktionen, die Hestons Team unternahm, darin, Informationen über jeden potentiellen Kunden, der sich registrierte, und jeden Kunden, der bestellte, in einer Datenbank zu sammeln. Neben der Speicherung von Namen, der Adresse und Informationen zur Kreditkarte oder anderen Informationen zur Rechnungsausstellung dient diese Datenbank dazu, jeden Suchlauf, den jeder Kunde durchführt und jeden Kauf, den der Kunde tatsächlich tätigt, zu protokollieren. Die detaillierten Informationen zum Kundenprofil, die online gesammelt werden, können dann in ein Datendiagramm konvertiert und analysiert werden. Die Ergebnisse können von zwei verschiedenen Gruppen genutzt werden: der Abteilung, die die Inhalte liefert (diese Abteilung muß sehen, was die Kunden suchen, und was *PhotoDisc* nicht liefern konnte), und der Marketingabteilung (diese Abteilung interessiert sich dafür, welche Arten von Bildern von welchen Kunden bestellt werden).

Heston berichtet, daß die Firma im ersten Jahr dachte, sie könne die Informationen über die gekauften Bilder nutzen, um zukünftige Angebote an die Bedürfnisse der Kunden anzupassen. Was *PhotoDisc* jedoch nicht berücksichtigt hatte, war die Tatsache, daß die meisten Graphik-Designer nicht an einem einzigen Projekt oder nur für ein Konto arbeiten. Sie springen statt dessen von Projekt zu Projekt, von denen jedes normalerweise unterschiedliches Material erfordert. Ein Designer in einer Werbeagentur z. B., der in der einen Woche nach Familienfotos gesucht hat, sucht vielleicht in der nächsten Woche nach Fotos von Flugzeugen. Weil *PhotoDisc* auf der anderen Seite die Arten von Bildern protokolliert, nach denen die Kunden gefragt haben, kann die Firma die Kunden per E-Mail informieren, sobald diese Kategorie von Bildern verfügbar ist.

Kunden segmentieren

PhotoDisc fand jedoch heraus, daß es zwei Arten von Kundenprofilen gibt, die Sinn machen. Firmenkonten – Werbeagenturen und die Marketingabteilungen großer Firmen – werden von einem kleinen Verkaufsteam für Firmenkonten bearbeitet. Diese Kunden wollen, daß die Rechnungen für ihre Projekte auf ein allgemeines Firmenkonto laufen (keine Kreditkartennummer), und jedes Projekt muß klar nach Kunden (bei Werbeagenturen) oder Abteilung (bei firmeninternen Marketingabteilungen) unterschieden werden. *PhotoDisc* erreicht seine Kunden unter anderem per E-Mail. Es werden unterschiedliche Arten von E-Mail-Nachrichten an verschiedene Kundensegmente gesendet. Nach Heston »sind unsere Kunden sehr modebewußt, und ein Großteil ihrer Arbeit ist saisonbedingt. Deshalb unterstützen wir ›Spezialangebote‹, von denen wir glauben, daß sie bestimmten Kundengruppen zu bestimmten Jahreszeiten gefallen werden.« Außerdem weist er darauf hin, daß kundenspezifische E-Mails die kostengünstigste Form der Ansprache eines Zielmarktes darstellen. »Es kostet Sie nicht mehr, zehn verschiedene E-Mails an eine Gruppe von tausend Kunden zu senden, als eine einzige E-Mail zu senden.« Diese Form der Werbung hat sich als sehr wirtschaftlich und extrem erfolgreich erwiesen.

Kundendienst

Die Kunden von *PhotoDisc* scheuen sich nicht, mit der Firma zu kommunizieren. Die Website erhält täglich eine große Anzahl von E-Mails. Diese werden normalerweise von der Abteilung beantwortet, an die sie adressiert sind: Vertrieb, Technischer Support, Lizenzabteilung usw. Das Ziel der Firma ist es, die E-Mails innerhalb von vierundzwanzig Stunden zu beantworten. Eventuell rufen Kunden an, die Hilfe bei der Navigation in der Website oder beim Herunterladen von Bildern benötigten. Oder sie wollen sicherstellen, daß Ihnen ein Bild nicht zweimal in Rechnung gestellt wurde, bei dem sie Probleme hatten, es herunterzuladen. (Die Website von *PhotoDisc* bietet zwar umfassende Instruktionen, um Bilddateien herunterzuladen, bei diesen sehr großen Dateien kann jedoch eine Menge schiefgehen. Des reicht vom Ausfall des Netzwerks bis zu Schwierigkeiten, die Dateien durch die Firewalls von Firmen zu bekommen.) *PhotoDisc* mußte sehr stark in den Kundendienst für ihre Web-Aktivitäten investieren.

Kundenspezifische Rechnungsausstellung

Nachdem *PhotoDisc* es Kunden im Herbst 1996 ermöglicht hatte, einzelne Bilder über das Web zu bestellen, anstatt eine ganze CD-ROM zu kaufen, mußten sich die Rechnungen an die Kunden dramatisch ändern. Die Kunden mußten in der Lage sein, die Kosten für die einzelnen Bilder unterschiedlichen Kunden und Projekten zuzuordnen. Wie bereits erwähnt, wurde Firmen die Möglichkeit geboten, Firmenkonten einzurichten und monatlich eine Rechnung zu erhalten, in der jedes einzelne Element aufgeführt wird. Es wollten aber auch einzelne Designer und andere Profis, die ihre digitalen Fotos per Kreditkarte bezahlten, in der Lage sein, diese Fotos spezifischen Kunden oder Abteilungen in Rechnung zu stellen. So mußte *PhotoDisc* das gesamte Rechnungsausstellungssystem ändern, um den Kunden die Flexibilität zu bieten, die sie benötigten.

Teamwork unterstützen

Die Kunden von *PhotoDisc* mußten sich in der Auswahl der Bilder, die sie benutzen wollten, mit anderen sowie mit ihren Kunden beraten. Es ist nicht ungewöhnlich, daß vier oder fünf Kreative aus verschiedenen Städten, die für dieselbe Werbeagentur oder Designfirma arbeiten, nach dem richtigen Motiv suchen. Sie müssen Hinweise vergleichen, sich beraten und eine kurze Liste zusammenstellen, die sie den Kunden zur Verfügung stellen. 1997 führte Hestons Gruppe eine innovative neue Möglichkeit ein, um das Bedürfnis ihrer Kunden nach Zusammenarbeit zu befriedigen: den elektronischen Leuchtkasten.

Wie bei einem physischen Leuchttisch, auf dem Sie eine Serie mit 35-Millimeter-Dias ausbreiten, damit andere diese betrachten können, können Kunden und Besucher der Website von *PhotoDisc* ihre eigenen Leuchtkästchen erstellen und benennen, eine Anzahl von Fotos darin arrangieren, die betrachtet und mit Kommentaren versehen werden können. Die Kunden können dann eine E-Mail an andere Mitglieder des Teams senden, die einen Link auf die Website und den Namen des Leuchtkastens enthält. Die eingeladenen Besucher können dann zur Site gehen, den Leuchtkasten aufrufen und ihre Kommentare zu allen vorgeschlagenen Bildern abgeben. Dies hat sich als sehr beliebtes Merkmal der Website herausgestellt.

Zusätzliche Suchfunktionen integrieren

Bei mehr als 75 000 Fotografien in der Sammlung von *PhotoDisc* können Sie sich vorstellen, daß die Suche nach dem gewünschten Bild etwas entmutigend sein kann. Das gilt insbesondere dann, wenn Sie nach einem bestimmten visuellen Effekt anstatt nach einem Foto zu einem bestimmten Thema suchen (wie z. B. Hunde, Flugzeuge usw.). Die Firma bot ihren Kunden von Anfang an zwei Arten der Suche: die Sammlungen durchkämmen, die nach Fotografen oder Themen geordnet sind, oder die Suche über Schlüsselbegriffe. Die Kunden teilten *PhotoDisc* sehr schnell mit, daß sie andere Arten der Suche benötigten. So nahm das Team von Heston 1997 zwei wichtige Verbesserungen an den Suchfunktionen der Site vor.

Als erstes ergänzten sie eine Funktion, nach Bildern auf der Basis von Farben, der Komposition, der Struktur und der Bildbeschaffenheit zu suchen. Wenn eine Illustration gefunden wurde, die etwas von der gewünschten »Bildaussage« hatte, konnte die Suche auf der Basis dieser Attribute über die Bibliothek fortgeführt werden, bis das gesuchte gefunden war.

Zweitens ergänzten sie eine verfeinerte Suchfunktion nach Schlüsselbegriffen. Jede Fotografie in der Sammlung wird von einem professionellen Team bei *PhotoDisc* sorgfältig mit zwanzig oder dreißig Schlüsselbegriffen ausgestattet. Diese neue Funktion der Suche mit natürlicher Sprache bietet Kunden die Möglichkeit, mehr Wörter in ihren Suchspezifikationen zu benutzen, um die Themen zu finden, nach denen sie suchen.

Entwicklung der technischen Infrastruktur

PhotoDiscs Website läuft noch immer auf der E-Commerce-Plattform Connect-One von *Connect.* Die Basisplattform wurde jedoch im Lauf der Zeit kontinuierlich verändert und verfeinert, um *PhotoDiscs* Geschäfte zu unterstützen. *PhotoDisc* nutzt als Betriebssystem *Sun* Solaris auf *Suns* größten Sparc-Servern (Enterprise 4000) für den Kern der Website. Die Unix-Kernfunktionalität wird durch NT-basierte Anwendungsdienste ergänzt, die auf *Dell*-Servern laufen. Die gesamte Site wird zur Sicherung, und um Spitzenbelastungen zu behandeln, gespiegelt.

Um Verluste zu minimieren, beschloß Hestons technisches Team (das inzwischen aus dreiundzwanzig Personen besteht), dieselben Funktionen mit unterschiedlichen technologischen Plattformen zu unterstützten. Während die Commerce-Engine noch immer in die *Sun*-Solaris-Server eingebettet ist, findet der größte Teil der Suche nun auf einer Gruppe geclusterter *Windows*-NT-Server statt. Dies gilt auch für die Datenbanken. *PhotoDisc* begann zwar damit, *Oracle*-Datenbanken als Bildspeicher, für die Schlüsselbegriffe und Informationen zu Kundenprofilen zu nutzen. Inzwischen verwendet die Firma aber auch *Microsoft*-SQL-Server-Datenbanken für viele dieser Funktionen und auch für den Hintergrund des Suchprozesses.

PhotoDisc verfügt online über mehr als 300 GigaByte digitalisierter Bilder. Die Bilder werden in mehreren Auflösungen gespeichert, die von 150-KB-Bildern (für die Rohentwürfe) bis zu 28-MB-Bildern für die ultrahochauflösenden Versionen reichen. Die Dateien werden in komprimierter Form heruntergeladen und entpacken sich selbst, wenn sie das System des Kunden erreichen.

Für den sicheren Zahlungsverkehr nutzt *PhotoDisc* Verisign und CyberCash. Und die Firma benutzt *TaxWares*-Software für die Berechnung der passenden Steuern für jeden Bundesstaat und jedes Land, in dem die Ausweisung von Steuern Pflicht sind.

PhotoDiscs ursprüngliche Suchmaschine für die Suche nach Schlüsselbegriffen stammt von *Fulcrum.* Als sich der Suchverkehr wesentlich erhöhte, beschloß das technische Team, die gesamte Suche auf mehrere Cluster von *Windows*-NT-Servern zu verlagern. Hier wird *Fulcrum* für die Schlüsselwortsuche verwendet und *Erli* (das ursprünglich von der französischen Regierung stammt) für die Suche in natürlicher Sprache. Die Funktionen zur visuellen Bildanalyse und Suche, die von *Virage* bereitgestellt werden, werden augenblicklich verbessert, und die Firma plant, diese Art von Suche im Jahr 1999 wieder online anzubieten. Mit *Virage* können gescannte Bilder nach Farbe, Komposition, Struktur (Frame-Analyse) und Bildbeschaffenheit (Textur) in einem Vorverarbeitungsdurchgang analysiert werden, bevor sie gespeichert werden. Die Ergebnisse dieser Analyse werden zusammen mit den Schlüsselbegriffen gespeichert, die mit jedem Bild in einer SQL-Server-Datenbank verknüpft sind.

Eine der größten technischen Herausforderungen, mit denen *PhotoDisc* konfrontiert war, bestand in der Rationalisierung der zwei verschiedenen Kundendatenbanken – eine für den CD-ROM-basierten Handel und eine für das Web. Als es offensichtlich wurde, daß dieselben Kunden häufig CD-ROMs bestellten und im Web nach zusätzlichen Bildern suchten, mußten die zwei getrennt entwickelten Kundendatenbanken zusammengeführt werden. Weil es in der *Oracle*-Datenbank, die in der Website benutzt wurde, wesentlich detailliertere Informationen zu Kundenprofilen gab, wurden die Informationen zu den CD-ROM-Kunden schrittweise in diese Datenbank übernommen. Eine weitere Herausforderung technischer und geschäftsmäßiger Natur bestand darin, die Rechnungsausstellung zu überarbeiten, um die Anforderungen von Kunden zu berücksichtigen, die weiter oben beschrieben wurden, und die Preisgestaltung für heimische und internationale Kunden zu rationalisieren. (Als *PhotoDisc* nur CD-ROMs verkaufte, waren die Preise außerhalb der USA erheblich höher. Aber wenn ein Bild irgendwo in der Welt heruntergeladen wird, egal, ob in Bangkok oder in Boston, sollten die Preise gleich sein.)

Ergebnisse

Als Heston seine ursprüngliche Spezifikation für die interaktive Website der zweiten Generation schrieb, budgetierte er dafür 150 000 US-Dollar. Zwei Jahre später hatte die Firma weit über 2 Millionen US-Dollar für die Site ausgegeben und investierte immer noch stark! Heston ist jedoch mit dem Ergebnis sehr zufrieden. Die Website von *PhotoDisc* hat seine Erwartungen als neuer Vertriebskanal für die kostengünstige Lieferung digitaler Medien an die PCs der Kunden auf der ganzen Welt mehr als erfüllt. Und nicht nur das, sondern auch die Popularität der Website und die Bedienerfreundlichkeit haben zum Absatz der CD-ROM-basierten Produkte der Firma beigetragen.
Die Einnahmen von *PhotoDisc* stiegen von 28 Millionen in 1996 auf ungefähr 42 Millionen US-Dollar in 1997 an. Im Juni 1998 lag der Gesamtabsatz der Firma bereits bei 26 Millionen US-Dollar. Der Direktverkauf von Bildern über das Web belief sich auf ungefähr 10 Prozent der Einnahmen in 1996 und 18 Prozent in 1997. Am 30. Juni 1998 umfaßte der Verkauf über das Web bereits ungefähr 32 Prozent von *PhotoDiscs* Gesamtabsatz. Der Datenverkehr in der Website wächst weiterhin um etwa 20 Prozent pro Monat.
Ganz offensichtlich waren auch andere beeindruckt. Mitte 1997 wurde vereinbart, daß das britische Unternehmen *Getty Communications PhotoDisc* gegen einen großzügigen Aktientausch plus Kapital übernahm. Zu *Getty Communications* gehören verschiedene Bildagenturen (Hulton Getty's Archivsammlung, Tony Stone Images' Lager zeitgenössischer Fotografie und die Fotojournalismus-Bilder von Liaison), Sportfotografie (Allsport) und Filmsammlungen (Energy

Film Library) sowie eine starke internationale Handelspräsenz. Die kombinierte Sammlung enthält 25 Millionen Bilder und 9 500 Stunden Filmmaterial. Was *Getty* fehlte, war jedoch das tantiemenfreie Modell und die Plattform für die Web-basierte Lieferung, die *PhotoDisc* anbot. Der Zusammenschluß der beiden Firmen heißt nun *Getty Images.*

Pattys Resümee für PhotoDisc

PhotoDisc wird 1998 und 1999 überwiegend in die Integration seiner Operationen in die der verschiedenen Firmen von *Getty Images* investieren. Ich glaube und hoffe, daß *PhotoDisc* für die kombinierten Organisationen der Motor für Innovation bleiben wird, zumindest was die Geschäftsmodelle und den Handel über das Web betrifft. Dies wird nicht nur eine technische, sondern auch eine organisatorische Herausforderung sein. Ich habe den Verdacht, daß ein Teil der Erklärung für den Erwerb von *PhotoDisc* darin begründet liegt, daß die Bildarchive von *Getty* Unterstützung bei der Digitalisierung ihrer beträchtlichen Bildbibliotheken erhalten wollten, und daß Suchfunktionen für diese entwickelt werden sollen. Es scheint jedoch unwahrscheinlich, daß die gesamte Firma das tantiemenfreie Lizenzierungsmodell übernimmt, bei dem *PhotoDisc* Pionierarbeit geleistet hat. Es besteht die Chance, daß die neuen, kombinierten Firmen mit sehr unterschiedlichen Geschäftsmodellen arbeiten werden: dem tantiemenfreien Modell von *PhotoDisc* mit einer einmaligen Bezahlung und dem »Pay-per-use«-Modell, das die restlichen Firmen von *Getty Images* derzeit benutzen.
PhotoDisc bringt jedoch erheblich mehr ein, das die Schwesterfirmen übernehmen können. Das gesamte Modell – wie kreative Designer das Web nutzen können, um das richtige Motiv oder den gewünschten Effekt zu finden, um sie in einem bestimmten Auftrag nutzen zu können, und dieses Bild dann schnell zu erwerben – läßt sich problemlos übertragen. Egal, ob ein Kunde nach Filmmaterial, klassischen Fotografien oder Bildern aus einer speziellen Sammlung sucht, das Paradigma sollte das gleiche sein.
Für die vorhandene Site von *PhotoDisc* bestehen die nächsten Schritte darin, auf die Plattform NT von *Microsoft* umzuziehen und die Benutzeroberfläche und den Prozeß, mehrere große Bilder über das Internet herunterzuladen, kontinuierlich zu verbessern. Augenblicklich hat die Firma gute Arbeit dabei geleistet, die Schritte zu erklären, die ein Kunde durchführen muß: die Einstellungen, die am Webbrowser vorgenommen werden müssen, um die korrekten Dateiformate direkt auf die Festplatte herunterzuladen. Aber der Prozeß schreckt Kunden, die keine »Technik-Freaks« sind, noch immer ab.

Tips aus der Geschichte von *PhotoDisc*

① Versetzen Sie sich in die Lage der Kunden, Verstehen Sie, wie diese ihre Arbeit erledigen und welches ihre größten Reibungspunkte sind. Eliminieren Sie diese. Die Gründer von *PhotoDisc* bemerkten, daß ihre aktuellen Lizenzpraktiken und die Preisgestaltung die Hauptgründe für Reibungsverluste waren. Deshalb entwickelten sie ein »reibungsfreies« Geschäftsmodell. Und es funktionierte!

② Beachten Sie, daß die meisten Websites ihren Kunden mindestens drei Arten von Suchmaschinen anbieten. Im Fall von *PhotoDisc* können Sie z. B. nach Thema, Farbe und Form suchen.

③ Beobachten Sie, wonach die Kunden suchen und was sie nicht finden. Über die Protokollierung in der Website können Sie exquisite Informationen nicht nur darüber sammeln, wer Ihre Kunden sind und was sie gekauft haben, sondern auch, wonach sie gesucht, und was sie nicht gefunden haben. Sie können dies Ihren Kunden dann, sobald es verfügbar ist, per E-Mail anbieten.

④ Verwenden Sie E-Mail für das Zielgruppen-Marketing. Es ist der kostengünstigste Ansatz, den Sie finden werden. Solange Sie Ihren Kunden Dinge anbieten können, die diese interessieren, werden sie sich über Ihre E-Mails nicht ärgern.

⑤ Hören Sie darauf, was Kunden Ihnen über die Informationen sagen, die auf ihren Rechnungen erscheinen sollten. Die meisten Firmenkunden werden Ihre Rechnungen zur Bezahlung oder Erstattung weitergeben müssen. Je besser Sie deren interne Anforderungen erfüllen können, desto glücklicher werden die Kunden sein.

⑥ Beachten Sie, daß die Kunden nicht in einem Vakuum arbeiten. Sie arbeiten mit Kollegen in anderen Abteilungen oder Organisationen zusammen. Sie haben ebenfalls Kunden. Wie können Sie Ihre Angebote gestalten, um es ihren Kunden so leicht wie möglich zu machen, deren eigene Kunden in die Benutzung Ihres Produkts einzubeziehen? *PhotoDisc* hat mit den elektronischen Leuchtkästen hervorragende Arbeit geleistet.

Kunden bei der Bewältigung ihrer Arbeit unterstützen

Lektionen

Um Kunden dabei zu helfen, ihre Arbeit zu verrichten, müssen Sie sich in Ihre Lage versetzen. Raten Sie nicht. Sie müssen genau verstehen, wie die Kunden ihre Arbeit verrichten. Verbringen Sie Zeit mit ihnen. Entwickeln Sie ein Verständnis dafür, wie Ihre Kunden vorgehen, welche Aufgaben sie erledigen müssen und wie sie diese Aufgaben im Kontext ihrer Firmen verrichten. Beginnen Sie dann damit, jedes Hindernis zu entfernen, das zwischen der Arbeit und ihrer korrekten Ausführung liegt. Die Produkte und Dienste, die Sie anbieten, müssen ganz offensichtlich ein Bestandteil dieses Rationalisierungsprozesses sein.

Eliminieren Sie alle Quellen für Reibungsverluste

Boeing und *PhotoDisc* haben sich darauf konzentriert, alle Quellen für Reibungsverluste, die bei der Verrichtung der Arbeit ihrer Kunden auftreten, zu eliminieren. Was verlangsamte die Arbeit von Kunden? Wie konnten sie es ihren Kunden leichter machen, die benötigten Endresultate zu erreichen: im Falle von *Boeing* ein gut gewartetes Flugzeug und im Falle von *PhotoDisc* ein passendes Design? *Boeing* stellte fest, daß die Kunden genau wissen mußten, welche Teile verfügbar waren, wo sich diese befanden und was sie kosteten. Dann benötigten sie eine einfache Möglichkeit, ihre Bestellungen ohne zusätzlichen Papierkram aufzugeben. Und sie mußten in der Lage sein, sich darauf zu verlassen, daß das Ersatzteil genau zum versprochenen Zeitpunkt eintraf. Es stellte sich heraus, daß die Vorhersage der Bedürfnisse und die Planung ihrer Inventaranforderungen genausosehr ein Bestandteil ihrer Aufgabe war wie die Wartung von Flugzeugen selbst. *PhotoDisc* stellte fest, daß die Kunden ein vollständig anderes Geschäftsmodell benötigten, um sich digitale Bilder und Kunst zu beschaffen und diese zu nutzen. Somit baute *PhotoDisc* ein solches Modell auf.

Erleichtern Sie es Ihren Kunden, das zu finden, was sie suchen

Boeing, PhotoDisc und *National Semiconductor* (die Firma hat ebenfalls sehr gute Arbeit dabei geleistet, ihren Kunden die Arbeit zu erleichtern) haben sehr viel Anstrengungen auf die unterschiedlichen Suchmöglichkeiten verwendet, durch die die Kunden das finden können, wonach sie suchen. Im Falle von *Boeing* können die Kunden nach Ersatzteilnummer, einer Beschreibung oder einem Zulieferer suchen. *PhotoDisc* entdeckte, daß die Graphik-Designer nicht nur die Möglichkeit benötigten, nach Thema oder Fotograf zu suchen, sondern auch nach Form und Farbe. So fanden Sie eine Pattern-Matching-Technologie (Pattern-Matching = Übereinstimmung von Mustern), die sie benutzen konnten, um leicht nach diesen Kriterien zu suchen. *National Semiconductor* entdeckte, daß die Kunden eine Möglichkeit benötigten, nach Parametern, Produktkategorie und Design zu suchen. Deshalb unterstützt die Firma alle diese Suchfunktionen in der Website.

Die Informationen und Prozesse für jede Firma anpassen

Bei Geschäften zwischen Unternehmen ist die Anpassung an die Bedürfnisse von Kunden sogar noch wichtiger als bei Geschäften zwischen Unternehmen und Kunden. Wenn die Kunden von *Boeing* die Ersatzteildatenbank durchsuchen, sehen sie nur die Teile, die zu ihren eigenen Flugzeugen passen. Sie müssen also keine Teile durchackern, die für ihre Firma nicht relevant sind. Die Kunden von *PhotoDisc* machten der Firma klar, daß *PhotoDisc* in der Lage sein muß, die Rechnung nach Projekten oder Kunden aufzuschlüsseln. Sowohl *Boeing* als auch *PhotoDisc* haben Kunden mit unterschiedlichen Zahlungs- und Lieferbedingungen. Sie haben möglicherweise unterschiedliche Preisstrukturen auf der Basis der Warenmenge, die sie kaufen. Jeder Kunde hat unterschiedliche Zahlungsvereinbarungen. Diese müssen mit den Informationen zum Kundenprofil gespeichert werden. Die Geschäftsprozesse, die für jeden Kunden hervorgerufen werden, hängen von den Geschäftsregeln ab, die diese spezielle Verbindung leiten.

Erfolgsfaktor 7:

Serviceleistungen personalisieren

Die Personalisierung, Privatsphäre und die Bildung von Profilen sind unter Marketing-Spezialisten für das Web heiße Eisen. Die Debatte, die um die Personalisierung kreist, hat zwei Aspekte. Die erste Frage lautet, ob es wirklich erforderlich ist, die Web-Erfahrungen für jede Kundengruppe anzupassen. Technologen machen sich Sorgen um die Reaktionsgeschwindigkeit des Unternehmens bei Web-Seiten, die für jeden neuen Kunden dynamisch erzeugt werden müssen. Marketing-Manager fragen sich, ob die Aufteilung in Mikromärkte nicht mindestens genauso nützlich ist wie die Zielgruppenansprache in Märkten. Der zweite Aspekt dreht sich darum, in welcher Form individuell angepaßt werden soll. Wollen die Kunden nur ihre »eigenen« Homepages sehen, auf denen Informationen zu Themen angezeigt werden, die sie vorher ausgewählt haben? Was ist mit der gesamten anderen Information, die sie vielleicht vermissen werden und eventuell als nützlich und interessant empfunden hätten? Wenn Sie personalisierte Angebote für Kunden auf der Basis dessen erstellen, was Sie über deren Interessen wissen, an welcher Stelle greift diese Praxis in die Rechte der Kunden ein?

Über Datenschutz gibt es im E-Commerce keinerlei Diskussion. Dieses Thema ist sankrosankt. Jeder weiß, wie wichtig es ist, die Privatsphäre von Kunden nicht zu verletzen, indem etwa Informationen oder E-Mail-Adressen an dritte weitergegeben werden. Selbstverständlich gibt es gelegentlich Fehler, wie z. B. der Kompromiß, als die Verwaltung von *AOL* die tatsächliche Identität von Timothy McVeigh an einen Offizier der Navy weiterleitete – eine Information, die benutzt wurde, um Timothy McVeighs *AOL*-Profil, mit der er als homosexuell »geoutet« wurde, mit seiner Identität zu verknüpfen, was dazu führte, daß er aus der *Navy* entlassen wurde. Aber solche Episoden sind im Internet die Ausnahme und nicht die Regel. Der größte Verstoß gegen die Privatsphäre tritt tatsächlich auf, wenn Personen ihre E-Mail-Adressen an öffentlichen Orten im Netz hinterlassen. Diese Vorgehensweise erlaubt es skrupellosen Marketing-Experten, Diskussionsgruppen und Verzeichnisse nach E-Mail-Adressen von Kunden zu durchkämmen und ihnen dann unerwünschte Junk-E-Mails zu senden. Auch wenn die »Netiquette« sich zu diesem Thema klar ausspricht: Senden Sie keine unerwünschten E-Mails an Personen, zu denen Sie keine Kundenbeziehung haben, insbesondere dann nicht, wenn Sie versuchen, ihnen etwas zu verkaufen. Das wird ins Auge gehen.

Sie ist noch immer eine Kunst und ein Mysterium. Die Bildung von Profilen bildet aber das Herz der Personalisierung. Sie können eine Website oder ein Angebot nicht personalisieren, wenn Sie keine Kundenprofile erstellt haben. Aber wie sollten Sie die Interessen Ihrer Kunden im Profil darstellen? Leiten Sie die Profile einfach aus den Seiten ab, die Ihre Kunden in Ihrer Website besuchen, und aus den Informationen, die Sie aus der Art und Weise in Erfahrung bringen können, in der die Kunden Geschäfte mit Ihnen tätigen? Oder fordern Sie Interessenten und Kunden dazu auf, Fragebögen auszufüllen? Falls ja, über welche Punkte sollten Sie sie befragen? Wie Sie in der nachfolgenden Diskussion sehen können, scheint der beste Ansatz darin zu bestehen, den Kunden die Möglichkeit zu bieten, Ihnen die Informationen zu liefern, die sie im Austausch mit einem speziellen Dienst zur Verfügung stellen wollen. Die wichtigste Regel ist, daß die Kunden immer in der Lage sein sollten, die Profile zu sehen, die Sie über sie angefertigt haben und Änderungen an ihnen vornehmen können. Personalisierung, Privatsphäre und Profilbildung sind nicht nun für das Web bedeutsam. Wie Sie am Beispiel von *General Motors* sehen werden, gibt es viele Situationen unabhängig vom Web, in denen Profile und die Personalisierung bei Kunden so lange Anklang finden, wie sie sicher sein können, daß der Datenschutz nicht verletzt wird.

Hier sind die spezifischen Punkte, an die Sie denken sollten, wenn Ihre Organisation ihren Kunden personalisierte High-Tech-Dienste anbieten möchte:

- Entwickeln Sie eine persönliche Beziehung zu jedem Kunden.
- Bieten Sie Kunden die Möglichkeit, ihre Profile zu spezifizieren und zu verändern.
- Passen Sie die Präsentation von Informationen an die Bedürfnisse von Kunden an und erstellen sie Angebote auf der Basis von Kundenprofilen.
- Richten Sie Dienste und Informationen nach den Bedürfnissen der Kunden.
- Bieten Sie Kunden Zugriff auf ihre bereits getätigten Transaktionen.
- Ermuntern Sie Kunden, »etwas von sich selbst« zu hinterlassen.

Entwickeln Sie eine persönliche Beziehung zu jedem Kunden

Kunden entwickeln keine Beziehung auf der Basis von Anonymität auf Ihrer Seite. Wenn Sie sich durch personalisierten Service von anderen unterscheiden wollen, müssen Sie auf die Interaktion mit Kunden als Individuen vorbereitet sein –

auch wenn es sich um Millionen von Kunden handelt. Das bedeutet, sie mit Namen zu begrüßen und ihnen Ihren Namen zu nennen. *Tripod* ist eine Firma, die sich darauf sehr gut versteht. Jede E-Mail, die bei der Website eintrifft (und es sind jeden Tag mehrere tausend), wird von einer Person beantwortet, die die automatisch erzeugte Antwort anpaßt und die E-Mail dann mit einem Namen versieht.

Auf der anderen Seite habe ich das Gefühl, eine persönliche Beziehung zu *Virtual Vineyards* zu haben, obwohl ich in der Site selten mit einer Person interagiert habe. Ich erhalte jeden Monat E-Mails von Peter Granoff, dem Hauptverantwortlichen für Weine, und das bietet mir den persönlichen Kontakt. Jedesmal, wenn ich die Site *Amazon.com* besuche, werden ich mit Namen begrüßt und erhalte neue Buchvorschläge auf der Basis meiner bisherigen Bestellungen, die für mich interessant sein könnten. Jedesmal wenn ich die *»Wall Street Journal Interactive Edition«* besuche, sehe ich Nachrichten, die auf mich abgestimmt sind.

Heutzutage ist es möglich und sehr kostengünstig, persönlichkeitsbezogene Erfahrungen bei Kunden zu erzeugen, ohne daß ein Mensch involviert sein müßte. Sie müssen jedoch darauf vorbereitet sein, Ihre automatisierten Skripts, freundlichen Roboter und dynamisch erzeugten Inhalte von Web-Seiten von tatsächlichen Personen überarbeiten zu lassen – von Personen, die nett und hilfreich auf Anrufe oder E-Mail-Nachrichten reagieren.

Bieten Sie Kunden die Möglichkeit, ihre Profile zu spezifizieren und zu verändern

Der passende Zeitpunkt für die Bitte an den Kunden, sein Profil auszufüllen oder zu verändern, ist dann gekommen, wenn eine vertrauensvolle Beziehung aufgebaut wurde, nicht eher. Wenn ein Kunde einmal begonnen hat, Geschäfte mit Ihnen zu machen, ist er damit einverstanden, wenn Sie spezifischere Informationen erfragen. Dies muß aber im Kontext des Dienstes stattfinden, den Sie anbieten. *Hertz* sendet Ihnen z. B. ein Profilformular zu, nachdem Sie die Mitgliedschaft im *Hertz # 1 Club Gold* beantragt haben. In dem Formular wird genau die Information erfragt, die Sie erwarten würden: die Nummer Ihres Führerscheins, Ihre Kreditkartennummer, deren Ablaufdatum, die Wagengröße, die Sie bevorzugen und ob Sie einen Raucher- oder Nichtraucherwagen wünschen.

Eine andere Möglichkeit, ein Kundenprofil zu erstellen, besteht in einem inkrementellen Ansatz. Diesen Ansatz verfolgt *Microsoft.* Wenn Sie *Microsofts* Website erstmals mit einem spezifischen Browser und einer Internet-Adresse besuchen, wird automatisch ein Profil für Sie erzeugt. Jedes Mal, wenn Sie über dieselbe Internet-Adresse und den gleichen Browser zur Site zurückkehren, werden die Informationen, die Sie freiwillig zur Verfügung stellen, in Ihrem Profil gesammelt. Wenn Sie Software herunterladen und in diesem Prozeß eine E-Mail-

Adresse angeben, wird sie zu Ihrem Profil hinzugefügt. Wenn Sie Ihren Namen, Titel und die Firma in einem Formular angeben, fließen diese Informationen direkt in Ihr Profil. Sie können jederzeit darum bitten, Ihr Profil einzusehen, etwas hinzuzufügen oder zu verändern. *Microsoft* war positiv überrascht über die Art und die Qualität der Informationen, die die Kunden freiwillig zur Verfügung stellen. Was mich überrascht, ist, wie viele Websites darauf verzichten, die Informationen, die von Kunden bei Transaktionen bereitgestellt werden, in Profilen zu sammeln. *Microsofts* Ansatz ist die Ausnahme, nicht die Regel.

Bell Atlantic kombiniert die explizit und implizit angebotenen Informationen in ihren Kundenprofilen. Neben den Informationen zur Rechnungsanschrift, Telefonleitungen und Diensten geben die Televerkaufsberater Informationen, die Kunden freiwillig liefern, oder die sie über externe Hinweise über die Familie erhalten, in die Profile ein: Leben im Haushalt der Familie kleine Kinder, Teenager oder Großeltern? Gibt es ein Büro zu Hause? Diese Profilinformationen werden benutzt, um Marketing-Kampagnen zielgruppengerecht auszurichten und bestimmten Kundengruppen spezielle Angebote zu machen.

Passen Sie die Präsentation von Informationen an die Bedürfnisse von Kunden an und erstellen Sie Angebote auf der Basis von Kundenprofilen

Wenn Sie einmal ein Kundenprofil haben, was sollten Sie dann damit tun? Zuerst sollten Sie das Profil benutzen, um dem Kunden die Abwicklung von Geschäften mit Ihnen zu erleichtern. Fragen Sie die Kunden nicht zweimal nach denselben Informationen. Zeigen Sie den Kunden immer an den relevanten Stellen alle Informationen, die Sie über sie gesammelt haben. Bei den meisten Websites wird Kunden, die eine Bestellung aufgeben, die Kreditkartennummer (oder mehrere) angezeigt, die im Profil gespeichert ist, und dem Kunden wird die Möglichkeit geboten, die gewünschte Nummer auszuwählen. Den Kunden wird die Zustelladresse gezeigt, die in der Vergangenheit benutzt wurde, und der Kunde soll sich diejenige aussuchen, die für die aktuelle Transaktion benutzt wird, falls es mehrere gibt. Sites, die mit Reisen zu tun haben, speichern normalerweise zwei Arten von Präferenzen im Kundenprofil: Vorlieben für Geschäfts- und Vorlieben für private Reisen.

Aber der eigentliche Spaß beginnt, wenn die Angebote auf der Basis der Informationen, die in Ihren Kundenprofilen abgelegt sind, kreativer gestaltet werden können. Denken Sie an die Diskussion über die beliebten *NetSAAver*-E-Mails von *American Airlines.* Zu dem Zeitpunkt, an dem Sie dies lesen, sendet *American* nicht nur einfach Informationen über alle Discount-Preise an ihre mehr als eine Million *NetSAAver*-Abonnenten, die Kunden erhalten auch maßgeschneiderte Angebote für Flüge ab ihrem Heimat-Flughafen zu ihren bevorzugten Wochenendzielen. In Kürze werden Sie über *Liberty Financial Service* und die Tatsache lesen, daß diese Firma die Informationen benutzt, die die Kunden bereitgestellt haben, um zu vermeiden, daß den Kunden irrelevante Informationen angezeigt werden. Wenn Kunden z. B. keine Kinder haben, werden ihnen keine Angebote gemacht, um den College-Besuch ihrer Kinder anzusparen.

Was ist die effektivste Art und Weise, Web-Benutzern personalisierte Dienste anzubieten? Verwenden Sie E-Mail. Während es großes Interesse und viele Aktivitäten rund um die Idee der Erzeugung dynamischer Web-Seiten gibt, die auf jeden Kunden zugeschnitten sind, ist es eine Tatsache, daß die Mehrheit erfolgreicher Web-Geschäfte, die seit 1997 personalisierte Dienste anbieten, E-Mails benutzt haben, die auf Einzelpersonen und kleine Gruppen von Kunden ausgerichtet waren. *PhotoDisc* und *Amazon.com* z. B. versenden E-Mails, um Kunden über neue Angebote in Bereichen zu informieren, bei denen sie darum gebeten hatten. Und wie Sie gleich sehen werden, setzt das *»Wall Street Journal«* beide Ansätze der Personalisierung ein. Kunden können eine personalisierte Zeitung online erstellen und Firmen oder Themen angeben, zu denen Sie per E-Mail informiert werden, wenn sich etwas Wichtiges ereignet.

Richten Sie Dienste und Informationen nach den Bedürfnissen der Kunden

Auch wenn Sie ein Profil von mir als Kunde haben, haben Sie keine Vorstellung davon, was ich von Ihnen will, wenn wir das nächste Mal interagieren. Wenn ich Abonnent von *GM OnStar* bin, besteht die Chance, daß Sie wissen, wer ich bin, wo ich lebe, welchen Wagen ich fahre und welche Art von Benzinkreditkarte ich besitze. Aber Sie wissen nicht, was ich von Ihnen will, wenn ich über mein Handy zu Ihnen Kontakt aufnehme. Es ist also wichtig, bei jeder Interaktion soviel Kontext wie möglich zu sammeln. *GM* tut dies, indem die Firma Kunden die Möglichkeit bietet, eine grüne (»Ich benötigte Informationen«) oder eine rote Schaltfläche (»Ich befinde mich in einer Notsituation«) zu drücken und automatisch alle relevanten Daten über das Auto (der Airbag ging soeben auf) sowie die geographischen Koordinaten des Orts, an dem sich der Kunde gerade befindet, zu übertragen.

Amazon.com bietet den Kunden auch die Möglichkeit, schnell einen Kontext einzurichten. Die Firma bietet eine Bestelloption mit einem Klick, bei der standardmäßig die Kreditkartennummer und die Zustelladresse verwendet werden, die der Kunde bei der letzten Bestellung benutzte. Wenn Sie also Bücher für sich selbst oder Ihren Sohn in Ohio bestellen wollen, der die Programmierung in Java erlernen möchte, können Sie dies mit einem einzigen Mausklick erledigen. Wenn Sie jedoch für jemand neues einkaufen, füllen Sie den Warenkorb und wählen die Lieferoption, die Sie bevorzugen. Oder wenn Sie bei *American Airlines* die Site direkt über eine *NetSAAver*-E-Mail besuchen, weiß man bei *American Airlines,* daß Sie wahrscheinlich sehen wollen, welche der preisreduzierten Flüge noch verfügbar sind.

Es gibt viele Arten, um etwas über die Situation in Erfahrung zu bringen, in der sich ein Kunde befindet, egal, ob der Kunde über das Web, das Telefon oder von einem Kiosksystem aus interagiert. Der Trick dabei ist, den Kontext mit der ersten Interaktion des Kunden mitzuliefern, so daß die Person oder Anwendung, die mit dem Kunden interagiert, eine informierte Vermutung darüber anstellen kann, was der Kunde vielleicht benötigen könnte. Die beste Möglichkeit, dies in Erfahrung zu bringen, besteht natürlich darin, den Kunden einen Hinweis geben zu lassen, wie dies *Amazon.com* und *GMs OnStar* tun. Bieten Sie den Kunden die Möglichkeit, Ihnen explizit mitzuteilen, welche Art von Interaktion sie ausführen wollen, und machen Sie es den Kunden leicht, dies zu tun.

Bieten Sie Kunden Zugriff auf ihre bereits getätigten Transaktionen

Es gibt eine Form der Personalisierung, die sich leicht realisieren läßt und für Kunden sehr wertvoll ist. Auch wenn Sie keine Datenbank mit Kundenprofilen haben, besteht die Chance, daß Sie über einen Verlauf der Bestellungen verfügen, die jeder Kunde aufgegeben hat. *Virtual Vineyards* und *Amazon.com* haben beide entdeckt, daß Kunden die Möglichkeit lieben, die Bestellungen zu betrachten, die sie in der Vergangenheit aufgegeben haben. Dies hilft den Kunden dabei, die Waren zu verfolgen, die sie gekauft und für die sie bezahlt haben, und es vermittelt Ihnen das Gefühl, ein wichtiger Kunde zu sein. Sie werden wie eine geschätzte Person behandelt, nicht wie einer von vielen. Nachdem diese virtuellen Firmen einmal den Standard gesetzt haben, Kunden Zugriff auf ihre bisherigen Bestellungen zu geben, entdeckten andere Firmen, die Geschäfte im Internet machten, daß ihre Kunden es nun ebenfalls erwarteten, Zugriff auf ihre bisherigen Bestellungen zu haben. *American Airlines* stellte schnell fest, daß die Kunden nicht nur neue Reservierungen über das Web vornehmen, sondern auch bestehende Reservierungen ändern wollten, die sie per Telefon oder über ein Reisebüro vorgenommen hatten.

Ermuntern Sie Kunden, »etwas von sich selbst« zu hinterlassen

Ich muß die Idee, »etwas von sich selbst« zu hinterlassen, Bo Peabody zuschreiben, dem Präsidenten von *Tripod.* Er ist diejenige, der den Satz erstmals prägte. Er beschrieb die Funktion der Website von *Tripod,* die Kunden die Möglichkeit bot, ihre eigenen Homepages zu erstellen und kostenlos ins Web zu stellen. Peabody war überzeugt davon, daß seine Kunden wiederkommen würden, um ihre Hompages zu aktualisieren und andere Bereiche der Site zu erkunden, wenn er die Kunden dazu bringen konnte, etwas von Ihrer Psyche in Form der persönlichen Homepages in die Website zu investieren. Und Peabody hatte recht: 2500 Personen erstellen täglich auf seiner Website ihre Homepages und lassen sie dort stehen. Und eine Million von Ihnen sind hängengeblieben und besuchen die Website mindestens einmal wöchentlich! All diese registrierten *Tripod*-Benutzer haben eine persönliche Verbindung zu »Ihrer« Website.

Stein Roe Farnham, Wells Fargo und *Security First Network Bank* sind drei Finanzdienstleistungsunternehmen, die auch daran glauben, Kunden darin bestärken zu müssen, Informationen zu hinterlassen. *Intuits* Site *Quicken.com* ist eine weitere Finanzverwaltungs-Site, bei der an einem Ort alles erhältlich ist. Jede der genannten Firmen bietet Werkzeuge an, mit denen Sie Ihre Finanzen verwalten und Finanzplanungen durchführen können. Wenn Sie einmal alle Informationen zur Rechnungsausstellung eingegeben haben (bei *Wells Fargo* und *Security First*) oder Ihr gesamtes Investment-Portfolio (bei *Stein Roe Farnham* oder *Quicken.com*), werden Sie sehr wahrscheinlich nicht erwarten, daß Sie diese Zeit und Mühe noch einmal aufwenden müssen, um die gleichen Informationen an einer anderen Stelle noch einmal einzugeben. So lange Sie die versprochenen Vorteile erhalten – die korrekten Rechnungen werden rechtzeitig bezahlt, der Wert Ihres Portfolios ist immer aktuell –, werden Sie glücklich zu der Site zurückkehren. Aber es ist vielleicht wichtiger, daß Sie eine starke Verbindung zu dem Dienstanbieter führen, weil er Ihr Leben erleichtert, indem er diese Ebene eines personalisierten Dienstes anbietet.

Beispiele: Dow Jones und General Motors

Ich habe die *»Wall Street Journal Interactive Edition«* von *Dow* Jones und *General Motors OnStar* ausgewählt, um diesen Abschnitt zu porträtieren. Das *»Wall Street Journal«* war die erste Online-Zeitung für den Massenmarkt, für die Internet-Kunden eine Abonnementsgebühr bezahlen mußten, und die erste Zeitung, die eine personalisierte Zeitung anbot. *General Motors* Dienst *OnStar* reizt mich, weil er ein wundervolles Beispiel für den Einsatz elektronischer Technologien ist, um eine fortwährende persönliche Beziehung mit Kunden zu erhalten und zu nähren, wenn diese tagtäglich herumreisen.

Serviceleistungen personalisieren:

Wall Street Journal Interactive Edition von Dow Jones

www.wsj.com

Organisationsprofil

Dow Jones' Erfahrungen beim Aufbau einer erfolgreichen Internetversion des »*Wall Street Journal*« beweist, daß Kunden für wertvolle Informationen auch Abonnementsgebühren bezahlen. *Dow Jones* benutzt den Markennamen und den Ruf der Firma für qualitativ hochwertige Analysen, um einen neuen Zielmarkt anzulocken: vernetzte Kunden, die nicht die Gewohnheit haben, täglich die Zeitung zu lesen. Die meisten dieser Kunden haben ihr Abonnement nach dem ersten Jahr verlängert. Die »*Wall Street Journal Interactive Edition*« kombiniert einen personalisierten Dienst mit Annehmlichkeiten und Gemeinschaft, um Kunden zu gewinnen und zu behalten.

Wichtige Erfolgsfaktoren im Fall »Dow Jones«	
✓ Die richtigen Kunden anvisieren	✓ Kunden zur Selbstbedienung anregen
Die Verantwortung für die Gesamterfahrung des Kunden übernehmen	✓ Kunden bei der Bewältigung ihrer Arbeit unterstützen
Geschäftsprozesse straffen, die sich auf den Kunden auswirken	✯ Serviceleistungen personalisieren
Eine Rundumsicht von der Kundenbeziehung entwickeln	✓ Das Gemeinschaftsgefühl stärken
✯ = Hier detailliert beschrieben	✓ = Hier kurz angesprochen

Die »Wall Street Journal Interactive Edition« von Dow Jones bietet erheblich mehr als Nachrichten

Die Verleger von Zeitungen sprachen mehr als zehn Jahre von ihrer Vision einer »personalisierten Zeitung«, die an die Haustür, das Fernsehen, den Computer oder das Faxgerät geliefert werden sollte. Das Konzept spornte eine große Debatte im Verlgswesen an. Wenn die Leute Nachrichten nur zu den Themen erhielten, an denen sie Interesse bekundeten, würden sie es dann nicht die Erfahrung vermissen, was in der Welt um sie herum sonst noch vor sich geht? Und was wäre mit dem Faktor, »zufällig auf etwas Wertvolles zu stoßen«? Häufig erweckt eine Geschichte Ihr Interesse ohne offensichtlichen Grund. Würden Kunden dies nicht vermissen? Und was würde aus den Werbeeinnahmen werden, die die Veröffentlichung von Zeitungen antrieb? Wenn Kunden sich dafür entschieden, die klassifizierten Anzeigen oder die Stellenangebote nicht zu erhalten, würden diese Einnahmequellen dann versiegen?

Nun, nach zwei Jahren richtig solider kommerzieller Erfahrungen mit der Veröffentlichung einer Online-Zeitung im Internet gibt es Anworten auf diese Fragen. Die Kunden scheinen beides zu wollen: Sie wollen dieselbe Zeitung sehen, wie jeder andere auch, und sie wollen auch eine stärker auf ihre eigenen Bedürfnisse zugeschnittene Version sehen. Die Anzeigenkunden sind glücklich darüber, mehr für ihre Anzeigen zu bezahlen, die an Personen gerichtet sind, die Ihr Interesse in deren Kategorie von Produkten bekundet haben. Und die klassifizierten Anzeigen haben nun ein neues, gierigeres Publikum: Kunden, die aktiv Arbeit oder Produkte suchen und die den interaktiven Dienst, das Gesuchte zu finden, schätzen.

Mit dem Einsatz des Internets als Publikationsplattform tauchten für Verleger aber auch zwei neue Arten von Fragen auf: Wenn so viele Informationen kostenlos über das Web zur Verfügung gestellt wurden, wären die Kunden dann gewillt, für ein Online-Zeitungsabonnement auf die gleiche Weise zu bezahlen, wie für das Abonnement einer Zeitung, die Ihnen jeden Tag an die Haustür geliefert wird? Die Mehrheit der Zeitungsverleger suchten nach einem anderen Geschäftsmodell. Sie stellten ihre Online-Zeitungen im Internet kostenlos zur Verfügung und nutzten Werbeeinnahmen, um ihre Bemühungen zu finanzieren. Viele Zeitungen begannen, sich selbst als Magnet der Gemeinschaft zu positionieren. *»The Boston Globe«* erstellte die Site *Boston.com* und lud zu Museums-, Kino-, Theater-, Restaurant- und Sportereignissen und Konzerten im Großraum New England ein. Die *»San Mercury News«* wurde zum Magneten für die High-Tech-Gemeinde in Silicon Valley. Ihre Mission bestand darin, mit dem schnellen Tempo der Ereignisse in der High-Tech-Welt Schritt zu halten und einen Ort für Diskussionen und Dialoge zu bieten. Beide Zeitungen verschenken den größten Teil ihrer Inhalte im Internet (sie erheben jedoch Gebühren für den Zugriff auf ihre Archive) und beziehen ihre Einnahmen aus der Werbung.

Dow Jones verfolgte bei der *»Wall Street Journal Interactive Edition«* einen anderen Ansatz. Die Firma wollte das Abonnement der Online-Zeitung berechnen und Gebühren für Werbung erheben. Gleichzeitig hoffte der Verleger darauf, neue und andere Kundengruppen über das Web als Vertriebskanal anzuziehen.

Eine beeindruckende Geschichte für Online-Informationsdienste

Ende der 70er Jahre startete *Dow Jones* erfolgreich die Veröffentlichung einer Online-Datenbank, die Volltextsuche in Zeitungsmeldungen für schnelle Nachforschungen und Analysen ermöglichte. Anfang der 90er, vor der Einführung des World Wide Web, wurde ein Großteil der Einnahmen von *Dow Jones* mit den elektronischen Nachrichtendiensten inklusive Rundfunk und Fernsehen erwirtschaftet. Um ein paar Beispiele zu nennen:

- *Dow Jones* beliefert die Finanzdienstleistungsindustrie weltweit – inklusive Händler und Broker – mit Geschäfts- und Finanznachrichten in Echtzeit, wie z. B. über *Dow Jones News Service*, die *AP-Dow-Jones*-Nachrichtenleitungen und *Federal Filings.*
- Analysten, Korrespondenten und anderen Forschern bietet *Dow Jones* einen Online-Dienst für ihre Nachforschungen, *Dow Jones News/Interactive,* der eine Datenbank mit 65 Millionen Einträgen umfaßt, vollständig indiziert ist und sich schnell über eine interaktive Textabrufmaschine durchsuchen läßt.
- An Firmen, die daran interessiert sind, ihren Angestellten einen umfassenden elektronischen Nachrichtendienst zu bieten, vertreibt *Dow Jones Dow Vision,* die exklusive elektronische Quelle für die Kombination aus der täglichen Ausgabe des *»Wall Street Journal«,* der *»New York Times«, »Washington Post«, »Los Angeles Times«* und *»Financial Times«* (London). Firmen abonnieren *DowVision* auf einer Benutzerbasis und erhalten dann kontinuierlich aktuelle Nachrichten zu Bereichen, die ihren Interessenprofilen entsprechen.

Der Wettbewerb bei Wirtschaftsnachrichten zwingt Dow Jones, nach neuen Märkten zu suchen

In den vergangenen Jahren waren *Dow Jones* und *»Wall Street Journal«* mit einem zunehmenden Wettbewerb im Bereich der Geschäftsinformationen konfrontiert, und zwar nicht nur von ihren traditionellen Konkurrenten wie *Reuters* und *»Financial Times«,* sondern auch von neuen Firmen wie *Bloombergs »Business News«* und *»Investors' Business Daily«.* Während die Leserschaft der internationalen Ausgaben sich z. B. leicht vergrößert hat, gingen die bezahlten Abonnements für das inländische *»Journal«* von 1 840 000 in 1993 auf 1 796 000 in 1995 zurück.

Als das Internet und das Web begannen, als Plattform für die Verbreitung von Informationen Anklang zu finden, waren die Geschäftsführer von *Dow Jones* schon bereit. Im Jahre 1993 begann Neil Budde, Chefredakteur von *Dow Jones*

News/Retriebal, mit Prototypen für ein interaktives *»Journal«* herumzuexperimentieren. Sie waren in Visual Basic programmiert. Als das Web zu wachsen begann, traten Budde und Tom Baker, Direktor der Geschäftsentwicklung für *Dow Jones Interactive Publishing,* an die Geschäftsleitung mit einem neuen Vorschlag für einen Geschäftsbereich heran. Weil unser traditioneller inländische Markt zurückgeht, sagten sie, sollten wir das Web nutzen, um die nächste Generation unserer Kunden anzusprechen, junge Leute, die an Nachrichten zu Unternehmen und Investitionen interessiert sind, aber nicht die Gewohnheit haben, täglich die Zeitung zu lesen. Budde und Baker schlugen vor, die Online-Version zur Tageszeitung *»Wall Street Journal«* zu machen, aber zwei Dimensionen hinzuzufügen, die das Papierprodukt nicht bieten konnte: Interaktivität und Personalisierung. Baker wies außerdem darauf hin, daß der Markenname und die redaktionelle Qualität des *»Journal«* es erlauben würden, die Abonnements zu verkaufen – die Preise sollten nicht so hoch wie bei einer täglichen Zustellung der gedruckten Zeitung sein, aber vielleicht ein Viertel oder die Hälfte des Abonnementspreises der Druckausgabe betragen.

Entwicklung, Test und Freigabe der *»Interactive Edition«*

Nachdem Budde und Baker die Genehmigung von der Unternehmensleitung erhalten hatten, richteten sie im Frühjahr 1994 eine separate Geschäftseinheit für die *»Wall Street Journal Interactive Edition«* ein. Die neue Organisation war in drei miteinander verbundene Teams unterteilt: Ein Team, das von Budde geleitet wurde, konzentrierte sich auf den redaktionellen Inhalt, ein zweites, das von Susan Cayne geleitet wurde, konzentrierte sich auf die Informationstechnologie, und ein drittes, das von Baker geleitet wurde, auf die Geschäftsentwicklung. Dieses neue Managementteam traf in der Anfangsphase drei Kernentscheidungen:

① ***Kommerziell verfügbare Produkte***
Sie beschlossen, kommerziell verfügbare Produkte und Technologien zu nutzen, wann immer dies möglich war, anstatt sehr viel selbst entwickeln zu lassen.

② ***Einstellung von Personal***
Sie beschlossen, technische Talente aus den bestehenden Informationssystem-Organisationen von *Dow Jones* und von außerhalb einzustellen. Das neue Unternehmen benötigte Ingenieure und Programmierer die mit der schnellen Entwicklung von Web- und Internet-Technologien vertraut waren.

③ ***Redaktioneller Inhalt***
Sie wollten den redaktionellen Inhalt vom *»Journal«* und anderen Publikationen von *Dow Jones* nutzen. Sie erwarteten jedoch, daß ihr eigenes Redaktionsteam

zusätzliche Inhalte produzieren müsse, die an die Bedürfnisse der Abonnenten der *»Interactive Edition«* angepaßt waren, wenn die Popularität der Website stieg.

Budde und sein Team verwendeten das erste Jahr, um das Unternehmen und die technische Infrastruktur aufzubauen. Sie konzentrierten sich darauf, eine Prototyp-Version der Website zu erstellen, über die sie das Design ihrer Website und die Marketing-Strategien testen konnten. Sie starteten den Prototyp für die *»Interactive Edition«* im Juli 1995, und boten Internet-Benutzern, die sich registrieren lassen und Informationen über ihre Hintergründe und Interessen lieferten, den Bereich *»Money and Investing Update«* der Tageszeitung kostenlos an. Baker begann, eine Abonnentendatenbank für Marktforschungszwecke einzurichten.
Der Prototyp der Website war wesentlich erfolgreicher als ursprünglich angenommen. Mehr als 340 000 Personen registrierten sich und benutzten die Site mindestens einmal in der sechsmonatigen Testphase. Nachfolge-Umfragen, die durchgeführt wurden, um die Registrierungsinformationen zu liefern, zeigten, daß es sich bei diesen zukünftigen Kunden um eine ernsthafte und wohlhabende Geschäftskundschaft handelte. Sie waren etwas jünger als die normalen Zeitungsleser, mit einem Durchschnittsalter von 42 im Vergleich zum Durchschnittsalter von 54 bei der gedruckten Ausgabe. Sie waren auch aktive Investoren. Aber das Beste von allem war, daß 60 Prozent von ihnen keine regelmäßigen Leser des *»Journal«* waren. Dies entsprach genau dem Profil, auf das Baker und sein Team gehofft hatten.
Mit der Bestätigung in ihren Händen führte Bakers Team den Plan weiter, eine vollständige Online-Version der Zeitung zu starten. Die *»Interactive Edition«* wurde am 29. April 1996 ins Leben gerufen. Sie wurde allen aktuellen Abonnenten des Prototypen von *»Money and Investing Update«* und allen anderen drei Monate kostenlos angeboten. Während der ersten drei Monate registrierten sich insgesamt 650 000 für die Benutzung der *»Interactive Edition«*. Nach der Testphase abonnierten 34 000 Personen das Web-Angebot. Ein Jahr später gab es 100 000 zahlende Abonnenten. Der Abonnementspreis für die Online-Ausgabe betrug 40 Dollar pro Jahr für neue Abonnenten oder 29 US-Dollar pro Jahr für Kunden, die bereits die gedruckte Ausgabe von *»Journal«*, *»Barron's«* oder *»Smart Money Magazine«* bezogen. Das Jahresabonnement der gedruckten Ausgabe des *»Journal«* betrug 175 US-Dollar. Baker berichtete, daß ungefähr 65 Prozent der ersten Online-Kunden nicht Abonnenten der gedruckten Ausgabe waren.

Interaktive personalisierte Inhalte entwickeln

Wenn Sie ein Druckerzeugnis in das Web verlagern, müssen zahlreiche Design-Entscheidungen getroffen werden. Sie können nicht einfach das »Aussehen« der Titelseite und jeden Abschnitt der gedruckten Ausgabe spiegeln. Sie wollen aber, daß die Leser das Gefühl haben, daß sie auf Informationen desselben Niveaus zugreifen, die sie von der gedruckten Ausgabe her kennen. Deshalb wurde die *»Interactive Edition«* so gestaltet, daß sie der gedruckten Ausgabe in bezug auf die Schriftarten und das Spaltenlayout ähnlich sah. Aber die Informationen waren anders angeordnet. Es gibt mehr kurze Zusammenfassungen. Um die gesamte Geschichte zu lesen, klicken Sie auf die Zusammenfassung. Etwas, das Bakers Team aus der Pilotphase gelernt hatte, war, daß die Kunden ihre »persönliche Seite« nicht als erstes sehen wollten. Die Kunden wollten einen Überblick über alle wichtigen Wirtschaftsnachrichten des Tages haben, die auf der Basis der Prioritäten organisiert waren, die das Redaktionsteam vom *»Journal«* festlegte. Das war es, wofür sie bezahlen wollten: Trendanalysen und redaktionelle Einschätzungen. Im Laufe der Zeit kristallisierten sich für die *»Interactive Edition«* folgende Inhalte heraus:

- Eine Titelseite, die die Neuigkeiten im Wirtschafts- und Finanzbereich, weltweite Schlagzeilen und kurze Zusammenfassungen der Titelgeschichten und den wichtigen neuen Bereichen wie »Technologie«, »Marketing und Medien« und »Recht« hervorhebt.
- Links zu einzelnen aktuellen Bereichen wie »Marktplatz«, »Geld«, »Sport«, »Europa«, »Asien« und »Die Wirtschaft«.
- Direkten Zugriff auf den Bereich *»Personal Journal«,* in dem Abonnenten ihre benutzerdefinierte Auswahl von Nachrichten und Leitartikeln erhalten, die mit ihren Interessen in ihren persönlichen Profilen und Aktien-Portfolios übereinstimmen.

Jede anklickbare Schlagzeile und Kurzzusammenfassung ist mit dem vollständigen Artikel verbunden. Die Abonnenten können den Inhalt einzelner Abschnitte schnell überfliegen und dann zu den Themen übergehen, die sie interessieren. Und die *»Interactive Edition«* beinhaltet wesentlich mehr Informationen als die gedruckte Ausgabe. Sie enthält die US-Ausgabe von *»Wall Strett Journal Europe«* und *»Asian Wall Street Journal«* sowie Meldungen der Nachrichtenagentur von *Dow Jones.* Außerdem können die Abonnenten der *»Interactive Edition«* einen sofortigen Zugriff auf mehrere verwandte *Dow-Jones*-Sites über ihre Homepage der *»Interactive Edition«* erhalten, wobei sie unter ihrem Benutzernamen und Kennwort angemeldet bleiben. Zu diesen verwandten Sites gehören *»Barron's Online«, »SmartMoney interactive«* »The *Dow Jones Publications Library«* und *»Careers.wsj.com«.* Die letzte Site ist eine moderne, kostenlose interaktive Jobbörse. Sie enthält eine Datenbank mit mehr als 12 000 Jobs von achtundzwanzig Firmen sowie hilfreiche Informationen, um Arbeit zu finden, Lebensläufe zu schreiben, Erfolg bei der Arbeit zu haben, international zu arbeiten, sich selbständig zu machen und viele andere interessante Themen für Jobsuchende und Personalchefs.

Dow Jones Interactive Publishing hat die Personalisierungsfunktionen der *»Interactive Edition«* permanent verbessert. Anfangs konnten die Leser aus einer feststehenden Liste ziemlich beschränkter Kategorien auswählen oder freie Sätze nutzen, um ein Profil zu erzeugen. Dies war ein nerviger Prozeß, der nicht immer die gewünschten Ergebnisse hervorbrachte: Die vordefinierten Kategorien deckten die Interessen der Leser nicht konsistent ab, und häufig waren Leser daran interessiert, zahlreiche verschiedene Trends zu verfolgen. Es war leicht, ein Profil zu erzeugen, um z. B. bestimmte Firmen oder Industrien zu studieren (bis zu den fünfundzwanzig Stück sind zulässig). Aber es war schwierig, Themen wie »Internet-Banking« oder »Deregulation im Telekommunikationsmarkt« zu verfolgen.
Die zweite Version des »Personal Journal«, die im Frühjahr 1997 eingeführt wurde, verfügte über diese Themen. Die Kunden konnten bis zu fünf persönliche Profile erzeugen und dann die Entwicklung von fünf verschiedenen Aktien-Portfolios verfolgen – alle Informationen, die zu einem bestimmten Profilthema passen, wandern automatisch in speziell dafür angelegte Ordner. So habe ich z. B. einen Ordner, der Berichte zur Kundenpflege aufzeichnet, und einen, der Beiträge zum Internet und E-Commerce sammelt. Abonnenten können sowohl feststehende Kategorien als auch freien Text eingeben, um Sammlungen von Artikeln zu lokalisieren, die ihren speziellen Interessensbereichen entsprechen. Und sie können Informationen über ihren Portfolio-Besitz hinzufügen, um ihre aktuellen Werte zu berechnen. Außerdem können sie angeben, welche Sektionen sie verfolgen wollen – Walter Mossbergs technische Kolumne oder Technologie-Berichterstattungen von Europa oder Asien. Durch etliche Versuche fand Bakers Team heraus, wie die Kunden dazu gebracht werden können, »etwas von sich zu hinterlassen« und immer wiederzukommen, um zu sehen, welche Wirtschaftsereignisse ihre persönliche Sicht der Welt beeinflußten.
Wenn Sie darüber nachdenken, werden Sie feststellen, daß es erheblich mehr braucht als eine gute Suchtechnologie, um nützliche Personalisierungsfunktionen zu aktivieren. Im Falle der *»Interactive Edition«* wird die Funktion der Suchmaschine durch die menschliche Wissensverwaltung ergänzt, die in die Zuweisung von Schlüsselbegriffen zu jeder Meldung einfließt. Jedem Kernthema wird z. B. ein Experte aus dem Redaktionsteam zugewiesen. Das ist die Person, die entscheidet, ob die Nachricht wirklich vom Internet handelt oder nicht.
Der ursprüngliche Inhalt, aus dem die verschiedenen Ausgaben des *»Wall Street Journal«* und den damit zusammenhängenden Online-Diensten bestehen, wird von den Autoren und Redakteuren als Teil des Redaktionsprozesses mit Bezeichnungen versehen. Dann durchläuft das Exemplar eine Serie automatisierter Prozesse, um es in eine Form zu konvertieren, die online publiziert werden kann. Das Team der *»Interactive Edition«* überarbeitet das Ergebnis dieser automatisierten Prozesse und fügt weitere Bezeichnungen hinzu. Dabei hat es festgestellt, die Feinkörnigkeit der Regeln und Kriterien, mit denen die Dokumente

ausgezeichnet wurden, erhöht werden mußte, um die Effektivität des automatisierten Informationsflusses zu verbessern. Spezielle Kategorien und Auszeichnungen, die für die gedruckte Ausgabe passen, sind für den interaktiven Informationszugriff unzureichend. Die Redakteure der *»Interactive Edition«* schreiben auch die passenden Zusammenfassungen, bevor sie die neuen Informationen in der Website publizieren.

Personalisierung ist eine Dimension der Interaktivität, aber die *»Interactive Edition«* bietet in der Tat verschiedene andere Dimensionen, die gleich bedeutsam für die Kunden sind und die dafür sorgen, daß die Kunden zurückkommen, um mehr zu erhalten. Jeder Artikel, der z. B. eine Firma in öffentlichem Besitz erwähnt, ist mit einem Company Briefing Book verbunden, einer Sammlung von Geschäftsinformationen über diese Firma. Jedes Briefing Book enthält einen kurzen Überblick über die Firma – inklusive einer Finanzübersicht, Börsendaten, Firmennachrichten und den neuesten Veröffentlichungen in der Presse –, der aus Informationen besteht, die von *Dow Jones* gesammelt wurden. Somit können Leser, die online etwas über eine Firma lesen, sofort tiefer eindringen, um relevante Hintergrundinformationen zu finden, die von *Dow Jones* und anderen Quellen stammen und dann (falls gewünscht) zur Website der Firma oder einem anderen umfassenden firmenspezifischen Nachrichtendient (wie von *Hoover*) oder aktuellen SEC-Ablagen (von *Edgar*) gelangen. Ich fand, daß die Briefing Books eine Ergänzung zu den Nachrichten von unschätzbarem Wert darstellen.

Ein weiterer Aspekt der *»Interactive Edition«* ist die Pünktlichkeit. Anders als bei der gedruckten Ausgabe wird die *»Interactive Edition«* vierundzwanzig Stunden pro Tag überarbeitet. Sie können immer Aktualisierungen von Nachrichten finden, die zu später Stunde eintreffen – Aktualisierungen, die mit derselben analytischen Spritzigkeit vorbereitet werden, die Sie auch vom *»Journal«* erwarten würden. Wie Sie sich vorstellen können, ist für diese ganze Anpassung an die Bedürfnisse von Kunden und die Aktualisierung zusätzliches Personal erforderlich. Die *»Interactive Edition«* baut nicht nur auf das Redaktionsteam vom *»Wall Street Journal«* und die verschiedenen Nachrichtenquellen von *Dow Jones,* sondern verfügt über ein eigenes Team von Journalisten, die an den Chefredakteur, Neil Budde, Bericht erstatten.

Entwicklung der technischen Infrastruktur

Auf der Ebene der Architektur besteht die *»Interactive Edition«* aus einer Folge von Systemen, die bestimmte Geschäftsfunktionen ausführen: Kopplung der Berichterstellung, Analysen und der Redaktionsprozesse im Hintergrund mit den Publikationsaktivitäten im Web im Vordergrund. Die Gesamtumgebung basiert auf einer modularen und erweiterbaren Architektur, die die fortlaufende Verbesserung des Kerninformationsspeichers ermöglicht.

Die Website läuft auf mehreren *Sun*-Solaris-Systemen, hauptsächlich ES 3000 s und ES 4500 s, die in South Brunswick, New Jersey stehen. Bei Zunahme des Datenverkehrs werden routinemäßig neue Server hinzugefügt. Die Site selbst ist in zwei Datencenter aufgeteilt und über zwei T3-Leitungen mit dem Internet verbunden, eine davon über MCI- und die andere über UUNET-Technologie. Die Site ist als ausfallsichere Umgebung gestaltet, wobei ein Teil bei Bedarf unabhängig vom anderen funktionieren kann.
Dow Jones hat kräftig in das Design und die Entwicklung der Website *»Interactive Edition«* investiert, und Komponenten von mehreren Herstellern integriert. Die Site *»Interactive Edition«* basiert auf den Funktionen von *Netscape*-Publishing-System für den Inhalt und die Verteilung über das Internet. Das *Netscape*-System bietet die Schlüsselverbindung für die Echtheitsbestätigung von Benutzernamen und Kennwörtern und den Zugriff auf die Site. Informationen zu den Benutzern, zur Rechnungsausstellung und den Abonnements werden in einer *Oracle*-7-Datenbank gespeichert, die auch in das *Netscape*-Publishing-System integriert ist. Das *Netscape*-System enthält auch die Textsuchmaschine Topic von *Verity* sowie grundlegende Programme für die Verwaltung Web-gestützter Inhalte. Der gesamte Inhalt ist vollständig indiziert, und die Indizes und verknüpfte Stories werden als Folge kleiner Dateien in der Site gespeichert. Weil die Zugriffsprozeduren und die Anforderungen für die Verwaltung der Inhalte ziemlich vorhersagbar sind, haben die Entwickler beschlossen, den Overhead, der mit einem Datenbankspeicher verbunden ist, nicht in Kauf zu nehmen.
Einzelne Nachrichtensysteme sammeln die Inhalte für die *»Interactive Edition«* im Hintergrund an und bereiten sie für die Online-Publikation vor, indem sie (1) die strukturierten Kennzeichnungen interpretieren, die mit jeder einzelnen Nachricht verknüpft sind, und diese Artikel den passenden Web-Seiten und Suchkategorien zuweisen und (2) den Inhalt der Artikel nach Firmennamen durchsuchen und Links zu den Company Briefing Books hinzufügen. Caynes Gruppe wählte OmniMark, eine dokumentenorientierte Skripting-Umgebung, aus, um die Bildung dieser Verknüpfungen zu automatisieren.
Baker und sein Team beschlossen, Schlüsselfunktionen auszulagern: die Werbung und den Support für Online-Diskussionen. Nachdem sie anfänglich versucht hatten, ihr eigenes Anzeigeninventar und die damit verbundenen administrativen Aufgaben zu verwalten (wie den Anzeigenkunden die Ergebnisse zu berichten), beschlossen Sie, die Firma *DoubleClick* als über Funk Servicebüro zu nutzen. *Double Click* bedient die Anzeigen, die auf den Seiten der *»Interactive Edition«* erscheinen, automatisch und erfaßt sowohl den Eintrag als auch die Anzahl der Klicks auf die Anzeigen. Diskussionsgruppendienste werden vom Personal der *»Interactive Edition«* verwaltet, aber in der über Funk Site eines weiteren Herstellers, *Well Engaged* (/www.wellengaged.com), gepflegt und gelagert. The Well ist übrigens einer der Entstehungsorte für Online-Konferenzen.

Interessengemeinschaften unterstützen

Die *»Interactive Edition«* hat von Anfang an einen hohen Prozentsatz von Inhabern kleiner Unternehmen und von Lesern, die in technologiegestützten Geschäftsbereichen tätig waren, angezogen. Deshalb haben die Manager von *»Interactive Edition«* die Abdeckung dieser Interessenbereiche erweitert und spezifische Diskussionsforen eingerichtet.

① *Small Business Suite*
Dies ist ein separater Bereich der Site, auf den über einen Klick auf die Homepage zugegriffen werden kann und der rechtzeitig Funktionen zu Themen bereitstellen soll, die für kleinere Firmen, Unternehmer und andere Personen interessant sind, die ein neues Unternehmen aufbauen oder vergrößern wollen. Die Suite enthält Themen aus dem *»Journal«,* die für den Bereich SOHO (Small Office/Home Office) interessant sind, Online-Diskussionsgruppen, ein Archiv mit einer Suchfunktion, das Nachrichten enthält, die für kleine Firmen interessant sind, und eine Sammlung von Links zu weiteren Web-basierten Ressourcen für kleine Firmen.

② *Das Tech-Center*
Das Tech-Center, das ebenfalls von der Homepage aus zugänglich ist, faßt alle interessanten Tagesnachrichten auf einer Seite zusammen. Per Mausklick lassen sich die vollständigen Artikel und Hintergrundinformationen abrufen. Das Tech-Center enthält nicht nur Nachrichten aus der gedruckten Ausgabe vom *»Journal«* und anderen Nachrichtendiensten von Dow Jones, sondern auch von einer erweiterten Redaktion für die *»Interactive Edition«,* die in New York und San Francisco ansässig ist. Neben der Sammlung von bahnbrechenden Stories, von Firmenzusammenschlüssen und der sich wandelnden Welt der Telekommunikation, der Medien und der Computer bietet das Tech-Center auch eine wachsende Bibliothek von themenorientierten Einweisungen, tiefergehender Hintergrundinformationen und moderierten Leserforen.

③ *Sport*
In Zusammenarbeit mit *Total Sports,* einem unabhängigen Verlagshaus für Informationen und Statistiken zum Sport, veröffentlicht die *»Interactive Edition«* nun einen erweiterten Sportteil. Abonnenten können sich mit kontinuierlichen Informationen der wichtigen Sportereignisse im Profi- und im College-Sport beliefern lassen.

④ *Online-Diskussionsforen zu verschiedenen Themen*
Neben den ständigen Interessengemeinschaften rufen verschiedene Nachrichten und Ereignisse die Interaktion und Diskussionen unter Benutzern hervor. Diese »heißen Themen« wechseln im Diskussionsbereich der Site ständig. Was sie

jedoch von anderen Online-Foren unterscheidet, die es an anderer Stelle im Web gibt, ist das Kaliber der Leute, die teilnehmen. *»The Wall Street Journal Interactive Edition«* scheint viele der führenden Köpfe in ihrem Bereich anzuziehen. So ist es nicht ungewöhnlich, wenn weltberühmte Ökonomen oder Vorstandsvorsitzende wichtiger Firmen die aktuellen Ereignisse kommentieren.

Bei allen diesen Diskussionsformen prüft das Team der *»Interactive Edition«* die einzelnen Beiträge, bevor diese an die Abonnenten weitergeleitet werden.

Ergebnisse

Die *»Interactive Edition«* ist zu einem beträchtlichen Unternehmen herangewachsen. Es gibt mehr als 110 Vollzeitmitarbeiter und ungefähr 55 Journalisten und Redakteure, die Inhalte erzeugen. Es gibt Betriebspersonal, das für die Betriebsfähigkeit rund um die Uhr an sieben Tagen pro Woche zuständig ist und diese gewährleistet. Bakers Team hatte Erfolg dabei, Kunden eine Erfahrung zu bieten, die ihnen sowohl in geschäftlicher als auch in persönlicher Hinsicht Vorteile bietet. Durch die Kombination personalisierter Informationsdienste mit einer bekannten Markenerfahrung und einem Sinn für Gemeinschaft ist die *»Wall Street Journal Interactive Edition«* zu einem der wichtigsten Orte für Wirtschaft im Internet geworden.

Im April 1998 hatte die *»Interactive Edition«* ungefähr 200 000 zahlende Abonnenten. Die Abonnentenzahlen steigen seither um ca. 2 000 Leser pro Woche an. Aufschlußreicher ist die Anzahl der Weiterbestellungen: 85 Prozent der Kunden haben das Abonnement für ein zweites Jahr verlängert und bieten jeden Hinweis dafür, loyale und beständige Kunden zu werden. Nur ein Drittel der Abonnenten bezieht auch eine gedruckte Ausgabe. Dadurch, daß sich das *»Wall Street Journal«* in den Cyberspace gewagt hat, konnte ein bisher unerreichter Leserkreis genommen werden. Dieser Online-Leserkreis ist jünger als die Leserschaft der gedruckten Ausgabe und auch etwas weniger wohlhabend – teilweise durch das Alter bedingt. Baker hat zwar keinen Beweis dafür, daß es eine direkte Korrelation zwischen dem Wachstum der Online-Abonnentenzahlen und dem Zuwachs bei den Abonnentenzahlen der gedruckten Ausgabe gibt, es ist jedoch interessant, festzuhalten, daß im Jahr 1996, dem ersten Jahr des Online-Dienstes, die Inlands-Abonnentenzahlen des gedruckten »*Journal*« von 1 796 000 in 1995 auf 1 841 188 in 1996 anstiegen. Offensichtlich geht kein Kannibalismus um. Die Abonnenten der gedruckten Ausgabe scheinen ihre Abonnements nicht zu kündigen, um zum kostengünstigeren Online-Dienst überzugehen.

Die Website erfreut sich weiterhin hohen Interesses, das ständig zunimmt. Im Oktober 1997 erzeugte die Site 35,3 Millionen Seitenansichten. Im Oktober 1996 waren es 18 Millionen Seitenansichten. Im August 1998 griffen werktags ungefähr 70 000 Personen auf die Site zu, davon waren 30 Prozent Abonnenten.

Diese demographischen Daten und die beständige Zunahme der Abonnentenzahlen sind Indikatoren für das Geschäftsmodell. Die sich ausweitende Basis der Anzeigenkunden ist ein zusätzlicher Indikator. Die *»Interactive Edition«* kann nun Höchstpreise für das Anzeigeninventar erheben, wobei der Grundpreis ungefähr 65 US-Dollar pro tausend Abdrucke beträgt – bei speziellen zielgruppenbezogenen Seiten liegen die Preise höher.

Am Anfang nahmen die leitenden Manager und Herausgeber an, daß es ungefähr fünf Jahre dauern würde, bis die Site profitabel sei. Über die Jahre hat sich dies als Durchschnittszeitraum herausgestellt, der erforderlich war, bis neue Publikationen für *Dow Jones* profitabel wurden. Die *»Wall Street Journal Interactive Edition«* scheint in dieses Modell zu passen. Basierend auf der Erfahrung in den letzten achtzehn Monaten scheint es wahrscheinlich, daß die *»Interactive Edition«* sich innerhalb des nächsten Jahres oder der nächsten zwei Jahre als profitabel herausstellen wird.

Pattys Resümee für die »Wall Street Journal Interactive Edition«

Tom Bakers nächster Vorstoß wird in die internationalen Märkte gehen. Eine internationale Leserschaft repräsentiert den Hauptwachstumsbereich. Ohne Werbung oder spezielle Bemühungen haben momentan ungefähr 10 Prozent der Abonnenten der *»Interactive Edition«* eine Adresse in Übersee. Es sollten jedoch wesentlich mehr interessiert sein, insbesondere unter Berücksichtigung der Tatsache, daß die Leserkreise der englischsprachigen europäischen und asiatischen gedruckten Ausgaben und der spanischsprachigen lateinamerikanischen Ausgabe schneller gewachsen sind als der Leserkreis in den USA.

Um jedoch eine Online-Version des *»Journal«* bereitzustellen, die wirklich die Bedürfnisse der Geschäftsleute in anderen Teilen der Welt erfüllt, müßte das *»Journal«* sehr stark in eine 24-Stunden-Abdeckung der lokalen Wirtschaftsnachrichten investieren.

Auf der anderen Seite bieten die Online-Diskussionsforen eine großartige Möglichkeit, lokale Inhalte hinzuzufügen und mit dem Puls des sich ändernden wirtschaftlichen Klimas in verschiedenen Teilen der Welt Schritt zu halten. Durch die Pflege von Dialogen auf hoher Ebene und der Diskussion von Themen von lokalem und internationalem Interesse, wie z. B. die Abwertung der Währungen in Asien, der Verlust der Bürgschaften japanischer Banken oder dem Widerwillen des Vereinigten Königreichs, die Europäische Währungsunion zu unterstützen, könnte die *»Interactive Edition«* jedoch zum Mekka all derjenigen werden, die an der globalen Wirtschaft und dem ökonomischen Klima interessiert sind. Ich würde deshalb empfehlen, daß das

»Journal« in die Anwerbung schlauer lokaler Kolumnisten in verschiedenen Teilen der Welt investiert, die nicht nur neue Analysen beitragen und von lokalen Wirtschaftsereignissen berichten, sondern auch Diskussionen online leiten können. Was den personalisierten Service betrifft, den die *»Interactive Edition«* bietet, würde ich als Abonnent einen Anstieg der E-Mails begrüßen. Heutzutage erhalte ich maximal ein paar Mittelungen pro Woche zu Themen, die mich interessieren. Ich würde gerne mehr E-Mails erhalten, die täglich die Inhalte der wichtigsten drei Themen in jedem meiner persönlichen Ordner zusammenfassen. *Dow Jones* experimentiert mit verschiedenen Technologien, um diese Anforderungen zu erfüllen. Die Firma hat *BackWeb, Microsofts* Internet-Explorer-Channels und *Pointcast* ausprobiert. Bisher scheint E-Mail die am weitesten verbreitete und einfachste Möglichkeit zu sein, Abonnenten zu erreichen. Deshalb hätte ich es gerne, wenn das *»Journal«* wesentlich mehr personalisierte E-Mails verschicken würde. Es muß jedoch jedem Abonnenten möglich sein, seine E-Mail-Barriere anzuheben, so daß niemand mit nachrichtenbezogenen E-Mails überschwemmt wird.

Tips aus der *Dow-Jones*-Fallstudie

① Die Kunden wünschten personalisierte Informationsdienste, um nicht immer das Gesamtbild sehen zu müssen. Sie schätzen die Personalisierung neben der Möglichkeit, auf alle Informationen zuzugreifen, die auch allen anderen zur Verfügung stehen.

② Indem die Kunden dazu verleitet werden, »etwas von sich selbst zurückzulassen« – die Themen und Firmen, die sie verfolgen wollen, ihre bevorzugten Abschnitte der Zeitung, ihre Aktien-Portfolios, die Teile der Welt, in denen sie das Geschehen verfolgen wollen –, konnte die *»Wall Street Journal Interactive Edition«* Loyalität bei Kunden erzeugen. Mehr als 85 Prozent der Abonnenten haben ihr Abonnement nach dem ersten Jahr verlängert.

③ Die Möglichkeit, weiter nachzuforschen und immer mehr detaillierte Informationen zu einem Thema von Interesse zu erhalten, ist ebenfalls sehr wichtig für die Kundenzufriedenheit.

④ Kunden erwarten, daß Online-Informationsdienste kontinuierlich rund um die Uhr aktualisiert werden.

⑤ Kunden bezahlen für Informationsdienste im Web, solange sie erhalten, wofür sie bezahlen: konsistente Informationen mit hoher Qualität, Beurteilungen, Einblicke und Analysen.

⑥ Wenn Sie einmal Erfolg dabei hatten, Ihren Kunden ein leicht zu bedienendes Werkzeug zur Verfügung zu stellen, das eine Steigerung ihres persönlichen und ihres Geschäftslebens bietet, werden diese Kunden Ihnen als loyale Kunden erhalten bleiben.

⑦ Die Pflege einer Gemeinschaft ist ein wichtiger Zusatz zur Personalisierung.

Die *»Interactive Edition«* erzeugt Interessengemeinschaften und pflegt diese, indem Diskussionsforen zu aktuellen Themen angeboten werden.

⑧ Für alle ernsthaften Bemühungen im Web ist ein Trio von Funktionen erforderlich: Geschäftsentwicklung/Marketing, redaktioneller Überblick sowie technische Einsicht und Übersicht.

Serviceleistungen personalisieren

General Motors

www.onstar.com

Organisationsprofil

Alle Autohersteller wünschen sich »lebenslange Kunden«. In der Vergangenheit haben sie sich bemüht, dieses Ziel zu erreichen, indem sie jedes Jahr Autos mit größerer Wirkung erzeugt haben und ihre Händler ermutigt haben, einen guten Kundendienst zu bieten. *General Motors* hat auf einen neuen Ansatz gesetzt, der, falls er angenommen wird, die Automobilindustrie revolutionieren wird. Für den neuen Dienst *OnStar* geht *GM* vom Verkauf physischer Waren zum Verkauf personalisierter Dienste auf Abonnementsbasis über. Wenn die Firma damit Erfolg hat, wird sie lebenslange Kunden haben.

Wichtige Erfolgsfaktoren im Fall »General Motors«	
✓ Die richtigen Kunden anvisieren	Kunden zur Selbstbedienung anregen
✭ Die Verantwortung für die Gesamterfahrung des Kunden übernehmen	✓ Kunden bei der Bewältigung ihrer Arbeit unterstützen
✓ Geschäftsprozesse straffen, die sich auf den Kunden auswirken	✭ Serviceleistungen personalisieren
Eine Rundumsicht von der Kundenbeziehung entwickeln	✭ Das Gemeinschaftsgefühl stärken
✭ = Hier detailliert beschrieben	✓ = Hier kurz angesprochen

OnStar von General Motors bietet personalisierte Sicherheit und Komfort

Die Markforschng bei *General Motors* hat aufgedeckt, daß die Kunden einige allgemeine Bedenken hatten: Sie fürchteten um ihr Leben und um die Sicherheit ihrer Familien auf den Straßen. Sie wollten nicht nur sicherere Autos, sondern auch sicherere Straßen. Sie wollten Schutz vor Autodieben. Sie hatten Angst davor, einen Unfall auf einer verlassenen Straße zu haben: Wie lange würde es dauern, bis dies jemand bemerken und ihnen zu Hilfe kommen würde? Diese Bedenken von Kunden konvergierten mit einer Reihe neuer Mobiltechnologien, die der Vorstand von *General Motors* für vielversprechend hielt. Was, wenn *GM* den Kunden Seelenfrieden bieten könnte – das Wissen, daß immer jemand bei ihnen wäre, egal, wo sie sich in ihrem Auto befänden, der Hilfe herbeirufen oder ihnen die Richtung weisen konnte? So entstand das Konzept von *GMs* Dienst *OnStar.*

OnStar ist ein optionaler Dienst, den Sie für zahlreiche aktuelle Wagen und Kleinlastwagen von GM erwerben können. Er besteht aus einer eingebauten Telefonzelle, der Global-Positioning-System-Satelliten-Technologie (GPS) und einer elektronischen Verbindung zu einem rund um die Uhr besetzten Kundendienstcenter, das das Auto lokalisieren kann, sobald Sie um Hilfe rufen (oder wenn der Airbag bei einem Unfall aufgeht oder der Diebstahlalarm losgeht). Der *OnStar*-Berater weiß, wer Sie sind und wo Sie sich befinden, er stellt schnell fest, was Sie benötigen und ruft Hilfe herbei oder bietet Ihnen detaillierte Richtungsangaben. Wenn Sie in einen Unfall verwickelt wurden, ruft der Berater die nächste Notfallhilfe. Wenn Ihr Auto gestohlen wurde, verfolgt *OnStar* den Wagen und benachrichtigt die Polizei über dessen Position, bis der Wagen gefunden wird. Wenn Sie sich aus Ihrem Wagen ausgeschlossen haben, kann der Berater ihn über Funk öffnen. Wenn Sie kein Benzin mehr haben, kann der Berater es arrangieren, daß Ihnen Benzin geliefert wird. Wenn Sie wissen müssen, wo sich der nächste Geldautomat oder ein Schnellrestaurant befindet, hat der Berater all diese Informationen bereit. Wenn Sie eine Empfehlung für ein gutes Restaurant in der Gegend und eine Reservierung benötigen, kann der Berater auch das regeln. Oder wenn Sie einen persönlicheren Dienst wünschen, kann ein Concierge Ihnen Karten für »ausverkaufte« Sportereignisse oder einen Tisch in einem Restaurant besorgen, in dem man normalerweise Monate im voraus buchen muß, oder er kann ein schwer zu findendes Geschenk für die Ehefrau besorgen – und das alles, während Sie zur Arbeit fahren.

Elektronische Technologien nutzen, um personalisierte Dienste über Funk zur Verfügung zu stellen

GMs Dienst *OnStar* ist ungefähr so persönlichkeitsbezogen, wie ein Dienst sein kann. Lassen Sie uns nun sehen, wie *GM* dazu kam, Kunden Dienste im Auto anzubieten.

Anfang der 90er Jahre präsentierten die Technologiestrategen von Hughes und Electronic Data Systems (EDS) dem Management von *GM* mehrmals pro Jahr die aufkommenden Technologien, die *GMs* Zukunft beeinflussen könnten.

Harry Pearce, der stellvertretende Vorsitzende von *GM,* der die organisatorische Verantwortung für Hughes und EDS bei *GM* trug, begann, einige neue Technologien zu bemerken, die für das Transportgeschäft des Unternehmens ziemlich interessant wirkten. Diese Technologien waren GPS, Spracherkennungstechnologien, eine nationweite, allgegenwärtige Infrastruktur für Mobiltelefone und fortgeschrittene, digital kontrollierte elektrische Systeme in den Autos. Als diese Technologien weiter ausreiften, reizten Pearce zusammen mit einigen Ingenieuren bei *GM* North *American* Operations (NAO) und Kollegen von Hughes und EDS die Möglichkeiten immer stärker, die diese Konvergenz von Technologien beinhaltete. Es gab ganz offensichtlich eine neue Klasse von Diensten, die es ermöglichen würden, genau festzustellen, wo sich ein Wagen befindet, mit dem Fahrer über Mobiltelefon kommunizieren zu können und in der Lage zu sein, die elektrischen Funktionen des Wagens per Funk zu steuern (z. B. die Wagentüren aufzuschließen).

Anfang 1995 gab das Management von *GM* grünes Licht für den Start eines neuen Service-Geschäfts – eines Geschäfts, das darauf ausgerichtet war, Personen Dienste anzubieten, während sie im Auto saßen. Sie klopften bei Chester A. »Chet« Huber an, einem Veteranen des Lokomotiven-Geschäfts von *GM,* der seit dreiundzwanzig Jahren dabei war. Der neue Geschäftszweig mußte Ressourcen aus den Auto- und Lastwagenabteilungen, Hughes und EDS (eine nun unabhängige Firma) zusammenziehen. »Ich war der richtige Mann für den Job, weil ich bisher für keinen von denen gearbeitet hatte. Ich war eine neutrale dritte Partei«, erklärte Huber.

Im Juni 1995 wurde Chet Huber zum Generaldirektor der Abteilung *OnStar.* Er erhielt eine Vollmacht, einen Geschäftszweig zu entwickeln, der dazu dienen sollte, »Kunden Service zu bieten, während sie auf der Straße waren«. Huber betrachtet diese Herausforderung als Heranzüchtung einer neuen Einnahmequelle für *GM* – als Aufbau eines Geschäftszweigs, der mit dem Kerngeschäft von *GM* verbunden ist, aber ein ganz anderes Geschäftsmodell und Wertgefüge hat. Anstatt physische Waren einmalig zu verkaufen, das Geld zum Zeitpunkt des Verkaufs zu sammeln und zu hoffen, in ein paar Jahren wieder etwas an den gleichen Kunden verkaufen zu können, ist das Geschäft von *OnStar* ein Abonnementsgeschäft. Die Kunden erwerben die Option, bekommen diese in ihren Autos installiert und bezahlen dann eine monatliche Servicegebühr. »Unser Job besteht darin, eine lebenslange Beziehung zu unseren Kunden aufzubauen«, sagt Huber.

Hubers größte Herausforderung bestand in der Gestaltung eines sich schnell bewegenden Geschäftszweigs, der innerhalb von *GMs* 100-Milliarden-US-Dollar-Bürokratie bestehen konnte. Er erreichte das zum Teil dadurch, daß er viele Mitarbeiter von außen hereinbrachte und sich auf eine Anzahl außenstehender Berater verließ. Augenblicklich haben ungefähr 50 Prozent der Angestellten in der Abteilung *OnStar* einen Telekommunikations- oder High-Tech-Hintergrund, während die anderen 50 Prozent aus der Autoindustrie kommen. »Wir mußten ein tiefes Verständnis für unseren Handelskanal entwickeln«, erklärte Huber, sowie gründliche Kenntnisse über die Elektrik in Autos und die mechanischen Systeme.

Entwicklung und Start des Dienstes

Im Herbst 1995 beschloß *GM,* daß *OnStar* eine separate Abteilung von *GMs* North *American* Operations sein und an Ronald D. Zarrella, dem Vizepräsidenten und Gruppendirektor des Autoverkaufs, Service und der Marketing-Gruppe von NAO, berichten sollte. Diese neue Abteilung würde ihr erstes Produkt und die Dienste in zwölf Monaten am Markt anbieten – im Herbst 1996 für den 1997er Cadillac. Für den Start wurde die Kundenschaft des Cadillac ausgewählt. Die Besitzer von Cadillacs sind der anspruchsvollste Markt von *GM,* und das Team von Huber wußte, daß der Preis der *OnStar*-Option bei wettbewerbsfähigen 10000 US-Dollar liegen mußte. Aber am wichtigsten war, daß die elektrische Architektur des Cadillacs die »gastfreundlichste« war – diejenige, in die sich die Option am leichtesten integrieren ließ.

Als Hubers Gruppe das Cadillac-Team traf, waren die Leute bei Cadillac etwas ungläubig. »Wenn Sie normalerweise in ein Autoprogramm integriert werden wollen, müssen Sie zwei oder vier Jahre vor dem Startdatum des neuen Autos auftauchen, und zwar mit geprüften Komponenten«, erklärte Huber. Sein Team besaß die Kühnheit, weniger als zwölf Monate vor dem Startdatum für den Wagen mit Teilen aufzukreuzen, die noch niemals zuvor in einen Cadillac eingebaut wurden!

Aber die Leute bei Cadillac waren Spieler. Die *OnStar*-Vision sagte ihnen zu. Und sie sahen es immer gerne, mit einer neuen Funktion die ersten am Markt zu sein. Sie stimmten zu, mit einem beschleunigten Zeitplan weiter in das Projekt einzusteigen, solange das *OnStar*-Team die Verpflichtungen und Endtermine einhalten konnte. Es war auf beiden Seiten klar, daß das Projekt abgebrochen würde, wenn die Ziele nicht erreicht werden konnten.

Um das Design und die Entwicklung des *OnStar*-Dienstes fertigzustellen, mußte Hubers Gruppe von ungefähr vierzig Personen (plus Projektteams von Hughes und EDS) verschieden parallele Anstrengungen unternehmen. Sie mußten die physischen Komponenten entwickeln, testen und in den Cadillac integrieren. Sie mußten Systeme und Datenbanken entwickeln, die mit der Hardware im Auto interagieren würde. Sie mußten die Kommunikationsfunktionen in verschiedenen Teilen des Landes testen. Und sie mußten die 24-Stunden-Betriebsbereitschaft im Call Center entwickeln, Personal einstellen und trainieren.

Entwicklung der technischen Infrastruktur

Was wird im Wagen installiert, wenn Sie den Dienst *OnStar* erwerben? Es gibt zwei Kästen, die beide mit Technologie vollgestopft sind. Der erste ist die Vehicle Integration Unit (VIU). Sie kommuniziert mit den Computern des Wagens, die mit dem Zustand vieler Systeme im Auto kommunizieren können – der Airbag ist soeben aufgegangen –, und können Funktionen steuern – die Türen aufschließen. Die VIU enthält auch die GPS-Einheit, die die Position des Wagens aufzeichnet und übermittelt. Der zweite Kasten ist die Vehicle Communications Unit (VCU). Diese enthält das Spracherkennungssystem des Wagens und das eingebaute Mobiltelefon. Das Spracherkennungssystem wurde von den Ingenieuren Veronica genannt. Es spricht mit Ihnen und veranlaßt Sie zu Manövern. Das Systen »lernt« auch und erkennt dann die Zahlen und Befehle, die Sie einprogrammieren. Sie können bis zu zwanzig verschiedene Nummern speichern, die mit Sprachbefehlen verknüpft sind (»Rufe Fred an«. »Rufe zu Hause an«. »Rufe im Büro an«.) Wenn Sie einen Anruf starten (indem Sie einen Hebel an Ihrem Lenkrad heben und entweder Veronica die Nummer liefern oder eine Sprachmarke benutzen), verstummt Ihr CD-Spieler oder das Radio, und der eingehende Anruf wird über die Hifi-Lautsprecher, die zur Stereoanlage des Wagens gehören, ausgegeben. Ihre Stimme wird über ein eingebautes Hifi-Mikrofon in der Decke direkt über dem Lenkrad lokalisiert).
Eine der größten Herausforderungen bei der Gestaltung der Infrastruktur, berichtet der Generaldirektor Chet Huber, bestand darin, die verschiedenen Mobilfunknetzwerke zu bedienen, die das Land bedecken. Ursprünglich wurde zwar beschlossen, den analogen Mobilfunk in den USA zu nutzen (weil es keine nationweite digitale Abdeckung gibt), es gab jedoch zahlreiche Herausforderungen. Es gibt bei dem Mobiltelefonsystemen viele verschiedene Jahrgänge, die alle unterschiedliche Funktionen haben. Die Daten, die vom GPS-System und den Computern im Wagen gesammelt werden, werden über ein Software-Modem über ein drahloses Netzwerk geleitet. Das Designteam von *OnStar* mußte absolut sicher über die Integrität der Signale sein, die an jedes Netzwerk übertragen wurden. Wenn ein Airbag in einem Wagen losgeht, muß das Signal das Call Center von *OnStar* so schnell und genau wie möglich erreichen. Zu den anderen Themen, mit denen sich das *OnStar*-Team befassen mußte, gehören:

- wie die Tatsache behandelt werden kann, daß bei einigen Mobiltelefonsystemen bei Ferngesprächen eine »1« vor der zehnstelligen Telefonnummer vorgewählt werden muß;
- wie Roaming-Situationen behandelt werden können, wenn ein Mobiltelefon in einem bestimmten Bereich nicht erkannt wird;
- wie die Tatsache behandelt werden soll, daß die verschiedenen Mobiltelefonsysteme unterschiedliche Spannungen benötigen;

- wie dem System eine PIN-Nummer (PIN = Personal Identification Number) beigebracht werden kann, und wie das Mobiltelefon weiß, wann der PIN erforderlich ist;
- wie sichergestellt werden kann, daß die GPS-Daten, die zusammen mit dem Anruf übertragen wurden, vom *OnStar*-System korrekt empfangen werden.

Um diese und andere technischen Probleme zu lösen, arbeitete das Mobilkommunikationsteam eng mit der *Cellular Telecommunications Industry Association (CTIA)* zusammen. In der Tat war diese Organisation vom Durchbruch beeindruckt, der *OnStar* bei der Lösung vieler technischer Probleme gelang sowie von der Art und Weise, in der das *OnStar*-System den Standort des Anrufers mit GPS-Daten übermittelt. Als Ergebnis verleiht CTIA im Juni 1996, einige Monate vor dem tatsächlichen Start des Dienstes *OnStar* die Auszeichnung Future Vision.
Das System, das benutzt wurde, um die Operationen des *OnStar*-Call-Centers zu unterstützen, wurde von EDS speziell für *GMs OnStar*-Abteilung entwickelt. Es enthält eine grundlegende Kundenprofildatenbank für alle *OnStar*-Kunden, die demographische Informationen über den Hauptnutzer des Wagens und Informationen über den Wagen des Abonnenten enthält: Typ, Modell, Aussehen und Ausstattung. Es gibt außerdem ein riesenhaftes geographisches Informationssystem mit allen geocodierten Straßenkarten für die gesamten USA. Und es gibt eine Datenbank, die mit einer Liste von Hotels Restaurants, Geldautomaten, Tankstellen usw. gefüllt ist, wobei jedes Element geocodiert ist und somit auf der Landkarte am korrekten Standort erscheint. Schließlich gibt es noch eine Wissensbasis mit Informationen, die über dritte Parteien gesammelt wurden – Einschätzungen von Restaurants, Reiseführer usw. Die *OnStar*-Anwendung hat iterative Verbesserungen durchlaufen. Innerhalb der ersten anderthalb Jahre gab es mehrere Versionen der Software. Huber erwartet, daß bei kontinuierlichen Verbesserungen jedes Quartal mit einer neuen Software-Version zu rechnen ist, die die Anforderungen und Prioritäten der Kunden enthält.

Der *OnStar*-Dienst wurde planmäßig im Herbst 1996 für die 1997er Cadillacs gestartet. 1998 waren nahezu zwei Millionen Pkw und Lkw von *GM OnStar*-fähig, inklusive *Buicks,* ausgewählten *Minivans,* Sportwagen, großen Lastwagen, Luxusautos (*Oldsmobile* und *Pontiac*) und Mittelklassewagen (die Modelle *Chevrolet Monte Carlo* und *Lumina*). Die Kosten für den Dienst beliefen sich auf 895 US-Dollar plus der Installation durch den Händler für das *OnStar*-Optionspaket und 22,50 US-Dollar pro Monat für den laufenden Service. Was an diesem Preismodell richtig zu sein scheint, ist, daß es analog zum Preismodell der Mobiltelefongesellschaften gestaltet ist. Während *OnStar* teurer als ein grundlegender Mobiltelefondienst ist, erhalten Sie auch wesentlich mehr als einen Wählton. Sie erhalten einen hoch personalisierten Dienst. Ihr Wagen ist nun zum »intelligenten Auto« geworden. Er weiß, wo Sie sich befinden, und kann Ihnen dabei helfen, dorthin zu kommen, wo Sie hinwollen.

Bereitstellung eines personalisierten Dienstes

Was geschieht, wenn ein Anruf im *OnStar*-Call-Center eintrifft? Der Berater sieht eine Landkarte auf dem Computerbildschirm vor sich, auf der der Wagen positioniert ist. Ein weiteres Fenster öffnet sich, das Informationen zum Abonnenten und zu seinem Wagen enthält. Am oberen Rand des Bildschirms sieht der Berater, um welche Art von Anruf es sich handelt – der Airbag hat sich geöffnet, die Diebstahlsicherung wurde ausgelöst, der rote Notfallknopf wurde gedrückt, der grüne »Informations/Hilfe«-Knopf wurde betätigt. Ein weiteres Fenster liefert dem Berater Informationen darüber, wer für diesen speziellen Standort der 911-Rettungsdienst ist (manchmal ist es die lokale Polizei, manchmal die Bundespolizei). Das Startfenster mit den Namen des Kunden und dem Grund des Anrufs erscheint sofort. Es dauert ungefähr zwanzig Sekunden, bis die korrekten Informationen zum Rettungsdienst am Bildschirm angezeigt werden. Nachdem der Berater sich vorgestellt und den Abonnenten begrüßt hat (»Hallo, hier spricht Peter Petersen, wie kann ich Ihnen behilflich sein?«), hat er alles, was er benötigt, um dem Kunden zu helfen. Beim Personal des Call Centers handelt es sich um College-Absolventen, die sehr gut ausgebildet sind. Sie machen Ihre Arbeit sehr gerne, weil sie Personen helfen, die ihre Unterstützung jeden Tag benötigen, manchmal sogar in lebensbedrohlichen Situationen.
Im Herbst 1997 hatten die Berater von *OnStar* bereits Dutzende von Unfällen bearbeitet, bei denen die Airbags aufgegangen waren, zwei Wagendiebstähle und zahllose andere Anfragen, die von »Wo ist der nächste Geldautomat?« bis zu »Können Sie mir eine Saisonkarte für die Green Bay Packers besorgen?« reichten. Nehmen Sie einmal das Beispiel des *OnStar*-Abonnenten Jim Dickey aus Pendleton, Oregon. Als er mit einigem Geschäftskollegen vom Abendessen in einem Restaurant nach Hause kam, das ihm von einem *OnStar*-Berater empfohlen wurde, nahm Dickey die landschaftlich reizvolle Route. Ein Reh rannte über die Straße und direkt in seinen Cadillac. Die Airbags öffneten sich und sendeten einen Notfallhinweis an *OnStar.* »Mein Wagen hatte noch nicht einmal gestoppt, und mein Telefon klingelte bereits«, sagte Dickey. »Ich war beeindruckt. Ein Berater war sofort am Apparat, um zu prüfen, ob alles in Ordnung sei.« Innerhalb weniger Minuten sandte *OnStar* die lokale Polizei zum Ort des Geschehens. Ein weiterer Abonnement wurde mit vorgehaltener Waffe auf einem Highway-Parkplatz bedroht und aufgefordert, seinen Wagen zu verlassen. Er tat das auch, aber er drückte dabei den roten Notfallknopf, um das Personal bei *OnStar* zu warnen. Innerhalb weniger Minuten kam ein Polizist zum Ort des Geschehens, griff den Kunden auf, beruhigte ihn und erhielt einen detaillierten Bericht des

Vorfalls, während ein zweiter Polizist den gestohlenen Wagen verfolgte, wobei er vom *OnStar*-Berater geleitet wurde. Innerhalb einer Stunde wurde der gestohlene Wagen gefunden und die Verhaftung vorgenommen.

Ein Abonnent kam aus einem Einkaufszentrum mit seiner Enkelin und konnte sich nicht daran erinnern, wo er seinen Wagen geparkt hatte. »Paß auf«, sagte er zu ihr, als er die kostenlose Nummer von *OnStar* über sein Mobiltelefon anrief. »Opa bittet einen Engel darum, die Lichter des Wagens anzumachen und zu hupen.«

Selbstverständlich gibt es Dinge, die das *OnStar*-System nicht für Sie tun wird. Wenn Sie die *OnStar*-Nummer anrufen und fragen »Meine Frau ist schon seit einer Weile mit dem Wagen unterwegs. Können Sie mir sagen, wo sie ist?«, erhalten Sie eine höfliche Ablehnung. *OnStars* Politik ist es, den Standort des Wagens nur den nächstliegenden Gesetzesvollstreckungsorganen im Falle eines tatsächlichen Notfalls bekanntzugeben.

Wachsende OnStar-*Partnerschaften*

Einer der wichtigsten Vorteile des *OnStar*-Dienstes ist die beständig anwachsende Datenbank von Hotels, Restaurants und anderen Zielen. Ende 1997 gab es 3,9 Millionen Verzeichnisse in der *OnStar*-Datenbank in Kategorien, die von Videoverleihs bis zu Copyshops reichten. Wenn Sie das nächstliegende Postamt finden müssen, das nach 17.00 Uhr noch geöffnet hat, ein Krankenhaus, einen Notar oder eine Autowaschanlage, sind diese Angaben sehr wahrscheinlich in der Datenbank enthalten, und ein Berater kann sie für Sie finden.

Viele dieser Ziele und Ressourcen wurden »*OnStar*-Partner«, um ein bestimmtes Niveau eines personalisierten Dienstes sicherzustellen, der so gestaltet ist, daß die *OnStar*-Erfahrung in den Rest Ihres Tages übergeht. *OnStar* hat z. B. *Hilton Hotels, Embassy Suites, Days Inn, Best Western* und viele weitere Hotels und Urlaubsketten als Partner. Dies sind Organisationen, mit denen *OnStar* spezielle Vereinbarungen getroffen hat, die Ihnen eine bevorzugte Behandlung bieten. Weitere Partner sind z. B. *American Floral Service* – das macht es Ihnen leicht, Blumen zu bestellen, die an einer beliebigen Stelle im ganzen Land zugestellt werden – und mobil. Der *»Mobil Travel Guide«* steht den Beratern online zur Verfügung, um Ihnen dabei behilflich zu sein, Restaurantempfehlungen abzugeben und Reservierungen für Sie vorzunehmen.

Die nächsten Schritte

Die meisten Änderungen, die an der *OnStar*-Anwendung vorgenommen werden, sind das Ergebnis der Rückmeldung von Kunden. Das *OnStar*-Team hat z. B. sehr schnell festgestellt, daß die Organisation der Datenbankverzeichnisse bei

Geldautomaten und Tankstellen nicht gut genug war. Die Kunden wollten wissen, wo die nächste *Amoco*-Tankstelle lag oder der nächste *Wells-Fargo*-Geldautomat. *OnStar* mußte mehr Informationen in den Kundenprofilen speichern und die Profile nutzen, um die relevantesten Informationen für jeden Kunden zu suchen oder hervorzuheben.

Alle Kundenanfragen und Verbesserungsvorschläge werden notiert und mit Prioritäten versehen. Selbstverständlich verfolgen die *OnStar*-Berater, wonach Kunden fragen und was sie nicht bereitstellen können oder wofür der Zugriff zu lange dauert. Darüber hinaus, erklärt Huber, müssen alle Angestellten der Firma eine Stunde pro Monat neben einem Berater sitzen, um Erfahrungen mit Kundeninteraktionen aus erster Hand zu machen. Huber hat dies als Team-Ansporn eingerichtet. Wenn ein Angestellter diese Stunde in einem Monat nicht wahrnimmt, verliert das gesamte Team seinen Bonus für ein Jahr.

Einer der Bereiche von Rückmeldungen, die Huber erstaunten, war die Tatsache, daß Kunden nach einer weiteren Diagnose der mechanischen Systeme ihrer Wagen fragten. Huber und andere Marketing-Leiter hatten gedacht, daß die Kunden nichts über die Funktionsweise ihrer Motoren oder des hydraulischen Systems wissen wollten, und so hatten sie dafür keine Diagnose über Funk eingeplant. Aber die Kunden sagten: »Ich möchte, daß Sie alle Tests an meinem Wagen für mich übernehmen. Wenn er beginnt, verrückt zu spielen oder wenn die Ölkontrollleuchte angeht, sollen Sie mir sagen, ob es sich um etwas ernsthaftes handelt, um das ich mich sofort kümmern muß, oder ob es sich um etwas handelt, das ich für eine Weile zurückstellen kann.«

Neben der Funk-Diagnose gibt es verschiedene andere Bereiche, in denen Verbesserungen geplant sind. Als erstes möchte Huber die Informationen zum Kundenprofil, die in der Datenbank gespeichert werden, erweitern. Im Augenblick enthält die Datenbank grundlegende Informationen über den Abonnenten und den Wagen. *GM* würde den Kunden gerne in die Lage versetzen, mehr Informationen hinzuzufügen, die diese dem *OnStar*-Team gerne zur Verfügung stellen möchten: Andere Familienmitglieder, die den Wagen normalerweise fahren, Vorlieben für Tankstellenmarken, Restaurantketten, Banken etc. würden einem Berater dabei helfen, eine bevorzugte Ressource zu finden. Huber plant, diese Profile auf zwei Weisen zu warten: indem er sie per Post versendet und Kunden dazu ermutigt, die Website von *OnStar* zu besuchen und ihre Profile jederzeit zu verändern oder zu erweitern. Zweitens möchte er die Kundenkontaktinformation erweitern, um jede Interaktion mit jedem Kunden zu protokollieren. Er sagte z. B. »Wenn die letzten drei Interaktionen, die der Kunde mit Bill, Judy und Anne hatte, sehr positiv verliefen und wenn einer dieser Berater verfügbar ist, wenn er das nächste Mal anruft, würde ich den Anruf gerne an eine dieser Personen leiten, zu denen er bereits ein gutes Verhältnis hat.«

Huber möchte auch mehr mit der Weiterleitung eingehender Anrufe tun. »Wenn wir einen Mitarbeiter haben, der in einem bestimmten geographischen Bereich aufgewachsen ist, und jemand aus dieser Gegend anruft, sollte der Anruf an die Person mit den Kenntnissen über die örtlichen Verhältnisse geleitet werden.« Schließlich, erklärte er, könnten spezielle Berater trainiert werden, um Experten für bestimmte Stadtgebiete zu werden, und Anrufe aus diesen Gegenden sollte direkt an sie geleitet werden.

Im Hinblick auf Expansion ist *OnStar* bereits in den USA und in Kanada verfügbar. Als nächstes plant Huber, diesen Dienst auf Europa auszudehnen. Das erfordert sehr viel Arbeit, weil die Infrastruktur für Mobiltelefone sich unterscheidet, die Netzwerke für die Kommunikation bei Notfällen anders sind und weil es natürlich zahlreiche verschiedene Länder, Sprachen und Kulturen gibt. Huber erwartet jedoch, den Dienst *OnStar* 1999 in Europa zu starten.

Ergebnisse

Ende 1997 – im ersten Betriebsjahr – gab es ungefähr 20 000 *OnStar*-Kunden. Und das System wurde gründlich getestet und entstört. Nun, nachdem *OnStar* als fertig für die »Hauptsendezeit« betrachtet wird, beginnt *GM,* die Werbung und den Vertrieb für den Dienst einzurichten. Die ersten 20 000 Kunden bilden ungefähr 1 Prozent des aktuellen potentiellen Marktes für den Dienst: die 2 000 000 neuen *GM*-Auto- und Lastwagenmodelle, die nun *OnStar*-fähig sind. Wenn *OnStar* in einigen Jahren 10 Prozent seines potentiellen Marktes erreichen wird (meine Einschätzung, nicht die von *GM*), sollte der Dienst profitabel sein. Vielleicht noch wichtiger ist die Loyalität der Kunden, die *GM* erfahren wird, wenn *OnStar*-Kunden sich weiterhin für Autos von *GM* entscheiden.

Nach dem ersten Jahr waren auch die Händler von *GM* aus zwei Gründen etwas enthusiastischer, den Dienst zu fördern. Erstens hatten viele von ihnen die Gelegenheit erhalten, den Dienst in einem Demo-Wagen zu benutzen. Somit hatten sie mit dem Dienst Erfahrungen aus erster Hand. Zweitens hatten sie die Vorteile des »Halo-Effekts« entdeckt, die die *OnStar*-Option für ihren Handel bedeutete. *GM*-Kunden werden routinemäßig nach dem Kauf ihres Wagens befragt, und nachdem sie ihn eine Weile besitzen. Sie werden über ihre Erfahrungen beim Kauf des Wagens und über die Qualität des Services befragt, die sie von ihrem Händler erhalten haben. *OnStar*-Kunden bewerten den Händler in allen Bereichen immer höher als normale Kunden.

Gerade zu der Zeit, wenn andere Konkurrenten beginnen, einen vergleichbaren Dienst anzubieten, wird sich *OnStar* ohne Zweifel bereits auszahlen, indem Vereinbarungen mit Autovermietungen und anderen Autoherstellern getroffen werden. *GM* wird dann natürlich nicht mehr länger in der Lage sein, *OnStar* zur Differenzierung der Wagen von denen der Konkurrenz zu benutzen, aber die Firma wird in der Zwischenzeit ein erfolgreiches Dienstleistungsgeschäft aufgebaut haben, das eng mit seinen tatsächlichen Endkunden und deren Haushalten verbunden ist – eine sehr wertvolle Konzession.

Pattys Resümee für GMs OnStar

Neben der internationalen Ausweitung des Dienstes würde ich es begrüßen, wenn *OnStar* wesentlich mehr mit seiner Website anstellen würde. Augenblicklich ist die Site sehr informativ für den Dienst und enthält einen Bereich mit häufig gestellten Fragen (FAQs) für *OnStar*-Abonnenten. Aber es gibt nichts weiter, das für die aktuellen Kunden entwickelt wurde. Anfang 1998 war *OnStar* mit seiner Website immer noch bei Phase 1: Inhalte für Broschüren, wenngleich auch ziemlich elegante Broschüren.

Als *OnStar*-Abonnent würde ich erwarten, lebhafte Diskussionen zwischen anderen Benutzern über deren innovativen Gebrauch des Dienstes zu sehen – wie ihnen durch den Dienst das Leben gerettet wurde –, und die andere Abonnenten auf gute Ideen bringen würden. Ich würde auch gerne in der Lage sein, mein Profil zu betrachten und zu verändern. Ich würde gerne die Namen und relevanten Informationen zu anderen Familienmitgliedern eingeben, die meinen Wagen vielleicht fahren und Hilfe benötigen. Ich würde gerne zahlreiche Informationen online finden, die mich bei der Planung meiner Reisen unterstützen. Ich hätte z. B. gerne Zugriff auf dieselben Wissensbasis-Informationen über Hotels und Restaurants, die die Berater zur Verfügung haben. Ich würde gerne in der Lage sein, ein Hotelzimmer über die Website zu reservieren und die bevorzugte *OnStar*-Behandlung zu erhalten. Und ich wäre gerne in der Lage, die Dienste anderer *OnStar*-Partner zu nutzen.

Als Nutzer von Mietwagen würde ich es gerne sehen, daß der Dienst *OnStar* bei einer oder mehreren Autovermietern verfügbar wäre. Wenn ich ein *OnStar*-Abonnent wäre und einen Wagen mieten müßte, könnte ich einen wählen, der *OnStar*-fähig wäre. Oder wenn ich kein *OnStar*-Abonnent wäre, diesen Dienst aber gerne ausprobieren würde, hätte ich die Möglichkeit dazu.

Tips aus der *GM*-Fallstudie

① Die heutigen elektronischen Technologien können genutzt werden, um die Lebensqualität der Kunden zu verbessern. Nutzen Sie Ihre Vorstellungskraft. *GM* tat dies auch.

② GPS-Systeme und Mobiltelefone bieten eine lebensfähige Infrastruktur für Dienste, die Kunden unabhängig von ihrem Aufenthaltsort und zu jeder Tages- oder Nachtzeit zur Verfügung gestellt werden.

③ Kunden sind begierig nach Diensten, die ihnen Sicherheit und Bequemlichkeit bieten.

④ *GM* hat ein komplett neues Geschäftsmodell zum Unternehmens-Portfolio hinzugefügt: ein Dienst auf der Basis von Abonnements. Dies erlaubt es der Firma, eine fortwährende Beziehung zu ihren Endkunden aufzubauen.
⑤ Um Kunden lebenslang zu halten, müssen Sie mehr tun, als gute Produkte und Dienstleistungen anzubieten. Sie müssen den Kunden etwas geben, das diese richtig wertschätzen – in *GMs* Fall Seelenfrieden. *OnStar* ist wesentlich mehr als eine Versicherungspolice. Der Dienst ist eine Garantie, daß jemand für Sie da sein wird, wenn Sie ihn brauchen. Neben Sicherheit genießen Sie jeden Tag eine Ebene der Bequemlichkeit, auf die Sie sich sehr bald verlassen werden.
⑥ Ein als Unternehmen organisierter, sich schnell ändernder Geschäftszweig kann innerhalb einer riesigen Organisation wachsen. *GMs OnStar*-Abteilung wurde innerhalb von weniger als einem Jahr vom Konzept zur Auslieferung gebracht.
⑦ *OnStar* entwickelte seine Funktionen ausgehend vom Endkunden. Dann wurden die Infrastruktur, die Geschäftsprozesse, Anwendungen und das ausgebildete Personal installiert, um die Funktion bereitstellen zu können.
⑧ Die neuen *OnStar*-Module mußten in die bestehenden Systeme in den Autos integriert werden. *GM* verfügte nicht über den Luxus, das Design seiner Wagen verändern zu können, um diese mit den neuen kundenorientierten Systeme in Einklang zu bringen. Dies ist eine andere Form der »Systemintegration«, die Sie vielleicht durchführen müssen.
⑨ Wenn Sie einen wirklich personalisierten Dienst anbieten, müssen Sie grundlegende Informationen über Kunden durch detaillierte Kundenprofile ergänzen und diese Profile dann nutzen, um die Informationen anzupassen, die jedem Kunden präsentiert werden.

Serviceleistungen personalisieren:

Lektionen

Es ist interessant, festzustellen, daß beide Beispiele, die ich ausgewählt habe, um die Bereitstellung personalisierter Dienste zu illustrieren, einen Abonnementsdienst beinhalten. Selbstverständlich können personalisierte Dienste auch auf zahlreiche andere Arten bereitgestellt werden. Das Schöne an einem Angebot auf Abonnementsbasis ist aber, daß dies normalerweise bedeutet, daß Sie ein Jahr lang jeden Tag (oder einmal pro Woche oder pro Monat) mit dem Kunden zu tun haben. Bei den heutigen interaktiven Technologien bedeutet mit dem Kunden zu tun zu haben wesentlich mehr, als ihm einfach monatlich ein Magazin oder eine Zeitung per Post zuzusenden. Wie Sie am Beispiel des *»Wall Street Journal«* sehen können, bedeutet ein personalisierter Abonnementsdienst, Kunden darüber zu informieren, wenn sich etwas Interessantes ereignet. Und wie Sie an beiden Fallbeispielen sehen können, bedeutet es, rund um die Uhr für die Kunden da zu sein.

Kundenprofile sind wesentlich

Es ist ganz offensichtlich, daß Sie keinen personalisierten Dienst bereitstellen können, ohne sehr viel über jeden Kunden zu wissen. Beide Firmen sammeln ihre ersten Informationen über die Kunden zu dem Zeitpunkt, wenn der Kunde den Vertrag unterschreibt. Im Fall von *Dow Jones* verfeinern die Kunden ihre Profile dann kontinuierlich in der Website. Dies geschieht, indem sie Ordner mit Schlüsselwörtern anlegen, die mit ihnen verknüpft sind – Themen oder Firmen, die die Kunden verfolgen wollen. Oder ein Kunde kann ein Portfolio von Firmen erzeugen, deren Aktien und Finanzinformationen er verfolgen möchte. Im Falle von *GM* sind die Berater in der Lage, zusätzliche Profilinformationen auf dieselbe Weise zu sammeln, wie *Bell Atlantic* es tut, wenn sie mit Kunden interagieren. Das Datenbanksystem von *OnStar* muß jedoch erweitert werden, so daß es für wertvolle Profilinformationen andere Speicherorte gibt als das Notizfeld. Kundenprofile müssen in Datenbanken gespeichert werden. Die Einträge müssen in Datenfelder konvertiert werden, auf die Geschäftsprozesse oder Programme angewendet werden können. Im Falle der *»Wall Street Journal Interactive Edition«* z. B. bedeutet die Tatsache, daß ich »Internet« als einen meiner Schlüsselbegriffe gewählt habe, daß jeder Artikel, den der Redakteur für relevant hält, in meinem Internet-Ordner auftaucht.

Kunden investieren ihre Zeit und Energie

Der Grund, warum personalisierte Dienste so verlockend sind und die Kunden halten, ist, daß Kunden, die einmal die Zeit investiert haben, um ihre Profilinformationen zu erstellen und/oder zu aktualisieren, wohl kaum irgendwo anders hingehen, um dasselbe noch mal zu tun. Es ist sehr wichtig, daß sich die Zeit, die die Kunden investieren, sehr schnell bezahlt macht. Im Fall der *»Wall Street Journal Interactive Edition«* erhalten sie die Rückmeldung sofort. Ein Kunde gibt seine Profilinformationen ein, und schon erscheint die neue Information auf seiner persönlichen Homepage. Diese sofortige Genugtuung ist wirklich wichtig. Der Kunde möchte sofort Ergebnisse sehen, wenn er neue Profilinformationen eingibt, nicht erst das nächste Mal, wenn er mit Ihnen interagiert.

Personalisierung ist kein Selbstzweck

Kunden schätzen die Personalisierung eventuell nicht als solche. Wie *Dow Jones* feststellte, würden Kunden kein Abonnement kaufen, um nur einen personalisierten Dienst zu haben. Sie müssen die einzigartige Art von Informationen und Analysen schätzen, die vom *»Wall Street Journal«* bereitgestellt werden. Im Falle von *OnStar* abonnieren Kunden den Dienst, um Sicherheit und Seelenfrieden zu erhalten. Die Personalisierungsfunktionen beider Dienste zementieren und vertiefen die Beziehung zum Kunden. Durch die Personalisierung der Bereitstellung Ihres Dienstes können Sie Ihre Kunden ständig erfreuen, solange sie involviert bleiben. Wenn die Aufmerksamkeit eines Kunden abgelenkt wird und er sich nicht mehr darum kümmert, sein Profil zu aktualisieren, ärgert er sich vielleicht darüber, daß Sie ihm dauernd Dinge anbieten, an denen er kein Interesse hat. Es mag zu aufdringlich erscheinen (Woher wußten Sie, daß meine Frau italienisches Essen mag?) oder es wird nicht richtig reagiert (Ich interessiere mich nicht mehr für das Internet. Das ist vorbei. Warum muß ich dieses Zeug immer noch sehen?). Ihr Ziel muß deshalb darin bestehen, sicherzustellen, daß Ihr Grundangebot genügend Wert hat, um die Kunden zufrieden zu halten und sie dazu zu bringen, zurückzukommen und nach mehr Ausschau zu halten. Als nächstes müssen Sie es den Kunden so einfach wie möglich machen, ihr Profil jederzeit einzusehen und zu verändern. Und sie wollen, daß Ihre Kunden sich darüber bewußt sind, daß die Qualität des personalisierten Diensten, den Sie ihnen als Option bieten können, von der Qualität der Informationen abhängt, die die Kunden über ihre Vorlieben und Interessen zur Verfügung stellen.

Personalisierte Dienste führen eventuell zu einem Bedarf für eine Gemeinschaft

Ich bin nicht sicher, warum dies der Fall ist, aber jedesmal, wenn ich ein gutes Beispiel für einen personalisierten Dienst finde, neige ich dazu, ein Korollar für eine Interessensgemeinschaft zu finden. Beachten Sie, daß die »*Wall Street Journal Interactive Edition*« einen aktiven Bestand von Diskussionsforen beinhaltet. Eine meiner Verordnungen für *OnStar* war der Bedarf für das Angebot eines Online-Forums für *OnStar*-Abonnenten. Ich denke, der Grund dafür, daß diese zwei Gegenteile Hand in Hand gehen, ist, daß, wenn Sie einmal eine vertrauensvolle Beziehung zu einer Firma aufgebaut haben und den Dienst wertschätzen, den die Firma anbietet, Sie eher anderen trauen werden, die dieselbe Art von Beziehung haben. Und natürlich haben Sie zumindest eines gemeinsam: Sie sind beide Kunden einer Firma, Abonnenten desselben Dienstes, Mitglieder im selben Club.

Andere E-Commerce-Anbieter scheinen ähnliche Erfahrungen zu haben. Als wir das letzte Mal mit Dudley Nigg von *Wells Fargo* sprachen, war dieser gerade im Begriff, eine Gemeinschaft in die Website von *Wells Fargo* aufzunehmen. Er begann diese Arbeit, nachdem in der Site zwei Jahre lang ein hoch personalisierter Dienst angeboten wurde. Starten Sie also mit einem wertvollen Basisdienst, erhöhen Sie diesen Wert, indem sie Ihre Angebote personalisieren und schauen Sie dann, wohin sie das bringt. Es könnte Sie zu einer Gemeinschaft führen.

Erfolgsfaktor 8:

Das Gemeinschaftsgefühl stärken

Das Internet ist ein natürlicher Schauplatz für den Aufbau und die Stärkung von Gemeinschaften. Zum Beispiel für Leute, die sich um Angehörige kümmern, die an Alzheimer erkrankt sind und es sehr schwer haben. Es ist eine undankbare, langandauernde Tätigkeit, die die Leute zur Verzweiflung bringen kann. Eine Alzheimer-Klinik in Cleveland, Ohio, die dies feststellte, richtete ein Computernetzwerk zur Unterstützung der Familien von erkrankten Personen ein. Sie erwarben Computer für Angehörigen, die keine besaßen, installierten sie bei ihnen zu Hause und zeigten ihnen, wie sie auf das Internet zugreifen konnten. Sie bildeten eine Online-Diskussionsgruppe und eine Online-Quellbibliothek. Und sie stellten sicher, daß ein Mitarbeiter die Diskussionen überwachte. Außerdem war immer jemand unter einer bestimmten Telefonnummer erreichbar. Zu jeder Tages- und Nachtzeit konnten sich verzweifelte Personen anmelden, die Vorschläge, die andere für ähnliche Situationen machten, betrachten und eigene Fragen stellen (»Er fragt immer wieder nach den Autoschlüsseln. Was sollen wir tun?«) Als »beliebteste« Zeit für Aktivitäten stellten sich die frühen Morgenstunden heraus. Wenn ihre Schützlinge endlich schlafen gegangen waren, meldeten sich die geplagten Pflegepersonen im Netzwerk an, um für einige Augenblikke Trost in der Gesellschaft anderer zu finden, die sich auf demselben steinigen Weg befanden.

Gemeinschaften bilden sich häufig um Themen von allgemeinem Interesse, wie z. B. die Rosenzucht, Weintrinken, Volksmusik oder bestimmte Berufe: Java-Programmierer, Landschaftsarchitekten und Steuerberater sind alles Leute, die zu allgemeinen Gemeinschaften von Berufsgruppen gehören, egal, wo sie leben. Wenn Sie eine Kundenbasis haben, deren Kunden ein gemeinsames Interesse oder einen Beruf teilen, haben Sie es geschafft. Sie können eine Gemeinschaft erzeugen, um die Kunden dazu zu bewegen, für weitere Leistungen zurückzukehren. Und indem Sie elektronisch die öffentliche Kommunikation von Kunden mit anderen Kunden belauschen, werden Sie erfahren, was sie denken, was sie schätzen und worüber sie sich Sorgen machen. Anfang der 90er Jahre erzeugte ich eine

Gemeinschaft unter *Lotus*-Notes-Benutzern, die sich um einen Notes-basierten Informationsdienst scharten. Diese Kunden stellten sich gegenseitig Fragen und beantworteten sie sich nicht nur zu Themen in bezug auf Notes, sondern auch über viele andere Initiativen, die in ihren Unternehmen etwas damit zu tun hatten. Ich zeigte diese Diskussionen einem Marketingdirektor, der mich besuchte. Er warf einen Blick darauf und sagte: »Mein Gott, dies ist Grundlagenforschung – Sie haben Ihre Hand am Puls dieser Leute. Die meisten Firmen würden für diese Art von Informationen über Leichen gehen. Und Sie sagen, Ihre Kunden bezahlen für dieses Privileg?«

Ein neues Geschäftsmodell: Gemeinschaften aus Gemeinschaften aufbauen

Die Internet-Kultur hat das Bewußtsein der Leute für die Wichtigkeit von Gemeinschaften gesteigert. Lange vor der Einführung des World Wide Web wurden Leute vom Internet angezogen, weil es sich um eine Gemeinschaft der Gemeinschaften handelte. Das ist es unter anderem, was das Internet so faszinierend macht. Es gibt Zehntausende, wenn nicht gar Hunderttausende von interessen- oder berufsspezifischen Gemeinschaften. Im Internet können Personen andere Personen mit den gleichen Interessen finden, die irgendwo auf der Welt leben und mit ihnen kommunizieren. Egal, wie esoterisch die Interessen oder wie klein der Bereich ist – ich traf einmal einen Mathematiker, der mir erzählte, daß es nur drei andere Menschen auf der Welt gab, die verstanden, woran er arbeitete – die Menschen werden andere Leute mit dem gleichen Interesse finden.

Steve Case, der Gründer von *AOL,* hatte beim Aufbau seines Online-Dienstes immer eine triftige Begründung für die Wichtigkeit von Gemeinschaften in Gemeinschaften. *AOLs* anfängliche Vertriebs- und Marketing-Strategie basierte auf diesem Modell. Case begann, indem er an alle bereits existierenden Gemeinschaften herantrat, die er finden konnte – Flugzeugpiloten, Gärtner, Rentner aus der Nähe von San Francisco –, und machte ihnen allen dasselbe Angebot: Warum bieten Sie Ihren Mitgliedern nicht einen Ort, an dem sie elektronisch »herumhängen« können? Es war eine brillante Strategie. Und sie funktionierte.

Von Anfang an wurde *AOL* als Ort wahrgenommen, an dem technisch uninteressierte Leute verwandte Seelen fanden, mit denen sie Verbindung aufnehmen konnten. Klingt das für Sie »überspannt«? Nun, es ist offensichtlich eine gute Geschäftsstrategie. *AOL* wurde sehr schnell zum weltweit führenden Online-Dienst und ist dies auch geblieben, trotz des scharfen Wettbewerbs durch *Microsoft* und andere. Was Case verstand und Bill Gates vernachlässigte, war, daß die Aussicht auf Gemeinschaft und nicht die Aussicht auf Unterhaltung die Leute zu einem Online-Dienst zieht. Gates hat dafür gekämpft, das Internet in interaktives Fernsehen umzuwandeln, während Case das Wesen des Internets erfaßt und genutzt hat.

In Kürze werden Sie über *Tripod* lesen, eine junge Firma, die hofft, *AOLs* Erfolg nachzueifern, indem sie das Geschäftsmodell der »Gemeinschaft der Gemeinschaften« nutzt.

Eine Gemeinschaft aufbauen

Mitglied einer oder mehrerer Gemeinschaften zu sein führt dazu, daß Leute sich als etwas Besonderes fühlen, und hilft ihnen, sich um andere zu kümmern, während Sie eine Gelegenheit ohnegleichen erhalten, erheblich mehr über das zu erfahren, was die Leute wollen und benötigen. Wenn Sie sich einmal dafür entschieden haben, eine Gemeinschaft zu fördern, wie können Sie diese dann aufbauen? Dazu sind mehrere Hauptschritte erforderlich:

- Kunden dazu motivieren, sich auf die Kommunikation einzulassen;
- Kunden mit anderen bekannt machen, die gleiche Interessen haben;
- eine allgemeine Terminologie und Werte einführen und verstärken;
- Kunden die Möglichkeit bieten, sich anderen gegenüber zu zeigen;
- Kunden ermutigen, Teil der »Menge« zu werden.

Lassen Sie uns einen genaueren Blick darauf werfen.

Kunden dazu motivieren, sich auf die Kommunikation einzulassen

Der erste Trick beim Aufbau einer Gemeinschaft besteht darin, die Kunden wissen zu lassen, daß es eine Gemeinschaft gibt und daß sie ihnen etwas bringt. Für den Massenmarkt oder kundenbasierte Initiativen stellt sich heraus, daß ein Sinn für Gemeinschaft der Schlüssel dafür ist, Kunden anzuziehen und zu halten. *Walt Disney, AOL, Microsoft* und andere haben dies erkannt. Sie haben ihre Websites in getrennte Bereiche aufgeteilt, von denen jeder so gestaltet wurde, daß Personen mit unterschiedlichem Hintergrund oder Interesse angezogen werden.
Bei Initiativen zwischen Unternehmen bieten Kunden-Support-Bereiche die beste Möglichkeit, Kunden anzuziehen. Das hat *Cisco Systems* erkannt. Die Kunden sind oft glücklich darüber, sich gegenseitig bei ihren Problemen helfen zu können oder Tips und Techniken auszutauschen. Warum sind Leute gewillt, ihre eigene kostbare Zeit dafür aufzuwenden, anderen zu helfen? Es scheint ein Teil der menschlichen Erfahrung zu sein. Wir sind so »konstruiert«. Wir reichen anderen gerne die Hand, wenn wir glauben, daß dies hilfreich sein könnte und für uns risikolos ist.

Kunden mit anderen bekannt machen, die gleiche Interessen haben

Bieten Sie Ihren Kunden mehrere Themen oder interessante Bereiche, aus denen sie auswählen können. Vielleicht sind sie an Gartenbau interessiert. Vielleicht stehen sie kurz davor, zu heiraten. Vielleicht benötigen sie Hilfe bei einem bestimmten technischen Problem. Es gibt für die Arten von Interessen, die die Leute haben, keine Beschränkung. Sie wollen herausfinden, welche Interessen die meisten Leute gemeinsam haben. Hier helfen Profile. Wenn die Kunden einmal damit beginnen, ihre Interessen kundzutun, können Sie beginnen, den allgemeinen »Faden« zu sehen und »Inforäume« zu erzeugen, in denen Leute, die ein gemeinsames Interesse haben, sich versammeln können. *Tripo* nennt diese »Hülsen« (Pods). *Microsoft* erzeugt Bereiche anhand der Berufe der Kunden (CIO, Entwickler usw.). Dies sind eigentlich Gemeinschaften für bestimmte Berufszweige.

Wenn Sie ihre Website so organisieren, daß Leute zusammengezogen werden, die gemeinsame Interessen oder Berufe teilen, und eine Möglichkeit erzeugen, über die die Leute miteinander interagieren können, haben Sie das Äquivalent einer rauschenden Party im Cyberspace erzeugt.

Eine allgemeine Terminologie und Werte einführen und verstärken

Insbesondere Berufsgemeinschaften nutzen ein gemeinsames Vokabular. Das gilt aber auch für Interessengemeinschaften, Altersgruppen oder Leute, die in derselben Region leben. Sechzigjährige verstehen häufig nicht, was Achtzehnjährige sagen. *Mac*-Benutzer kommunizieren mit einem anderen Vokabular miteinander als PC-Benutzer. Netzwerkadministratoren verwenden einen anderen Jargon als Beschaffungsbeamte. Somit müssen Sie für jede Ihrer Kundengruppen einen »sicheren Ort« schaffen, in dem diese auf die Art und Weise kommunizieren können, die sie gewohnt sind. Dadurch werden sie nicht durch fremde Begriffe geschockt, beleidigt oder verwirrt.

Werte sind ebenfalls wichtig. *Tripod* hat gute Arbeit bei der Verstärkung eines allgemeinen Wertgefüges in ihrer Site geleistet. Moderatoren geben in jeder der Interessengemeinschaften den Ton an. Die Mitglieder werden höflich daran erinnert, keine pornographischen Begriffe zu verwenden, keine Dinge zu sagen, die andere kränken könnten, oder das Copyright oder die Privatsphäre anderer zu verletzen.

Kunden die Möglichkeit bieten, sich anderen gegenüber zu zeigen

Dies ist wahrscheinlich einer der überraschendsten Aspekte bei der Bildung von Gemeinschaften. Sie müssen Wege finden, Kunden dazu zu bringen, sich anderen zu zeigen. In *Ciscos* Site helfen Kunden anderen durch technische Ratschläge, aber sie zeigen damit auch, wie schlau sie sind. Wenn die Kunden, die mehr aus sich herausgehen, beginnen, Beiträge zu leisten, werden andere, scheuere Mitglieder ermutigt, ihre eigenen Ratschläge anzubieten. Die Anzahl der Mitglieder, die sich engagiert und anderen Angebote macht, ist ein echtes Zeichen für die Vitalität einer Gemeinschaft.

Kunden ermutigen, Teil der »Menge« zu werden

Bo Peabody von *Tripod* beschreibt das Phänomen der Menge gut. Es ist ähnlich, wie Mitglied des Ältestenrates einer Stadt zu werden – Mitglied der Leute, deren Meinung wirklich zählt. Leute, die eine Weile Mitglieder einer Gemeinschaft waren, entwickeln eine Vorstellung darüber, was sie bei ihrem nächsten Besuch erwartet. Sie ärgern sich, wenn die Gemeinschaft beginnt, sich in einer Art zu ändern, mit der sie nicht einverstanden sind. Somit ist es für die Mitglieder wichtig, Verantwortungsgefühle für die Gemeinschaft zu entwickeln. Sie können dies tun, indem sie zu »bevorzugten Mitgliedern« werden, wie z. B. die Platinum-Vielflieger. Sie können dies auch tun, indem sie an Umfragen teilnehmen und ihre Meinungen über Anweisungen oder Richtlinien zum Ausdruck bringen, die die Gemeinschaft beeinflussen, zu der sie gehören. Wie Sie in Kürze sehen werden, hat *Tripod* gute Arbeit dabei geleistet, den Kunden das Gefühl zu vermitteln, daß sie ein Teil der »Menge« sind.

Gemeinschaften sind gut fürs Geschäft

Wie Sie in beiden Fallstudien sehen werden, kann sich die Förderung von Gemeinschaften für Ihr Geschäft auszahlen. *Ciscos* Erfolg als eines der führenden Unternehmen im Internet-Handel baut auf dem Erfolg, die Kunden zu erreichen und eine Gemeinschaft von Kunden aufzubauen, die anderen Kunden helfen. *Tripods* Gemeinschaft der Gemeinschaften ist weltweit eine der am schnellsten wachsenden Websites, bei der Anzeigenkunden das Wasser im Munde zusammenläuft.

Das Gemeinschaftsgefühl stärken:

Cisco Systems

www.cisco.com

Organisationsprofil

Cisco Systems ist eines der weltweit führenden Unternehmen im E-Commerce, mit nahezu 5 Milliarden US-Dollar pro Jahr, die über die Website eingenommen werden. Die Firma konnte auch mehr als 550 Millionen US-Dollar pro Jahr für Kunden-Support einsparen, indem sie Kunden die Möglichkeit bot, sich selbst mit Informationen zum technischen Support zu bedienen und Statusinformationen über das Web zu beziehen. *Ciscos* Erfolg im E-Commerce baut auf dem starken Fundament einer Gemeinschaft unter den Kunden auf. *Ciscos* Kunden beantworten einander technische Fragen und helfen sich in der Website der Firma gegenseitig. Die Firma war auch in der Lage, die meisten Geschäftsprozesse zur Rationalisierung auszulagern, die ihre Kunden und Handelspartner beeinflussen.

Wichtige Erfolgsfaktoren im Fall »Cisco«	
✓ Die richtigen Kunden anvisieren	✓ Kunden zur Selbstbedienung anregen
Die Verantwortung für die Gesamterfahrung des Kunden übernehmen	✓ Kunden bei der Bewältigung ihrer Arbeit unterstützen
✭ Geschäftsprozesse straffen, die sich auf den Kunden auswirken	Serviceleistungen personalisieren
✓ Eine Rundumsicht von der Kundenbeziehung entwickeln	✭ Das Gemeinschaftsgefühl stärken
✭ = Hier detailliert beschrieben	✓ = Hier kurz angesprochen

Cisco Systems hilft Kunden dabei, andere Kunden zu unterstützen

Kein Buch über Erfolgs-Stories im E-Commerce wäre vollständig, ohne *Cisco Systems* zu erwähnen. Dieser Lieferant von Netzwerkschaltungen hält beinahe 80 Prozent der Marktanteile in diesem schnell wachsenden Markt für Router und Schalter, die das Internet am Brummen halten und die LANs in den meisten großen Unternehmen am Leben erhalten. Innerhalb von sechzehn Monaten stieg der Prozentsatz an Verkäufen über das Web auf mehr als 62 Prozent des Gesamtumsatzes. Im Juli 1998 erwartete die Firma, 5 Milliarden US-Dollar jährlich über den Vertriebskanal Web einzunehmen, d. h. 50 Prozent der Jahresumsätze. Somit ist *Cisco* vermutlich das weltweit führende Unternehmen in Sachen E-Commerce. Wie kam die Firma da hin?

Ein Großteil des Erfolgs von *Cisco* über das Internet ist auf eine Entscheidung zurückzuführen, die in den Jahren 1993 und 1994 getroffen wurde, als Doug Allred der Vizepräsident der Firma für Kundenbelange war. Allred hatte gesehen, wie schnell die Verkaufszahlen für Netzwerk-Router anstiegen. Er machte sich Sorgen darüber, wie die Firma adäquaten technischen Support für all diese neuen Kunden bereitstellen könnte. Als er die laufende Rate der Verkaufszahlen der Firma im Diagramm darstellte und dann ausrechnete, wie viele Ingenieure für den technischen Support er benötigen würde, stellte er fest, daß er ein Problem hatte. Er mußte von einigen hundert auf eine Armee von nahezu 10 000 Support-Ingenieuren aufstocken – das wäre jeder Ingenieur westlich des Mississippi!

Es entging Allred auch nicht, daß das Internet selbst zum nützlichen Werkzeug für den Support von Kunden wurde. Seit 1989 konnten sich Kunden von *Cisco* Software von der Internetsite der Firma herunterladen. Seit 1990 konnten die Kunden auch auf die Fehlerdatenbank von *Cisco* über das Internet zugreifen. Auf diese Weise konnten sie schnell herausfinden, ob es sich bei dem Problem, das sie hatten, um einen bekannten technischen Fehler handelte oder etwas, das berichtet werden mußte. Und *Cisco* stellte seinen Kunden über das Internet andere Werkzeuge für den technischen Support zur Verfügung – Tools wie Planer für Software-Upgrades, mit denen sie ihre Systeme auf den Empfang von Updates vorbereiten konnten.

Das Fundament bauen: Ein auf Gemeinschaft basierender Kunden-Support

1993 richtete Allred ein Anrufbegleitungssystem ein, mit dem die Firma alle eingehenden Anrufe mit Fragen zum technischen Support verfolgen, eine Anwort auf das Problem des Kunden in einer Datenbank bekannter Probleme und Lösungen finden und den Anruf bis zu Ende begleiten konnte. Was jedoch an diesem Ansatz von Allreds Team ungewöhnlich war, war die Tatsache, daß sie dieses System so ausrichteten, daß es sowohl als Telefon-basiertes Call Center und als virtuelles Call Center über das Web laufen konnte. Selbstverständlich steckte das Web 1993 noch in den Kinderschuhen, aber als einer der Pioniere bei der Bereitstellung von Internet-Technologien war *Cisco* in das Geschehen mit einbezogen.

Diese virtuelle Call-Center-Anwendung begann als typischer Help-Desk-Dienst für die »Firmenkunden« von *Cisco.* Diese waren große multinationale Unternehmen, die globale Netzwerke in sehr komplexen Umgebungen einsetzen. Sie trafen häufig auf neue Kombinationen von Hard- und Software, die bei *Cisco* niemand jemals zuvor gesehen hatte. Kunden besuchten die Website mit einer Frage oder einem Problem, durchsuchten die Datenbank, um zu sehen, welche ähnlichen Situationen es in der Vergangenheit gegeben hatte und wie sie gelöst worden waren. Wenn die Kunden dann keine Antwort auf ihre spezielle Frage finden konnten, wandten sie sich an das Support-Team.

Und hier wurde es richtig interessant: Das Team für den technischen Support von *Cisco* begann, an der Antwort auf die Frage des Kunden zu arbeiten, aber auf wundersame Weise taten dies auch andere Kunden von *Cisco*! Wer auch immer die Antwort zuerst fand, legte diese in der Website ab. Häufig gab es verschiedene hilfreiche Vorschläge. Sobald Antworten in die Datenbank einfließen, wird eine E-Mail erstellt und an den Kunden gesendet, um ihn darauf hinzuweisen, daß in der Website Antworten auf ihn warten.

Allred hatte eine Lösung für den Mangel an Ingenieuren im technischen Support gefunden – die Kunden, die alle von *Cisco* ausgebildet und zertifiziert waren, konnten sich gegenseitig helfen. *Cisco* nennt diese Kunden-Support-Website *Cisco Connection Online (CCO),* und es handelt sich um eine absolut lebendige Ressource für die Firma, die Kunden und die Handelspartner. 1997 wurden in *CCOs* Open Forum wöchentlich durchschnittlich 4 500 technische Fragen beantwortet. Und jede Woche werden diese Q&As aufbereitet und zur ständig wachsenden technischen Wissensbasis der Firma hinzugefügt.

Was geschah mit dem Zulauf beim Call Center? Zwei Dinge: Als das Geschäft von *Cisco* aus den Nähten platzte, mußte das Call Center nicht proportional erweitert werden. Die Kunden waren glücklich darüber, zuerst zur Website gehen und sich selbst helfen zu können. Zweitens handelte es sich bei den Anrufen um wesentlich schwierigere Fragen als die, die das Call Center in der Vergangenheit bearbeiten mußte. Wenn das Problem ziemlich einfach war, konnten die Kunden die Antwort selbst finden. Mit steigender Komplexität wollten die Kunden die Probleme mit einem Ingenieur durchsprechen.

Am wichtigsten ist, daß *Cisco* erfolgreich eine Umgebung des Vertrauens aufbauen konnte – die wichtigste Zutat, um Gemeinschaft zu fördern.

Die Evolution von Ciscos Handel im Web

Wie schaffte es *Cisco,* die Kunden-Support-Site zu einer der weltweit größten Sites für den Handel zwischen Firmen zu machen? Basierte dies auf einem grandiosen strategischen Plan? »Nein«, sagt Mark Tonnesen, *Ciscos* Direktor für Kundenbelange. »Als wir unsere Website aufbauten, befragten wir die Kunden ständig nach dem, was sie benötigten. Sie sagten: ›Ich kann den Status der Bestellung nicht herausfinden, die ich aufgegeben habe.‹ Und so kümmerten wir uns nacheinander um jedes dieser Themen.« Im wesentlichen beschwerten sich die Kunden über die Dinge, über die sie sich ärgerten und die ihre Zeit verschwendeten. Und so nahm *Cisco* jeden dieser ärgerlichen Zeitverschwender in Angriff.

Die Geschäftsprozesse für Kunden rationalisieren

Als erstes verlieh das *CCO*-Team den Kunden Zugriff auf den Status ihrer noch ausstehenden Bestellungen über das Web. Fast sofort verlagerten sich 70 Prozent der 7 000 Anfragen pro Woche, die *Cisco* im Call Center erhalten hatte, in die Website. Die Kunden fanden offensichtlich, daß es beiden Seiten Zeit und Frustration ersparte, sich im Web anzumelden und den Status der Bestellung direkt zu erhalten, anstatt anzurufen, auf einen Vertriebsmitarbeiter zu warten, die Frage zu stellen und auf eine Antwort zu warten.

Als nächstes hinterlegte *Cisco* die Standardpreisliste im Web und hielt sie auf dem neuesten Stand, und zwar in den Währungen aller Länder, in denen *Cisco* Handel treibt. Obwohl die meisten von *Ciscos* Großkunden Preise auf Verhandlungsbasis erhalten, wenn sie ihre Bestellung aufgeben, wollten sie die Preisliste kennen, so daß sie wußten, um welche Größenordnung es sich handelte, bevor sie damit begannen, ein System zu spezifizieren. Die Preisliste online zu haben ersparte ihnen den Telefonanruf.

Konfiguration war das nächste Thema. Dies war eher eine Herausforderung. Das *CCO*-Team wußte, daß das Konfigurationssystem im Haus kein System war, mit dem die Kunden arbeiten würden. Tonnesen beschrieb das System als »Vor-und-Zurück«-Ansatz, der dem Parkvorgang in einer engen Parklücke vergleichbar war. Es mußten alle gewünschten Komponenten spezifiziert werden, und erst dann würde das System mitteilen, wenn etwas schiefgelaufen war. Dann mußte so lange probiert werden, bis ein gültiges und herstellbares System gefunden war. Ein ziemlich langwieriger Prozeß.

Um es den Kunden leicht zu machen, ihre eigenen Produkte zu konfigurieren, erwarb *Cisco* eine neue, auf Beschränkungen basierende Konfigurationsmaschine von *Calico,* und stattete diese mit alle Produkten der Firma und den Regeln aus, die bei der Zusammenstellung einer Materialliste für ein Produkt involviert waren. Und wieder erzielte *Cisco* bei seinen Kunden einen Heimsieg. »Dies war ein großer Erfolg. Die Kunden liebten das System!« berichtet Tonnesen. Das erste Mal hatten die Kunden eine bequeme Möglichkeit zur Verfügung, ihre eigenen Produkte zu konfigurieren, ohne Stunden am Telefon verbringen und einem Vertriebsmitarbeiter Fragen beantworten und eine Wahl treffen zu müssen.

Ciscos Handelsagenten

All diese Online-Geschäftsprozesse werden in der Website als Sammlung von »Handelsagenten« gruppiert, die die Kunden und Partner von *Cisco* nutzen können, um ihre Geschäfte elektronisch zu erledigen. Der Lead Time Agent bietet den Kunden und Partnern die aktuellen Produktionszeiten von *Cisco.* Der Invoice Agent bietet Ihnen die Möglichkeit, Ihre Rechnungen online einzusehen. Der Service Order Agent bietet Ihnen Zugriff auf Informationen in Service-Bestellungen. Der Contract Agent liefert Ihnen Informationen über Ihre Server-Verträge. Der Upgrade Agent bietet Ihnen die Möglichkeit, Anfragen zu Software- und Hardware-Upgrades oder Dokumentationen zu stellen. Der Notification Agent bietet Ihnen die Möglichkeit, Kriterien zu spezifizieren, anhand derer Ihnen automatisch E-Mails über Veränderungen im Bestellstatus oder der Preisgestaltung zugesendet werden. Der Configuration Agent bietet Ihnen die Möglichkeit, nach *Cisco*-Produkten zu suchen, die konfigurierbar sind, ein bestimmtes Modell auszuwählen und eine Online-Konfiguration zu erstellen. Und der Marketplace ist der Ort, an dem Sie ihre Bestellungen konfigurieren, Preise einsehen und ihre Bestellungen aufgeben können.

Der nächste Schritt, den *Cisco* mit diesen Handelsagenten unternehmen wird, besteht darin, es Kunden und Partnern zu erleichtern, die Handelsagenten direkt in ihre internen Operationssysteme zu integrieren. Firmen, die z. B. Software von *SAP, Oracle* und *PeopleSoft* verwenden, können ihre Systeme direkt in *Ciscos* Inventar- und Vertriebssysteme integrieren. So kann z. B. eine Firma wie *Sprint,* die vierzig *Cisco*-Router pro Woche für ihre Endkunden kauft, abschätzen, daß sie 200 000 US-Dollar pro Jahr an Beschaffungskosten einsparen kann, indem sie sich direkt in die Systeme von *Cisco* einklinkt.

Ergebnis: Kundenzufriedenheit und Kostenersparnis

Woher weiß *Cisco,* daß die Firma sich auf dem richtigen Weg befindet? Die Kunden lassen die Firma sehr lautstark wissen, was bei ihnen funktioniert. Und *Cisco* überwacht die Interaktionen von Kunden in der Site sorgfältig, um festzustellen, wo sie auf Probleme stoßen. *Cisco* erhält und bearbeitet in der Website momentan zwischen 350 000 bis 400 000 Transaktionen pro Monat. Das steht für eine erstaunliche Anzahl von Telefonanrufen, die die Kunden nicht mehr länger tätigen müssen und die auch nicht mehr in Echtzeit von Mitarbeitern bearbeitet werden müssen. Und all dies ist das Ergebnis der Konzentration darauf, womit Kunden Zeit sparen und Ärgernisse loswerden können und der Konzentration auf den Aufbau einer Gemeinschaft von *Cisco*-Kunden, die sich gegenseitig helfen.

Die erweiterte Cisco-Gemeinschaft

Mehr als 70 Prozent von *Ciscos* Geschäft wird von dritten Parteien, Wiederverkäufern und Systemintegratoren behandelt. Die meisten dieser Partner geben ihre Bestellungen nun über *Cisco Connect Online* auf und verfolgen sie dort. Selbstverständlich haben *Ciscos* Handelspartner auch Zugriff auf die komplette Wissensbasis an technischen Informationen und Informationen zur Problembehebung, aber sie haben auch ihre privaten Kommunikationsbereiche in der Website, in denen sie Informationen finden können, die direkt auf sie abgestimmt sind und wo sie in Dialog mit dem Management von *Cisco* und miteinander treten können.

Wie wird *Cisco* diese Vorstellung der Gemeinschaft nutzen, um das Geschäftsmodell der Firma zu entwickeln? Tonnesen erklärt: »1995 und 1996 begannen wir festzustellen, daß sich unser Geschäft änderte. Wir haben nun eine Anzahl verschiedener Gruppen von Kunden und Partnern, die alle unterschiedliche Bedürfnisse haben. Wir haben z. B. Wiederverkäufer, die sich auf kleine und mittlere Unternehmen spezialisiert haben. Wir haben auch Internet-Dienstanbieter und Telekommunikationsgesellschaften als Kunden. Es gibt große Unterschiede zwischen den Bedürfnissen eines kleinen Unternehmens und denen eines Internet-Dienstanbieters. Deshalb haben wir unsere Website umorganisiert, um diese verschiedenen Gruppen bedienen zu können.«

Cisco beginnt nun damit, Kundenprofile nach Industrie, Geschäftszweig und der Rolle innerhalb der Organisation zu erstellen. »Was ein Beschaffungsmanager benötigt, unterscheidet sich von dem, was ein Netzwerkdesigner benötigt«, erklärt Tonnesen. Um den verschiedenen Gemeinschaften von Praktiken zielorientiertere Funktionen anbieten zu können, muß *Cisco* zuerst die Erstellung von Kundenprofilen verfeinern und dann den Kunden die Möglichkeit bieten, explizit die Art von Informationen zu wählen, die sie benötigen, die Art von Produkten, die sie verfolgen wollen und die Dienste, auf die sie Zugriff haben wollen. Wenn die Kunden freiwillig mehr Informationen über sich selbst, ihre Jobs, ihre Industrien und die Produkte und Dienste, die sie schätzen, preisgeben, teilen sie sich selbst in natürliche Gemeinschaften von Praktiken und Interessen auf. Dann wird *Cisco* in der Lage sein, die Angebote anzupassen, um bei jeder dieser stärker zielgerichteten Gemeinschaften Anklang zu finden.

Eine der Herausforderungen, mit denen sich die Gruppe für Kundenbelange Ende 1997 konfrontiert sah, war es, Kunden und Partnern zu helfen, nicht ein einzelnes Produkt wie einen Netzwerk-Router zu konfigurieren (was mit allen verfügbaren Optionen kompliziert genug ist), sondern ein gesamtes Netzwerk aus Routern und Hubs. Diese Schritte zum Netzwerkdesign vor dem Verkauf werden normalerweise von hochbezahlten Netzwerkdesign-Ingenieuren erledigt, die direkt für *Cisco* oder einen der vielen Drittanbieter arbeiten. Angenommen, ein Kunde im Vereinigten Königreich möchte einen Campus mit vier Gebäuden vernetzen. *Ciscos* technischer Support stellt dann die passenden Ressourcen aus seinem eigenen Personal, von Schulungspartnern und von Netzwerkdesign-Ingenieuren eines Drittanbieters zusammen, die eine Audio- und Video-Design-Sitzung über das Internet durchführen. Der Kunde und die beratenden Ingenieure zeichnen Diagramme auf einer elektronischen weißen Tafel, sprechen darüber, kommentieren sie und beraten sich. Wenn sie mit dem Design auf der weißen Tafel zufrieden sind, drückt der Kunde eine Schaltfläche und erhält eine Liste aller Produkte, die für das gesamte Netzwerk erforderlich sind! Elektronisch unterstützte Zusammenarbeit spart Wochen, wenn nicht gar Monate komplexer Design-Zyklen ein.

Entwicklung der technischen Infrastruktur

Bis Ende 1997 lief *Ciscos* Website auf großen *Sun*-Solaris-Enterprise-Servern auf acht Sites, die weltweit verteilt waren. *Cisco* benutzt *Oracles* Datenbanken für alles, von Produkten über Kundendaten bis zu Preislisten und herunterladbarer Software. Die Informationen zu Kundenprofilen enthalten alles, was *Cisco* über jeden Kunden im Verlauf der Zeit in Erfahrung bringen konnte: die Industrie, in der er arbeitet, oder die Industrien, an die er verkauft (im Falle eines Partners), und wie er die Website in der Vergangenheit nutzte. Der nächste Schritt wird darin bestehen, diese Profilinformationen zu nutzen, um Kunden auf der Basis desjenigen, wonach sie in der Vergangenheit gesucht haben, mit Informationen zu versorgen, die Sie interessant finden könnten (ein Kunde, der z.B. Werkzeugen zur Unterstützung von Sprache über das Netz sehr viel Aufmerksamkeit gewidmet hat, wird über neue Entwicklungen in diesem Bereich auf dem laufenden gehalten).
Ciscos Kunden-Support-Wissensbasis wird mit der Dokumentenverwaltungs-Software von *Documentum* betreut. Ende 1997 hatte *Cisco* mehr als 85 000 aktuelle Dokumente in diesem System.
Ciscos automatisierter Software-Prozeß von der Bestellung zur Herstellung verbindet das auf *Oracle* basierende Bestellungsverwaltungssystem der Firma mit dem Zeitplanungssystem. Das Zeitplanungssystem schaut, ob oder ab wann das Produkt wieder verfügbar ist, um den ersten freien Zeitpunkt für jede Bestellung zu finden. Die Komponentendaten werden dann in Bestellungen für *Ciscos* Subunternehmer (wie *Jabil Circuit*) und Distributoren (wie *Avnet*) umgewandelt, die wiederum direkte Verbindungen zu *Ciscos* Enterprise Resource Planning (ERP)-System haben. Somit handeln diese Vertragsnehmer und Distributoren als Erweiterung von *Ciscos* eigenem internen System. Sie können einen Bedarf vorhersagen und sehr schnell reagieren.
Zu den nächsten Schritten, die *Cisco* 1998 machen muß, gehören ein komplettes Neudesign der Architektur, die der Transaktionsseite der *CCO*-Website zugrunde liegt. Diese Site bietet zwar Funktionalität auf dem neuesten Stand an, ist jedoch etwas spröde. Sie wurde in den letzten Jahren ohne echte architektonische Planung kontinuierlich verbessert. *Cisco* hat *Alta Software* engagiert, um bei einem Wechsel von der Site, die mit CGI, Perl und C entwickelt wurde, auf ein Design umzusteigen, daß Java, Objektanforderungs-Broker-Middleware und intelligente Agenten nutzt. Im Zusammenhang mit dem Prozeß der Neugestaltung ihrer Site plant *Cisco,* von den paar großen *Sun*-Solaris-Kästen auf eine Architektur umzusteigen, die zahlreiche *Microsoft*-NT-Server beinhaltet, um die Zuverlässigkeit und Skalierbarkeit zu erhöhen.

Ergebnisse

Mark Tonnesen berichtet, daß *Cisoc* mit *CCD* 550 Millionen US-Dollar pro Jahr einspart. Dieser Betrag setzt sich aus den folgenden Kategorien zusammen: 175 Millionen US-Dollar pro Jahr an Support-Kosten; 8,4 Millionen US-Dollar Kosten für die Einstellung von Support-Personal, das die Firma nun nicht mehr benötigt,; 250 Millionen US-Dollar für Software, die die Firma nicht mehr länger an die Kunden versenden muß, weil diese sie nun selbst herunterladen und 40 Millionen US-Dollar wegen der papierlosen Dokumentation, die *Cisco* nun über ihre Website bereitstellt. Seit *CCO* ins Leben gerufen wurde, hat *Cisco* 837 Millionen US-Dollar eingespart.
Auf der Einnahmeseite geht *Cisco* von 32 Prozent seiner Verkäufe über das Internet im Jahre 1997 zu geschätzten 60 Prozent und mehr Ende des Geschäftsjahres 1998 über. Auf mich macht dies den Eindruck, als ob sich die Förderung von Gemeinschaft bezahlt gemacht hätte!

Pattys Resümee für Cisco Systems

Es ist schwierig, Dinge zu finden, die *Cisco* noch nicht berücksichtigt hat. Die wichtigste Investition, die die Firma an dieser Stelle tätigen muß (und dies auch tut), ist die Neugestaltung der in der Industrie führenden Website. *CCO* ist in den letzten Jahren sehr schnell gewachsen. Die Site ist schnell, und Kunden können darüber beinahe alles erledigen, was erforderlich ist, um Geschäfte mit *Cisco* zu machen. Wie jedoch bei den meisten Websites gilt auch hier, daß Sie sehr viele technische Rationalisierungen sehen, die durchgeführt werden können, wenn Sie hinter die Kulissen blicken. Die Replizierung der weltweit verstreuten Websites benötigt z. B. viel Zeit. Es ist also sehr aufwendig, die Sites synchronisiert zu halten.
Und die Schnittstellen, die *Cisco* und die Vertragsnehmer der Firma zu den internen Systemen eingerichtet haben, müssen neu gestaltet werden, um flexibler und leichter erweiterbar zu sein. Da der Vorstandsvorsitzende John Chambers die Geschäftspartner von *Cisco* dazu drängt, ihre Lieferketten zu »webifizieren«, wird eine schnelle, schmerzlose Integration in die Betriebssysteme anderer Firmen (wie Kunden, Handelspartner und Zulieferer) das Thema sein.
Vom technischen Standpunkt aus freue ich mich in *Ciscos* Fall wirklich auf die aggressive Verwendung von Java in den Web-basierten Anwendungen der nächsten Generation. *Ciscos* Router und Switches werden alle Java unterstützen. Deshalb ist es sinnvoll, daß die Website der Firma so gestaltet wird, daß sie ebenfalls Java nutzt. Genauso, wie *Cisco* die führende E-Commerce-Site in der Industrie anbietet, ist es sehr wahrscheinlich, daß die Firma führend in ihrem praktischen und doch innovativen Einsatz einer weit verteilten Architektur ist, die auf Komponenten basiert und Java unterstützt. Und weil *Cisco* sich sowohl auf Java

als auch auf *Microsoft*-NT-Plattformen festgelegt hat, wird die Firma der Industrie einen Gefallen tun, indem sie Java-Anwendungen mit kommerzieller Qualität auf verteilten *Microsoft*-NT-Rechnern entwickeln und vertreiben wird.
Von einem Wirtschaftsstandpunkt aus wette ich, daß *Cisco* noch über das Ziel hinausschießen wird, 60 Prozent der Einnahmen über das Web zu erzeugen. (Eine Wette, die ich bereits gewonnen habe, weil die Firma im August 1998 bereits 62 Prozent der Einnahmen über das Internet erzielt hat). Im Jahr 2000 könnte *Cisco* 80 Prozent der Verkäufe und bis zu beinahe 100 Prozent des Gesamtgeschäfts (Kunden-Support, Beschaffung, Verwaltung usw.) über das Web tätigen.

Tips aus der *Cisco*-Fallstudie

① Die kostengünstigste Weise, um hoch technisierte und komplexe Produkte zu unterstützen, besteht darin, Kunden zu Helfern des eigenen Teams für technischen Support zu machen.

② Eine der populärsten und wirtschaftlichsten Anwendungen von *Cisco* ist die, den Status von Bestellungen über das Web zu betrachten.

③ Kunden forderten Anwendungen, die es ihnen erleichterten, auf die Standardpreislisten zuzugreifen, ihre eigenen Produkte zu konfigurieren und die Bestellungen online aufzugeben. Zwischen 60 und 65 Prozent aller Bestellungen, die *Cisco* insgesamt erhält, treffen über das Web ein. Warum? Weil *Cisco* gute Arbeit bei der Rationalisierung aller Geschäftsprozesse geleistet hat, die es den Kunden erleichtern, Geschäfte mit der Firma zu machen.

④ *Cisco* hilft den Großkunden, ihre Beschaffungssysteme direkt mit *Ciscos* Bestellungs- und Bezahlungssystem zu verbinden.

⑤ *Cisco* begann mit der Rationalisierung des Kunden-Supports für die Großkunden. Dann stellte die Firma fest, daß die kleineren Kunden dieselben Funktionen nutzen könnten, um Bestellungen aufzugeben, Bestellungen zu prüfen und Probleme zu lösen. *Ciscos* Distributoren und Händler nutzen die Website auf fast die gleiche Weise wie die Großkunden der Firma. Sie können die Preise und die Verfügbarkeit prüfen, Systeme konfigurieren, Bestellungen aufgeben, den Lieferstatus prüfen und technischen Support erhalten – alles über die Website.

⑥ *Cisco* unterhält Kundenprofile, in denen auch protokolliert wird, was jeder Kunde in der Website gemacht hat. Als nächstes plant die Firma, diese Profile so zu nutzen, daß die verschiedenen Gemeinschaften für Praktiken angesprochen werden können: Netzwerk-Designer, Beschaffungs-Manager, Netzwerkadministratoren usw.

⑦ Nach zwei Jahren mit sehr starkem Wachstum gestaltet *Cisco* nun die umfangreiche Website neu, um eine robustere, flexiblere und besser erweiterbare Umgebung zu bieten. Wenn Sie die Funktionalität Ihrer Site entwickeln, werden Sie eventuell die Architektur überarbeiten wollen. Sie werden in der Lage sein wollen, Anwendungsdienste in modularer Weise hinzuzufügen und zu ersetzen.

⑧ Wenn Sie einmal eine Internet-Infrastruktur aufgebaut haben, die Ihre Firma mit den Kunden und allen Partnern und Experten verbindet, die verwandte Produkte und Dienstleistungen verkaufen, können sie sehr leicht Expertengruppen zusammenziehen, die bei der Lösung von Kundenproblemen zusammenarbeiten. *Cisco* tut dies, indem Design-Sitzungen über das Internet einberufen werden.

Das Gemeinschaftsgefühl stärken:

Tripod

www.tripod.com

Organisationsprofil

In etwas weniger als zwei Jahren hat *Tripod* eine pulsierende Internet-Gemeinschaft mit mehr als einer Million Mitgliedern erzeugt, von denen die meisten im Alter zwischen achtzehn und fünfundvierzig Jahren liegen. Die Mitglieder besuchen die Website in der Regel mehrere Male pro Woche, um ihre eigenen Websites zu aktualisieren und die Aktionen in der Site zu prüfen. Das macht *Tripod* für Anzeigenkunden sehr wertvoll, die die Fähigkeit schätzen, ein konsistentes, leicht einschätzbares Publikum über einen längeren Zeitraum vorzufinden. In der Tat wurde *Tripods* Geschäft so wertvoll, daß es 1998 von *Lycos* für 58 Millionen US-Dollar übernommen wurde. *Lycos* und *Tripod* versuchen, *AOLs* Erfolg nachzueifern. Sie wollen die Haupt»zielsite« im Web werden – ein Dienst, zu dem die Leute gehören und immer wiederkommen.

Wichtige Erfolgsfaktoren im Fall »Tripod«	
✓ Die richtigen Kunden anvisieren	Kunden zur Selbstbedienung anregen
✓ Die Verantwortung für die Gesamterfahrung des Kunden übernehmen	Kunden bei der Bewältigung ihrer Arbeit unterstützen
Geschäftsprozesse straffen, die sich auf den Kunden auswirken	✭ Serviceleistungen personalisieren
Eine Rundumsicht von der Kundenbeziehung entwickeln	✭ Das Gemeinschaftsgefühl stärken
✭ = Hier detailliert beschrieben	✓ = Hier kurz angesprochen

Tripod: Die Gemeinschaft zum Geschäft machen

Anfang 1998 machte eine wenig bekannte zwei Jahre alte Firma mit etwas über zwanzig Mitarbeitern, die direkt vom College kamen, Schlagzeilen, weil sie von *Lycos* für 58 Millionen US-Dollar übernommen wurde. Welchen Wert hatte *Tripod* innerhalb von siebenundzwanzig Monaten erzeugt, der den Wert von mehr als eine Million US-Dollar pro Mitarbeiter ausmachte? Ganz einfach: *Tripod* hatte eine Online-Gemeinschaft erzeugt, die aus mehr als eine Million Menschen bestand, wobei die meisten von ihnen hoch umworbene Achtzehn- bis Fünfundvierzigjährige waren. *Tripod* hatte nicht nur eine hoch begehrte Klientel, an die Anzeigenkunden begierig ihre Waren verkaufen wollten, sondern auch ein Geschäftsmodell, für das man sterben könnte. Sie locken Kunden in ihre Site und sorgen dafür, daß diese mehrere Male pro Woche zurückkommen. Und Sie geben keinen Penny dafür aus, Inhalte zu erstellen oder zu kaufen. Die Kunden erzeugen die Inhalte selbst, die andere Kunden wertschätzen. Sie erstellen den »sicheren Raum«, der es den Kunden erlaubt, sich gegenseitig zu unterhalten und zu informieren. Klingt das einfach? Nun, leider ist es das nicht.

Eine lebendige Online-Gemeinschaft zu erhalten und zu behalten ist eine der schwierigsten Herausforderungen im E-Commerce. Durch die Gründung und Leitung von *Tripod* hat der sechsundzwanzigjährige Bo Peabody bewiesen, daß er dieses schwierige Spiel meisterhaft beherrscht. Steve Case von *AOL* war in der Vergangenheit ein weiterer Meister darin. Peabodys Ziel besteht darin, Mr. Case mit der Hilfe seiner neuen Muttergesellschaft *Lycos* um sein Geld rennen zu lassen.

Die Saat von *Tripod* keimte 1990, als Peabody neu am Williams College in Williamstown in Massachusetts war. Es dämmerte ihm, während eine Ausbildung am College die Studenten darauf vorbereitete, in die Arbeitswelt einzutreten, daß es immer noch eine Menge Mysterien gab, mit denen junge Erwachsene konfrontiert waren und über die niemand am College unterrichtet wurde. Als er graduierte, gründete Peabody deshalb *Tripod* mit seinem Kommilitonen Brett Hershey und Dick Sabot, deren Wirtschaftsprofessor, um Achtzehn- bis Vierundvierzigjährige mit praktischem Wissen oder »Werkzeugen fürs Leben« zu versorgen, die nirgendwo unterrichtet wurden.

Tripod wurde im Oktober 1995 von privaten Geldgebern gegründet – Freunde von Peabody und Sabot. Der junge Unternehmer hatte sehr schnell 2 Millionen US-Dollar Startkapital von privaten Investoren und Quellen für Unternehmenskapital besorgt. Das Ziel der Firma war es, eine Website, ein Magazin und andere Multimediaprodukte zu erzeugen, die alle für eine spezifische demographische Gruppe gedacht waren: junge Erwachsene, die mit ihrem ersten Job beginnen, Arbeitskollegen finden, ihr erstes Haus kaufen, Steuern zahlen, Versicherungen kaufen und für ihre Zukunft zu sparen anfangen. Von Anfang an war Peabodys Vision, daß diese Gruppe von Leuten sehr wertvoll für Unternehmen sein würde

– für Banken, Versicherungen, Autohersteller und Arbeitgeber aller Arten. Er wollte eine Gemeinschaft erzeugen und diese dann Anzeigenkunden anbieten. Aber *Tripod* war mehr als ein Online-Magazin. Von Anfang an vermittelte *Tripod.com* das Gefühl einer Heimat, einer Gemeinschaft. Der Ton in der *Tripod*-Site war leger und etwas respektlos, aber intellektuell ehrlich und forschend. Wenn die Kunden dies einmal entdecken, kommen sie zurück, um mehr zu erhalten. Und das ist das eigentliche Geheimnis von Peabodys Erfolg.

Eine Gemeinschaft erzeugen: Auf den Dorfcharakter setzen

Peabody beschrieb mir seinen Modus operandi im Frühjahr 1996. Er erklärte zuerst, daß er in einer Kleinstadt in New Hampshire aufwuchs, und daß er die Website von *Tripod* auf der Basis dieser Erfahrung gestaltete. »Wenn jemand neues in die Nachbarschaft zieht, was tun Sie dann? Sie backen ihm einen Kuchen. Dann laden Sie ihn ein, um ihn willkommen zu heißen. Das tun wir auch bei *Tripod.* Wenn jemand die Site erstmals besucht, verlocken wir ihn mit Süßigkeiten für den Geist.« Er bezog sich auf die ins Auge fallenden, etwas respektlosen Texte, mit denen neue Besucher begrüßt und neugierig gemacht werden. »Und was machen Sie als nächstes mit einem Neuen im Ort? Sie laden ihn zu einer Party ein und machen ihn mit ihren Freunden bekannt.« Bei *Tripod* werden Sie dazu eingeladen, andere Leute kennenzulernen, indem Sie deren Homepages durchsehen, Ihre Interessen angeben, an Diskussionen teilnehmen und ihre eigene Homepage erzeugen. Es ist schwer, in der Site allein zu bleiben. Es gibt jede Menge freundliche Chats, Diskussionen und Einladungen zu Spielen. »Wenn Sie dann eine Weile im Ort leben, werden Sie zu einem der Alten. Sie gehen jeden Morgen zum Supermarkt und erzählen Geschichten über lokale Begebenheiten.« Bei *Tripod* fühlen Sie sich immer stärker involviert, je länger Sie dabeibleiben, weil die Mitglieder von *Tripod* die Politik und die Richtung beeinflussen, in die »ihre« Website geht.
Wie zog Peabody neue Besucher zur Site von *Tripod*? Hauptsächlich durch Mund-zu-Mund-Propaganda, und indem er verlockende Geschenke anbot: Die registrierten Mitglieder konnten ihre eigenen Homepages erzeugen und über die Site von *Tripod* kostenlos ins Web stellen. Die Site konnte sich auch nützlicher Erstellungsprogramme für Lebensläufe rühmen. Wenn die Kunden einmal dorthin gelangten, fanden sie zahlreiche nützliche Informationen zu allem möglichen, vom Ratschlag, wie man einen Job bekommt, über Hinweise, wie man schnell einen Notgroschen anspart, bis zu Angaben, wann man mit seiner »besseren Hälfte« zusammenziehen sollte.
Junge Leute strömten sehr schnell zur Site *Tripod.com.* In den ersten sechs Monaten wuchs *Tripod* auf 25 000 registrierte Mitglieder an, von denen die mei-

sten die Site zwei- bis dreimal pro Woche besuchen. Die Mitgliedschaft bei *Tripod* ist kostenlos. Aber die Registrierung hat Vorteile. Der wichtigste ist die Möglichkeit, eine eigene Homepage zu erstellen und zu hinterlegen. Im September 1996 brachte *Tripod* ein Magazin mit einer Auflage von einer Million in Umlauf, das kostenlos an College-Studenten überall in den USA verteilt wurde. Der Zweck dieses Magazins bestand darin, die Studenten zur Site zu ziehen.

Vertrauen aufbauen

Wie zementiert *Tripod* die Beziehung zu den Mitgliedern? Als erstes gibt es den »Klebe«faktor. Weil die Mitglieder ihre Profile, Lebensläufe und Homepages in der Site ablegen, kehren sie häufig zurück, um die Informationen zu aktualisieren und nachzuschauen, ob jemand ihre Angebote kommentiert hat.

Zweitens ist Peabody ein Fanatiker in Sachen Kundendienst. Jeder Besucher, der zu der Site kommt, ist ein Kunde, und es ist wichtig, daß ihm der Aufenthalt so bequem wie möglich gestaltet wird. »Wir hatten einen albernen Grundsatz für unseren Kundendienst«, sagt Peabody. »Unser Ziel war es, der *Nordstrom* oder *L. L. Bean* des Internets zu werden.« Eine Art von hervorragendem Kundendienst besteht in der Beantwortung von 90 Prozent der E-Mails von Kunden innerhalb von vierundzwanzig Stunden. Um dieses Engagement aufrechtzuerhalten, verfügt *TriPod* über ein Team von vier Vollzeit-Kundendienstmitarbeitern, die die E-Mails bearbeiten. Seit die Firma mehr als 1 000 E-Mails pro Tag erhält, wird ein großer Teil des Prozesses automatisiert. Intelligente Agenten suchen das Thema und den Inhalt jeder eingehenden E-Mail und erzeugen automatisch Antworten aus der FAQ-Wissensbasis (Frequently Asked Questions) der Firma. Diese automatisch erzeugten E-Mails gehen dann aber zu einem der Kundendienstmitarbeiter, der die Antwort personalisiert.

Die Firma strengt sich auch an, um jede Frage bestmöglich zu beantworten. Wenn ein *Tripod*-Benutzer z. B. wissen wollte, wieviel Geld er bei einem Lohn von 2 000 US-Dollar pro Monat mit nach Hause nimmt, wurde die Frage an *Tripods* Controller gesendet, der eine halbe Stunde investierte, um die Steuern des Fragenden auszurechnen und eine Rückantwort zu erstellen.

Drittens bezieht *Tripod* seine Mitglieder in alle Entscheidungen der Firma und der Website mit ein. Dazu ein Beispiel: Als *Tripod* ungefähr ein Jahr alt war, war die Anzahl der Homepages, die in der Site gespeichert wurden, auf riesige Zahlen angewachsen. Peabody stellte fest, daß es sehr teuer wurde, den gesamten Festplattenspeicher zu unterhalten. Deshalb fragte *Tripod* die Mitglieder, was sie tun wollten. Wollten sie für das Hosting ihrer Homepages bezahlen oder würden sie es akzeptieren, daß Werbung auf ihren persönlichen Seiten erscheint? Achtzig Prozent der Mitglieder sagten, daß es sie freuen würde, Anzeigen auf ihrer Homepage zu haben, solange sie den Dienst weiterhin kostenlos nutzen konnten

(sehr viele Mitglieder mögen sogar die Tatsache, daß namhafte Firmen wie *Northwest Airlines,* die *Calvert Group* oder *Duracell* ihre Homepage »sponsern«). Zehn Prozent der Mitglieder sagten, daß sie lieber bezahlen würden. Als Ergebnis bot *Tripod* weiterhin kostenlose Homepages an, wechselte aber zu dem Werbemodell. Die Mitglieder, die lieber bezahlen wollten, konnten dies tun.
Viertens bezieht *Tripod* Mitglieder insofern mit ein, als die Firma sie dazu einlädt, bei wechselnden Forschungspanels mitzuhelfen (das ist wie beim Schwatz im Supermarkt) und Online-Umfragen durchzuführen. Anstatt sich über die Umfragen zu ärgern, reagieren die Mitglieder von *Tripod* in der Regel mit der Antwort »vielen Dank für die Anfrage«.

Den Inhalt entwickeln

Wie Sie sich erinnern werden, begann *Tripod* als »Werkzeuge fürs Leben« mit zahlreichen »Wie-geht-das«-Abschnitten für junge Leute zu Themen, die von der Jobsuche über die Finanzverwaltung bis zur Regelung des Liebeslebens reichten. Was jedoch in den ersten zwei Jahren passierte, ist, daß die Mitglieder begannen, sich immer stärker in die Inhalte der Site einzumischen. Wie? Als erstes schossen die Homepages der Mitglieder wie Pilze aus dem Boden. Viele dieser Seiten beschrieben jedoch keine Personen, die einen Job suchten. Es waren erfreulich interessante Reisejournale, Abhandlungen über verschiedene Themen und Multimedia-Essays. Viele der Seiten von Mitgliedern waren wesentlich interessanter als die Inhalte, die *Tripod* selbst bot. Zweitens hatten die Diskussionen und Interaktionen in der Site von *Tripod* ein Eigenleben begonnen. Zahlreiche Mitglieder kamen mehrere Male pro Woche zur Site, weil eine lebendige Diskussion zu einem Thema stattfand, das sie interessierte. Die Mitglieder wurden aktiver in der Erklärung ihrer Interessengebiete und deren Pflege.
Zur gleichen Zeit, als sich der Inhalt der Site von *Tripod* auf natürliche Weise entwickelte, boten viele Konkurrenten Informations»kanäle« für Finanzen, Nachrichten, Sport, Unterhaltung und Reisen an. Peabody stellte fest, daß »jeden Abend, wenn wir die Kategorien betrachteten, die wir versuchten abzudecken, sich diese nicht von den Kanälen unterschieden, die andere versuchten abzudecken. Am Anfang mußten wir ein diversifiziertes Portfolio verfolgen.« Das Programm zur Erstellung von Lebensläufen, der Reiseplaner und die Online-Erinnerung an die Autopflege waren nützliche Gimmicks, um die Leute anzuziehen. Aber als *Tripod* einmal 400 000 Mitglieder hatte, die sich in Dialogen rund um Themen ihrer eigenen Wahl engagieren wollten, realisierte *Tripod,* daß es das war, für das die Mitglieder zurückkamen. Es war an der Zeit, Nachbarschaften zu erzeugen.
Deshalb begann *Tripod* im Sommer 1997, »Hülsen« (Pods) zu bilden. Dies sind moderierte Themenbereiche, die rund um Interessengemeinschaften aufgebaut

sind. In jedem dieser »Pods« gibt es lebendige, provokative Diskussionen, die von einem »Poderator« geleitet werden, der ein Mitglied ist und kein Angestellter von *Tripod.* Es gibt auch Echtzeit-Chats, die für bestimmte Zeiten in der Woche angesetzt sind, wobei es in vielen eingeladene Gäste und Experten gibt. Und es gibt normalerweise eine Liste verwandter Quellen – andere Orte innerhalb von *Tripod* und im Web, an denen sich mit dem Thema zusammenhängende Informationen finden lassen.

Jeder kann an der Diskussion teilnehmen, indem er auf die Schaltfläche »Add me to this Pod« klickt. Anschließend kann der Teilnehmer wählen, ob er seine Homepage mit dem Pod verknüpfen möchte, so daß er leicht andere »Pod«-Mitglieder »treffen« kann. Und er kann wählen, ob die Mitgliedschaft beim Pod in sein Kundenprofil aufgenommen werden soll. Einige Beispiele für Pods, die Anfang 1998 aktiv waren, sind alternative Medizin, kleine Firmen, Musik, Aktivismus, Homepage-Design usw. Es handelt sich um eine eklektische Themensammlung. Und sie ändert sich konstant nach der Interessenlage der Mitglieder.

Am erstaunlichsten an jedem Pod ist jedoch die Menge »formalen« Materials, das von den Mitgliedern erzeugt wird, die sich für dasselbe Themengebiet interessieren. Registrierte Mitglieder können zum »Pod Publisher« werden. Sie erstellen eine Homepage, die mit dem Thema des Pods verbunden ist und übermitteln diese an den »Poderator«, um sie in den Pod zu integrieren. Der Poderator vergibt jede Woche Preise für den besten Pod. Selbstverständlich wetteifern die »Pod Publisher« um diese Ehre.

Anfang 1998 gab es insgesamt vierunddreißig Pods, wobei jede Woche weitere gestartet wurden. Peabody erklärt, wie *Tripod* entscheidet, welcher Pod gestartet wird: »Wir erhalten jeden Tag zahlreiche Anfragen für den Start eines neuen Pods. Wenn eine Gruppe eine kritische Anzahl erreicht, werten wir die Idee des Pods nach drei Kriterien aus:

① Paßt er in unser Geschäft? Wird er Anzeigenkunden anziehen?
② Paßt er zu unserem Marken-Image?
③ Gibt es genug Mitglieder, die sich für dieses Thema interessieren?«

Das Geschäftsmodell entwickeln

Peabody hatte immer geplant, das meiste Geld über Anzeigen aus *Tripod* herauszuholen. Sei Ziel war es, eine Gemeinschaft zu erzeugen, die so wertvoll war, daß sie Anzeigenkunden anzog. Und Werbung ist noch immer eine der Haupteinnahmequellen der Firma. Was Peabody jedoch am Anfang nicht wußte, war, woher die Inhalte kommen sollten, um die herum sich die Gemeinschaften bilden würden. Die Firma begann mit ihren »Werkzeugen fürs Leben« und einer Reihe von

Themen, die von *Tripods* Angestellten erzeugt und gewartet wurden (mit Input von den Mitgliedern), und hat sich nun zu Inhalten entwickelt, die zum Großteil auf den Beiträgen der Mitglieder beruhen.
Im Gegensatz dazu haben Bill Gates und sein *Microsoft* Network, *ZDNet, CNN* und andere mehrere Millionen Dollar »versenkt«, indem sie Inhalte und Kanäle für Nachrichten, Unterhaltung, Sport, Finanzen usw. erzeugt haben, die die Leute zu ihrer Website ziehen sollten. Es gibt noch immer Mitglieder bei *Tripod,* die für die Möglichkeit bezahlen, ihre eigenen Inhalte zu erstellen und zu veröffentlichen! Peabody hatte eine sehr wichtige Realität der Internet-Kultur angezapft: Die Leute kommen nicht nur ins Web, um Dinge zu finden, sondern auch um sich zu zeigen, um mit dem, was sie haben, herumzustolzieren und mit anderen interessanten und intelligenten Leuten zu interagieren.
Peabodys ursprüngliches Ziel war es gewesen, nicht nur eine Website einzurichten, die auf eine bestimmte demographische Gemeinschaft abzielte, sondern ein gesamtes Multimedia-Imperium für diese Zielgruppe: Bücher, Magazine, Videos, Filme. Was jedoch geschah mit diesem Ziel? Das Magazin diente seinem Zweck in den Gründungstagen, berichtet Peabody, aber es wird nicht mehr benötigt. Nun ist es Peabodys Ziel, sich auf das Web zu konzentrieren. Aber er ist nicht zufrieden damit, eine erfolgreiche und profitable Website zu haben. Er möchte mit *AOL* konkurrieren! Er möchte ein Online-Dienstanbieter sein: eine Gemeinschaft der Gemeinschaften.
Peabody hat als Unternehmer im Web sehr viel gelernt. Insbesondere beobachtet er die Big Boys. Und hier ist das, was er festgestellt hat: Es gibt einige Websites mit sehr viel Verkehr. Die ziehen Anzeigenkunden an. Viele davon sind Suchmaschinen, wie *Lycos, Excite, Yahoo!* und *Infoseek.* Diese Sites bezeichnet Peabody als »Durchgangs-Sites«. Viele Leute kommen zur Site, um zu finden, wonach sie im Web suchen, aber sie sehen sich nicht um. Dann gibt es Zielsites wie die von *Microsoft, Netscape* oder *Disney.* Dies sind Orte, zu denen sie gehen, wenn sie eine bestimmte Art von Information suchen. Aber die wertvollsten Sites für Anzeigenkunden sind nach Peabody die Sites, die sowohl Ziel-Sites als auch Heimstationen sind. *AOL, Geocities* und *Tripod* passen zu dieser Beschreibung. Es sind Ziel-Sites, weil bei ihnen Action ist, weil die Leute dort online »herumhängen«. Und es sind Heimstationen, weil die Mitglieder ihre eigenen Homepages erzeugen und ihre Profile veröffentlichen. Sie »lassen etwas von sich selbst zurück«. Dies verleiht der Site die Art von »Klebrigkeit«, die Anzeigenkunden nach Peabody suchen.
Und die Werbeeinnahmen im Web steigen. Der Handel im Web beginnt, abzuheben. Deshalb steigern einige Firmen ihre Werbeausgaben. *Tripods* Werbeeinnahmen haben sich in den letzten vier Monaten von 1997 monatlich verdoppelt, und es gibt keine Anzeichen für einen Rückgang. »Anzeigenkunden denken jetzt nicht mehr zweimal darüber nach, mir 100 000 US-Dollar dafür zu geben, in unserer Site vertreten zu sein«, sagt Peabody. »Und die großen Vertriebsgeschäfte fol-

gen«. Wenn Sie einmal wichtige Kunden davon überzeugen können, daß der Datenverkehr in ihrer Site hoch ist und die Leute mehrmals pro Woche zurückkehren, sind diese gewillt, Millionen-Dollar-Deals zu unterzeichnen, sagt Peabody. Denken Sie an die Möglichkeiten, sagt er: »*Amazon.com* hat Hunderttausende von Kunden, die quasi als Subunternehmer die Bücher auf ihren Sites verkaufen. *Tripod* hat 2 500 Personen pro Tag, die ihre eigenen Homepages erstellen. [Die meisten Homepages unterstützen Werbung.] Wir erzeugen sehr schnell Subunternehmer.«

Ergebnisse

Im Januar 1998 hatte *Tripod* mehr als eine Million registrierte Mitglieder und 19 Millionen Homepages, die von Mitgliedern erstellt worden waren (einige Mitglieder erstellen mehr als eine Homepage). Siebzig Prozent der Mitglieder fallen in die Altersgruppe zwischen achtzehn und vierunddreißig, auf die die Site abzielt. (Viele der anderen Mitglieder sind Personen unter achtzehn, die von der Möglichkeit angezogen werden, kostenlos eine Homepage anbieten zu können oder Tools zu erhalten). Sechzig Prozent der Mitglieder von *Tripod* sind männlich, vierzig Prozent weiblich. Die Mitgliederzahl wächst um 6 000 pro Tag. Die Premium-Mitgliedschaft wächst um 50 bis 100 neue Mitglieder pro Tag.

Bevorzugte Mitglieder sind registrierte Mitglieder, die 36 US-Dollar pro Jahr dafür bezahlen, zusätzlich Dienstleistungen zu erhalten, wie z. B. die Möglichkeit, einen persönlichen Chat-Room zu unterhalten, die Möglichkeit, eine *Tripod.net*-Weiterleitungsadresse zu haben (so daß verschiedene E-Mail-Konten alle in einem einzigen Posteingang bei *Tripod* zusammenlaufen.), und die Möglichkeit, wesentlich mehr Informationen in der Site zu speichern (bevorzugte Mitglieder erhalten 22 MB Festplattenspeicher für ihre Homepages). Sie erhalten auch einen speziellen Newsletter für bevorzugte Mitglieder und sehr viele Spezialangebote und »Bonbons«. Mitglieder, die Werbung von ihren Homepages fernhalten wollen, bezahlen 72 US-Dollar pro Jahr und sind automatisch Premium-Mitglieder.

Tripod rangiert nach den Untersuchungen von *PC Meter* auf der Basis des Verkehrs in der Site unter den Top 20 Websites. Ende 1997 bot *Tripod* 100 Millionen Seitenansichten pro Monat. Diese Zahl wuchs monatlich um 20 Prozent. *PC Meter* führt *Tripod* als Site mit dem fünftschnellsten Wachstum direkt hinter *Bluemountainarts* (eine Web-Grußkartenfirma), *Geocities* (*Tripods* stärkster Konkurrent), *Amazon* und *Hotmail.*

Peabodys Vision, an *AOL* heranzukommen, indem eine »Durchgangs«-Site wie *Lycos* zur Zielsite gemacht wird, wie die von *Tripod,* traf beim Management von *Lycos* ganz offensichtlich den richtigen Ton. *Lycos* erwarb *Tripod* im Februar 1998. Bleiben Sie am Ball und behalten Sie Bo Peabody auf Ihrem Radar. Er hat wahrscheinlich noch einige Tricks auf Lager.

Pattys Resümee für Tripod

Bei *Tripod* beobachte ich gerne wie sich Bo Peabodys Geschäftsmodell entwikkelt. Er ist wahrscheinlich einer der ersten wahren Netpreneurs, weil er mit dem Internet aufgewachsen ist und sein erstes Unternehmen ein Cyberunternehmen war. Beachten Sie, daß er es sehr gut verstand, mit dem Strom zu schwimmen. Er ist seiner Vision und seinem Wissen über die Wichtigkeit der Gemeinschaft treu geblieben. Und dennoch hat er sein Denken darüber weiterentwickelt, wie sich dieses Wissen in ein erfolgreiches Unternehmen umwandeln läßt. Ich vermute, daß dies nicht die letzte von *Tripods* wunderlichen Veränderungen war. Peabody hat zwei Ziele: dahin zu gehen, wo ihn seine Kunden haben wollen, und seine Anzeigenkunden bei Laune zu halten. Glücklicherweise werden seine Anzeigenkunden loyal bleiben, solange er weiterhin beinahe fanatisch loyale Kunden herbeischafft.

Was würde ich Bo empfehlen? Sein stärkster Konkurrent scheint *Geocities.com* zu sein, bei dem *Yahoo!* eine Minderheit hält. Wie *Tripod* bietet *Geocities* kostenlos Homepages an, hat zahlreiche mitgliederstarke Diskussionsforen und ist eine Gemeinschaft der Gemeinschaften. *Geocities* hatte Anfang 1998, als ich dies prüfte, ungefähr 200 000 Mitglieder mehr als *Tripod.* Somit laufen die beiden Kopf an Kopf. Aber *Geocites* ist »brav«. Der Ton der Site ist wesentlich stärker »mittelamerikanisch«. *Tripod* vermittelt ein hippes Gefühl, so daß es anziehender für die Gen-X-Masse ist, noch immer sehr verführerisch für diejenigen von uns unter 34. Die Partnerschaft von *Lycos/Tripod* wird Kopf an Kopf mit *Yahoo!/ Geocities* laufen, wobei beide versuchen, den Erfolg von *AOL* zu replizieren. Interessanterweise sind die Finanzgeber hinter beiden Firmen dieselben. *Geocities* ist zur Hälfte im Besitz von *CMG Information Service,* einer Investmentfirma, die auch die Hälfte von *Lycos* besitzt.

Ich würde Bo dazu ermutigen, seinen Kurs zu halten und weiterhin auf seine Kunden zu hören, da hinzugehen, wohin sie ihn haben wollen und im Geist beweglich zu bleiben. Ganz offen gesagt ist der Instinkt von Peabody, wie man im Netz Erfolg haben kann, wesentlich besser ausgeprägt als meiner!

Tips aus der *Tripod*-Fallstudie

① Die Leute sind gierig nach Gemeinschaft. Sie wollen ihre Gedanken, ihre Angebote, Bedenken mit anderen Leuten austauschen, die eine ähnliche Meinung haben. Sie können auf diese Prämisse ein gesamtes Unternehmen aufbauen. *Tripod* hat dies getan.

② Um Gemeinschaft zu fördern, müssen Sie zuerst eine vertrauensvolle Beziehung zu jedem einzelnen aufbauen. *Tripod* tut dies auf zwei Arten: indem Kunden mit sehr schnellen, personalisierten Antworten auf E-Mail-Anfragen versorgt werden und indem die Wünsche aller Personen berücksichtigt werden (die Leute können entscheiden, was sie andere wissen lassen wollen).

③ Als nächstes müssen Sie der Gemeinschaft die Möglichkeit bieten, Ihre Richtung zu bestimmen. *Tripod* nimmt den Puls der Mitglieder der Gemeinschaft ständig wahr, indem Beratungs- oder Online-Umfragen durchgeführt werden, und indem die E-Mails und Beiträge der Mitglieder gelesen werden. Dann berichtet die Firma an die Mitglieder, was Konsens war. Das beste Beispiel war die Entscheidung der Mitglieder, Werbung auf ihren kostenlosen Homepages zu akzeptieren, um diese weiterhin kostenlos zu halten, aber Mitgliedern, die keine Anzeigen auf ihren Homepages haben wollten, bezahlen zu lassen.

④ Anzeigenkunden wollen in den Websites mehr als eine bestimmte Anzahl von »Augen«. Sie wollen wesentlich mehr über das Publikum wissen, das sie bedienen, und sie wollen sicher sein, daß diese Leute ständig zurückkehren. Sie suchen nach bestimmten Ziel-Interessengemeinschaften, nicht nach einer zufälligen Menge sich ständig ändernder Gruppen.

⑤ *Tripod* entdeckte, daß der echte Wert des Geschäftsmodells, das es erzeugt hatte, die Tatsache war, daß seine Website als Ziel- und Startpunkt diente, nicht nur als Durchgangsstation im Cyberspace. Wenn Ihre Site einmal zum Magneten geworden ist, wenn sie zu einem Ort geworden ist, zu dem die Kunden zuerst kommen und häufig zurückkehren, haben Sie im Internet Ruhm erworben. Wenn Sie diesen Sinn für Gemeinschaft halten können, haben Sie einen bleibenden Wert erzeugt.

Das Gemeinschaftsgefühl stärken

Lektionen

Cisco und *Tripod* sind sehr unterschiedliche Firmen mit sehr verschiedenen Geschäftsmodellen. Die eine Firma ist ein Hersteller, der über das Internet an viele seiner Kunden verkauft und diesen Dienstleistungen bietet. Die andere Firma ist ein Internet-Club, der eine bestimmte Gruppe von Internet-Nutzern anzieht. Was beide gemein haben, ist die Tatsache, daß ihre Kunden Internet-freundlich sind. Die Kunden mußten nicht ins Internet gelockt werden. Sie waren meistens bereits da. Diese beiden Firmen waren frühe Förderer von Gemeinschaften im Internet. Und ihre Kunden sind ganz klar frühe Nutzer der Internet-Technologie. Noch immer können sie bei der Beobachtung früher Nutzer lernen.

Die Idee, Gemeinschaften zu fördern, ist in der Wirtschaft nicht neu. Es gibt schon seit Jahren Industrieverbindungen, Handelsgruppen und spezielle Interessengruppen, die jedes wahrnehmbare Interesse vertreten. Menschen treten diesen Gruppen bei, besuchen Konferenzen, lesen dieselben Journale und tauschen häufig E-Mails aus. Firmen nutzen auch bereits seit Jahren die Idee der »Mitgliedschaft«, um Kunden das Gefühl zu verleihen, etwas Besonderes zu sein und die Loyalität von Kunden aufzubauen. Vielflieger-Clubs, Käufer-Clubs, Gold- und Platinkarten – alles sind Versuche, den Kunden das Gefühl zu vermitteln, etwas Besonderes zu sein, indem sie dazu eingeladen werden, an einer »In-Gruppe« teilzuhaben.

Seit den Anfangstagen des Internets als Vehikel für Wissenschaftler, um Ideen auszutauschen und miteinander zu kommunizieren, wurde es genutzt, um den lebendigen Dialog zwischen Leuten zu fördern, die gleiche Interessen und Leidenschaften teilen. Wie ich bereits gesagt habe, ist das Internet in erster Linie eine Gemeinschaft der Gemeinschaften. Wenn Sie im Internet Handel treiben wollen, müssen Sie verstehen, daß es eine Internet-Kultur gibt, eine Art und Weise, Dinge zu tun, und eine Entwicklung, die honoriert werden muß. Die Idee der Gemeinschaft ist ein wesentlicher Bestandteil des Internet.

Was das Internet in der Wirtschaft zum Konzept der Gemeinschaft beigetragen hat, war die Fähigkeit, sichere Orte zu erzeugen, an denen die Mitglieder miteinander kommunizieren können, neben den direkten Begegnungen, die sie vielleicht haben. Wenn Sie einen Kanal für Geschäfte zwischen Unternehmen oder einem Unternehmen und Kunden mit Hilfe des Internets aufbauen, sollte die Förderung einer Gemeinschaft Bestandteil Ihres Plans sein.

Die Kunden helfen einander gerne

Cisco und *Tripod* haben entdeckt, daß Kunden es lieben, mit anderen »herumzuhängen«. Aber sie hängen nicht nur herum. Sie bilden eine Gemeinschaft um einen bestimmten Zweck oder ein Interesse. Im Fall von *Cisco* stoßen die Kunden, die die Website besuchen, um Fragen zu beantworten oder ein Problem zu lösen, auf die Fragen anderer Kunden. Wenn Sie die Antwort wissen, nehmen sie sich die Zeit, zu antworten. Bei *Tripod.com* begrüßen sich die Kunden gegenseitig in Diskussionen zu bestimmten Interessengebieten. Sie erbitten Beiträge und beantworten Fragen. Dies ist eine Art, um andere, die zur speziellen Interessengemeinschaft hinzukommen, willkommen zu heißen. Bei *Tripod* werden Fragen oder Bedenken, die Kunden haben, fast immer innerhalb eines Tages von anderen Mitgliedern des Pods beantwortet. Ist dies nicht der Fall, antwortet der Poderator – ein Kunde, der die Leitung einer bestimmten Interessengemeinschaft übernommen hat.

Die Mitglieder einer Gemeinschaft wollen sich zeigen

Mitglied einer Online-Gemeinschaft zu sein, heißt auch, andere wissen zu lassen, wer Sie sind und was Sie in die Partie einbringen. Einige Mitglieder von Gemeinschaften sind »Spanner«. Sie lesen die Eingaben anderer und tragen selbst nie etwas bei. Aber in jeder lebendigen Gemeinschaft gibt es genug extrovertierte, die die Dinge am Leben erhalten und interessant machen. Im Falle von *Cisco* ist die Hilfesbereitschaft, andere bei ihren technischen Problemen zu unterstützen, gepaart mit der Demonstration eigener Fachkenntnis. Sicher ist auch ein Gefühl von Altruismus dabei. Aber unter den Technikern gibt es auch ein Gefühl von Stolz, zu wissen, wie schwierige Probleme gelöst werden. Die Tatsache, daß Kunden stolz auf das sind, was sie gelernt und herausgefunden haben, ist ein Grund dafür, warum *Ciscos Open Forum* so gut funktioniert. Es ist ganz offensichtlich, daß das Forum nur von geringem Wert wäre, wenn die Antworten, die die Kunden einander geben, meistens falsch wären. Aber die Tatsache, die zählt, ist, daß viele dieser Kunden auf Probleme gestoßen sind und diese gelöst haben. *Ciscos* eigenes technisches Team ist diesen Problemen noch nicht begegnet.

Im Fall von *Tripod* zeigen sich die Mitglieder, die beschließen, einen Pod zu moderieren, und die Websites mit Inhalten erstellen, die von Interesse für die Mitglieder eines Pods sind, ganz deutlich. Und auch hier teilen sie ihr Wissen, ihre Fachkenntnis und ihre Interessen mit anderen. Sie genießen die Möglichkeit, etwas beizutragen, das andere wertvoll oder interessant finden könnten.

Kunden wollen über die Gemeinschaft konsultiert werden

Bo Peabody, Vorstandsvorsitzender bei *Tripod,* hat ein ganz klares Verständnis für die Rolle, die Kunden bei der Aufstellung von Richtlinien und Standards für ihre Online-Gemeinschaften spielen wollen. Bei *Tripod* wurden die Mitglieder zu jedem Schritt in der Entwicklung der Website und des Geschäftsmodells konsultiert. Wenn Sie eine Gemeinschaft aufgebaut haben, müssen Sie diese nähren, oder sie kann sich leicht gegen Sie wenden oder sich auflösen. Wenn Kunden einmal an einer Gemeinschaft teilhaben, wollen Sie das Gefühl des Besitzes entwickeln. Sie müssen diesen Aspekt Ihrer Site an die Mitglieder weitergeben. Sie können trotzdem den Ton angeben, bestimmte Werte verstärken und sogar Regeln festlegen – wie *Tripods* Regel, daß das Management entscheiden muß, wenn ein neuer Pod erzeugt werden soll und welche Pod-Themen am erfolgreichsten sein werden. Aber wenn Sie einmal eine Gemeinschaft eingerichtet haben, wollen die Mitglieder der Gemeinschaft den Kurs festlegen. Denken Sie daran, daß eine Gemeinschaft als sicherer Ort betrachtet wird. Wenn Sie aus Sicht der Mitglieder willkürliche Entscheidungen treffen, wird die Site nicht mehr länger als sicherer Ort betrachtet werden, und die Mitglieder werden weggehen.

Gemeinschaften erzeugen Wert

Die Geschichte von *Tripod* ist das beste Beispiel für den Wert, den der Markt einer Gemeinschaft mit einer Million Mitgliedern beimißt. *Tripod* hätte keine Mailing-Liste mit einer Million Leuten für 58 Millionen US-Dollar verkaufen können. Aber die Firma konnte eine beständige, lebendige Gemeinschaft von einer Million Menschen – inklusive der Infrastruktur, sie zu unterstützen – zu diesem Preis verkaufen.

Welchen Wert lieferte die Gemeinschaft von *Cisco*? Erstens hat die Gemeinschaft *Ciscos* Kosten für den technischen Support dramatisch gesenkt. Zweitens erlaubte es *Cisco* der Gemeinschaft, exponentiell zu wachsen, weil die Kunden gewillt waren, sich gegenseitig über die Website zu helfen. Schließlich agierte *Ciscos* Gemeinschaft von Kunden mit Köpfchen wie ein Magnet, um mehr Kunden anzuziehen. Potentielle Kunden für *Ciscos* Technologie konnten sehr schnell sehen, wer sonst noch Kunde war und wie deren Erfahrungen mit Systemen von *Cisco* waren. Die Möglichkeit für potentielle Kunden, online eingeladen zu werden, um einen Blick in die Kundengemeinschaft zu werfen und die Interaktionen von Kunden zu belauschen, ist und bleibt ein mächtiges Verkaufswerkzeug.

Synthese der besten Praktiken; die nächsten Schritte

Nun wird sich in Ihrem Kopf wahrscheinlich alles drehen! Wie können Sie das, was Sie in den sechzehn besten Beispielen aus der Praxis gelernt haben, nun auf ihre Organisation anwenden? Lassen Sie mich versuchen, Ihnen zu helfen.

Beginnen Sie als erstes mit Ihren profitabelsten Endkunden (nicht ihren profitabelsten Handelspartnern!). Ich vermute, Sie wissen, wer das ist und wissen auch sehr viel über diese Kunden. Und wenn Ihr Unternehmen gerade anläuft, und Sie haben noch gar keine Kunden? Das ist leicht. Suchen Sie sich die Kunden aus, in denen Sie das profitabelste Marktsegment sehen. Wenn Sie eine Nonprofit- oder Regierungsorganisation sind, werden Sie sich vielleicht die einflußreichste Gruppe von Endkunden aussuchen wollen – bei Regierungen sind dies wahrscheinlich die Geschäftskunden. Bei Nonprofit-Organisationen sind dies die Leute, die Ihre Dienstleistungen am stärksten nutzen.

Sehen Sie zweitens nach, wie viele Informationen Sie über diese Leute besitzen, und wie diese organisiert sind. Sind die Informationen bereits in einer einzigen Kundendatenbank konsolidiert, haben Sie einen großartigen Ausgangspunkt. Falls nicht, müssen Sie an dieser Stelle beginnen. Ob Sie einen neuen Speicher für Kundeninformationen aufbauen, wie *Bell Atlantic,* oder einfach die Informationen über Kunden zusammenziehen, so daß alles an einer Stelle ist, wie *Wells Fargo* es tat, ist nicht wichtig, obwohl ich den Ansatz eines Systems zu Kundeninformationen bevorzuge. Das wichtigste ist, zu wissen, wer Ihre Zielkunden sind und alle grundlegenden Informationen über Ihre Geschäfte sofort zur Hand zu haben.

Wenden Sie sich als nächstes an deren Verstand. Besuchen Sie Ihre Kunden. Lernen Sie, wie die Kunden ihre Arbeit verrichten oder, wenn es sich um Konsumenten handelt, worüber sie sich Sorgen machen und was sie schätzen – mit anderen Worten, betreiben Sie grundlegende Marktforschung. Aber denken Sie daran, daß Sie mit echten Leuten reden wollen. Dies ist nicht die Art von Forschung, die Sie erledigen können, indem Sie ein Marktforschungsinstitut anheuern, das Ihre Kunden befragt. Wie Sie im Beispiel von *Hertz, PhotoDisc* und *Boeing* gesehen haben, müssen Sie sich in Ihre Kunden hineinversetzen.

Ihr Ziel besteht darin, herauszufinden, was es den Kunden erschwert, mit Ihnen Geschäfte zu machen. Diese Barrieren müssen Sie dann eliminieren, wenn Sie ihren am Kunden orientierten Geschäftsprozeß neu gestalten. Denken Sie daran, daß Sie auf Hindernisse stoßen können, die nicht Bestandteil Ihres Geschäfts sind. Wie die *National Science Foundation* herausfand, haben viele der Hemmnisse, die Sie rationalisieren müssen, mit der Art zu tun, wie die Kunden Dinge organisieren. Dies kann mit einer branchenweiten Geschäftspraktik beginnen, die herausgefordert werden muß (wie bei *PhotoDisc*). Oder, wie *Hertz* feststellte, es kann sein, daß Sie Annahmen über Ihre eigenen Anforderungen an die Industrie haben – Kunden müssen ein rechtsgültiges Formular unterzeichnen, um ein Auto zu mieten –, die in Frage gestellt werden müssen.

Haben Sie festgestellt, daß wir in diesem Prozeß, Anforderungen zu sammeln, ziemlich weit gekommen sind und beinahe an E-Commerce-Technologien heranreichen? Wo ist die Website? Bleiben Sie dran, sie kommt noch! Aber zuerst müssen Sie einen rationalisierten Katalog von Geschäftsprozessen zusammenstellen. Machen Sie daraus keine große Sache. Sie können dies an einem Nachmittag erledigen. Aber laden Sie einen Ihrer Kunden dazu ein, an diesem Prozeß teilzunehmen. Ihre Kunden werden Spaß daran haben, und Sie werden in diesem Prozeß beide eine Menge lernen. Bleiben Sie nicht dabei, wie Dinge momentan ausgeführt werden. Bringen Sie Ihre Kunden dazu, ihre Idealvorstellung vom Kauf eines Wagens, von der medizinischen Betreuung oder von der Bezahlung von Steuern zu beschreiben – egal, welches Produkt oder welche Dienstleistung Sie bereitstellen.

Wenn Sie einmal das ideale Szenario Ihrer Kunden zu Papier gebracht haben, können Sie den Geschäftsprozeß planen, indem Sie die wesentlichen Geschäftsereignisse beschreiben, die in dem Prozeß stattfanden. Sammeln Sie diese. Das hat *Hertz* getan, als die Firma den idealen Prozeß für die Vermietung eines Wagens aus der Sicht des Kunden plante (den Wagen buchen, indem die Zeit, das Datum und der Standort angegeben werden; am Flughafen ankommen, in den Bus steigen, zum Wagen gehen und wegfahren). Das hat auch *Amazon.com* getan, als sie betrachteten, wie die Leute ihre Bücher kaufen wollen (Bücher nach bekannten Elementen auswählen oder suchen, eine Beschreibung oder eine Besprechung lesen, die Verfügbarkeit und den Preis betrachten, mit einem einzigen Mausklick bestellen, eine Benachrichtigung erhalten, wenn das Buch ausgeliefert wurde, prüfen, was in der Vergangenheit bestellt wurde). Was jedoch in diesen Beschreibungen der Prozeß-/Geschäftsereignisse versteckt bleibt, sind die Kundenprofile! Um jeden dieser Schritte tatsächlich ausführen zu können, muß Ihr Backend-System sehr viele Informationen über jeden Kunden verfügbar haben – mehr, als Sie jetzt vielleicht zur Verfügung haben.

Nun ist es an der Zeit, über Ihre Kundenprofile und die Art von Informationen nachzudenken, die Sie von Ihren Kunden erhalten wollen. Gleichzeitig sollten Sie Ihre Kunden fragen, wie und wann sie Ihnen diese Informationen zur Verfügung stellen wollen. Im Falle von *Hertz* liefern die Kunden die Informationen mindestens einmal jährlich, jedesmal wenn sie ihre *#1-Club-Gold*-Mitgliedschaft erneuern. Bei *Amazon.com* liefern sie die Informationen, wenn sie erstmals eine Bestellung aufgeben. Bei *Bell Atlantic* und *GM* liefern die Kunden sie im Lauf der Zeit bei jeder Interaktion mit der Firma. Sie müssen die Informationen jedoch sammeln und sehr dahinterher sein. Es gibt nichts, worüber sich heutige Kunden mehr ärgern, als wenn Informationen über sie ohne ihre Zustimmung oder ihr Wissen gesammelt werden! Für jede Information, die Sie herausholen, müssen die Kunden einen direkten Vorteil sehen. Und dieser Vorteil sollte mit dem Wunschbild des Kunden von der idealen Art, Geschäfte mit Ihnen zu machen, übereinstimmen. Wenn Sie nur demographische und Marketing-Informationen sammeln, sind Sie ein Schnüffler. Wenn Sie mir dabei helfen, meine Geschäfte mit Ihnen leichter zu erledigen, weil Sie sich daran »erinnern«, was ich in der Vergangenheit gesagt habe, und ich weiß, daß diese Informationen gespeichert sind und leicht aktualisiert werden können, bin ich zufrieden. Die beste Munition ist es, Ihren Kunden einen leichten Zugriff auf deren anwachsende Profile zu bieten, und sie zu ermutigen, die Profile zu ändern. Die einfachste Möglichkeit dazu besteht, ihnen in regelmäßigen Abständen die gespeicherten Informationen zu faxen oder per E-Mail zu senden. *Hertz* tut dies jedesmal, wenn Sie eine Änderung vornehmen. Mit der Zusendung Ihrer aktualisierten Profilinformationen bestätigt Ihnen *Hertz* diese Änderung.

Was, wenn Ihre Kunden, oder viele von ihnen, nicht mit der Wartung und Prüfung von Profilinformationen, die Sie über sie gesammelt haben, belästigt werden wollen? Was, wenn einige dieser Informationen in Konflikt stehen oder verwirrend sind? Sie müssen aktiv werden. Deshalb benötigen Sie jemanden, der jeden Kunden »pflegt«. Im Falle des *AAdvantage*-Programms von *American Airlines* kümmert sich der Programmanager darum, ob mein *AAdvantage*-Profil aktuell ist. Er möchte nicht, daß ich einen Fensterplatz erhalte, wenn ich lieber am Gang sitze, daß mir das falsche Essen geliefert wird oder daß ich versehentlich auf ein überbuchtes Flugzeug stoße. Deshalb »pflegt« mich der Programmanager des *AAdvantage*-Programms. Da es nun 32 Millionen von uns gibt, sind die Chancen hoch, daß wir in irgendeiner Weise unterteilt werden. Im Idealfall nach Haushalt, Reisehäufigkeit und/oder geographischen Kriterien. Der Besitzer der Kundenprofile muß sich Möglichkeiten ausdenken, mit aufsässigen Kunden umzugehen, um sicherzustellen, daß ihre Informationen im Profil so genau wie möglich sind (oder sie aus der Datenbank löschen oder ihnen ein Standardprofil zuweisen, wenn die Kunden wirklich bevorzugen, anonym zu bleiben).

Nun haben sie einige grundlegende Geschäftsprozesse mit Geschäftsereignissen, und Sie haben Kundeninformationen zusammen mit Anforderungen an Kundenprofile. An dieser Stelle werden Sie Ihr erstes Geschäftsmodell erstellen wollen. Legen Sie diese Konzepte einfach aus und ermitteln Sie deren Verbindungen untereinander. Beginnen Sie damit, das Verhalten verschiedener Objekte unter verschiedenen Umständen zu spezifizieren (wenn ein Buch nicht lieferbar ist, den Kunden benachrichtigen; wenn ein Kunde bevorzugt, einen Kleinwagen zu mieten, aber keiner verfügbar ist, diesem einen Mittelklassewagen zum selben Preis anbieten). Nun sammeln Sie die Geschäftsregeln. Ihre Informationstechnologie-Architekten sollten in den gesamten Prozeß, der bisher beschrieben wurde, integriert gewesen sein. Aber an dieser Stelle können sie nun aktiv werden. Sie können aus dem, was Sie bisher geplant haben, eine Architektur entwerfen. Denken Sie daran, daß Ihr Ziel keine Architektur für eine Website ist, obwohl das sicherlich eines der Dinge ist, wonach Sie suchen. Was Sie wollen, ist eine Architektur, die die Prozesse, bei denen die Kunden mit Ihnen Geschäfte machen, rationalisiert werden, egal, welchen Kanal die Kunden nutzen, um mit Ihrer Firma zu interagieren. Die Techniker werden diese Herausforderung und diesen Ansatz mögen. Es ist so viel befriedigender für sie, ein Gesamtbild zu haben, von dem sie ausgehen können und dieses dann in handliche Einheiten aufzubrechen, als ständig etwas noch einmal machen zu müssen, weil sich keiner die Zeit genommen hat, über die Verzweigungen nachzudenken.

Bisher haben Sie Ihren tatsächlichen Technologieinitiativen den Vorrang gegeben. Sie haben wahrscheinlich mit einem Kundeninformationssystem begonnen (eine gute Idee, weil dies am längsten dauert, wie wir im Fall von *Bell Atlantic* gesehen haben). Dann haben Sie ohne Zweifel ein Planspiel im Kopf, das auf den Bereichen basiert, die die größten Schmerzen verursachen oder die größten Möglichkeiten bieten, was die Wahl des interaktiven Kanals betrifft, den Sie zuerst in Angriff nehmen. Beachten Sie, daß *Bell Atlantic* und *Wells Fargo* mit ihren Call-Center-Operationen begannen. Dies versetzte sie in die Lage, alle Kundeninformationen zusammenzuziehen, sie miteinander zu verknüpfen, die notwendigen Backend-Systeme neu zu gestalten und von einer Benutzeroberfläche, die nur ein geschulter Fachmann bedienen kann, zu einer Benutzeroberfläche zu kommen, die auch für Endkunden nutzbar ist. Auf der anderen Seite gibt es zum Online-Start sehr viel zu sagen. Sie können sehr schnell weiterkommen und ebenso rasch Rückmeldungen von Kunden erhalten. *Amazon.com,* die *National Science Foundation, Tripod* und *Cisco* sind die einzigen Beispiele, die hier detailliert beschrieben wurden, die mit einer Website starteten. *National Semiconductor* hatte bereits ein Vertriebsverwaltungssystem mit einer Kundendatenbank als Ausgangspunkt. Deshalb konvergierten *National Semis* Bemühungen im Web sehr schnell mit den Vertriebssystemen und -prozessen. Cisco, Dell und die *National Science Foundation* hatten zahlreiche bereits existierende Systeme, die sie integrieren mußten. Dies gilt auch für *PhotoDisc* mit dem CD-ROM-Geschäft.

Vergessen Sie nicht, daß Sie Metriken in diesen Prozeß einbauen müssen. Sie werden mit so vielen Vorteilen und Loyalitätsinformationen beginnen wollen, wie Sie sammeln können und sich einige realistische Ziele setzen, was Sie damit erreichen wollen. Erwarten Sie keinen sofortigen Erfolg. Erwarten Sie, daß Sie in den ersten zwei Jahren ziemlich viel Zeit und Geld investieren müssen, bevor Sie die Belohnung erhalten. Wie Sie in allen Beispielen gesehen haben, besteht die Errichtung eines E-Business nicht darin, eine hübsche Web-Oberfläche auf eine Reihe existierender Systeme und Prozesse aufzusetzen. Sie müssen Ihr gesamtes Unternehmen umgestalten, um rationalisierte, am Kunden orientierte Geschäftsprozesses anbieten zu können!

Was wird die Belohnung sein? Wenn Sie Ihren Job richtig machen (und denken Sie daran, daß es sich um einen iterativen Lernprozeß handelt), sollten Sie die Früchte ziemlich schnell in Form von reduzierten Kosten sehen, um eine große Anzahl von Kunden zu bedienen. Wie bei *Wells Fargo* werden Ihre Kosten pro Kunde jedesmal sinken, wenn Sie mehr Funktionalität hinzufügen. Wie bei *Dow Jones, National Semiconductor* und *American Airlines* sollten Sie auch damit beginnen, die Zielkunden mit Angeboten oder Informationen zu bestimmten Dingen zu versorgen, nach denen Sie gefragt haben. Ihre Früchte im Hinblick auf Erhaltung Ihrer Kunden, Kreuz- und erhöhte Verkäufe sollten innerhalb von vierundzwanzig oder sechsunddreißig Monaten greifbar sen.

Wann sollten Sie damit beginnen, eine Gemeinschaft aufzubauen? Sie können Ihre Initiative für eine Gemeinschaft von Anfang an planen, aber Sie werden erst dann wirklich eine Gemeinschaft unter den Kunden fördern können, wenn Sie zu jedem von Ihnen das richtige Vertrauensverhältnis aufgebaut haben. Dieses Vertrauen resultiert daraus, auf das zu achten, was die Kunden sagen und tun, und ihre Erfahrung im Umgang mit Ihnen kontinuierlich zu verbessern.

Wenn Sie bereit sind, zu handeln, sollten Sie zu unserer Website kommen (www.customers.com), um Ihr kostenloses Costumers.com Guidebook zu erhalten. Dort finden Sie auch eine Checkliste für Ihre Geschäftsleitung, eine Geschäftsliste für die Techniker und eine Beschreibung für einen Workshop, den Sie am Anfang durchführen können, um es Ihren Kunden zu erleichtern, mit Ihnen Geschäfte zu machen.

Wenn ich Ihnen auf Ihrer Reise helfen kann, zögern Sie nicht, Kontakt zu mir aufzunehmen. Meine E-Mail-Adresse ist pseybold@customers.com.